मानव जीवन में अध्यात्म

आध्यात्मिक जागृति

मानव जीवन में अध्यात्म

"जीवन तुमने दिया है
संभालोगे तुम"

कोरोना काल में एक अध्ययन

डा० अक्षयबर सिंह

GenNext Publication

मानव जीवन में अध्यात्म

ISBN : 978-93-5663-017-8

भारत सन् 2022 में प्रकाशित

जेन्नेकस्ट पब्लिकेशन

5, अंसारी रोड, दरियागंज,

नई दिल्ली-110002

Phone : 9811692060

ई-मेल: gennextpublication@hotmail.com

मुद्रित: जी. प्रिंट प्रोसेस, दिल्ली

समर्पण

उस परम पवित्र मुक्त आत्मा को,
जो परम पिता परमात्मा में
विलीन हो गई, दीनता पूर्वक समर्पित है।

अनुक्रमणिका

परिपेक्ष्य

मार्च, 2020 के तीसरे सप्ताह में हमें और धर्मपत्नी जी को, चार दिन के लिए लखनऊ जाना हुआ। उद्देश्य था कुछ पारिवारिक उत्सव में शामिल होना तथा सी0जी0एच0एस0 (CGHS), डिसपेंसरी से दवा लेना। बड़ी बेटी प्रतिमा सिंह के यहाँ ठहरे। यह वह समय था जब विश्व स्तर पर, कोरोना वाइरस की चर्चा जोरों पर थी, जो चाइना से निकल कर पूरे विश्व में तेजी से पैर फैला रहा था। लखनऊ में, ऐसी चर्चा की सुगबुगाहट शुरु हो गई थी। 16 मार्च, 2020 की सुबह, डिस्पेंसरी जाने के लिए, टैक्सी बुलाई। चलते ही, हमने ड्राइवर महोदय से उनका नाम पूछा, उन्होंने प्रदीप शुक्ला बताया और पूँछ बैंठे कि 'सर', आप कोरोना के बारे में क्या सोचते हैं! बिना विचारे तत्काल इसके मुँह से निकल गया कि "जाको राखे साईया मार सके न कोय, बाल न बाँका कर सके जो जग बैरी होय।" सुनते ही, तत्काल, शुक्ला जी बोल उठे '100% करेक्ट' सर, यही हम भी मानते हैं!

यह चुप तो हो गया लेकिन जीवन के इस महत्वपूर्ण पक्ष पर अनुभवों के संस्मरण, विचार के स्तर पर उभरने लगे। जीवन यात्रा में पाँच ऐसे एक्सीडेंट, जिसमें जान बचना आश्चर्य ही रहा है, जिसका उत्तर एक मात्र उपरोक्त कही चौपाई ही हो सकती है। एक घटना तो अभी हाल की ही, 17 मार्च 2019 की। सुल्तानपुर शहर में सुबह सड़क पर तेजी से टहलते सम्य गिरने पर बेहोशी का अनुभव (मात्र कुछ सेकण्ड), कि जैसे कोमल बेड पर आराम से उठ कर बैठते हुए का, कहीं कोई न चोट व फोट। अगले 15 दिनों में, लखनऊ राम मनोहर मेडिकल रिसर्च संस्थान से पेस मेकेर का इम्पलाट और वह भी जैसे यह सब कोई स्वप्न हो की बात। कभी ऐसे ही, एक एक्सीडेंट

के बाद जब अपने गुरुदेव महात्मा यशपाल जी को सूचित किया, तो जबाब में आपने लिखा कि 'जब परमात्मा को किसी से कोई काम लेना होता है, तो वह जान बख्शता है'।

यह बात कितनी सच है का आभास, इस घटना के कुछ महीनों बाद हुआ, जब इसके बड़े दामाद श्री दिग्विजय सिंह (आई.ए.एस.) के एक प्रश्न का उत्तर दिया। एक दिन आप पूछ बैठे कि आपके इस जीवन में सबसे महत्वपूर्ण योगदान क्या रहा? त्वरित उत्तर जो मुँह से निकाला, वह था कि 'गृहस्थ जीवन में अध्यात्म - संत यशपाल कथनामृत' पुस्तक का संकलन जो महात्मा यशपाल जी के उपदेशों व अनुभव पर आधारित हैं। आप चुप हो गये। यदि, उस दिन सड़क पर बेहोशी से न उबरे होते तो इस पुस्तक का प्रकाशन संदिग्ध था! यह काम पूरा होना ही था, ईश्वर ने जान बख्श दी। रमन महर्षि जी की यह बात भी इसे बड़ी सही लगती है- "तुम भविष्य की चिन्ता क्यों करते हो? इस संसार पर एक महान शक्ति शासन करती है और वह उसका काम है कि वह उसकी देखभाल करें। वह जिसने इस संसार को जीवन प्रदान किया है, इस बात को अच्छी तरह जानता है कि इसे किस तरह पालना चाहिए। इस संसार का भार उसी के ऊपर है, तुम्हारे ऊपर नहीं।" हमारा स्वभाव रहा है कि नकारात्मकता में भी, सकारात्मकता खोजना। ऐसे स्वभाव की देन है, यह पत्रों की श्रृंखला। क्यों लिखना शुरु किया का उत्तर, ईश्त्रर इच्छा ही कहूँगा और स्वान्तः सुखाय। हाँ, इसका परिपेक्ष्य आध्यात्मिक जीवन यात्रा के अनुभव व सोच हैं। आइए, कोरोना काल की ऐसी कठिन परिस्थिति में, आध्यात्मिक विचारों के प्रवाह को देखें और जो हृदय ग्राही लगे का उपयोग, खुद को संवारने में करें। ईश्वर मालिक हैं।

अक्षयबर सिंह

अध्यात्म के प्रेरक सन्त

अध्यात्म एक ऐसा विज्ञान है जो हमारे जीवन में प्रेम, शान्ति, खुशी और विवेक की शक्ति प्रदान करता है। यह जीवन जीने का एक व्यवहारिक तरीका है, जो हमारे आंतरिक जीवन को समृद्ध बनाने के साथ -साथ, हमारे आपसी सम्बन्धों को बेहतर बनाता है। कबीर, भारतीय जीवन पद्धति के आधारभूत उद्देश्य की प्रतिमूर्ति हैं कि इस रास्ते से जिओ कि अपने को मुक्त पाओ और आपकी रहनी-सहनी से सभी का हित हो। यही इंसानियत की पराकाष्ठा है। आधुनिक काल के ऐसे दो सन्तों का सानिध्य, लेखक को अपने जीवन काल में मिला जो कबीर की सी जीवन यात्रा में थे और एक तरह से कबीर दर्शन की व्यवहारिक डिकोडिंग की, कैसे इंसान समय के परिवर्तन के साथ-साथ सार्थक जीवन यात्रा कर सकता है।

महात्मा यशपाल जी (भाई साहब)

(1918 - 2000)

(महात्मा राकेश कुमार मित्तल)

(1949 - 2018)

देश की आजादी के दौर में कलकत्ता में हुए डाइरेक्ट एक्शन डे के दिनों के अनुभवों से त्रस्त, यशपाल जी (भाई साहब) के मन में उठे विचार 'जीवन का मकसद केवल संसार में कीड़े मकोड़ों की तरह आना, जानवरों की तरह रहना और उन्हीं की तरह मर जाना ही नहीं है। सारे दिन मशीनों को पीटना और सारा जीवन इसी में बिता देना जीवन को बेकार नष्ट कर देना है' पर मंथन ने आपको लखनऊ के गृहस्थ हिन्दू सूफी सन्त महात्मा बृजमोहन लाल जी (दद्दा जी) से मिला दिया। आपके दो ही काम रह गये, जीवनोपार्जन का काम या फिर दिनचर्या के खाली समय को आध्यात्मिक साधना में लगाना। आप दोनों में अग्रणी रहे। पोस्ट एण्ड टेलीग्राफ डिपार्टमेन्ट में, टेलीग्रफिस्ट की पोस्ट से नौकरी प्रारम्भ कर, उसी विभाग में डाईरेक्टर (निदेशक शोध) के पद से सेवा निवृत्त हुए और गृहस्थियों के लिए दिन के 24 घण्टे ध्यान साधना पद्धति 'आनंदयोग' का सृजन कर, प्रचार-प्रसार करते हुए 'अखिल भारतीय सन्तमत सत्संग' संस्था दिल्ली के संस्थापक बने। आप आई.ई.टी.ई. के फेलो भी रहे।

महात्मा राकेश कुमार मित्तल, आई0ए0यस0 सर्विस ज्वाइन करने के प्रारम्भिक दौर में एक डिनर पार्टी में किसी उच्च अधिकारी के साथ हुए वार्तालाप का जिकर करते हुए लिखते हैं "......This friend appreciated my honesty and hard work but expressed his doubts about the prudence of such an approach. In fact his clear belief was that such persons repented later. I gave no response to this observation but silently thought that it could be better to turn dishonest than repent for the honesty later. But this was not the solution to the problem and I wanted to go into depth of the whole issue. This was the moment when my spiritual sprouting took place. The first question which came to my mind was what was oddness and why one should be good? Was there any logic in choosing goodness or was it a random choice? What is life and what its purpose? Being a student of science. I wanted scientific answers to all these questions." इस घटना ने, मित्तल साहब को जीवन दर्शन का शोधक बना दिया।

भाई साहब का मानव दर्शन में, गृहस्थ में रहते हुए कैसे अपने को जानें और एक अच्छा इंसान बनें तथा मित्तल साहब का काम समाज में सकारात्मकता का भाव बने, जिसके लिए 'कबीर शान्ति मिशन' लखनऊ जैसा सुन्दर

प्लेटफार्म देने, स्थापित करने का रहा। दोनों सन्तों ने धर्म व सम्प्रदाय की सोच से ऊपर उठकर अध्यात्म विज्ञान को आज के परिपेक्ष्य में आगे बढ़ाया जो विभिन्न मत-मतांतरों के साधकों के लिए नेति-नेति के विचार पर आगे बढ़ने का मार्ग प्रशस्त करता है। लेखक का मानना है कि आप दोनों नये कलेवर में आधुनिक कबीर थे। आप दोनों द्वारा लिखा गया अनुभव आधारित साहित्य, अध्यात्म विज्ञान को समझने व विकसित करने में अध्यात्म विज्ञानियों के लिए उपयोगी साबित होगा।

हिन्दू सूफी सन्त परम्परा में हुए पहले सूफी सन्त महात्मा रामचन्द्र जो (लाला जी) महाराज ने मनुष्य जीवन के उद्देश्य के बारे में कहा है "आदमी के जिन्दगी का उद्देश्य यह है कि ईश्वर में लय हो जाये और वहाँ पहुँच कर उस जगह स्थित कर ले। यही उसका कमाल है और यही आइडियल है, आदर्श है"। यह विषय शोध का है और उपरोक्त दो सन्तों का काम, शोध प्रकिया ही रही जो उनकी रुचि का ही परिणाम रहा। विचार करने वाली बात है कि आप लोग अपने अपने क्षेत्र में मुख्य दुनियावी कार्यों में भी अग्रणी रहे। महात्मा यशपाल जी कहते थे कि दुनियावी काम के साथ-साथ, जीवन को ईश्वरमय बनाने के प्रयास में हमारे काम और अच्छे होते जाते हैं। समाज का बौद्धिक वर्ग (खास कर वैज्ञानिक), मानव उपयोगी सरल साधना सूत्रों की पहचान करते हुए, अपने कार्य की गुणवत्ता को बढ़ा सकते हैं। उपरोक्त सन्तों व अब्दुल कलाम साहब के लिखे साहित्य से यह बात संभव लगती है। लेखक ने भी इस बात का अनुभव किया है।

अक्षयबर सिंह

भूमिका

लेखक 'आनंदयोग' का साधक रहा है। साधक भी ऐसा कि, कबीर जी की कही इन पंक्तियों का साक्षी 'न कुछ किया न कर सका न कुछ किया कबीर, जो कुछ किया सो हरि किया कहत कबीर कबीर'। कर्ता -धर्ता भगवान हम उसके हाथ के यंत्र। अपने को साधक कहने में यह झिझक महसूस करता रहा है। क्योंकि अध्यात्म साधना की शिक्षा, ईश्वर इच्छा तथा 'परमात्मा तू ही है तेरी इच्छा पूर्ण हो' की भावना के साये में हुई। स्वधर्म पालन में वैज्ञानिकी शोध की व्यस्तता, गृहस्थ जीवन की कशमकश तथा दुनियावी माया जंजाल के बीच, उपलब्ध खाली समय परमात्मा को देकर इस सूफी साधन पद्धति व संत परम्परा के अदृश्य मार्ग दर्शन के आभास व आनंद के अनुभवों का कोरोना काल में यह पत्रावली का प्रयोग हुआ, जो यह गुरु कृपा से प्रेरित पाता व देखता है। प्रयोग भी ऐसा जो बिना किसी प्लानिंग या पूर्वाग्रह विचारों के। सूफी संत यशपाल जी (भाई साहब), ने आनंद योग का सृजन करते हुए लिखा है-

"उन्नीसवीं शताब्दी में पतंजली योग के तत्वों का राजयोग में समायोजन करके साधना का भार सद्गुरु के कंधों पर रख दिया गया। और समग्र साधना 'कामिनी और कांचन' के त्याग पर केन्द्रीभूत कर दी गई। पुनः राजयोग की साधना में बाल-ब्रम्हचर्य एक अपरिहार्य आवश्यकता अनुभव की जाने लगी। यहाँ भी शारीरिक स्तर की अपेक्षा मानसिक स्तर पर अत्यधिक मात्रा में विशेष बल दिया गया। बीसवीं शताब्दी में पाश्चात्य संस्कृति के प्रभाव से मनुष्य भौतिकवादी होता गया। आज समग्र वातावरण-घृणा, अविश्वास और स्वार्थपरता से परिपूर्ण है। सूफी सन्त परम्परा में अध्यात्म वेत्ताओं ने अपनी दूरदर्शिता से भविष्य में आने वाली परिस्थितियों को भाँप कर ऐसे तौर तरीकों का निर्माण

किया, कि योग का यह महान विज्ञान अपना अस्तित्व बनाये रख सके तथा विकास को भी प्राप्त कर सके। 'आनंदयोग' में शारीरिक साधनाओं को पूर्णतः छोड़ दिया गया है और मन की एकाग्रता की शीघ्रातिशीघ्र उपलब्धि के द्वारा ही योग के अभ्यास का प्रारम्भ किया जाता है। मन की साधना पर ही यहाँ पूरा जोर दिया गया है तथा सम-सामयिक सन्तों अथवा गुरुओं ने साधना का भार अपने ऊपर ही धारण कर लिया है। गुरु अपनी आत्मिक शक्ति से साधक के संस्कारों का परिष्कार करता है और बहुत थोड़े समय में ही हृदय की पवित्रता उपलब्ध कराने में साधक की सहायता करता है। साधक, जहाँ एक बार आत्मिक आनंद का रसास्वादन किया नहीं कि वह सांसारिक सुखों से विमुख होने लगता है तथा इस शाश्वत आनंद की ओर दौड़ने लगता है"।

साधना की डगर प्रायः दुष्कर होती है। यशपाल जी ने, इसे सरलतम 'आनंदयोग' के रुप में प्रस्तुत किया। गीता के दूसरे अध्याय के 72वें श्लोक की आपने अनुभव आधारित प्रस्तुति दी है-

लाभस्तेषां जयस्तेषं कुतस्तेषां पराजयः।
येषामिन्दी वर श्यामो हृदयास्थो जनार्दनः।।

"...इस स्थिति को प्राप्त होकर योगी फिर सांसारिक विषय वासनाओं के मोह जाल में नहीं फँसता। वह इस संसार में रहते हुए, सब काम धर्मानुकूल करते हुए निरंतर सहज सामधि में मग्न रहता हुआ जीवन मुक्त होकर जन्म-मरण के बंधन से मुक्त हो जाता है। ज्योति से ज्योति एकाकार हो जाती है। कभी-कभी, ऐसा भी होता है कि सारे जीवन भर साधक परमात्मा और सद्गुरु में सच्चे विश्वास के साथ साधना में तत्पर रहता है। निरतर परमात्मा के चिन्तन में अपने मन को लगाये रहता है पर आत्मा का अनुभव ज्ञान (आत्मसाक्षात्कार) प्राप्त नहीं होता। परमात्मा की विशेष कृपा ऐसे जीव पर जब होती है तो अन्तकाल में उसके सारे चक्र ज्वालामुखी की तरह एक साथ जागृत हो जाते हैं और आत्मसाक्षात्कार के साथ-साथ उसकी आत्मा अपने सच्चे स्वरूप में विलीन हो जाती है। फिर उसे जन्म नहीं लेना पड़ता" (गीता सुधा भाग-2)। आनंद योग की साधना में साधक, तमाम उत्साहबर्धक चमत्कारिक अनुभवों से गुजरता हुआ 'झूठल खेलल-सच्चल होय' की कहावत के यथार्थ का अनुभव करते हुए जीवन यात्रा करता है। यह जीवन यात्रा अध्यात्मिक होतो है।

लेखक, के आध्यात्मिक जीवन यात्रा में सेवा के प्रारम्भिक 16 वर्ष नार्थ ईष्ट (शिलागं) में रहे- जिस दरमियान वहाँ तमाम सामाजिक उथल-पुथल चल रही थी। कर्फ्यू तथा बंद ऐसे हालात के दिनों के अच्छे सकारात्मक आध्यात्मिक अनुभव रहे। उसी माहौल में, एक नये शोध संस्थान के विकास के अनुभव भी ऐसे रहे कि जीवन यात्रा आध्यात्मिक होती गई। प्रारम्भ में ही (1979), गृहस्थ संत महात्मा यशपाल जी (भाई साहब) से मुलाकात हो गई, जो अपनी जीवन यात्रा के आध्यात्मिक अनुभव ज्ञान को लिपिबद्ध कर रहे थे। साथ-साथ, 'आनंदयोग' साधन पद्धति का मूर्ति रुप भी आकार ले रहा था। आप सेवा निवृत्त वैज्ञानिक (रिसर्च स्कालर) थे। आपने, अध्यात्म विषय को शोध के दृष्टिकोण से समझने का प्रयास किया था, जिसका प्रभाव हम पर भी पड़ा और अध्यात्म पर भी शोध प्रवृत्ति ही प्रतिफल बनी, जिसकी वजह से ही यह अनुभव आधारित संकलन प्रस्तुत हो पा रहा है।

'आनंदयोग' साधना हमें कर्म करने में मजबूती से प्रतिष्ठित करती है और साथ-साथ, हम हैं क्या या कौन हैं? के जानने की ओर भी उन्मुख करती है, सही अर्थ में हम इंसान बनने लगते हैं। हम जीवन की समस्याओं से भागते नहीं। शिलांग में विकसित होते नये शोध संस्थान (ICAR Research Complex Shillong) में, हम बहुत सारे विभिन्न विषयों के वैज्ञानिक (अधिकांश, नव युवक), एक साथ नियुक्त हुए। उपजते विचार, हमारी आगामी जीवन यात्रा का पथ प्रदर्शित करते हैं। यह समय, उन लोगों के लिए बड़े बदलाव के होते हैं, जिनके संस्कार में कर्त्तव्य निष्ठा का भाव गहरा होता है। कुछ ऐसी ईश्वर की कृपा रही कि अधिकांश हमारे साथी कर्त्तव्य भावना के धनी थे, और वहाँ, अच्छा काम हो सका। एक हमारे खास मित्र बने, डॉ. एस0 एस0 ताम्हन जी। आप एनिमल प्रोडक्शन विषय के वैज्ञानिक थे, रुचि अध्यात्म की ओर थी, जिसका प्रभाव हम पर भी पड़ा। नये संस्थान में, जानवरों के रख-रखाव की समस्या ने उन्हें, ऐसा निर्णय लेने पर मजबूर कर दिया कि आपने सन्यास ले लिया। आप, बेचलर थे, शादी नहीं किये थे। जाते समय संस्थान के डायरेक्टर, डॉ0डी0जे0 राय, महोदय ने कारण पूछा, तो इन्होंने कहा कि 'Sir, I am grateful to you and to your Administartion. It has put me on real path towards God realization'. Dr PSRC, Murti, उनके विभाग के साथी व मित्र थे, एक दिन उन्हें घर की चाभी देकर, चले गये। काफी दिन स्वामी

चिन्मयानन्द जी के साथ रहे, उनके न रहने के बाद, मुम्बई में 'सद्भावना ट्रस्ट' की स्थापना कर स्वयं 'अनुभवानन्द' के नाम से गीता ज्ञान का प्रचार प्रसार करते रहे।

डॉ. ताम्हन जी का उदाहरण देने का, मतलब इतना है कि मानव जीवन की विविधिताऐं अनंत हैं, सभी सही हैं, मुख्य बात है सोच में सकारात्मक पक्ष की। डॉ0 ताम्हन जी बौद्धिक ज्ञान के माध्यम से लोगों का जीवन सुलभ व सरल बनाने के काम में लग गये। शास्त्रों की यह बात, कि– "गृहस्थ जीवन आध्यात्म! साधना के लिए सबसे उत्तम क्षेत्र है" बहुत ही सही लगा इसे। जितने भी सन्त हुए हैं, अधिकांश गृहस्थ में ही हुए हैं। इसमें यदि समझ बन जाये तो जीवन यात्रा न केवल सुखद बन जाये, बल्कि अनुभव ज्ञान की बातों का संकलन होते हुए, अध्यात्मिक विज्ञान तथा समाज सुधार का बहुत बड़ा, काम हो सकता है।

इन्हीं बातों से प्रेरित हो, ईश्वर इच्छा से इस कोरोना काल में प्रति दिन 'आनंदयोग' के व्यवहारिक पक्ष को समझने के लिए, हमने अपने अनुभव व विचार कुछ विद्वुत बन्धुओं व बहनों के साथ, लॉकडाउन के कुछ दिनों तक रोज पत्र के रुप में वाट्सअप के माध्यम से साझा करने का छोटा सा प्रयास किया जो इस पुस्तक में संकलित है।

पत्र श्रृंखला की शुरुआत और अंत को यह ईश्वर इच्छा मानता है, जिसकी शुरूआत 25 मार्च 2020, लाक डाउन के प्रथम दिन से ही हुई। अचानक उपजी कोरोना परिस्थिति, एक अप्रत्याशित घटना ही है। बेहतर परमात्मा ही जाने कि यह लेखक के लिए आध्यात्मिक चर्चा का कारण बना। लेखक इसे ईश्वर इच्छा ही मानता है, क्योंकि ऐसा किसी अदृश्य शक्ति की प्रेरणा से ही हो सका और निःसंदेह, इसके गुरुदेव महात्मा यशपाल जी महाराज ही हैं जो अब परमात्मा में लय हो विश्व व्यवस्था के अंग हैं। चिरंजी लाल शर्मा जी ने गुरुतत्व की क्या सुन्दर व्याख्या की है 'जिस्म में मौजूद थे तो फासले मुमकिन भी थे। अब तो लामहदूद हैं तो रूबरू रहते हैं आप'। इस पुस्तक में प्रस्तुत सारी अध्यात्म व अनुभव सामग्री का आधार 'आनंद योग' साधना रही है, अतः एक साधक बन्धु श्री दुःख हरण चौधरी जी द्वारा की गई इस गृहस्थ योग साधना की व्यवहारिक अनुभव आधारित परिभाषा यहाँ देना

यह उपयुक्त समझता है। आपने इस योग पद्धति को परिभाषित करते हुए लिखा है 'आनंदयोग' आनंद पूर्वक जीवन जीने की शिक्षा देता है। हमारा जीवन योग युक्त होकर कैसे दिनचर्याओं के सभी कामों में आनंद का अनुभव करे तथा कर्म, बोझ न बन सके, इसी जीवन पद्धति का नाम 'आनंदयोग' है। जीवन में विषय वासनाओं के आनंद को कैसे शुद्ध आनंद में बदला जाये, इसी सुलभ, सरल, सहज, सरस पद्धति का नाम है 'आनंदयोग'। आप जो स्वांत: सुखाय के लिए पत्रावली लिखने का कार्य कर रहे है, वह भी 'आनंदयोग' ही है। इसके बहुत आयाम हैं, आवश्यकता है शोध एवं चिन्तन की।"

'आनंदयोग' पद्धति को, महात्मा यशपाल जी (भाई साहब) ने गृहस्थ में रहते हुए, आध्यात्मिक जीवन यात्रा में साधना करते हुए, जीवन चर्या के खाली समय का सदुपयोग करते हुए, सिलसिले के सूफी संतो की शिक्षाओं तथा अनुभवों को अमली जामा पहना कर, एक सरल साधन पद्धति, मानव विकास के हित में प्रस्तुत किया। चौधरी साहब ने उपरोक्त टिप्पड़ी में सम्पूर्ण पद्धति की एक संक्षिप्त परिभाषा देकर, इस योग के मुख्य उद्देश्यों को रेखांकित कर दिया है। इसकी अभिव्यक्ति जो इस समय हमारे विचार में आ रही है वह यह है, कि इस पत्र को पढ़ने में यदि किसी भी प्रकार की जिज्ञासा या आनंद आपको हो रहा है, तो वह ही 'आनंद योग' की एक झलक है। मन का ऐसा हो जाना कि कर्त्तापन का भाव ऐसा बदल जाये कि ईश्वर की ही याद रह जाय। ऐसे में जो कर्म होते हैं, स्वयं तथा दुनिया को हैरत करने वाले होते हैं। महात्माओं के काम को देखकर दुनिया के लोग हैरत करते हैं तथा साधारण गृहस्थ का उसके मित्र जन या पास पड़ोस वाले। परमात्मा ऐसे गृहस्थी संत 'आइकन' समय-समय पर समाज में पैदा करते रहे हैं, जो अधिकतर गृहस्थ में ही पाये जाते हैं।

आशा है ईश्वर कृपा से पाठक बन्धु, नि:संदेह आध्यात्मिक रुप से इस पुस्तक को पढ़ते हुए लाभान्वित अनुभव करेंगे।

"परमात्मा तूही है तेरी इच्छा पूरी हो।"

1, दिसम्बर, 2020 **अक्षयबर सिंह**

दो शब्द

अध्यात्म मानव जीवन का एक महत्वपूर्ण हिस्सा है और इसी से समाज का समुचित विकास सम्भव है। लेकिन समय के साथ -साथ, अनुभव में आता है कि तमाम धार्मिक प्रयासों के बावजूद मानव मूल्यों में गिरावट व नैतिक पतन का सिलसिला, मानव जीवन में ऐसा शामिल हो गया है कि, थमने का नाम नहीं ले रहा। मानव जीवन की परेशानियाँ और कठिनाइयाँ तमाम भौतिक सुख-सुविधाओं के बावजूद बढ़ती ही जा रही हैं। ऐसे नें इस बात को नकारा नहीं जा सकता कि आज के माहौल में आध्यात्मिक जागृति की बहुत आवश्यकता है। कोरोना काल में, डॉ. अक्षयबर सिंह द्वारा किया गया यह विश्लेषणात्मक संकलन, आध्यात्मिक दृष्टिकोण से एक अच्छा प्रयास है जो अध्यात्म के विभिन्न पहलुओं पर, विविध रूप से प्रकाश डालता है। इस प्रयास में अलग-अलग विचार व पद्धति से जुड़े लोगों के अनुभव संकलित हुए हैं।

अध्यात्म साधना का मुख्य लक्ष्य ध्यान है, जिससे मानव अस्तित्व का रहस्य खुलता है और शनैः शनैः साधक 'हम हैं क्या' के जानने की ओर अग्रसर होता है और साथ-साथ सकारात्मक बदलाव भी आता है। डॉ. सिंह का सानिध्य गृहस्थ सन्त महात्मा यशपाल (भाई साहब) जी का रहा है जो ध्यान योग के साधक रहे हैं। मानव जीवन में, अध्यात्म साधना के संबंध में शास्त्रों की बातों का सरल रुप में एकत्रीकरण निःसंदेह गृहस्थ साधकों के लिए उपयोगी होगा, ऐसा यह सेवक मानता है।

महात्मा यशपाल जी, गृहस्थ सूफी सन्त रहे, जिन्होंने 'दस्तबकार व दिलवयार' (हाथ काम में, दिल परमात्मा की याद में) रहने की साधना

धर्मानुकूल जीवन यापन करते हुए की। आपने अपने अनुभवों को 'आनंदयोग' साधन पद्धति के रुप में समाज के सामने रखा। डॉ. सिंह ने, आपकी शिक्षाओं को अपने जीवन में साधा व आजमाया, जिससे यह प्रस्तुती अनायास ही असमान्य परिस्थितियों में हुई, यह ईश्वर इच्छा ही है। सेवक को विश्वास है कि यह पुस्तक आध्यात्मिक जागृति के दृष्टिकोण से प्रेरक व उपयोगी साबित होगी।

डॉ. सिंह को इस पुनीत कार्य के लिए साधुवाद देते हुए, सेवक आशा करता है कि यह भविष्य में भी ऐसे गुरु सेवा का कार्य करते रहेंगे।

"परमात्मा तू ही है तेरी इच्छा पूरी हो।"

रमेश चन्द गुप्ता

पूर्व सह संरक्षक,

अखिल भारतीय सन्तमत सत्संग,

दिल्ली–10007

व सरंक्षक यशरूप पीठ, नोयडा (उ.प्र.)

दो शब्द

सन् 2020 इस सदी का अप्रत्याशित वर्ष रहा है। कोरोना महामारी ने सारे विश्व के साथ- साथ भारत वर्ष को भी गंभीर रूप से प्रभावित किया है और अभी भी यह संघर्ष समाप्त नहीं हुआ है। भारत सरकार ने इस महामारी से देश की महती जनसंख्या को आर्थिक, सामाजिक, स्वास्थ्य हेतु संबल देने का अनवरत सराहनीय प्रयास किया है। ऑन - लाइन डिजिटल तकनीक ने इस कठिन समय में शिक्षा, व्यापार, ज्ञान प्रसार एवं अन्य क्षेत्रों में अद्वितीय योगदान प्रदान किया है। ऐसी संभावना है कि यह तकनीक भविष्य में भी जीवन के हर क्षेत्र में उपयोगी होगी और हमारी जीवन पद्धति को एक नया आयाम देगी।

भारतवर्ष आदिकाल से ही अध्यात्म भूमि रहा है और अध्यात्म यहाँ जीवन शैली का अभिन्न अंग है। भौतिक सुख साधन के साथ-साथ अध्यात्मिक जिज्ञासा हेतु भी यहाँ निरन्तर चिंतन एवं मनन चलता रहता है। अधिकांश परिवारों में अभी भी अपनाई जाने वाली पद्धति हर सदस्य को अध्यात्म मार्ग पर चलने की प्रेरणा देती है। अनेकों गृहस्थ लोगों ने सामान्य जीवन यापन करते हुए भी संत समान संतोषमय जीवन व्यतीत किया है। उनके अनुभव एवं आचरण ने समाज के बड़े वर्ग को स्वच्छ जीवन जीने की प्रेरणा दी है। ऐसे ही एक गृहस्थ संत श्री यशपाल जी का परिचय डॉ. अक्षयबर सिंह जी द्वारा प्राप्त हुआ। आपकी उनमें गुरुवत् भावना है और उनका आपको सानिध्य मिला। श्री यशपाल जी द्वारा प्रतिपादित 'आनंदयोग' जीवन जीने की सुगम व्यवस्था प्रदान करता है।

ईश्वर प्रेरणा ही है कि कोरोना काल के प्रारंभ से ही डॉ. अक्षयबर सिंह जी ने वाट्सएप के आन लाइन माध्यम से अध्यात्म विषयक विचार एवं

अनुभव आधारिक दैनिक पत्राचार कार्यक्रम प्रारंभ किया। ये पत्र आप अपने मित्रों और साथियों को प्रेषित करते रहे। कुछ पत्रों पर पाठकों की प्रतिक्रिया भी मिलती रहती थी। पत्राचार कार्यक्रम मार्च से नवम्बर के बीच एक लम्बे समय तक अनवरत रुप से चला। इन पत्रों में अध्यात्म का दार्शनिक, सैद्धांतिक एवं अनुभवगम्य पक्ष परिलक्षित होता है। आपका यह स्वान्त:सुखाय का अनायास प्रयास पुस्तक रूप में आपके समक्ष है। पत्रावली का पुस्तक रूप प्रकाशन अत्यंत सराहनीय कार्य है।

मुझे पूर्ण आशा है कि पुस्तक के अध्ययन एवं मनन द्वारा पाठक अध्यात्म मार्ग की ओर अग्रसर होने की प्रेरणा प्राप्त कर सकेंगे।

डा. लक्ष्मी कान्त महेश्वरी

भूतपूर्व उपकुलपति
बी.आई.टी.एस.
पिलानी (राजस्थान)

दो शब्द

आदरणीय डॉ. अक्षयबर सिंह जी

सादर नमस्कार

आपके द्वारा भेजी हुई पाण्डुलिपि 'मानव जीवन में अध्यात्म' प्राप्त हुई। मन से अवलोकन किया। अपने अनुभव द्वारा आध्यात्मिक जीवन से सुन्दर जीवन कैसे बनाया जा सकता है इस सबंध में आपने बहुत ही प्रासगिक विषय का संकलन किया है। मेरा मत है कि प्रत्येक मनुष्य प्राणी आंतरिक दृष्टि से आनंद स्वरूप विकृत हो जाता है, और उसको सत्यं शिवम् सुन्दरम रुप की विस्मृति हो जाती है, जिससे वह जीवन में इच्छाओं रुपी बोझ से दब जाता है। लेकिन जैसे-जैसे वह खोखली आधुनिकता की ओर बढ़ रहा है, वैसे-वैसे वह आत्म केंद्रित होता जा रहा है और अपने एवं समाज के लिए भी संकट पैदा कर रहा है। अभी सारा मानव समाज बनने की प्रकिया से हो जूझ रहा है। प्रत्येक इंसान में अच्छे व बुरे गुण होते हैं। अच्छे गुणों की वृद्धि हो, ऐसा प्रयास ही आध्यात्मिक विकास की प्रक्रिया है। इसका विस्तृत वर्णन पुस्तक में आपने किया है। आज यह आवश्यक हो गया है कि हम अध्यात्म के द्वारा श्रेष्ठ विचारों से समाज को समृद्ध करें, तभी हमारा समुचित विकास और जीवन के उद्देश्यों की पूर्ति होगी। मेरा विश्वास है कि आपकी पुस्तक इस भावना को प्रबल करने का सार्थक माध्यम बनेगी।

आपके द्वारा भेजी पान्डुलिपि पत्र के साथ वापस भेज रहा हूँ।

शुभकामनाओं सहित,

आपका

दिनांक 29-01-2021

कृष्ण बिहारी अग्रवाल

अध्यक्ष, कबीर शान्ति मिशन, लखनऊ

16/16-A, सिविल लाइन कानपुर - 208001

फोन: 9140511038

शुभासंशा

विद्वान लेखक, समर्पित साधक एवं साहित्य मर्मज्ञ डॉ. अक्षयबर सिंह की नव्यतम कृति 'मानव जीवन में आध्यात्म' का प्रकाशन अतीव प्रसन्नता का विषय है।

मानवीय चेतना अपनी अन्विति में विस्तृत, बहुआयामी एवं असीम संभावनाओं को लिए है। सुगमता की दृष्टि से इसके तीन प्रमुख आयाम हैं। पहला आयाम तथ्यों एवं बाह्य संसार से जुड़ा है, जो प्रमुखतः बुद्धि से परिचालित है। यहाँ सम्पूर्ण दृष्टिकोण वैज्ञानिक एवं वस्तुनिष्ठ है। यह क्षेत्र वस्तुतः गणित, विज्ञान, कम्प्यूटर, प्राद्यौगिकी आदि से जुड़ा है। अतः यहाँ एक और एक दो होते हैं, तथापि संगीत, काव्य, कला एवं शिल्प के क्षेत्र में ऐसा नहीं होता। यहाँ कोई गणितीय रीति नहीं चलती। तभी कवि कह उठता है साथी हाथ बढ़ाना, यदि तुम्हारा साथ मिले तो मैं संसार को बदल सकता हूँ। यह एक और एक प्रायः ग्यारह का आभास दिलाते हैं क्योंकि भावनाओं, अनुभूतियों एवं भावपूर्ण अभिव्यक्तियों का यह क्षेत्र प्रमुखतः हृदय से परिचालित होता है। हृदय से ही द्वार खुलता है उस रहस्यमय क्षेत्र का जो वर्णनातीत हो जाता है। यदि मीरा की कविता साहित्य की निधि है तो उसकी आकुल टेर, उसकी समर्पित साधनामय विह्वलता हमारे लिये प्रभु के द्वार खोलते हैं एवं उस परम रहस्यमय की ओर ले जाते हैं, जहाँ एक और एक दो नहीं हो सकते। कबीर के शब्दों में 'प्रेम गली अति सांकरी तामें दो न समाहिं'। यहाँ बूँद जब सागर में अपने को मिला देती है तो स्वयं सागर हो जाती है। यह आत्मा का क्षेत्र है जहाँ सब कुछ शून्य हो जाता है तथा यह शून्य ही पूर्ण है। उपनिषद कहते हैं:

ओम पूर्णमदः पूर्णमिदमं पूर्णात् पूर्णमुदच्यते।
पूर्णस्य पूर्णमादाय पूर्णमेवावशिष्यते।।

मनीषियों ने पूर्ण तथा शून्य को एक मानते हुए इसे परमब्रम्ह परमेश्वर का ही पर्याय माना है। उपनिषद्कार के अनुसार सब कुछ पूर्ण है। पूर्ण से पूर्ण को घटायें, जोड़ा जाये तो पूर्ण ही शेष रहता है। इसे इस प्रकार भी जाना जा सकता है कि शून्य से शून्य निकाल लेने के बाद शून्य ही शेष रहता है। यह क्षेत्र वस्तुतः आध्यात्म का है। आध्यात्म धर्म से (या विविध धर्मों से) उनकी वर्गीकृत अवधारणाएँ, उपासना–पद्धति एवं औपचारिकताएँ (जो अलग- अलग धर्मों में अलग–अलग रूप से निर्देशित एवं वर्णित हैं) ग्रहण नहीं करता अपितु अध्यात्म धर्म से धार्मिकता ग्रहण करता है जिसके आधार उदात्त जीवन मूल्य हैं।

'मानव जीवन में आध्यात्म' के एक महत्वपूर्ण ुस्तक इस दृष्टि से भी है कि इसमें आध्यात्मिक जीवन की सुसंगत व्याख्या के साथ ही यह इंगित किया गया है कि इसे कैसे अपनाकर अपने जीवन को सार्थक बनाया जा सके। इस कृति के पहले आठ अध्यायों में प्रमुखतः मानव जीवन में आध्यात्म के महत्व को इंगित करते हुए इसके जीने की कला पर प्रकाश डाला गया है। इसके पश्चात एक परिच्छेद में आध्यात्मिक जीवन में ध्यान का महत्व स्पष्ट किया गया है। एक अन्य परिच्छेद में 'सोच की धारा बदलने' पर बल दिया गया है। आठवें अध्याय में 'समझने व अपनाने योग्य' जो बातें बताई गई हैं वे अत्यन्त मूल्यवान हैं। नौवें परिच्छेद का शीर्षक आध्यात्मिक निष्कर्ष है जिसमें इस कृति का निचोड़ आ गया है। निःसंदेह अन्तिम अध्याय 'उपसंहार' कृति का एक अत्यन्त महत्वपूर्ण अंग है।

विद्वान लेखक 'आनंदयोग' के साधक है। उनका कथन है कि आनंद योग की साधना में साधक, तमाम उत्साहवर्धक चमत्कारिक अनुभवों से गुजरता हुआ 'झूठल खेलल सच्चल होय' की कहावत के यथार्थ का अनुभव करते हुए जीवन यात्रा करता है। यह जीवन यात्रा आध्यात्मिक होती है। वस्तुतः जीवन को बोझ रहित बनाकर आनंद पूर्वक जीने की कला आनंद योग है एवं यह पुस्तक हमें आनंदपूर्वक जीवन यापन करने के आध्यात्मिक संदर्भो से सुपरिचित कराती है। समग्रतः यह कृति बार–बार पठन एवं मनन करने के साथ ही जीवन में उतारने के योग्य है।

अतः मैं अधीत विद्वान एवं समर्पित साधक डॉ. अक्षयबर सिंह को प्रस्तुत कृति के प्रणयन हेतु हार्दिक साधुवाद देता हूँ। मेरा विश्वास है कि डॉ. सिंह भविष्य में भी ऐसी महनीय कृतियों से सृजन-संपदा को सुसमृद्ध करते रहेंगे।

मैं आशान्वित हूँ कि इस श्रेष्ठ कृति का सर्वत्र स्वागत एवं समादर होगा।

अपरिमित शुभ कामनाओं सहित,

दिनांक 20-03-2021

डॉ. शम्भूनाथ

पूर्व कार्यकारी अध्यक्ष, उ0प्र0हिन्दी संस्थान -
एवं पूर्व मुख्य सचिव, उत्तर प्रदेश शासन
1/60 विशाल खण्ड
गोमती नगर, लखनऊ

समर्पण

पारिवारिक परिपेक्ष्य के कारण हमारी जीवन यात्रा आध्यात्मिक रही है। इस बात का आभास हमें, यात्रा के पहले 30 वर्षों में नहीं रहा। यात्रा के 36वें वर्ष में महात्मा यशपाल जी का साथ मिला, जिसका श्रेय धर्मप्त्नी शिव कुमारी सिंह को जाता है। इनका साथ हमें संयुक्त परिवार के श्रेष्ठ जनों के निर्णय के आधार पर वर्ष 1960 में मिला, जब इसने 10वीं कक्षा की परीक्षा दी थी। ईश्वर कृपा से इनके संस्कार आध्यात्मिक रुचि के थे। विवाहोपरांत 10 वर्ष तक यह गाँव में हमारे माता-पिता के साथ संयुक्त परिवार में रहीं और इस दरमियान हम लोगों को चार पुत्रियाँ हुई, जिनका पालन-पोषण पारिवारिक माहौल और गाँव के सहयोगी वातावरण में हुआ। बच्चियों को अच्छे संस्कार मिले। करीब 150 वर्ष पहले परिवार के साथ रह गये एक सिद्ध संत बाबा भोलादास के प्रभाव से अनजाने में ही आगे आने वाले सदस्यों का जीवन आध्यात्मिक रहा। ऐसे में यह नियमित रोजाना सांय भोजनोपरांत सोने के पहले घर की महिला सदस्यों को रामचरित मानस पढ़कर सुनाया करती थीं। मैं शिक्षा ग्रहण में ही लगा रहा और 1968 में आई0आई0टी0 खड़गपुर से एम0टेक0 पूरा करते-करते उत्तर प्रदेश सरकार में क्लास टू गजटेड जॉब में आ गया। पत्नी हमारे साथ रहने 1970 में ही, जा सकीं जब में सैन्ट्रल गवर्नमेंट सर्विस में साइंटिस्ट के जॉब में गुजरात गया।

धर्म पत्नी की आध्यात्मिक रुचि के होने से, 1979 में हम सबका जुड़ाव गृहस्थ संत महात्मा यशपाल (भाई साहब) जी के सत्संग से हुआ, जो अपनी साधना व अनुभव से सूफी सिलसिले की साधन-पद्धति को 'आनंदयोग' के प्रारूप में संकलित, प्रतिपादित व प्रचारित कर रहे थे। ईश्वर कृपा रही कि पूर्ण समर्पण के साथ उनसे हम सबका जुड़ाव हो गया। हम लोग शिलांग में 16 वर्ष रहे और यहाँ हमें एक और पुत्री की प्राप्ति हुई। बच्चियों की

देख-रेख व निवास पर साप्ताहिक सत्संग केन्द्र की व्यवस्था की पूरी जिम्मेदारी, धर्मपत्नी ने ही संभाली क्योंकि मैं तो नये स्थापित होते रिसर्च संस्थान के विकास में ही व्यस्त रहता। उसके बाद हम लोग 1990 से 2015 तक दिल्ली में रहे। इसी बीच सारी दुनियावी जिम्मेदारियों से निवृत्त हुए। जीवन तो संघर्षमय है ही, लेकिन आज 78 प्लस की आयु में, ऐसा कुछ नहीं याद है कि जिसे हम तनाव की बात कह सकें। नि:संदेह, यह आध्यात्मिक जीवन का प्रभाव है, ईश्वर कृपा-गुरु कृपा रही है। हमें आध्यात्म के बारे में ज्यादा कुछ ज्ञान नहीं है, लेकिन जीवन यात्रा की पूरी प्रक्रिया में, किसी भी इंसान के लिए धर्मपत्नी का बहुत महत्वपूर्ण स्थान है। गृहस्थ जीवन में इंसान पत्नी के सहयोग से ही कोई सार्थक काम कर सकता है, दीन व दुनिया सँवार सकता है। अब जीवन यात्रा के उत्तरार्ध में, आध्यात्म व इसके विज्ञान को समझने का प्रयास कर रहे हैं जो स्वान्त: सुखाय लगता है।

हमने अपने परिवार की जीवन यात्रा में देखा कि समय के साथ-साथ मानव मूल्यों में कैसे नकारात्मक बदलाव आये हैं कि आगे कैसा मानव समाज होगा की कल्पना ही करना कठिन है। हाँ आध्यात्मिक जीवन अवश्य मानव यात्रा को सुखद बनाने का मार्ग है जिसकी सफलता धर्मपत्नी के सहयोग पर निर्भर है। हमने अपनी यात्रा में पत्नी को विभिन्न (मित्र, सहयोगी, शुभ चिंतक, माँ) रूपों में देखा व अनुभव किया है। पत्नी का चुनाव, माता-पिता पर यदि छोड़ दिया जाये तो, नि:संदेह वह ईश्वर इच्छा से उत्तम व जीवन यात्रा में सुख दायक होगा, ऐसा हमने पारम्परिक तौर से हुए अपने साथियों के अनुभवों में भी देखा है। अध्यात्म में स्वाभाविक जीवन यात्रा, ईश्वर इच्छा, स्वधर्म पालन, ध्यान... ऐसे विषय मानव हित में गहन शोध के विषय हैं जो हम ऐसे वैज्ञानिक जीवन यात्रा करते हुए कर सकते हैं।

ये शब्द, हमने अपनी धर्मपत्नी श्रीमती शिव कुमारी सिंह के लिए आभार स्वरूप लिखे हैं जो आज भी हमारे ऐसे कामों में सहायक हैं। यह प्रयास प्रभु कृपा से प्राप्त हमारी सहयोगिनी धर्मपत्नी शिव कुमारी सिंह को समर्पित है। "परमात्मा तू ही है तेरी इच्छा पूरी हो।"

अक्षयबर सिंह

लेखक

1

आध्यात्मिक जीवन यात्रा

इस अनुभाग में, लॉकडाउन के पीरियड में, ध्यान आकर्षित करती हुई, मीडिया में आती जन-भावना और घर में कैद स्वयं के विचार मंथन में उभरे अनुभव आधारित मानव जीवन के व्यवहारिक आध्यात्मिक पक्ष का संकलन है। मानव जीवन यात्रा में मुख्य रूप से स्वाध्याय, धर्म, लॉकडाउन एक अवसर, गुरु तत्व, गृहस्थ जीवन एक तप, प्रेम, ध्यान ऐसे विचार मुख्य रूप से चर्चा में आये हैं।

बंदौ गुरु पद कंज, कृपा सिंधु नर रूप हरि।
महा मोह तम पुंज, जासु बचन रविकर निकर।।

1. आध्यात्मिक जीवन यात्रा

कल शाम प्रधानमंत्री, मोदी जी ने विश्व में तेजी से फैलती, कोरोना बीमारी से लड़ने के लिए पूरे देश में, लाक-डाउन की घोषणा की। यह घटना देश व मानव इतिहास में अभूतपूर्व है। आपने घोषणा करते समय, इसे कर्फ्यू से भी बढ़कर, मानने की प्रार्थना देशवासियों से की। मुझे अपनी जीवन यात्रा में 16 वर्ष (1975-1990) नार्थ ईस्ट (शिलांग) में रहने का अवसर मिला। इस अवधि में आये दिन बन्द (जनता कर्फ्यू) या सरकार द्वारा लगाये जाने वाले एक या दस दिनों से भी ज्यादा की अवधि के कर्फ्यूओं में रहने का

अनुभव रहा है, जिसकी याद आ गई। 'कुछ न बिगड़ेगा तेरा सद्‌गुरु शरण आने के बाद' के अनुभव रहे थे।

जीवन यात्रा में सद्‌गुरु का मिलना दुर्लभ कहा गया है। इसे बिना किसी प्रयास या इच्छा के गृहस्थ सन्त महात्मा यशपाल जी (भाई साहब) का सानिध्य ईश्वर कृपा से 1979 में शिलांग में ही हुआ था। सन्तों के अनुभवों के साहित्य से साबित होता है कि प्रकृति की व्यवस्था में यह सुविधा (सद्‌गुरु की) सभी मानव शरीर-धारी जीवों को प्राप्त है। जीवन में कुछ भी बाईचान्स नहीं होता, ऐसा यह अपने जीवन के अनुभवों से समझा है, क्योंकि जो भी स्वाभाविक प्रक्रिया में होता है, अच्छा ही होता है। इस विचार से सहमति उन्हीं की बनेगी जो जीवन की घटनाओं को, सकारात्मक भाव से देखेंगे। गुरु तत्व ही हमारी रक्षा, हर क्षण करता रहता है। यह तत्व हमें, किसी न किसी रुप में (माँ, शिक्षक या आध्यात्मिक गुरु) हर वक्त उपलब्ध है। आवश्यकता है, उस पर पूर्ण विश्वास होने की। ऐसे में 'झूठल खेलल सच्चल होय' की कहावत का सुन्दर अनुभव किया जा सकता है। यह तत्व जिस रुप में भी हमें उपलब्ध है, उसका लाभ अपनी हर हाल की सूचना उन्हें देते रहकर लिया जा सकता है। ऐसे करके, स्वयं के अनुभवों का अध्ययन करते जायें, तो ईश्वर चाहेंगे तो यह 21 दिन, आध्यात्मिक दृष्टि से बड़े उपयोगी साबित होंगे। ऐसी परिस्थिति, ईश्वर प्रदत्त है, इसे सकारात्मक लेने में ही हमारा कल्याण है।

प्रशासन द्वारा दी जा रही गाइड लाइन का मानना हमारे लिये कल्याणकारी साबित होगा, ऐसा हमारा अनुभव रहा है। यह समय भी देखते-देखते बीत जायेगा। अनुभवों को लिपिबद्ध कर सकें, तो अध्यात्म विज्ञान को बढ़ावा मिलेगा। ईश्वर हम सबका भला करें।

25-03-2020

प्रतिक्रियायें: आपका पत्र बहुत शानदार है- डॉ. मान सिंह; आध्यात्मिक अनुभव से भरपूर पत्र देखा। साधक एवं सच्चे सेवक के जीवन में सद्‌गुरु तत्व की प्रधानता रहती है। उसके प्रति पूर्ण विश्वास एवं समर्पित जीवन ही हर संकट से रक्षा करता है- दु:ख हरण चौधरी; सम सामयिक घटना पर आधारित लेख पढ़कर मन सकारात्मक ऊर्जा से भरपूर हो गया। आपके विचार व आध्यात्मिक यात्रा का वर्णन हमें नये अनुभव कराता है - **अरुण सिंह**

2. योगी की सी जीवन यात्रा

कल शाम प्रधान मंत्री, मोदी जी की वाराणसी की जनता से वी0डी0ओ0 कानफ्रेंसिंग थी और वे बार-बार इस महामारी बीमारी को हराने के लिए शोशल- डिस्टैन्सिंग की बात पर जोर दे रहे थे। आपकी बातें आध्यात्मिक विचारों से ओत-प्रोत व बड़ी प्रभावशाली लग रही थीं। मेरे विचार में उस समय यह आ रहा था कि, भगवान (प्रकृति) की लीला है कि आज पूरे विश्व के महाबली नेता, जो जनमानस को हर वक्त दहशत में रखने के लिये एड़ी-चोटी का जोर लगाये रहते हैं, वे बेबस क्यों हैं? कोई किसी की मदद करने की स्थिति में नहीं है। सब अपने- अपने को ही बचाने की जुगत में लगे हैं और यह भी देखने को मिल रहा है कि अतीत की हमारी शिक्षा व्यवस्था कितनी निष्प्रभावी रही है कि नागरिकों में स्वानुशासन की समझ बनाने में नाकाम साबित हुई है। इसकी वजह से, प्यार नहीं, डण्डे का उपयोग निर्धारित नियमों को मनवाने में करना पड़ रहा है। मुझे लगता है, यह 21 दिन का समय, इस संसार को चलाने वाले ने आज के इस तथाकथित विकसित समाज को आत्म-निरीक्षण का एक अवसर दिया है कि इंसान को क्या करना चाहिए?

प्रधान मंत्री जी के विचारों व मार्ग-दर्शन का हमें अपने-अपने स्तर पर विश्लेषण करते हुए सोशल मीडिया पर चर्चा हो कि आध्यात्मिक शिक्षा को कैसे दुनियावी शिक्षा में पिरोया जाये कि बच्चे को अपने स्वयं का भी ज्ञान होता चले कि आखिर वह है क्या, या मानव जीवन का उद्देश्य क्या है? प्रधान मंत्री जी ने कबीर की साखी "साई इतना दीजिए जामें कुटुम्ब समाय, दास भूखा न रहे अतिथि न भूखा जाय" की भी बात की थी। वास्तव में यदि आज का इंसान इसका गहराई से अध्ययन करे तो दुनिया की सारी समस्याओं का हल इसी साखी में निहित है। यह बात महात्मा गाँधी जी ने कह व करके दिखा दिया था। मुझे भी इस जीवन में रोजी-रोटी का माध्यम एक वैज्ञानिक के रोल में ईश्वर ने दिया। आज 77 वर्ष की आयु में, यह स्वयं व कुछ साथियों की जीवन यात्रा, कबीर की कही उपरोक्त साखी के तहत ही हुई, का अनुभव कर रहा है। गीता में वर्णित, योगी की जीवन यात्रा का प्रैक्टिल स्वरूप इन बन्धुओं की जीवन यात्रा में देखा, भले ही उन्हें यह ज्ञान न हो कि

उनका जीवन एक योगी का सा रहा है। मोदी जी का भी जीवन ऐसे ही है। आइए इस समय का उपयोग आध्यात्मिक जागृति हेतु करें।

26-03-2020

प्रतिक्रिया: आध्यात्मिक जगरुकता का समयानुकूल प्रसंग अच्छा लगा-दुख हरण चौधरी; उत्कृष्ट लेखन और उम्दा विश्लेषण- **अरुण सिंह।**

---

3. स्वाध्याय

करोना बीमारी के चलते देश में लाक-डाउन का तीसरा दिन है। दिन में आती खबरों में, आध्यात्मिक दृष्टि से दो बातों ने ध्यान आकृष्ट किया। (1) घर में समय कैसे कटे और (2) मन की बीमारी से ग्रसित स्थाई रुप से कुछ असामाजिक जन जो ऐसे में भी भोली भाली जनता को भ्रमित कर रहे हैं। "हम सुधरें जग सुधरेगा" की बात आचार्य श्री राम शर्मा जी कह गये। देश के प्रधान मंत्री जी ने कई बार पब्लिक प्लेटफार्म से बच्चों व सबों को स्वाध्याय के लिए प्रेरित किया है। भेंट में पुस्तकें देने की बात की है। समय काटने का उत्तम मार्ग है, स्वाध्याय में रुचि बनाना। मोदी जी का दिया एक उदाहरण, मुझे बड़ा नेचुरल लगा था। 'आप देखते होंगे कि पान की दूकान से पुड़िया में से पान निकाल कर मुँह में रखकर कुछ लोग, उस छोटे से पेपर को फैला कर पढ़ते हैं। खासकर जब कई लोग एक समूह में साथ खड़े हों और बातचीत भी कर रहे हों। हमने भी सत्संग में पुड़िया से प्रसाद खाने के बादे पेपर के टुकड़े को, बहुतों को पढ़ते देखा है और मैं खुद भी ऐसा करता रहा हूँ।

सुना है, जापान में स्वाध्याय का कल्चर, काफी प्रभावी है और वह विकसित देश है, हमें विकासशील देश कहा जाता है। बस में यात्रा करते समय खड़े-खड़े लोग एक हाथ में किताब पकड़ कर पढ़ते दिखते हैं। इसके लाभ का अनुभव ऐसे करने वाले ही जानते हैं। कितना अन्दरूनी सुधार इंसान में आता है, समझने वाली बात है। क्या हम इन दिनों में किसी समय, परिवार जनों के साथ एक घण्टे का स्वाध्याय किसी महापुरूष की जीवनी नियमित रुप से पढ़कर या कोई धार्मिक ग्रंथ, स्वयं व बच्चों में इस जागरुकता का बीजारोपण करने की बात सोच सकते हैं? सोचिये! मुझे तो इसका लाभ बचपन में हमारे बाबा श्री राज बहादुर सिंह (सेवा निवृत्ति दरोगा) द्वारा रोज शाम को गाँव में कुछ लोगों के

साथ नियमित रामायण पाठ का लाभ देखते- देखते हुआ है। अनुभव करता हूँ कि सेवानिवृत्त के बाद या आज समय पास की कोई समस्या नहीं है। साथ-साथ सत्संग व सद्‌गुरु की प्राप्ति भी हुई, मन शान्त रहता है। मैं जो पुस्तकें पढ़ता, उसमें की बातें जो अच्छी लगती नोट कर लेता। बाद में उन बातों का संकलन कर, छपवा कर बाँटता रहा हूँ।

आज का हर इंसान मानसिक रूप से बीमार (काम, क्रोध, ईर्ष्या, बेईमानी, पर निन्दा, काम चोरी- ऐसी 100 बीमारियाँ) है। मन की बीमारी से बचने का स्वाध्याय एक, सस्ता उपाय है और यह हमें जाने-अनजाने, आध्यात्मिक जीवन यात्रा पर ले जाता है। हमारे प्रधान मंत्री जी की जीवन यात्रा आज के समय में एक अनुपम आध्यात्मिक जीवन यात्रा का उदाहरण है, जिसके बनने में स्वाध्याय का अह्म रोल भी रहा होगा। यहाँ भी कबीर जी की कही बात को सच मानना पड़ेगा। "बुरा जो देखन मैं चला बुरा न मिलिया कोय- जो घट ढूँढ़ा आपना मुझसे बुरा न कोय। विचर कीजिए। आईये स्वाध्यायी बनें।

27-03-2020

प्रतिक्रिया: Well articulated – Puneet Datta; महत्वपूर्ण सुझाव - **दु:ख हरण चौधरी**

---

4. महामानव

लाक डाउन का चौथा दिन है। इन दिनों जब भी यह मीडिया में मोदी जी को देखता है, तो उनके चेहरे पर समस्या की गंभीरता व आत्म विश्वास दोनों दिखता है। आज ही गायत्री संस्था की पत्रिका युग निर्माण योजना में एक लेख "अनमोल सम्पदा - चरित्र विकास" पढ़ा। हमारा ध्यान इस लेख की इस बात पर ठहर गया "कभी इस धरा पर ऐसे चरित्रवान महामानवों की बहुलता थी, जो अपने आचरणों के द्वारा सामान्य जनता के प्रेरणास्रोत थे"। लगा कि क्या अब इनका पैदा होना कम हो गया है? ऐसा नहीं हो सकता! क्योंकि प्रकृति, विकास की प्रक्रिया में सन्तुलन बनाये रखती है। मुझे लगता है, कि यह हमारे शिक्षा तन्त्र की शोध व्यवस्था सही रूप में, ऐसे महामानवों को प्रकाश में नहीं ला पा रही है। आज, दुनिया का विकास एकांगी (भौतिक) होकर, मानव समुदाय को विनाश की ओर ले जा रहा है। इसके अलावा हम आती हुई पीढ़ी

को सही तरह शिक्षित नहीं कर पा रहे हैं। सबसे बड़ी समस्या जो मानव विकास के क्षेत्र में उभर रही है, उसका सुन्दर चित्रण डॉ. रश्मि सोनी की पुस्तक 'Kabir's way to Emotional Intelligence' में आया है। आपने लिखा है– "Present generation that are coming up are totally technological with the result that they are becoming more depressed, anxious, violent, aggressive, intolerant, and even murderes. They are the most confused group of people with a lot of conflicts and contradictions in their decisions and feelings". मानव मस्तिष्क के भावनात्मक पक्ष के विकास (आध्यात्मिक पक्ष) पर कोई ध्यान ही नहीं है।

आज, कोरोना समस्या ने, समाज की सोच का पूरा दृष्टिकोण ही बदल दिया है। भगवान या परम्पराओं की बातें बहुत हो रही हैं। मैं मानता हूँ कि महापुरुषों की बातों पर गहराई से ध्यान देने की आवश्यकता है। रमन महर्षि की कही बात विचारणीय है– "तुम भविष्य की चिन्ता क्यों करते हो? तुम वर्तमान समय को सम्भालो, भविष्य अपने आप संभल जायेगा। इस संसार पर एक महान शक्ति काम करती है और यह उसका काम है कि वह उसकी देखभाल करे। वह जिसने इस संसार को जीवन प्रदान किया है, इस बात को अच्छी तरह जानता है कि इसे किस तरह पालना चाहिए। इस संसार का भार उसी के ऊपर है, तुम्हारे ऊपर नहीं। जैसे तुम हो, वैसा ही यह संसार भी है। अगर तुम अपने को नहीं समझ सकते, तो संसार को समझने से क्या लाभ हो सकता है।"

मानव विकास के आध्यात्मिक पक्ष को नजरअन्दाज करके किसी भी कोरोना जैसी समस्या का यथार्थ पूर्ण हल नहीं निकाला जा सकता। हमें अपनी परम्पराओं पर ध्यान देना ही होगा।

28-03-2020

प्रतिक्रिया: वाह Sir, क्या बात आपने लिख दिया। एकदम आनंद आ गया– डॉ. मान सिंह; सरलता से भरा हुआ पत्र। मानव विकास के लिए आधुनिक शिक्षा में कमी और तुम अपने को संभालो, संसार को वह संभाल लेगा जिसने इसे बनाया है, इन दोनों बातों को बहुत अच्छे से दर्शाया है– **दु:ख हरण चौधरी।**

5. स्वच्छता

आज हम पांचवें दिन के लाक डाउन से गुजर रहे हैं। इस बीच तरह तरह की सकारात्मक बातें भी सोशल मीडिया में आ रही हैं, जिन से हम या देश सीख ले सकता है। ऐसे ही जापान से किसी भारतीय विद्यार्थी का पत्र था। जापान में जन -जीवन सामान्य है। यह बीमारी वहाँ कोई असर न डाल सकी। कारण बताया था कि जो आज हमें कहा जा रहा है कि ऐसे साफ-सफाई, एहतियात, दूरी बनाकर रहना, मितव्यता, अनुशासन बरतना, वह जापान में जीवन पद्धति का सामान्य अंग है। उन्होंने अपनी परम्पराओं को ध्यान में रख कर ही विकास का माडल अपनाया है। "cleanliness is part of their culture. They are taught how to be clean and public behavior before learning alphabets in schools. They don't do hand shake but bow to greet. Washing hand is part of culture.--- This helped Japan to prevent lockdown. This needs a lot of sadhna. These rules were part of Japani culture which they practice with perfection. Some thing to learn from Japan."

मुझे याद है कि प्रधानमंत्री मोदी जी ने स्वच्छता पर अपने पहले ही देश के नाम पर लालकिले से स्वच्छता पर आन्दोलन चलाने की बात की थी। मजाक भी उड़ा और कुछ काम भी हुआ। लेकिन आवश्यकता के अनुरूप जो भी हुआ इतने बड़े देश में नगण्य ही कहा जायेगा। सरकार ही सब कर देगी की बात सोचना अपने को धोखा देना ही होगा। गाँव में हमारे पिता जी जो किसान थे रोज सुबह, 4 बजे उठकर दुआर बुहारते थे, और आस-पास के रास्ते भी काफी दूर तक साफ कर देते थे। हम बच्चों से दालान बुहारने को कहते थे। यह परम्परा आज नदारद है। आज वहीं हफ्तों कोई झाड़ू नहीं लगाता। आराम से गंदगी के साथ रहते हैं। हाँ, घर के अंदर औरतें जरूर सुबह पहले उठते ही सफाई में लग जाती हैं। याद आता है जब देश आजाद हुआ था, हम लोग गाँवों के स्कूलों में पढ़ाई प्रारम्भ होने के पहले पास की झाड़ियों से पत्तीदार टहनियाँ तोड़, झाड़ू बनाकर बुहार कर सफाई करते थे। यह भी शिक्षा का अंग था। आज हम विकास करते-करते कहाँ पहुंच गये! दूसरों की नकल, काम करने के बनते स्वभाव को तिलाजंलि दे चुके हैं, परम्पराओं का पता नहीं। और अब हाय-हाय, व पीड़ा। हम अपने स्वयं के स्तर पर निगाह डालें और देखें की स्वानुशासन में कहाँ खड़े हैं।

शिक्षा व्यवस्था आमूल चूल परिवर्तन माँगती है जिसमें और विषयों की तरह आध्यात्म –विज्ञान भी शिक्षा का अंग बने। वही हमें सच्चे माने में इंसान बना सकता है। सामाजिक अनुशासन में भी प्यार व प्रेम के डर की आवश्यकता है, डण्डे के डर की नहीं। यह आध्यात्म से ही आ सकता है। आज हमारी निर्भरता डण्डे के अनुशासन पर आश्रित होती जा रही है। जन समुदाय में आध्यात्मिकता को बढ़ाने की आवश्यकता है।

29-03-2020

---

6. जब आवे संतोष धन...

कोरोना बीमारी के चलते लाक डाउन का छठवाँ दिन है। चारों ओर से इसे रोकने व समाप्त करने का प्रयास, युद्ध स्तर पर चल रहा है। कमी जो दिख रही है, वह जन–अनुशासन की है। इतने विशाल, मिश्रित जनसंख्या वाले देश में, यह कोई आश्चर्य की बात भी नहीं है, फिर भी और देशों की तुलना में भारतीय समुदाय अधिक जिम्मेदारी का भाव दिखा रहा है। ऐसा होना हमारे समाज की आध्यात्मिक विरासत की मिशाल है। समाचार मीडिया में आजकल बड़े अच्छे–अच्छे विचारों का प्रवाह देखने को मिल रहा है।

वाट्सअप पर, आध्यात्मिक जीवन यापन वाले समाज का क्या परिदृश्य हो सकता है, आज की परिस्थिति का उदाहरण देते हुए, एक बहुत सुन्दर व यर्थाथ पूर्ण चित्रण पढ़ने को मिला। लिखा गया है 'ऐसा लग रहा है कि कलयुग में सतयुग आ गया है। कितना सादा जीवन हो गया। दाल, रोटी, कुछ कपड़े, एक घर इतना ही काफी लग रहा है। थोड़े में भी आनंद आ रहा है। टी.वी. में सुबह दुर्गा पूजा, फिर रामायण, महाभारत, फिर सन्त मणि बाणी का भव दिखना, शाम को हवन, आरती फिर महाभारत, रामायण। सारे घर वालों का यही रूटीन हो गया है। सब मिल कर काम करते हैं। भाग दौड़ की जिन्दगी में ठहराव आ गया है। शांति, संतोष सबके मन में है। सोना, चाँदी, धन, सुंदर ड्रेस कोई काम नहीं आ रहा। थोड़े में गुजारा हो रहा है। यही तो है संतोष धन। सब कुछ तो था, बस यही तो नहीं था। भक्ति की लहर तो बहती रहती है। न कोई भाव बढ़ने की खुशी न कोई घटने का दुःख। न कोई

चिन्ता, न कोई पर निंदा, सिर्फ व सिर्फ परमार्थ का भाव।' यही है आध्यात्मिक जीवन यात्रा का भाव, जो हजारों हजारों-लोग आज भी जीते हैं और प्रकृति ने पूरे समाज को इसका अनुभव कराया है। कबीर, तुलसी, गाँधी जी, हाल ही में हुए अब्दुल कलाम साहब आज की तारीख में मोदी जी, तमाम वैज्ञानिक/शिक्षक वर्ग, बहुत से ठेले वाले या सत्य पर आरूढ़ जन ऐसे ही जीवन का आनंद लेते हुए जीवन यात्रा सम्पन्न करते रहे व कर रहे है। बिलगेट्स की एक Thoughts provoking, आध्यात्मिक अभिव्यक्ति पढ़ी। He says "I am strong believer that there is spiritual purpose behind every thing that happens, whether that is what we perceive as being good or bad.' With 14 points of his expression, he concludes 'It is sent to remind us of the important lessons that we seem to have forgotten and it is up to us, if we will learn them or not."

I wish to endup this note with the expreesion of kabir ji

"साई इतना दीजिए, जामें कुटुम्ब समाय। दास भूखा न रहे अतिथि न भूखा जाय।

मानव समाज की समस्याओं का हल आध्यात्मिक जीवन विकसित करने में है न की अन्धा-धुन्ध भौतिक प्रगति की अंधी दौड़ में, देखा-देखी शामिल होना।

30-08-2020

प्रतिक्रियाः Dr. saheb 100% correct. I could not agree more with you. May the light of spiritualism spread more all around is my wish and prayer. - **Vinod Kumar Mittal.**

---

7. ध्यान

कोरोना बीमारी की लड़ाई का सातवाँ दिन है, हम सब लाक डाउन का अनुभव कर रहे हैं। मानव आचरण के तरह- तरह के व्यवहार भी देख रहे हैं और सुझाव भी लोग दे रहे हैं कि हमें भविष्य में कैसे रहना होगा/रहना चाहिए। एक अनुभव तो बहुतों को हो रहा है कि, हम जरूरत से ज्यादा ही संसाधनों का उपभोग अपने जीवन में करते हैं, उससे कम में भी बड़े आराम से गुजारा किया जा सकता है। डॉ. सत्येन्द्र पाल सिंह ने ऊर्जा कालम के तहत

दैनिक जागरण में 'आत्मसंयम' की बड़ी सुन्दर विवेचना की है। आप लिखते हैं 'संसार में मनुष्य का अपना कुछ भी नहीं है। अपना तन भी सृष्टि से उधार में लिए तत्वों से मिलकर बना है, जिन्हें एक दिन लौटाना ही है। यह भी सत्य है कि जो भी उसके पास है, वह कब तक रहेगा, यह कोई नहीं जानता। राजा से रंक और रंक से राजा होते पल भी नहीं लगता। जीवन में सबसे महत्वपूर्ण है कि मनुष्य अपने बारे में जाने।'

स्वयं के जानने का एक मात्र उपाय 'ध्यान' है। इसी के माध्यम से हम क्या हैं, का परदा खुलता है। अन्ततोगत्वा पता चलता है कि सब हमीं हैं! ध्यान करें कैसे? मुझे गृहस्थ सन्त महात्मा यशपाल जी (भाई साहब) का बताया तरीका बड़ा व्यवहारिक लगा। आपने दिन के 24 घण्टे ध्यान में रहने की पद्धति का विकास किया और वह भी दिनचर्या का केवल खाली समय लगा कर परमात्मा के नाम को अपने जीवन में जोड़ कर, छोड़ना कुछ भी नहीं। आठ घण्टे हम ध्यान में रह सकें का संक्षिप्त विवरण, मैं, अपनी भाषा में बताने का प्रयास करता हूँ।

सुबह उठते ही, भगवान का नाम लें, दिन अच्छा गुजरे, हमसे किसी का दिल न दुःखे की प्रार्थना करें, फिर काम में लग जायें। हाँ! प्रयास करें कि जितने भी नित्य कर्म करें (नहाना-धोना, दातुन- मंजन, चाय-नाश्ता, खाना...) सब भगवान की याद में हो। भगवान से मतलब यहाँ, आप जिस भगवान को मानते हैं (हनुमान जी, शंकर जी, माँ दुर्गा, वाहे गुरु, भैरव बाबा, अल्लाह या कोई नाम)। ऐसे सभी भगवानों के प्रतीकों में अपने ही भगवान का रुप देखें या ऐसी भावना बनायें कि यह भी तो वही हैं। साँय सोते समय, दिन में किये कामों का निरीक्षण करें। जितने भी काम आप से अच्छे हुए है (किसी की मदद, या किसी को आपसे प्रसन्नता मिली हो) भगवान को यह कहकर अपर्ण करें कि यह आपकी दया कृपा से हो पाया है, आपको अर्पण है। यह आपने ही किया, मैं तो आपके हाथ का यंत्र हूँ। यदि कोई गलत काम हुआ है, किसी की आत्मा दुःखी हो या जिस पर आत्मा कचोटे, तो भगवान से क्षमा माँगे, प्रार्थना करें कि ऐसी गलती से बचायें। फिर भगवान की याद करते-करते सो जाये। यदि इसके साथ-साथ आत्मा की आवाज पर चलने की आदत बना लें तो सोने में सुहागे की बात हो जायेगी। इससे मन में विचारों

की कमी होती जायेगी और आप ध्यान मार्ग पर बढ़ते जायेंगे, दुनियावी कार्य अच्छे होते जायेंगे।

31-03-2020

प्रतिक्रिया: बहुत ही अच्छा संदेश। आज की मुरली मेरे अंतर्मन को छू गई। - **अरुण सिंह।**

---

8. धर्म तथा धर्माचार्य

कोरोना बीमारी की, जन-भागीदारी से लड़ी जा रही लड़ाई में लाक डाउन का 8वाँ दिन है। कुछ तथाकथित धर्माचार्य अपने जन समूह को भ्रनित कर रहे हैं। ऐसे लोग, धर्माचार्य कैसे हो सकते हैं? इन्हें अपने धर्म की समझ ही नहीं है। भोली-भाली जनता, अंधविश्वास की शिकार है। सामान्य दिनों में भी, ऐसे लोगों की भूमिका परेशानी का कारण बनती रहती है। समय आ गया है, जब इनकी भी नियुक्ति की प्रक्रिया की समीक्षा हो। इनमें बहुत से परिवारवाद की परम्परा से इस पद पर आ जाते हैं। धर्म की मूल भावना को समझने के लिए त्याग व तपस्या की आवश्यकता होती है, क्योंकि यह कार्य शुद्ध आध्यात्मिकता/रूहानियत का है।

शिकागो के 'धर्म-महासभा' में स्वामी विवेकानन्द जी ने कहा था- 'एकता के विषय में बहुत कुछ कहा जा चुका है। इस समय मैं, अपना मत आपके समक्ष नहीं रखूँगा। किन्तु यदि यहाँ कोई यह आशा कर रहा है कि यह एकता किसी एक धर्म की विजय और बाकी सब धर्मों के विनाश से सिद्ध होगी, तो उनसे मेरा कहना है कि भाई तुम्हारी यह आशा असंभव है। क्या मैं यह चाहता हूँ कि ईसाई लोग हिन्दू हो जाँय? कदापि नहीं, ईश्वर ऐसा न करें। क्या मेरी यह इच्छा है कि हिन्दू या बौद्ध लोग ईसाई हो जाँय? ईश्वर इस इच्छा से बचायें। ऐसा ही धर्म के सम्बन्ध में भी है। ईसाई को हिन्दू या बौद्ध नहीं हो जाना चाहिए और न हिन्दू अथवा बौद्ध को ईसाई ही। पर हाँ, प्रत्येक को चाहिए कि वह दूसरों के सार भाग को आत्मसात करके पुष्टि लाभ करे और अपने वैशिष्ट्य की रक्षा करते हुए अपनी निजी बृद्धि के नियम के अनुसार बृद्धि को प्राप्त हो।

इस धर्म महासभा ने जगत के समक्ष यदि कुछ प्रदर्शित किया है, तो वह यह है: उसने सिद्ध कर दिया है कि शुद्धता, पवित्रता और दयाशीलता किसी सम्प्रदाय विशेष की एकांतिक सम्पत्ति नहीं है, एवं प्रत्येक धर्म ने श्रेष्ठ एवं अतिशय उन्नत चरित्र स्त्री-पुरुषों को जन्म दिया है। अब इन प्रत्यक्ष प्रमाणों के बावजूद भी यदि कोई ऐसा स्वप्न देखे कि अन्यान्य सारे धर्म नष्ट हो जायेंगे और केवल उसका धर्म ही जीवित रहेगा, तो उस पर मैं अपने हृदय के अतंस्थल से दया करता हूँ और मैं उसे स्पष्ट बतला देता हूँ कि शीघ्र ही, सारे प्रतिरोधों के बावजूद, प्रत्येक धर्म की पताका पर यह लिखा रहेगा- 'सहायता करो, लड़ो मत' 'पर भाव ग्रहण, न कि पर-भाव-विनाश': 'समन्वय और शान्ति', न कि 'मतभेद और कलह' इसी संदर्भ में महात्मा गाँधी जी की कही बात भी बहुत समीचीन है। आप कहते हैं 'सभी धर्म ईश्वरीय हैं, मगर सभी अपूर्ण हैं। सभी को समय के साथ गतिशीलता तो अपनानी ही होगी। सभी का गंतव्य एक ही है। रास्ते अलग-अलग हैं और हर रास्ता उस गंतव्य तक पहुँचाने में समर्थ हैं।'

लेखक इन उपरोक्त दोनों महापुरुषों के विचारों में मानव व मानव समाज के विकास का 'बरगद के बीज' की तरह का सामर्थ्य पाता है जो होता तो छोटा है, लेकिन विशाल वृक्ष बनने की क्षमता संजोए रहता है। पता नहीं, आज का प्रबुद्ध वर्ग कब, चेतेगा कि प्रकृति निरन्तर परिवर्तनशील है and every thing is evolving. इस वैज्ञानिक युग में कट्टरता व दकियानूसी विचारों से निजात दिलाने के लिये वह कब सक्रिय होगा।

01-04-2020

---

9. परिस्थिति प्रदत्त विभूतियाँ

कोरोना के विरुद्ध लड़ाई में, लाक डाउन का आज 9वाँ दिन है। घर में ही सीमित हो जाने के कारण समय बिताना कठिन हो रहा है। मीडिया में तरह- तरह के प्रोग्राम, समयानुकूल मनोरंजन व शिक्षाप्रद बातें प्रसारित की जा रही हैं। चाहे न चाहे, जाने-अनजाने, हम में अपने अतीत व भविष्य को लेकर तरह-तरह के विचार भी आ रहे हैं। ऐसे कठिन समय में कुछ विचार ऐसे भी होते हैं जो, जीवन यात्रा की दिशा बदल देते हैं। यहाँ, ऐसी दो आधुनिक

विभूतियों का उदाहरण देता हूँ, जिनका जीवन, परिस्थितिजन्य विचारों ने उन्हें महापुरुष बना दिया।

महात्मा यशपाल जी (भाई साहब), पोस्ट एण्ड टेलीग्राफ विभाग में टेलीग्रफिस्ट की नौकरी शुरु ही किये थे कि हिन्दुस्तान व पाकिस्तान के बँटवारे में कलकत्ता में दंगे भड़क गये। 5 दिन आप आफिस से घर नहीं जा सके। रात-दिन आती, मार-काट की खबरों से परेशान हो, मन दुःखी हो गया। विचार उठा "जीवन का मकसद केवल संसार में कीड़े-मकोड़ों की तरह आना, जानवरों की तरह रहना और उन्हीं की तरह मर जाना ही नहीं है। सारे दिन मशीनों को पीटना और सारा जीवन इसी में बिता देना, जीवन को बेकार नष्ट कर देना है। इस विचार पर मंथन और खोज ने आपको आध्यात्मिक जीवन यात्रा पर ला दिया। अन्ततः आपने कबीरी जीवन यात्रा करते हुए, गृहस्थियों के लिए 24 घण्टे ध्यान की साधन पद्धति विकसित की और 'अखिल भारतीय सन्तमत सत्संग' संस्था की स्थापना की। आप 'आनंदयोग' (जिसे गीता मेड इजी की संज्ञा दे सकते हैं) का सृजन कर 'ध्यान' साधना का प्रचार गृहस्थियों में किया और आध्यात्मिक जीवन जीने के लिए लोगों को प्रोत्साहित किया। आप निदेशक पद से सेवानिवृत्त हुए और आई.ई.टी.ई के फेलो भी रहे।

महात्मा राकेश कुमार मित्तल, एक आई0ए0एस0 अधिकारी रहे। सेवा काल के प्रारम्भ में एक डिनर के दरमियान, किसी सीनियर अधिकारी के (इन्हीं को लक्षित करते हुए) कमेंट 'बहुत से लोग बड़े ईमानदार बनने की कोशिश करते हैं, ऐसे लोग लैटर फेज आफ लाइफ में रिपेन्ट करते हैं, इस विचार की प्रतिक्रिया आप में हुई 'Is it bad to be good'. इस वैचारिक प्रतिक्रिया ने आपकी जीवन दिशा ही बदल दी। आप भी कबीर का जीवन जीते हुए 'कबीर शान्ति मिशन' (लखनऊ) की स्थापना की और समाज में सकारात्मकता का भाव बनाने का प्रचार जीवन के अन्त तक करते रहे।

इन दोनों सन्तों ने स्वयं के अनुभव आधारित विशाल आध्यात्मिक साहित्य (डाटा बेस) का भी सृजन किया, जो आध्यात्म विज्ञान के व्यवहारिक पक्ष के विकास के लिये बहुमूल्य निधि हैं। आध्यात्मिक गतिविधियाँ अधिकतर शास्त्रों की विवेचना पर केंद्रित व बौद्धिक (तर्क-वितर्क) स्तर तक ही

सीमित हैं। अनुभव आधारित तकनीकी रूप में बहुत ही कम उपलब्ध हैं। आवश्यकता है अनुभव आधारित आध्यात्मिक ज्ञान, साधारण जन-मानस के बीच सरल भाषा में प्रस्तुत करने की। यह लॉकडाउन का समय बहुतों में आते विचारों को इन संतों से प्रेरणा ले जीवन को समाजोपयोगी बनाने में सहायक हो सकता है।

02-04-2020

---

10. आत्मकथा

कोरोना के विरुद्ध लड़ाई में, लाक डाउन का आज 10वाँ दिन है। घर में ही सीमित हो जाने के कारण, घरेलू हिंसा की खबरें भी आने लगी हैं। महात्मा यशपाल जी (भाई साहब), जीवन में राम-नाम की कमी हो जाना, दु:खों का मुख्य कारण बताते थे। सत्संग हमारे जीवन का एक अंग होना चाहिए। मैं बहुत से सत्संगी परिवारों को जानता हूँ, जहाँ ऐसी परिस्थिति में, घरेलू हिंसा की कोई बात नहीं है।

अपने समाज में, अनुभव आधारित आध्यात्मिक साहित्य के संकलनों की बहुत कमी है। हम सभी की जीवन यात्रा आध्यात्मिक ही है। जितने भी हमारे आचरण सकारात्मक व धर्मानुकूल हैं वे सब आध्यात्मिक हैं। इनसे उपजी सकारात्मक व्यवहारिकता, अच्छे इंसान होने के मापदण्ड हैं। इनका संकलन और स्वाध्याय ही हमें घरेलू हिंसा जैसी समस्याओं से बचने में मददगार हो सकता है। मुझे महात्मा राकेश कुमार मित्तल साहब की पुस्तक 'मेरे जीवन का उपवन' की भूमिका बड़ी प्रेरणादायक लगी। अनुभवों का संकलन जो कर सकें, करना चाहिए। आपने लिखा है-

'...दिनांक 10 मई 1993 को मुझे दिल्ली में एक पुस्तक विमोचन कायकर्म में भाग लेने का सुअवसर मिला। पुस्तक का शीर्षक था 'Never Say No to life' जो स्व0 श्री ओम प्रकाश घई की जीवनी है। श्री घई के पुत्र श्री सुरेन्द्र कुमार घई स्टर्लिंग पब्लिशर्स, नई दिल्ली के स्वामी हैं और अपने स्वर्गीय पिता की जीवनी को उन्होंने ही कुछ लेखों के माध्यम से प्रकाशित किया था। इस पुस्तक का विमोचन भारत के पूर्व राष्ट्रपति ज्ञानी जैल सिंह द्वारा किया गया था। अपने उद्‌बोधन में ज्ञानी जी ने दो परामर्श प्रति भागियों

को दिये। पहला परामर्श था कि व्यक्ति को अधिक से अधिक समय अच्छे लोगों के साथ व्यतीत करना चाहिए और बुरे लोगों के साथ से बचना चाहिए। उनका दूसरा परामर्श था कि अपने जीवन के अनुभवों एवं घटनाक्रम को यथा संभव लिपिबद्ध अवश्य कर लेना चाहिए क्योंकि कोई, कभी भी बड़ा आदमी बन सकता है। इस सम्बन्ध में उन्होंने स्वयं का उदाहरण दिया। उस दशा में यह संकलन समाज के लिए उपयोगी हो सकता है और यदि ऐसा न भी हो तो अपनी भावी पीढ़ियों को उपयोगी सूचना तो देता ही है।'

मुझे उपरोक्त दोनों परामर्श अच्छे लगे। इसके अन्तिम वाक्य के अंतिम हिस्से का भाव बड़ा महत्व का लगा। मैं अपने बाबा, काका, पिता व पड़ोसी बुजुर्गों की अनौपचारिक शिक्षाओं (संस्कार) का लाभार्थी रहा, जिस बात से आज के समय के बच्चे वंचित हैं। हम उपरोक्त बातों पर विचार करें तो भावी पीढ़ी के लिए कुछ और सकारात्मक कर सकते हैं। यह बहुत बड़ा सामाजिक कार्य भी होगा।

03-04-2020

प्रतिक्रिया: यह लेख अच्छा लगा। अपने जीवन में घटित मुख्य बातों को जरूर लिखकर रखना चाहिए। शायद यह किसी के काम आये- जीनू; अपने जीवन का अनुभव लिखना निश्चित ही भावी पीढ़ी के लिए अच्छा साबित होगा - **हरिभान सिंह**

---

11. अंधविश्वास

कोरोना के विरुद्ध लड़ाई में, लाक डाउन का आज 11वाँ दिन है। पिछले कई दिनों से इस लड़ाई में एक धार्मिक नेता ने अपने अनुयायियों को बहका कर अंधविश्वासिता का आचरण करा कर इस बीमारी से लड़ने के प्रयास को झटका दिया है। अपने धर्म को बदनाम कर रहे हैं। पता नहीं हमारे नेताओं, धर्माचार्यों, गुरुओं और बुद्धजीवियों ने यह कौन सा 'धर्म-निरपेक्ष्य' देश बनाने का प्रयास कर रहे, जहाँ भोली-भाली जनता को भटकने व अंधविश्वासित को बढ़ावा मिल रहा है।

मैं स्वभावतः आध्यात्म विषय का चिन्तक व खोजी रहा हूँ। हमारे अनुभव में नहीं लगता कि, जो आज के परिदृश्य में धर्म से सम्बन्धित ज्ञान ये, दे व बाँट रहे हैं उन्हें, अपने धर्म की मूल (Fundamental) बातों का ज्ञान भी है!

खास कर वह ज्ञान जो उनके गुरुओं, पीर या पैगम्बरों ने दिया है या धार्मिक ग्रन्थों में उपलब्ध है। मैं कोई धर्म का ज्ञाता नहीं हूँ, लेकिन पारिवारिक परम्परा से इतना पता है, कि हमें एक अच्छा इंसान बनने का प्रयास करते रहना चाहिए। अफसोस है कि आज हमारे ये मार्ग दर्शक, अपने व्यक्तिगत स्वार्थ हेतु, ईसांनियत की शिक्षा का भी व्यवसायीकरण करने से नहीं चूक रहे हैं! ऐसे कितने स्वयँभू महात्मा या धर्माचार्य, आज जेलो में हैं, या उसी ओर अग्रसर हैं। हमारे समाज की यही बिडम्बना रही है।

अंधविश्वासिता बढ़ती ही जा रही है। पढ़े लिखे लोग व तथाकथित विद्वान जन भी इस बीमारी से नहीं बच पा रहे हैं। 'धर्म शब्द संस्कृत धातु, 'धृ' से बना है। जिसके अर्थ संभाले रखना या मिलाये रखना है। जिस काम से किसी को नुकसान न पहुँचे, वही सचमुच धर्म है (महाभारत से)।

- मजहब के माने रास्ता है। जो रास्ता सबकी भलाई का रास्ता है, वही असली मजहब है – (ऋग्वेद)।
- एक बार मुहम्मद साहब से किसी ने पूछा कि 'ईमान क्या है?' उन्होंने जबाब दिया– 'सब्र करना और दूसरों की भलाई करना' – (अहमद)।
- अगर मोमिन (ईमान वाला) होना चाहता है तो जो अपने लिये अच्छा समझता है, वही सबके लिए अच्छा समझ – (तिरमिजी)।
- मुहम्मद साहब ने एक और जगह आदेश दिया है कि – 'सब मखलूक (सृष्टि) अल्लाह का कुनबा है। और उन सबमें अल्लाह को सबसे प्यारा वह है जो अल्लाह के इस कुनबे का भला करता है'– (बेहकी)।
- 'अपने पड़ोसी को वैसे प्यार कर जैसे खुद को।' – ईसा मसीह।
- अहिंसा परमोधर्म – भगवान महावीर।
- वैष्णव जन तो तेने कहिये, जे पीर पराईजाणै रे – महात्मा गांधी।

आज का समय ऐसा आ गया है कि सरकार को विचार करना चाहिए कि धर्म के इस असंगठित क्षेत्र को 'आटोनामस संस्थाओं' के रूप में सरकारी नियम व कानून के दायरे व अध्यात्म विज्ञान के रूप में मान्यता देकर, 1889

में शिकागो की धर्म संसद के रूप में विकसित करे और मानव समाज को बढ़ती अंधविश्वासिता से बचाये।

04-04-2020

प्रतिक्रिया: बहुत सुन्दर- जी0पी0 त्रिपाठी; बहुत सुन्दर लिखा है - **जे0पी0 अग्रवाल**

---

12. जीवन का आध्यात्मिक पक्ष

कोरोना के विरुद्ध लड़ाई में, लाक डाउन का आज 12वाँ दिन है। मीडिया में आती खबरों से, मोदी जी (प्रधान मंत्री) का नेतृत्व, जनता में दिखता अनुशासन, व विश्व परिदृश्य में भारत के प्रयासों की सराहना, हमें इस अचानक आई लाइलाज बीमारी से सफलता दिलायेगा, ऐसी आशा है। मानव जाति के लिये आया यह संकट एक चेतावनी के रुप में है। आखिर, इंसान चाहता क्या है। हमारी करतूतें पर्यावरण का कितना विध्वंस कर रही हैं, आजकल आती खबरों से पता चलता है। आज विश्व की मानवता असहाय की स्थिति में है। कोई किसी की मदद करने की स्थिति में नहीं है। यदि कोई इलाज समझ में आया है तो स्वच्छता तथा एक दूसरे से दूर रहना (distancing), जो असहनीय होता जा रहा है। यह है विकसित होते विश्व का परिदृश्य!

भौतिक विकास तो हमने बहुत कर लिया जिसमें विनाशक तत्व की ही बहुलता रही। अपने वास्तविक विकास के लिए जो ध्यान देना चाहिए था, नहीं दिया। हम स्वयं को नहीं जान पाये मानव का आध्यात्मिक पक्ष असंगठित व अनियन्त्रित रहा, शिक्षा व्यवस्था का अंग न बन पाया। ऐसा नहीं है कि प्रकृति ने मानव समुदाय को चेताया नहीं, लेकिन वह समझने में चूक गया। समय-समय पर सन्तों व महापुरूषों ने अपनी राय व्यक्त की है। स्वामी विवेकानन्द, गाँधी जी, अब्दुल कलाम, ...। व्यवहारिकता के रूप में प्रत्यक्ष उदाहरण प्रस्तुत कर गये। रमन महर्षि जी की व्यक्त राय कब सुनी जायेगी। He said, "The most astonishing discoveries will come when our scientists turn away for a while from metal and stone and electricity to examine and explore the nature of self within the laboratory of man. Scientists already know that the real seeing agent in sight is not the eye but the mind that uses that organ. They have yet to discover what is that works the mind. And when they do that they will come into contact with the real self of man, the being out of whom both mind and body derive existence and maintain their lives."

दृष्टा विद्वानों का मत है कि लोग सूर्य उर्जा को सीधे सूक्ष्म आहार के रुप में लेने की विधा सीख जायेंगे। जिस प्रकार वृक्ष-वनस्पति, सूर्य किरणों द्वारा भोजन निर्माण करते है, उसी प्रकार अधिकांश मनुष्य सूर्य किरणों द्वारा अपनी आहार सम्बन्धी समस्या का हल ढूँढ लेंगे। किन्तु यह एक अति उच्च आध्यात्मिक प्रयोग होगा, जिसे आत्मबल सम्पन्न व्यक्ति ही सम्पादित कर सकेंगे। ऐसे ही लोगों को अरविंद ने 'नाष्टि बिंग', इकबाल ने 'नायब इलाही' हरमन कान्ह ने 'सुपर नेचुरल विइंग' के नाम से पुकारा है। प्रधान मंत्री जी आज आर्थिक बातों के ऊपर हमें मानव कल्याण की बात सोचने की बात कर रहे हैं। यदि किया जा सका तो शायद यही मानव हित में सही कदम होगा।

05-04-2020

प्रतिक्रिया: Best article papa, but बच्चों को शायद ही deep meaning समझ आये। आपका यह article master stroke है - **Sarita Singh**

---

13. लॉकडाउन एक अवसर

कोरोना के विरुद्ध लड़ाई में, लाक डाउन का आज 13वाँ दिन है। मीडिया खबरों में हम इस समस्या से निजात पाने में सकारात्मक व नकारात्मक, दोनों तरह की बातें देख रहे हैं जो मानव के स्वभाव में रहा है। हाँ, सकून की बात यह दिखती है कि अधिकतर जनता इस मामले में सकारात्मक रूख की दिख रही है, अतः यह लड़ाई जीतना ही जीतना है। सवाल सिर्फ यही है कि कितने दिनों में? पब्लिक स्तर पर अकेलेपन व डिप्रेशन, एक वड़ी समस्या दिख रही है। इससे बचने का सबसे कारगर उपाय, 'अध्यात्म' / सत्संग है, जो इंसानी एजेण्डे में अब तक उपेक्षित या स्वार्थ सिद्धी तक ही सीमित रहा है।

बिडम्बना है- जिस देश में 'वसुधैव कुटुम्बकम' का विचार जन्मा, वहाँ, 'अध्यात्म' - शिक्षा व्यवस्था में स्थान न पा सका। आज विश्व के भ्रमित व विषम माहौल में प्रधानमंत्री मोदी की पहल से कोरोना समस्या पर हुई सार्क

व G-20 देशों का सम्मेलन, 'विश्व-बन्धुत्व' के दृष्टिकोण से सराहनीय व सकारात्मक पहल है। यह भारत के मूल संस्कार और चरित्र को दर्शाता है। स्वतन्त्रता के लिये संघर्ष करने वाले हमारे ज्यादातर नेता गण मानते थे कि भारत अन्य देशों की तरह केवल अपने लिए स्वतन्त्र नहीं होना चाहता, इसका राष्ट्रीय लक्ष्य, विश्व-कल्याण है। गाँधी जी कहते थे कि स्वतन्त्र भारत मानव जाति को संकट मुक्त करने के लिये काम करेगा।

यह, अध्यात्म पर विचार व जन समझ बनाने का उपयुक्त समय है। हम स्वयं व बच्चों में ऐसे संस्कार डालने व अपनाने का प्रयास कर सकते हैं। मुझे, अभी हाल ही में राम कथा वाचक, मोरारी बापू का बच्चों को दिये गये 4 संदेश समीचीन लगे। बापू ने पहला संदेश नीरस न होने का दिया है- उन्हें खुशी पूर्वक और जोश से भरा हुआ रहना चाहिए। दूसरा, उन्हें मूर्छित नहीं होना चाहिए, जागरूक रहना चाहिए। तीसरा, युवाओं को सावधान और स्वस्थ रहना चाहिए। चौथा संदेश था कि युवाओं को 24 में से 1 घन्टा परमात्मा को देना चाहिए। मेरे विचार से पहले तीन संदेश, चौथे संदेश के पालन करने से स्वतः जीवन में आ जायेंगे। आज यह लाक डाउन का समय, परमात्मा को देने की बात को समझने, सिखाने / साधने के लिये बड़ा उपयुक्त लगता है। रामायण सीरियल टी0वी0 पर दिखाया जा रहा है। माता, पिता या परिवार के लोग देख भी रहे हैं। बच्चों के मन में उठते प्रश्नों का समाधान करते भी होंगे। यदि कहीं बच्चों से, क्या समझ आया का नोट भी बनाने की बात सिखायें, तो कहना ही क्या है। ऐसा करना ही आध्यात्मिक एक्टीविटी है और साथ-साथ व्यापक अर्थ में, समाज सेवा भी। हमारे गुरुदेव 'भाई साहब जी' तो, इस काम को जीवन की प्राथमिकता बनाने को कहते थे और हम ऐसे तमाम लोगों को इस बात पर आरूढ़ भी कर गये। यह काम दिनचर्या का खाली समय लगा कर किया जा सकता है। हमें करना चहिए।

06-04-2020

प्रतिक्रिया: विचार आध्यात्मिकता से भरपूर हैं। एक सच्चा सत्संग प्रेमी एवं गुरुभक्त के मन में ही इस प्रकार की प्रमार्थिक भावनायें आ सकती हैं - **दुःख हरण चौधरी।**

14. अंध-विश्वासिता

कोरोना के विरुद्ध लड़ाई में, लाक डाउन का आज 14वाँ दिन है। आज दिन भर आती इस युद्ध की खबरों में दो बातें प्रमुख रूप से, इसका ध्यान आकृष्ट की। (1) 'सेवक वर्ग' योद्धा है, लड़ाई 'सेवा' के शस्त्र से लड़ी जा रही है (2) एक तथाकथित धर्मगुरु की सोच, 130 करोड़ जनता वाले देश में, अपने एक छोटे से समूह के साथ, हो रहे प्रयासों को नकारात्मक रुप से प्रभावित कर रहा है। आज मीडिया में आया कि 38% संक्रमणी उसी ग्रुप के हैं। हमारी समझ में यह मामला पूरा का पूरा, इंसान की 'अंधविश्वासिता' से जुड़ा है। पूरे विश्व में, अध्यात्म (spiritual) के क्षेत्र में यह 'अंधविश्वासिता' की बीमारी आज 'असाध्य' (chronic) रूप धारण कर चुकी है। तथाकथित 'धर्म गुरुओं' का एक बड़ा हिस्सा, हमेशा से इंसान को अंध विश्वासिता की ओर ढकेलता रहा है। साधारण जनसमुदाय को भ्रमित कर अपने स्वार्थ और नासमझी के कारण खुद (स्वयं) को धोखा दे रहा है। यह बात मैं अपनी समझ के अनुसार आध्यात्मिक भाषा में कह रहा हूँ। ऐसे लोगों को तो स्वयं अपनी आध्यात्मिक प्रगति को ध्यान में रख कर काम करना चाहिए। किसी भी क्षेत्र में कुछ प्राप्ति के लिए कड़ी मेहनत व साधाना की आवश्यकता होती है। मानव स्वभाव भी, आसानी से ही सब कुछ पा लेना चाहता है। इसी कमजोरी का लाभ यह तथाकथित महात्मा लोग उठाते हैं और हजारों, लाखों लोग उनके मुरीद बनकर, अपना सब कुछ उन पर निछावर कर देते हैं। यहाँ तक की उनकी बातों पर मरने-मिटने पर भी उतारू हो जाते हैं। इसी का नतीजा हम आज इस लड़ाई में भी देख रहे हैं। इस अंधविश्वासिता से शिक्षित वर्ग (highly Qualified) भी, आध्यात्मिक शिक्षा के अभाव में नहीं बच पा रहा है। आखिर वह भी इस मुफ्तखोरी इंसानी स्वभाव (बिना मेहनत किये पा लेने की चाह) का क्या करें? इस बात का अनुभव मैं स्वयं आध्यात्म क्षेत्र की अपनी 40 वर्ष की जीवन यात्रा में अपने साथियों में देखता रहा हूँ। इसका कारण - गृहस्थ सूफी सन्त महात्मा रामचन्द्र (लाला जी महाराज) जी महाराज ने बड़ी अच्छी तरह से समझाया है जो यहाँ उद्धृत है:

"मेरे मित्रों! मानसिक या अध्यात्मिक शोषण वह है कि जिसमें मैं सोचूँ और आप मान लें अथवा आपको जबरदस्ती मनव दूँ। पहले में आपने

मेरा शोषण किया, जबकि दूसरे मामले में मैंने आपका शोषण किया। धन का शोषण इतना भयावह नहीं है जितना की मानसिक या आत्मिक। धन छीन लेने से किसी का कुछ नहीं बिगड़ता, वह और अधिक धन कमा लेगा। किन्तु जब किसी व्यक्ति की आत्मा या सोच छिन जाती है तब उसका सब कुछ छिन जाता है। आज सारा संसार जो आध्यात्मिक व मानसिक रुप से गुलामी की जंजीरों में जकड़ा हुआ है, उसका मूल कारण यह ही है कि आज का व्यक्ति मानसिक आलस्य अथवा मेन्टल लेथार्जी से बुरी तरह घिरा हुआ है।'

मित्रों! आज– हमारी/आपकी, व पूरे समाज की यही सबसे बड़ी मानसिक बीमारी है। प्राथमिक, आध्यत्मिक शिक्षा ही इसका सही इलाज है।

07–04–2000

प्रतिक्रिया: बहुत सही भाई साहब– डॉ. आर0पी0 शुक्ला; Today I read all six articles of yours. In taday's life style following these practices undoubtedly a distant dream but one can be encouraged to persue these meaningful life changing habits. But I parsonally and truly liked these thoughts and valuable suggestions– Nripendra(CA).

---

15. गुरु तत्व

आज कोरोना बीमारी से लड़ने के लॉकडाउन का 15वाँ दिन है। यह लड़ाई भी एक अद्‌भुत किस्म की है, जिसमें समाज का हर इंसान सैनिक है। सेवा व अनुशासन ही शस्त्र हैं। यह दोनों शस्त्र, मानव के अध्यात्मिक विकास के स्तर से जुड़े हैं। इस गुण के विकास में, 'गुरु' (मार्ग दर्शक) का अह्म रोल होता है। इस विकास की प्रक्रिया में, हमने देखा कि अंधविश्वासिता कितनी बड़ी बाधा है। हमारे शास्त्र 'गुरु' को भगवान के बराबर का दर्जा देते हैं। गुरु को तत्व कहा गया है, जैसे बिजली तत्व जो तरह–तरह के उपकरणों से काम करता है। वैसे भगवान तत्व भी ईष्ट या गुरु के रुप में अपना काम करता है। इस बात को समझने के लिए नियमित स्वाध्याय की आवश्यकता बताई गई है। उसी से इन बातों पर विश्वास बनता है, जो मानव विकास में सहायक है।

गत वर्ष के गुरु पूर्णिमा के अवसर पर, पेपर में श्री सुभाष चन्द्र शर्मा जी का लेख "ज्ञान पाने की श्रद्धा रखने पर हमें सद्‌गुरु" मिलते हैं पढ़ा था। तबसे, उनकी बात पर अपनी इस मामले में बनी समझ के आधार पर प्रतिक्रिया देने की बात मन में बनी रही। आज वह व्यक्त करता हूँ। आपने लिखा है "गुरु तत्व शिष्य परंपरा में नित्य अविनाशी बनकर रहता है। पारिवारिक संबंध में माता-पिता दोनों हमारे गुरु हैं। गुरु खोजने मत जाओ, गुरु बनाओ ही नहीं, तुम अधिकारी शिष्य बनो, तुम्हें अधिकारी गुरु मिलेंगे। हम किसी को गुरु बना ही नहीं सकते, हमारी क्या ताकत है कि हम किसी को गुरु बनाएं।"

शर्मा जी की बात से मैं पूरी तरह सहमति रखता हूँ। तो क्या करें, गुरु तो आवश्यक हैं ही। मैं यह कहूँगा कि शर्मा जी की बात 'गुरु तत्व, शिष्य परंपरा में नित्य अविनाशी बनकर रहता है' मानने योग्य है। यही तत्व सदैव, हमारी रक्षा करता रहता है। आवश्यकता है, अपने को स्वधर्म के प्रति निष्ठा व समपर्ण की। समय आने पर आपके न चाहते हुए भी, यह तत्व मानव रूपी शरीर में उपलब्ध हो, मार्ग दर्शन करेगा। इस बात की पुष्टि स्वाध्याय, स्वानुभव, व तमाम सत्संगी बन्धुओं के अनुभवों में मैंने पायी है। ऐसे प्राप्त गुरु, यदि शरीर छोड़ दें, तो भी वही गुरु रहेंगे (तत्व रूप में)। यही तत्व हमें जीवन में तमाम शिक्षकों, मार्गदर्शकों, मित्रों के रूप में मिलता व सहायक होता है। 'न जाने किस रूप में बाबा मिल जाये भगवान रे' की बात अनुभवों के बाद ही कही गई होगी। जिनसे हम कुछ सीखें, ऐसे महापुरूषों के प्रति कृतज्ञ रहें, और गुरु का भाव बनाये रखने में ही भलाई है। मन जिस काम को कहे, आत्मा न कहे, हरगिज न करें। ध्यान दें तो पायेंगे कि जीवन में आती हर बात पर यह तंत्र काम करता है, और अधिकतर मन की ही जीत होती है जो हमें अंधविश्वासी बनाये रखता है। इस अवस्था से भी, गुरु तत्व समय आने पर, परिस्थिति बना कर चाहे हम चाहें या न चाहें बाहर निकाल, मानसिक गुलामी से आजाद कर देता है। हमारे अध्ययन में 'ईश्वर-इष्ट-गुरू' एक ही तत्व के अलग- अलग रूप हैं।

यही खेल आज हम देख रहे हैं, जो बहुतों को भेड़िया धसान के सिद्धान्त पर चलने का परिणाम है। इलाज आध्यात्मिक शिक्षा है।

08-04-2020

प्रतिक्रिया: 15th April के लेख में गुरु के मिलने की बात लिखी गई है। मनुष्य के प्रारब्ध के अनुसार व उसकी उच्च आध्यात्मिक शक्ति के अनुसार, उसको गुरु स्वयं मिलते हैं, कहना सत्य है। - **हरिभान सिंह**

---

16. गृहस्थ जीवन- एक तप

आज कोरोना बीमारी की वजह से लॉकडाउन का 16वाँ दिन है। अधिकांश लोगों को घर में रहने की वजह से समय बिताने के उपलब्ध साधन मीडिया, स्वाध्याय / लेखन या आध्यात्मिक साधना हैं। आजकल, बड़े अच्छे-अच्छे, शिक्षाप्रद -सकारात्मक विचार सरकुलेट हो रहे हैं, जो स्वस्थ चिन्तन को बढ़ावा भी दे रहे हैं। ऐसी अप्रत्याशित, विश्व स्तर की घटना, मानव समाज की सोच व जीवन को निःसंदेह प्रभावित करेगी। पिछले कुछ दशकों से आधुनिक शिक्षा ने हमारे देश की संयुक्त परिवार की व्यवस्था को छिन्न -भिन्न कर दिया, जिसे अपने आप में विकसित होना चाहिए था। उस व्यवस्था में गहरा आध्यात्मिक पहलू था। किसी भाई का आज वाट्सअप पर सरकुलेट होते, इस विचार ने हमारा ध्यान आकृष्ट किया-

> "पहाड़ों पर बैठ कर तप करना सरल है, लेकिन परिवार के बीच में रह कर धीरज बनाये रखना कठिन है और यही सबसे बड़ा तप है, इसलिए अपनों में रहें, अपने में नहीं।"

भारतीय परम्परा में गृहस्थ का जीवन 'तपस्या' का ही माना गया है। कैसे- समस्याओं को देखें, यह महत्वपूर्ण है। यह जीवन बड़ी कशमकश का होता है और इसमें तालमेल बिठाकर जीवन यात्रा करना तपस्या ही है। अपने देश में अधिकतर महात्मा, गृहस्थ से ही निकले हैं। सूफी हिन्दू गृहस्थ संत महात्मा रामचन्द्र जी महाराज (लाला जी) ने अपने साधन काल में गृहस्थी के झंझटों से तंग होकर, अपने गुरुदेव से पत्र लिखकर मार्गदर्शन माँगा। आपके गुरुदेव से जो पत्रोत्तर मिला, गृहस्थ में आध्यात्म साधकों के लिए अनुकरणीय है। पत्रोत्तर का भाव है-

> 'घर ज्ञान और सहनशीलता का स्कूल है और दूसरी तरह के तपों से ऊँचा है। गुस्सा या अफसोस के बजाये धैर्य धारण करना सीखना चाहिए। गृहस्थी में हमको वह स्वतः प्राप्त होता है, जिसके जरिये हम किसी भी

किस्म के विवाद, दोषारोपण को या अपमान को हम किसी दूसरे का कसूर न मान कर स्वयं अपने को ही दोषी मानते हैं और ऐसा मान कर अपमान आदि को पचा लेना पड़ता है। औरों के लिए जंगल या एकान्त दुनिया के जक-जक, बक-बक से मुक्ति पाने का साधन है। गृहस्थ साधकों के लिए दोस्तों, दुनिया वालों की झिड़कियाँ, ताने, बुरा भला सहना आध्यात्मिक साधना के साधन हैं। बस चिड़चिड़ापन दूर करें और धैर्य धारण करें।'

आज की, बिना हमारी इच्छा के प्राप्त इस परिस्थिति को ईश्वर इच्छा मानकर, हमें विचार मंथन करते हुए इस समय का सदुपयोग करना चाहिए। कबीर साहब का कहना कि 'बुरा जो देखन मैं चला बुरा न मिलिया कोय- जो घट ढूँढ़ा आपना मुझसे बुरा न कोय' वास्तविकता है।

09-04-2020

---

17. प्रेम का डर

आज कोरोना बीमारी के कारण लाक डाउन का 17वाँ दिन है। विश्व में कोरोना ही इस समय पूरी मानवता का कॉमन दुश्मन है और ऐसा है कि लड़ने के लिए, इंसान के पास कोई हथियार (दवाई) नहीं है, जिसकी खोज की जा रही है। 'मरता क्या न करता' एक कहावत है। इस कहावत ने विश्व की पूरी मानवता को एकता के सूत्र में ला दिया है या पिरोने का काम किया है। कुछ रहे-सहे धर्मांध वर्ग भी अब एकता के लिए हाँ में हाँ मिलाते हुए लड़ाई में सहभागी बनने को बाध्य हैं, बनना पड़ रहा है। आश्चर्य की बात है, तो यह है कि हमारे 'विश्व बन्धुत्व और विश्व गुरु' की बात करने वाला, हमारा महात्मा वर्ग चुप है या ऐसी विषम परिस्थिति में उसे पीड़ित मानवता को देने के लिये कोई ठोस 'पिल या सुझाव' नहीं हैं। हाँ! रामकथा वाचक मोरारी बापू ने अवश्य नवयुवकों के लिए चार सलाह दी हैं। उसमें सबसे बड़ी बात जो हमें समझ में आई, वह है कि नवयुवकों को एक घण्टा रोज परमात्मा को देना चाहिए। इसके पीछे एक बहुत बड़ी बात (ध्यान की) छिपी है, जिस पर हम कभी आगे चर्चा करेंगे।

वास्तव में मानवता के खिलाफ ऐसी समस्याओं का हल एक मात्र अध्यात्म है जो अचानक पैदा नहीं किया जा सकता। यह समाज की जीवन पद्धति में बदलाव माँगता है। आज की एकता जो हम देख रहे हैं वह डर (मरने का भय) की वजह से बन रही है। इसके पहले जो एकता बनाने के प्रयास होते रहे हैं, वह भी डर के माध्यम से ही रहे हैं (डंडे का, हथियारों का या भौतिक दृष्टि से सम्पन्नता का)। आध्यात्म पथ की एकता भी डर से ही होती है, लेकिन वह 'प्रेम' का डर होता है। इस डर का अनुभव हमने व हमारे कुछ साथी जो कभी साक्षी रहे हैं और यह लेख पढ़ रहे होंगे, को होगा, जो समझ सकते हैं। बिडम्बना है, कि शास्त्रों के अभी तक के विश्लेषणों ने आध्यात्म शब्द का सरल रुप या भाव नहीं बता सका है। 'अध्यात्म' शब्द सुनते ही, सामान्य जन मानस, डर सा जाता है कि यह कोई बड़ी बात से सम्बन्धित चीज है, हमारे समझ के बाहर है और वह ध्यान नहीं देता।

मुझे अपनी जीवन यात्रा में दो गृहस्थ सन्तों (जो उच्च सरकारी अधिकारी रहे) से मिलने का अवसर व उनके द्वारा मानव कल्याण के लिये किये जा रहे सामाजिक कार्यों को देखने व समझने का अवसर ईश्वर कृपा से मिला, जो आध्यात्मिकता के आधार पर था। दोनों के कार्य कबीर व सूफी दर्शन से प्रभावित थे। सूफी साधन पद्धति का मूल है 'प्रेम'। It is not concerned with knowledge. Its whole concern is love, intense, passionate love: How to fall in love with whole, how to bridge the distance between the creation and creator. कबीर का कहना था "साई इतना दीजिए जामें कुटुम्ब समाय- दास भूखा न रहे साधु न भूखा जाय।"

मानव को सच्चे अर्थ में इंसान बनना है, जो आध्यात्मिक जीवन यात्रा से ही संभव है। इस पर हम चर्चा जारी रखेंगे। ईश्वर मालिक हैं।

10-04-2020

प्रतिक्रिया: जिन ढूँढ़ा तिन पाईयाँ गहरे पानी पैठ। आप आध्यात्मिक समुद्र को मंथन करके बहुत उपयोगी मोती निकाल रहे हैं। सराहनीय कार्य के लिए धन्यवाद। सद्‌गुरुदेव जी की कृपा बनी रहे की प्रार्थना है। -**दु:ख हरण चौधरी**

18. इंसान

आज कोरोना बीमारी के कारण लाक डाउन का 18वाँ दिन है। लड़ाई भी कब तक चलेगी का कुछ अंदाज नहीं लग पा रहा, क्योंकि मरीजों की संख्या में, बढ़ोत्तरी रुकने का नाम ही नहीं ले रही है। सकून की बात यही है कि अपने देश में यह एक हद में है जो हमें आशावादी बनाये हुए है। इस लॉकडाउन से, नई-नई समस्यायें उभरने लगी हैं, जो सामाजिक व्यवस्था पर प्रहार रूप में दिख रही हैं। हमें सचेत रहना होगा।

पेपर में एक कालम पढ़ा "फरिश्ते से बढ़कर है इंसान बनना।" याद आ गई मुझे अपनी संकलित पुस्तिका 'आओ इंसान बनें।' हम 'इंसान' ही तो नहीं बन पाये, जो थे वह भी न रह पाये। 77 वर्ष की जीवन यात्रा में देखा कि सामाजिक बदलावों ने क्या गुल खिलाया है कि उस समय के भाई और आज के भाई की कोई तुलना ही नहीं हो सकती। चार भाई हैं, तो वृद्ध पिता जी बँट जाते हैं कि वर्ष में वह बारी-बारी बेटों के यहाँ तीन-तीन महीने रहेंगे। भावनाओं व विचारों के बवंडरों को समझना आसान नहीं है। हम आपस में कितने दूर होते जा रहे। उपरोक्त लेख को सुधीर मिश्र जी ने अल्ताफ हाली के इस शेर से शुरु किया है-

'फरिश्ते से बढ़कर है इंसान बनना, मगर लगती है मेहनत ज्यादा'

आपके विचार हैं कि कोरोना ने दुनिया को बदल दिया। नजदीकियाँ दूरी बन चुकी हैं। बदले मिजाज की दुनिया बन गई है, अब कोई हाथ ही नहीं मिलाता। आप कहते हैं कि दूरी बनाने को सोशल डिस्टैंसिंग कहना गलत है, इसका मतलब है सामाजिक दूरी। इसे फिजिकल डिस्टैंसिंग क्यों नहीं कहा गया। हमें तो फिजिकल डिस्टैन्स बनाना चाहिए, सोशली या सामाजिक तौर पर ज्यादा करीब होना चाहिए। यदि किसी करीबी या पड़ोसी को कोरोना संक्रमण हो जाये, तो यह बिदकने की बात नहीं होनी चाहिए। उसे अस्पताल पहुँचाने की जिम्मेदारी हमारी आपकी होनी चाहिए। यह काम फोन से भी किया जा सकता है। यह करके हम मरीज व परिवार का हौसला तो बढ़ा ही सकते हैं। इस तरह की मेडिकल इमरजेन्सी इतिहास में कभी नहीं आई। ऐसे वक्त में मानव व्यवहार का भी अध्ययन यकीनन किया जायेगा, जो इतिहास का हिस्सा बनेगा। आपका अपना व्यवहार, आपके घरवाले, पड़ोसी और

समाज हमेशा ध्यान रखेंगे। लिहाजा मनुष्यता और मानवता बिल्कुल न छोड़ें। इस वाइरस का टीका तो आयेगा, लेकिन जो लोग इंसानियत भूलेंगे, उनसे रिश्तों में जो बिगाड़ आयेगा, उसकी कोई दवा नहीं होगी। लिहाजा ध्यान रखें, कि हम इंसान हैं। क्या आप मनुष्य रहे थे, इस सवाल का जबाब कोई भूलेगा नहीं। बाद में, मिश्र जी अपनी बात सुदर्शन फाकिर के इस शेर से समाप्त करते हैं।

'सामने है जो लोग उसे बुरा कहते हैं। जिसको देखा ही नहीं उसको खुदा कहते हैं।'

इंसान बनने के लिए हमें अपनी कमियों को दूर करना होगा। ऐसा नहीं, कि मनुष्य कोशिश नहीं करता! लेकिन गति, धीमी रहती है। योगानन्द जी ने लिखा है इस प्रक्रिया में दस लाख वर्ष लग जाते हैं। जन्म-मरण का चक्र चलता रहता है। अध्यात्म साधना से इस अवधि को कम किया जा सकता है।

11-04-20

प्रतिक्रिया: बहुत ही बोधगम्य एवं समयानुसार टिप्पड़ी। -**दुःख हरण चौधरी**

---

19. ध्यान (2)

आज कोरोना बीमारी के कारण लाक डाउन का 19वाँ दिन है। मानव जीवन, के इतिहास में यह पहली घटना है कि इस परिस्थिति में इंसानी बुद्धि बहुत छोटी दिख रही है। भारतीय जीवन पद्धति की परम्परा में आता है कि यज्ञ, अनुष्ठान, प्रार्थना, ऐसी विपत्ति में बड़ा काम कर जाते थे जब अध्यात्म विज्ञान अपने चरम पर था। आज, के विज्ञानी या समाज ने आधुनिक तकनीकी पर विश्वास कर सारा ध्यान, भौतिकता की ओर केन्द्रित कर रक्खा है। हम इस पत्र सीरीज में अध्यात्म की उन बातों पर चर्चा कर रहे हैं जो हम ऐसे लोग अपने जीवन की बहुत सी समस्याओं का समाधान अध्यात्मिक जीवन अपना कर पा सकते हैं। इस पत्र सीरीज पर एक बुद्धिजीवी (नवयुवक) भाई की एक, सकारात्मक प्रतिक्रिया मिली है, जो यहाँ साझा करता हूँ– "Namaskar Uncle: Today I read last six articles of yours. In today's life style, following these practices are undoubtedly a distant dream but one can be encouraged to pursue these meaningful life changing habits. But I personally and truly liked these thoughts and valuable suggesstions. Best regards - Nripendra."

इसका प्रतिउत्तर अपने गुरुदेव, भाई साहब जी की बताई एक बात से देने का प्रयास करता हूँ। प्रश्न यह है कि इन सुझावों का लाभ कैसे लें? बड़ा वाजिब प्रश्न है। हो न हो, हमें अपने स्वयं को जानने का प्रश्न, देर – सबेर अपने जीवन में उठाना ही होगा। और इसके लिए ध्यान' का ही मार्ग है। ध्यान शब्द से हमें घबड़ाना नहीं चाहिए। बस इतना ही समझना है कि हमें अपने मन को एकाग्र करने का प्रयास करना है, जिससे फालतू विचारों में कमी आती जाय। अनुभव आधारित एक उदाहरण लेते हैं। भाई साहब जी लिखते हैं कि जबलपुर के एक सत्संग में आपके बॉस, Sh S. Krishnan ji पधारे। आपके गुरुदेव से वार्तलाप में Krishnan साहब ने साधना के लिए समय न मिल पाना अपनी समस्या बताई। पूछने पर पता चला कि आप प्रशासक हैं, फाइलों का ढेर रहता है, हजारों दस्तखत करने पड़ते हैं। महाराज जी ने उन्हें बताया कि आप हर दस्तखत के पहले मन ही मन 'ओम' कहिये और लगाईये दस्तखत। ओम– S. Krishnan, ओम – S. Krishnan। इस बात को उन्होंने पकड़ लिया। वर्षों बाद जब कभी, भाई साहब जी से मुलाकात हुई तो S. Krishnan साहब ने इन्हें बताया कि यशपाल जी, आपको याद है कि आपके गुरुदेव ने हमें क्या बताया था? वह बात, मैं तब से लगातार कर रहा हूँ और आज तक ऐसा एक बार भी नहीं हुआ कि हमने दस्तखत करने के पहले 'ओम' न कहा हो। इससे हमें ईश्वर की याद हमेशा बनी रहती है। रिटायरमेंट के बाद वे दिल्ली में रहे। एक बार इच्छा हुई हरिद्वार, हरि की पैड़ी जाया जाये, गये। स्नान किया, पूजा किया और पूजा करके बाहर निकले भजन बोलते हुए। जैसे ही बाहर आये वैसे ही शरीर त्याग दिये। ऐसा सुन्दर शरीर का त्याग। परमात्मा की याद करते–करते फूल की तरह शरीर त्याग दिया। एक छोटी सी बात कहाँ ले गई। यह ध्यान करने की ही प्रक्रिया थी। कोई भी लाइफ स्टाइल हो, अवसर उपलब्ध ही होते हैं। बात समझ में आने व संकल्प की है।

12-04-2020

प्रतिक्रिया: बहुत बढ़िया। – **निधी**

20. आध्यात्मिक जीवन

आज कोरोना बीमारी के कारण लाक डाउन का 20वाँ दिन है। ईश्वर कृपा है कि इस महामारी से लड़ाई के प्रयास में देश की 130 करोड़ जनता की सहभागिता से बीमारी के फैलाव की गति को चेक रखने में सफलता मिल रही है। अधिकांश जनता सहिष्णु' (tolerance) व अनुशासित स्वभाव की है, जो इस देश की आध्यात्मिक विरासत का प्रभाव है।

इस सीरीज के पत्रों में 'अध्यात्म व ध्यान' शब्द बार- बार आया है। विचार करें तो पायेंगे, कि इन शब्दों का हमारे मन के स्वास्थ्य से गहरा सम्बन्ध है। हमारा मन बीमार है, जिसको बहुत कम लोग ही समझते हैं। ईर्ष्या, क्रोध, झूठ, कामचोरी, बेईमानी, लोभ, मोह, अहंकार.... ऐसी 100 बीमारियाँ हमारे मन को ग्रसित किये हुए हैं, जो हमें एक सच्चा इंसान नहीं बनने देतीं और अधिकतर लोग अशांति का जीवन जीने को बाध्य हैं। मानव समुदाय का दुर्भाग्य रहा है, कि आध्यात्म विषय की शिक्षा का हमारी शिक्षा व्यवस्था में कोई प्रविधान ही नहीं है, तो जानेंगे कैसे इन बातों को! यह व्यवस्थ मानव विकास शिक्षा के उद्भव की प्रक्रिया में थी, या यह कहें कि भौतिक विज्ञान, आध्यात्मिक विज्ञान से ही उद्भित हुआ- जो आज इस, जननी स्वरूप विज्ञान को पूरी तरह से side track कर दिया है, जो कुछ है भी, वह आधुनिक विज्ञान की चकाचौंध में हाई-फाई के दायरे में आकर, आम पब्लिक की समझ व पहुँच के बाहर होता गया और होता जा रहा है। कितने 'आध्यात्मवादी बाबा' स्वार्थवस आज अंधविश्वासिता को बढ़ाने का काम कर रहे हैं। बिडम्बना है कि आज का शिक्षित वर्ग भी इस जाल में फँसने से नहीं बच पा रहा, क्योंकि वह असलियत को परखने की जहमत नहीं उठाना चाहता।

बहुत पहले, प्रचलित एक भजन की लाइन 'घरहीं म तीरथ बनाई, मंदिर हम काहे का जाई' में गूढ़ आध्यात्मिक भाव निहित है। इस बात का अर्थ समझने के लिये हमें संतों का जीवन चरित्र पढ़ना होगा, हमें व्यवहारिक ज्ञान व साधना के लिए सरल तकनीकी चाहिए, शास्त्रों से तो थ्योरी की बात समझी जा सकती है। दोनों आवश्यक हैं, लेकिन जो बात मैं कहना चाहता हूँ वह व्यवहारिकता की है। अध्यात्म का मतलब यही है कि हम एक अच्छे इंसान बनें। प्रश्न कैसे बनें का है? कबीर की कही बात कि 'बुरा जो देखन

मैं चला बुरा न मिलिया कोय- जो घट ढूँढ़ा आपना मुझ से बुरा न कोय।।' एक-दम सत्य है, लेकिन कितने लोग सहमत होंगे?

जो सहमत हों, चिन्हित करें, अपनी किसी एक कमी को, संकल्प लें कि बस आज से इस आदत को अलविदा! कोशिश करें की वह न करें, अगले दिन कलेण्डर की डेट पर सही या क्रास का निशान बनायें, रोज करते चलें। फायदा? अनुभव करने की बात है। अच्छे लोगों का साथ करें तो हो गई शुरुआत, आध्यात्मिक जीवन की।

13-04-20

प्रतिक्रिया: वाह! भाई साहब वाह! आज की डायरी पढ़कर खुश हो गये। यही तो सच्ची आध्यात्मिकता है। हम एक-एक करके अपने अवगुणों को छोड़ते जाँय- दु:ख हरण चौधरी; यदि व्यक्ति आज की परिस्थितियों में अपने जीवन में ध्यान व धारणा उतार ले, तो जीवन जीना आसान हो जाये - **हरिभान सिंह।**

---

21. आध्यात्मिक विचार

आज कोरोना बीमारी के कारण लॉकडाउन का 21वाँ, व अंतिम दिन है। प्रधान मंत्री जी ने आज, देश को सम्बोधित करते हुए, इस बीमारी को परास्त करने के लिए, जनता को धैर्य पूवर्क, 3 मई तक और लॉकडाउन में रहने का आग्रह किया। इसके अलावा और कोई विकल्प नहीं है, ऐसा उन्होंने कहा।

अचानक बनी यह परिस्थिति, जिसमें बहुत सारा समय उपलब्ध है, करें तो करें क्या? वह भी घर के एक छोटे से दायरे में रहते हुए, एक अजीब सी समस्या है। आज के पेपर में निर्मल जैन जी का लेख 'हमें भीतर की ओर झाँकने का मौका दे रहा है, यह दौर' ने हमारा ध्यान आकृष्ट किया। आपने लिखा है "लाक बन्दी- अर्थात ताला बन्दी का अभिप्राय यह है कि ताला बन्द रहेगा तो सब कुछ सुरक्षित रहेगा। यह ताला बन्दी हमें एक आध्यात्मिक संदेश देती है, कि हम इस समय बाहरी संक्रमण से बचने के लिए बंद ताले की तरह सीधी सतर्क वाली मुद्रा में रहें। लेकिन इस ठहरे हुए समय का सदुपयोग कर अपने अंदर की ओर केंद्रित हों उसमें पैठे क्रोध, मान, माया, लोभ के ताले डाउन करके खुले ताले जैसी विनम्रता की स्थिति में आ जाएं। यह स्थिति आते ही हम दूसरों की त्रुटियों, दूसरों की कमियों को न देखते हुए स्वयं अपने

मन-वचन-काया से किये गये कार्यों को नियंत्रित करने में लगेंगे। ध्यान रक्खेंगे कि हमसे कहीं कोई भूल-चूक न हो जाए जिससे हमारे परिवार को, समाज को, देश को या विश्व को भी कहीं कोई नुकसान न हो जाये। यद्यपि कोरोना से आम जन-धन की अपूरणीय क्षति हुई है, लेकिन यह हमारी चेतना को कुछ जागृत भी कर रहा है। हम जान गये हैं कि पैसा ही सब कुछ नहीं होता। इसलिए मनुष्य ने जीने के लिए पैसे की कामना छोड़ एक-दूसरे की मदद के लिए प्रतिबद्धता दिखाई है।"

यह विचार आध्यात्मिक हैं, और ऐसे विचारों की आज बाढ़ सी आई हुई है, समय भी काफी उपलब्ध है जो हमें आत्म- निरीक्षण (self-introspection) का अच्छा अवसर प्रदान कर रहा है। काश हम, कोरोना के खिलाफ इस अजब सी लड़ाई में शामिल एक सैनिक की हैसियत से 'स्वयं' को भी जानने में अभिरुचि बनायें और अपने बदलते हुए वैचारिक स्वभाव को कायम रखने की प्लानिंग करें, तो हमारा भविष्य पहले से बेहतर बन सकता है। वह आध्यात्मिक जीवन होगा। आध्यात्म जगत में प्रचलित कहावतें- "जो होता है अच्छे के लिए होता है, हम सुधरें -जग सुधरेगा, होइ हैं वही जो राम रचि राखा, को करि तरक बढ़ावे शाखा, man is tool in the hands of God .... के यथार्थ की अनुभूति के साथ इस दुनिया के यथार्थ को समझना भी आसान हो जायेगा। हमारे जीवन में सुख की अनुभूति में वृद्धि होगी। यही आध्यात्मिक जीवन की खूबी है।

14-04-20

प्रतिक्रिया: उत्तम विचारों व आध्यात्मिक चिन्तन परिपूर्ण डायरी कि man is tool in the hands of God- पूज्य महाराज जी इसी बात को हमेशा कहते रहते थे - **दु:ख हरण चौधरी**।

2

साधक का प्रयास

यह प्रस्तुती, लॉकडाउन फेज - II के पीरियड में, समाज तथा जन मानस में उभरते विचारों का संज्ञान लेते हुए, मानव जीवन के आध्यात्मिक पक्ष को सुदृढ़ बनाने हेतु, साघन व साधना के विभिन्न पहलुओं का दर्शन कराती है। आग्रह, मन की बीमारियाँ, साधना प्रयास, स्वाभविक जीवन यात्रा, गोल्डेन मीन, आत्मा की आवाज, ध्यान, भ्रम, पूजा क्यों और कैसे, स्टार्टअप साधना, अनुभव ज्ञान, हमारा जीवन महत्वपूर्ण, चित्त वृत्तियों का निरोध, तथा आध्यात्मिक ज्ञान चर्चा के विषय रहे।

यह तन विष की बेलरी गुरु अमृत की खान।
शीष दिये जो गुरु मिलै तो भी सस्ता जान।।

1. आग्रह

आज कोरोना बीमारी के कारण देश में लाकडाउन, फेज-II का पहला दिन है। आध्यात्मिक जागृति की, यह पत्र सीरीज लिखने की बात मन में क्यों आई?, इसका कोई उत्तर हमारे पास नहीं है। ईश्वर इच्छा ही कहूँगा। अब, यह सिलसिला, लॉकडाउन के इस अगले फेज में भी चालू रखूँ! की प्रेरणा, कुछ मन के ऐसे भावों के साथ बन रही है, कि आप बन्धुओं से प्रार्थना व आग्रह करूँ, कि आप अपने जीवन के, आध्यात्मिक (सकारात्मक, व्यवहारिक व

शिक्षा प्रद) अनुभवों को भी साझा करें। ईश्वर ने चाहा तो आज की तरह के मुश्किल समय में, ऐसे यर्थात पूर्ण अनुभवों का संकलन मानव समुदाय के भावनात्मक पक्ष को राहत देने व आध्यात्मिक जीवन यात्रा के लिए शिक्षा प्रद होगा।

गत वर्षों में, हमने ऐसे संकलन, सन्तों व महापुरुषों के अनुभवों का, स्वाध्याय के माध्यम से करने का प्रयास किया था। पुस्तिकाओं के टाइटिल: बाबा भोला दास; सत्संग; स्वाध्यायी नवनीत; ध्यान (Meditation); आओ इंसान बनें, प्रकाश में आई। यह पुस्तिकायें, आध्यात्मिक जीवन में अभिरुचि रखने वाले भाई/बहन, हमसे उपहार स्वरुप प्राप्त कर सकते हैं।

अपने अनुभव में मैंने पाया है कि जिन्हें इस जीवन में, किसान, शिक्षक या वैज्ञानिक का रोल मिला है, ऐसे लोग सत्य के करीब होने से, जाने-अनजाने, आध्यात्मिक जीवन यात्रा करते हैं। हमारे गुरुदेव, गृहस्थ सन्त महात्मा यशपाल जी कहते थे, कि जीवन में परमात्मा को पहला स्थान देना चाहिए। मैं अपने को भाग्यशाली मानता हूँ, कि ऐसे ही लोगों के साथ मुझे रहने का अवसर, जीवन यात्रा में मिला। ऐसे लोगों की जीवन यात्रा सकारात्मक व शान्ति पूर्ण होते देखा व अनुभव किया। मैं अपने कई वैज्ञानिक भाईयों से अब सेवा निवृत्ति के बाद कहता रहता हूँ कि भाई हम सबकी जीवन यात्रा आध्यात्मिक रही है। मुझे विश्वास है, कि इस पत्र सीरिज को पढ़कर, वे हमारे विचार से सहमत होंगे।

पिछले एक पत्र में, ऐसे लोगों को गृहस्थ सन्त, महात्मा राकेश कुमार मित्तल, संस्थापक, 'कबीर शान्ति मिशन' लखनऊ की एक सलाह-लोगों को अपना जीवन वृतान्त लिखना चाहिए, का जिकर हमने किया था। जो लोग ऐसा करने की हिम्मत कर सकें, तो अवश्य करें। समाज तथा स्वयं के परिजनों के लिए, आध्यात्मिक दृष्टिकोण से, सकारात्मक व यथार्थ पूर्ण जीवन जीने की ओर प्रेरणा मिलेगी।

15-04-20202

2. मन की बीमारियाँ

आज कोरोना बीमारी के कारण देश में लॉकडाउन के फेज- II का दूसरा दिन है। बिडम्बना है, कि चर्चा व बहस मुट्ठी भर लोगों के नकारात्मक व्यवहारों (मन की बीमारी वजह से) के दुष्परिणामों पर हो रही है। मानव समाज का दुर्भाग्य ही है, कि आज भी, धर्म की सही समझ नहीं बन पाई है। ऐसा नहीं कि सही समझ के लोग हैं, नहीं! समस्या यह है कि मानव के अस्तित्व के आध्यात्मिक पक्ष की शिक्षा, अनियन्त्रित है। आइये, हम चर्चा करते हैं, कि कैसे हम अपने मन की बीमारियों को जानें और उन्हें दूर कर अपनी जीवन यात्रा सुखद बनायें।

गृहस्थ सन्त महात्मा यशपाल जी (भाई साहब), अपनी पुस्तक गीता सुधा (गृहस्थ-धर्म का गीता भाष्य) भाग-1 मन की 100 बीमारियों का जिकर किया है। आपने, इन्हें इंसान के जीवन में अंधकार से उपजी क्रूर वृत्तियों की, संज्ञा दी है। बीमारियों का वर्गीकरण आपने, इस प्रकार किया है

काम वासना: पर स्त्री चिन्तन से उपजी, काम वासना की तृप्ति के लिए - 10 बीमारियां है।

झूठा अहम: झगड़ा-फसाद, व्यर्थ वाद-विवाद.... ऐसी 12 बीमारियाँ है।

असंतोष: बैर, ईर्ष्या....ऐसी 8 बीमारियाँ हैं।

लोभ: दगाबाजी, चालबाजी, दहेज.. .. ऐसी 40 बीमारियाँ हैं।

स्वास्थ्य से संबंधित: मदिरा, विषय लोलुपता.... ऐसी 5 बीमारियाँ हैं।

अहंकार से संबंधित: 13 बीमारियाँ हैं।

आध्यात्मिक: भगवान की सत्ता को न मानना, शास्त्रों के विरुद्ध चलना, सन्तों का विरोध.... 12 बीमारियाँ हैं।

पहले फेज के, लॉकडाउन के 20वें दिन के पत्र में आई 'टिक डायरी' पर, दो बन्धुओं ने अपनी अनुभव आधारित, प्रतिक्रिया दी है, जो बड़ी सकारात्मक है।

हम अपने ही अवगुणों को दूसरों में देखते हैं। यदि कोई, बुरा दिखता है, तो निश्चित, वह कमी हममें भी है। कमियों को दूर करने पर विचार करें। जीवन यात्रा आध्यात्मिक होगी।

16-04-2020

प्रतिक्रिया: मानव मात्र के कल्याण के लिए आपका आध्यात्मिक चिन्तन सराहनीय है। शुभ एवं कल्याणप्रद चिन्तन की धारा यदि हृदय की गहराई से उस सर्वव्यापी परमात्मा की याद में निकले तो संसार का बहुत बड़ा कल्याण स्वत: होता रहता है- दुख हरण चौधरी; हर व्यक्ति को चाहिए कि इस लेख में वर्णित 100 बीमारियों में से जो आसानी से छूट सकें, वहीं से छोडना शुरु करें, चैरि वेती चैरि वेती के आधार पर एक-एक करके, सभी बीमारियों से छुटकारा मिल सकता है- **हरिभान सिंह।**

---

3. साधना प्रयास

आज कोरोना बीमारी के कारण देश में लॉकडाउन के फेज- II का तीसरा दिन है। बीमारी के खिलाफ, लड़ाई जारी है, लेकिन हमारे हीं कुछ भाई, नकारात्मक विचार वाले, सफलता के मार्ग में बाधक भी बन रहे हैं। मानव समाज में, ऐसा हमेशा से होता रहा है और अन्तत: ईश्वर इच्छा ही प्रिवेल करती, दिखी है। 'जो होता है, अच्छा ही होता है', यह एक आध्यात्मिक तथ्य है। हमने, आपसे अपने आध्यात्मिक अनुभवों को साझा करने की बात की थी। विचार में आया कि चलो, हम अपना एक सुधारात्मक अनुभव साझा, करते हैं।

हमारा मन बीमार है। इसके उपचार की बात हमने 20वें दिन के लॉकडाउन के पत्र में की थी। मैंने, अपनी स्वयं से चिन्हित, 24 मन की बीमारियों की लिस्ट बना कर, वैसा न करने का भाव प्रतिदिन बनाने (changing mental attitude) का प्रयास किया। अगले दिन सुबह गत दिन की सफलता को उस तारीख में क्रास (×) या सही (✓) का निशान लगाता रहा। यह प्रक्रिया लगातार 20 वर्ष (1980 से 2000) तक आजमायी। विश्लेषण करने पर पाया कि प्रयास संतोष जनक था। शुरुआत में जो सही के निशान 71 से 94% के बीच थे, वे 20 वर्ष बाद 100% पर आ गये। सिर्फ, एक कमी, 'बिना मांगे सलाह न देना' की आदत 76% तक ही सुधर पाई।

आपके मन में आ सकता है कि, क्या इन कमियों को छोड़ने में इतना समय लगता है? नहीं। लेकिन बदलाव में स्थायित्व के लिये दीर्घकालिक प्रयास आवश्यक हैं। इस माया रुपी संसार में कब ये अंधकार से उपजी क्रूर

वृत्तियां, दबोच लें, पता नहीं चलता। अध्यात्म साधना में एक बहुचर्चित कहावत है-

माया तजना सरल है और तिरिया का नेह।
मान बड़ाई ईर्ष्या तजे सो बिरला कोय।।

मान, बड़ाई, ईर्ष्या के भाव, यह सब मन की ही बीमारियाँ हैं। यदि कोई इन्हें, मन से निकालना चाहे, और वह स्थाई रुप से निकल जाये, यह स्वयं के प्रयास से ही होगा और जो इस बीमारी से मुक्त हैं, उसके आनंद को वह ही जानते हैं, अनुभव गम्य है। हाँ! होगा गुरु कृपा से ही। हमारे गुरुदेव, हम ऐसे ही वैज्ञानिक थे, उन्होंने या तो अपनी डयूटी की, या फिर खाली समय, आध्यात्मिक साधना में लगाई। दीन व दुनिया दोनों सार्थक रही। ऐसे आध्यात्मिक कार्य के लिए, इंसान के पास बहुत खाली समय होता है, यदि बात समझ में आ जाये तो आध्यात्म व दुनियावी कार्य एक दूसरे के पूरक हो जाते हैं। समझने, अपनाने, अनुभव करने व आनंद लेने वाली बात है। एक बात याद आ गई 'सकल पदारथ है जग माहीं कर्म हीन नर पावत नाहीं।' आध्यात्मिक अशिक्षा और इंसान का माया के मृग मरीचिका में फँसने से, वह अपनी असलियत समझने की तरफ, घ्यान ही नहीं दे पाता।

17-04-2020

प्रतिक्रिया: मन एवं जल की गति अधोमुखी होती है। इसे ऊर्ध्वमुखी बनाने हेतु साधना विशेष एवं यंत्र विशेष की आवश्यकता होती है। जेहि परि कृपा राम की होई- पावँ देई यहि मारग सोई- दुःख हरण चौधरी; अंधकार ही अज्ञानता है। प्रकाश ही ज्ञान है। अज्ञान साधना से ही दूर होगा। लम्बा प्रयास करना पड़ेगा- **हरिभान सिंह।**

---

4. स्वाभाविक जीवन यात्रा

आज कोरोना बीमारी के कारण देश में लॉकडाउन फेज- II का चौथा दिन है। प्रकृति की व्यवस्था से मनुष्य की लड़ाई, देखते हुए विचार में आया कि, अपनी जीवन यात्रा के अनुभवों में क्या देखा? वैसे भी कुछ वर्षों से, मन में इस बदलते समाज में, मनुष्य की मनमानी के खेल व प्रतिक्रियाओं को भी देखता रहा हूँ। स्वयं की बात ही करना ठीक रहेगा। गाँव में अनपढ़ माता-पिता (निरक्षर नहीं) की परवरिश में, स्वतः जो सामने आता गया, आगे

चलता रहा। जीवन यात्रा स्वाभाविक, बिना किसी, जोड़-तोड़ के, आत्मा की आवाज पर निर्णय लेती हुई आगे बढ़ती रही। अन्ततः, जिस रास्ते पर यात्रा हुई, सरकारी तंत्र में संभव (Destined) - शीर्ष स्तर की सेवा तक पहुँच कर समाप्त हुई। हाँ, सेवानिवृत्ति के बाद (30, जून 2003), आत्मा ने कहा कि रिटायर तो रिटायर! आध्यात्मिक चिन्तन व कार्य ही प्राथमिकता बना, जो पहले अंश- कालिक था, वह पूर्ण- कालिक हो गया।

जीवन यात्रा में मिले, हमारे बहुत से साथी (वैज्ञानिक भाई), विभिन्न स्तरों (गाँव, शहर, निरक्षर/खूब पढ़े लिखे माता-पिता, अमीर-गरीब, जोड़-तोड़ संसाधनों से सम्पन्न वाले वर्ग) से आये हुए मिले। अधिकतर की पत्नियाँ भी कम पढ़ी लिखीं और अविभावकों द्वारा चुनी हुई ही थीं। इस वर्ग के, व्यवहारिक व आध्यात्मिक पक्ष को देखने व समझने का अवसर मिला। निष्कर्ष में पाया, कि जो लोग स्वाभाभिक, बिना जोड़-तोड़, सोर्स सिफारिश वाले वर्ग के थे, वे अपने काम के प्रति समर्पित व बड़े निष्ठा वाले प्रवृत्ति के रहे। आज भी, सेवा निवृत्ति के बाद ऐसे लोग, शान्ति व संतोष की जीवन यात्रा कर रहे हैं। अपवाद की बात और है।

आध्यात्मिक दृष्टिकोण से, जो बात इसकी समझ में आई, वह है, यदि किसी व्यक्ति में 'गुरु concept' की सही समझ (clarity) बन जाये, तो जीवन यात्रा में उसके दुनियावी काम की गुणवत्ता को सकारात्मक रुप से प्रभावित करती है। जैसा की इस सीरीज के 8 अप्रैल 20, के पत्र में आया है 'गुरु तत्व' की उपलब्धता, प्रकृति में सबों को -प्रत्यक्ष या अप्रत्यक्ष रुप से प्राप्त है। जन्म लेते ही यह तत्व माँ के रुप में उपलब्ध हो जाता है। उसके बाद, उसे ढूँढ़ने की आवश्यकता नहीं है। बाद में शिक्षकों के रुप में सद्गुरु के स्तर तक मिलता जाता है, यह स्वाभाविक प्रक्रिया है। सद्गुरु का प्रत्यक्ष रुप में मिलना इस जन्म में आवश्यक नहीं है। अप्रत्यक्ष रुप में यह तत्व काम करता है, और हमारी रक्षा व मार्ग दर्शन (प्रेरणा व आत्मा की आवाज) होता रहता है। यह समझ न होने पर, इंसान चूक पर चूक करते हुए असहज जीवन जीता है। उपलब्ध कार्य (स्वधर्म) के प्रति समपर्ण व निष्ठा रखने वाले व्यक्ति को, प्रकृति की इस व्यवस्था का लाभ स्वतः मिलता रहता है, और वह अन्य जनों से अलग भी दिखता है।

कोरोना वाइरस के माध्यम से आज के, तथा कथित मानव विकास पर अच्छा प्रश्न चिन्ह लगा है।

18-04-2020

प्रतिक्रिया: Inspired me for self-introspection- S.N. Khanna; गुरु तत्व का सुन्दर चित्रण- डा.आर. पी. शुक्ला; गुरु कुम्हार शिष्य कुम्भ है गढ़ि-गढ़ि काढ़त खोट- अंदर हाथ सहारा दे बाहर मारत चोट- दु:ख हरण चौधरी; Many manay thanks for posting regularly very useful knowledge and spiritual mesaages which is really fruitful for good human beings- **Dr. Jai Singh.**

---

5. गोल्डेन मीन

आज कोरोना बीमारी के कारण देश में लॉकडाउन फेज- II का पाँचवां दिन है। पिछले पत्रों में, मन की बीमारियों को टिक डायरी के माध्यम से, दूर करने की बात की थी। आज वाट्सअप पर 'सत्संग व तप' की बात पढ़ी। कहा गया है-

'सत्संग की आधी घड़ी - तप के वर्ष हजार -
तो भी नहीं बराबरी - संतन कियो विचार।'

सत्संग की महिमा की भूरि-भूरि प्रशंसा हमारे शास्त्रों में की गई है। इसके प्रभाव के अनुभव के दो उदाहरण जो मन की बीमारी दूर करने से सम्बन्धित हैं, यहाँ देता हूँ। हमारे गुरुदेव 'भाई साहब' जी कहते थे, कि दुनिया में हमें गोल्डेन मीन अख्तियार करते हुए चलना चाहिए। प्रचलित व्यवस्था को बदलना आसान नहीं होता। हमारे एक सत्संगी इंजीनियर मित्र श्री जे0पी0 अग्रवाल के मन में आया कि विभाग में, परसेन्टेज के आये पैसे में हिस्सा लेना और राम-नाम लेना, दोनों साथ-साथ नहीं चल सकते। इन्होंने यह काम, मस्टर रोल में अपने हिस्से के बराबर की फर्जी बनती हाजिरी में, अबसेन्ट लगवा कर, अपने हिस्से को एडजस्ट करा कर, हिस्सा लेना छोड़ दिया। मजे की बात, यह रही कि इनके एक और इंजीनियर साथी ने भी ऐसा ही किया- साथ का असर ! इस व्यवहार से, उस समाज में इनकी उपेक्षा हुई, अलग-थलग पड़ गये, लेकिन जीवन यात्रा में आते बदलावों में, बच्चों की शिक्षा व इनकी आध्यात्मिक साधना के लिए ऐसा माहौल बनता गया कि

जिसकी यह कल्पना भी नहीं कर सकते थे। आगे की कहानी के कहने ही क्या हैं, ईश्वर कृपा ही कृपा के अनुभव रहे और आज भी हैं।

एक और मित्र, डॉ. आर0पी0 सिंह, परिस्थिति व मजबूरी बस एक विभाग के डाइरेक्टर, इंचार्ज बने। परसेन्टज शेयर के मामले की व्यवस्था देखने वाले बाबू ने इनसे पूछा- कि साहब, आप अपना हिस्सा कैसे प्राप्त करना चाहेंगे। इन्होंने पूछा कि पहले वाले कैसे लेते थे। वह, सप्लाई आर्डर पर हस्ताक्षर करने के पहले ही, अपना हिस्सा ले लेते थे। इन्होंने कहा कि ऐसा करो, कि हमारे हिस्से के बराबर का अमाउन्ट घटाकर बिल बनवाया करो। जीवन में यही गोल्डेन मीन है। हम कोई थानेदार तो लगे नहीं हैं।

सत्संग व तप ही, मनुष्य योनि में 'जीव' की दस लाख वर्ष की यात्रा में, सकारात्मक रोल प्ले करते हैं। हजारों-हजारों वर्ष का समय, ध्यान धारणा से ही समाप्त होता जाता है (शास्त्रों के अनुसार)। 'घर (गृहस्थ जीवन), ज्ञान और सहनशीलता का स्कूल है और दूसरे तपों से ऊँचा है'। जहाँ तक सत्संग का प्रश्न है, यह अपने अनुभव से, स्वाध्याय को भी बहुत उपयोगी पाता है, पुस्तकों के साथ का सत्संग। तमाम प्रकार की उपलब्ध सत्संग संस्थाएं, इसे दुनियावी शिक्षण संस्थाओं (स्कूल, कालेज....) की तरह लगती हैं, जहाँ से ज्ञान लेने तक ही सम्बन्ध बनाना चाहिए, अन्यथा, अंधविश्वासिता के गड्ढे में गिरने से बचना आसन नहीं! इनसे जुड़ाव, इस स्तर तक नहीं बढ़ाना चाहिए कि उनके लिए, मरने-मिटने का भाव बनने लगे। इस संसार में, धोखा ही धोखा है।

19-04-2020

प्रतिक्रिया: Very good approach, I appreciate it.- Dukh Haran Chaudhary; आज आपका कोई सुविचार नहीं मिला, जिसके पढ़ने से नई उर्जा मिलती है- टी0पी0 सिह (गलती से पत्र इन्हें नहीं जा सका था।

---

6. आत्मा

आज देश में, कोरोना बीमारी के कारण हम सब, लॉकडाउन फेज- II के 6वें दिन का अनुभव कर रहे हैं। 27 दिन बाद भी, इस महामारी का बढ़ना जारी है। हाँ! गति में कमी आई है। इंसान का बीमार मन जीवन यात्रा में बड़ा

बाधक है। आज के पेपर के 'दि स्पीकंग ट्री' कालम में, जयति गोयल – के लेख में 'मन' पर आई बात ने, हमारा ध्यान आकृष्ट किया –

'शरीर और मन का संबंध, शासित और शासक जैसा है। शरीर वही सब करता है, जिसका मन निर्देश देता है। शरीर में ऐसा कोई अंग- अवयव नहीं जो मन की उपेक्षा कर सके। मन से बलवान आत्मा है, इस्से ज्यादा ताकतवर शरीर में कोई नहीं।'

बहुत वर्षों पहले, एक पिक्चर (तलाश) देखी थी। पढ़-लिखकर, इंजीनियर बने बेटे ने, नौकरी पर जाते समय, अपनी गरीब-विधवा, बुढ़िया-माँ से मार्गदर्शन माँगा। माँ ने कहा- बेटा 'मन जिस काम को करने को कहे और आत्मा 'न' कहे, वह काम न करना। दूसरी बात, माँ ने बताई कि- हमेशा अपने से नीचे के स्तर वालों को इस दृष्टि से देखना, कि परमात्मा ने मुझे उससे बेहतर स्थिति में रक्खा है। पिक्चर में इन बातों के यथार्थ को दिखाया गया था। इन बातों को, हमने भी जीवन में उपयोगी पाया।

मेरी अम्मा (माँ), जब मैं छोटा था तो सुबह शाम कुल्ला फराकत के बाद कपड़े बदल कर कुछ देर साफ जगह पर बैठ व लोहबान सुलगा कर चुपचाप कुछ जाप करती थीं। एक दिन पूछा, कि अम्मा यह क्या करती हो। बोलीं भइया 'संझा' (संध्या) करती हूँ। मैं समझ न सका, चुप रह गया। बहुत दिनों के बाद, जब सर्विस में आया, तो स्वामी चिन्मया नन्द जी के प्रवचन में समझ पाया कि यह मामला 'ध्यान' (Meditation) का है, जीवन में, बहुत महत्वपूर्ण है, मन से सम्बन्धित है – लेकिन, एक प्रश्न ने मन में और जड़ जमा ली, कि ध्यान किया कैसे जाय? यह प्रश्न बना रहा, जहाँ कोई कुछ तरीका बताता, आत्मा कबूल न करती। कहीं न कहीं, बताने वाले का स्वार्थ दिखता, मुझे उसके जीवकोपार्जन का संसाधन बनने की बात दिखती।

समयोपरान्त, ईश्वर कृपा से यह कहावत 'Where there is a will, there is a way' चरितार्थ हुई। गृहस्थ सन्त महात्मा यशपाल जी (भाई साहब जी) का शिलांग में प्रवचन सुनने का अवसर मिला। आप एक आध्यात्म वैज्ञानिक सरीखे, दिखे और गृहस्थ में रहते हुए, 24 घण्टे ध्यान करने व रहने की बात कर रहे थे। इस पर आपके तीन प्रवचन एक-एक घण्टे के इसने सुने। अन्ततः 'जहाँ पर दिल ठहर जाये उसे मंजिल समझ लेना' की बात इसकी जीवन

यात्रा में फुरित हुई। वाह ! 'न हींग लगे न फिटकरी, माल चोखा का चोखा।' ध्यान करने का जो तरीका आपने बताया वह गृहस्थ जीवन में जो समय खाली हो उसमें परमात्मा का नाम अपने जीवन में जोड़कर ध्यान की साधना करने का था। आज 40 वर्ष से इस पद्धति को साधने व समझने का प्रयास यह करता रहा है। राजा जनक, कबीर व तमाम महात्मा कैसे हर वक्त ईश्वर की याद में रहते थे, इसी की चर्चा अगले पत्रों में करते हैं।

20-04-2020

प्रतिक्रिया: Most marvelous and special edition in this message- Dukh Haran chaudhary; अपना मार्ग प्रैक्टिकल है- डॉ. आर0पी0 शुक्ला; नितांत विचारणीय टी0पी0 सिंह; Good, bless your efforts-Puneet Multani.

---

7. ध्यान (2)

आज देश में, कोरोना बीमारी के कारण हम सब, लॉकडाउन फेज- II के 7वें दिन का अनुभव कर रहे हैं। समाज में, तरह-तरह के लोग हैं। ईश्वर की कृपा है कि सकारात्मक सोच के लोगों की संख्या, नकारात्मक लोगों की सोच वालों से अधिक है, काम चलाऊ शान्ति बनी रहती है। पूजा-पाठ, भजन-कीर्तन या धार्मिक अनुष्ठान, इन सब क्रियाओं में ध्यान (चित्त की एकाग्रता) का ही भाव निहित होता है, जो मनुष्य की सोच को सकारात्मक बनाता है। बचपन में जो अपनी अम्मा (माँ) को 'संझा' करते देखा था, वह ध्यान की ही प्रक्रिया थी। स्वामी चिन्मयानन्द जी जिस ध्यान की बात, बता रहे थे वह भी किसी तरीकत (Spiritual Technology) से ही सधता है। स्वामी जी ने उस 'ध्यान' की अवस्था को इन शब्दों में समझाया है- "To forget oneself totally, one's mind should keep awake every moment. A mind that has forgotten the past and future, that is awake to the now, to the present, expresses the highest concentration of intelligence. It is alert, it is watchful it is inspired. The actions of a person who has such a mind are exceptionally creative and perfect. Verily to forget oneself totally, is to be in perfection." आचार्य श्री राम शर्मा जी ने 'मन को अमुक प्रवाह से हटाकर, अमुक दिशा में नियोजन करने की प्रक्रिया को ध्यान कहा है। आप कहते हैं कि यदि ध्यान का लक्ष्य अध्यात्म है तो उस क्षेत्र में

आशाजनक प्रगति होगी। यदि लक्ष्य भौतिक उन्नति है तो भी प्राप्त एकाग्रता का समुचित लाभ मिलेगा"। इस तरह सन्तों ने ध्यान के अलग-अलग उद्देश्य व तरीके बताये हैं। हमारे गुरुदेव जी ने जो ध्यान व तरीका बताया उसका अन्तिम लक्ष्य मुझे जो समझ में आया वह है कि इंसान अपने को जाने, वह है क्या? अर्थात् self-realization! अपने स्वयं का ज्ञान और वह भी गृहस्थ जीवन में रहते हुए। कबीर साहब की बात, ध्यान के बारे में लेते हैं।

काशी के विद्वान, जयंत आचार्य ने प्रश्न किया, कि आप दिन भर कपड़ा बुनते हैं, ईश्वर का स्मरण कब करते हैं? एक औरत जो पानी का घड़ा सिर पर रख कर जा रही थी, चाल में रफ्तार थी, घड़ा उसने पकड़ नहीं रक्खा था, फिर भी पूरी तरह सम्हाले हुई थी। कबीर साहब ने उसकी तरफ इशारा किया, बोले कि यदि उसे घड़े की याद न होती, तो अब तक तो वह नीचे गिर चुका होता। घड़े का ख्याल उसे बराबर बना हुआ है। मुझे ईश्वर की याद करने के लिए अलग से वक्त की निकालने की क्या जरुरत है। कपड़ा बुनने का काम शरीर करता है, आत्मा नहीं। परमात्मा का सच्चा स्मरण हृदय से होता है, शरीर तो निमित्त मात्र है।

तो मन को साधने का तरीका 'ध्यान' है। बहुत से तरीके हैं, सन्त बताते भी हैं, सवाल है हमें कौन सा तरीका सूट करता है, उद्देश्य क्या है। किसी-किसी को तो 'ध्यान' की स्थिति प्रकृति प्रदत्त होती है (प्ररब्ध बस)। क्या! कमाल का काम उनके माध्यम से होता है, देख कर हैरत होती है। 'कबीर-शान्ति-मिशन' लखनऊ के संस्थापक महात्मा राकेश कुमार मित्तल साहब ने, बात- बात में मुझे बताया, कि भाई हमने तो ध्यान कभी किया नहीं! लेकिन, बिना एकाग्रता के ऐसा बड़ा काम हो ही नहीं सकता! हर वक्त (24 घण्टे) एक ही धुन-ध्यान में रहने की बात आगे करेंगे।

21-04-2020

प्रतिक्रिया: Very deep understanding and observations about meditation and concentration- Dukh Haran Chaudhary; मन के भाग्म-भाग को रोकना, ध्यान की एक विधा है, जो निरन्तर चलते रहे ध्यान से सध सकता है- हरिभान सिंह

8. ध्यान (4)

आज देश, कोरोना बीमारी की लड़ाई के, फेज - II के 8वें दिन में हैं। बिना हथियार (दवाई), के यह लड़ाई, वस्तुतः भारतीय परंम्परा की सोच के आध्यात्मिक शक्तियों के भरोसे लड़ी जा रही है। आज, NBT पेपर में प्रसून जोशी का एक लेख पढ़ा "संकट की घड़ी में नेतृत्व का दृढ़ संकल्प", जो आध्यात्मिक सोच के साथ एक विश्लेष्णात्मक, प्रस्तुति थी। जोशी जी कहते हैं कि 'आज भारत अपने भारत होने की इस भावना को तीव्रता से अनुभ्व भी कर रहा है, और यहीं पर मुझे देश के उज्जवल भविष्य की झलक दिखाई देती है। कुछ दिन पहले प्रधानमंत्री, मोदी साहब ने 'जान है जहान है' की बात की थी। ऐसी परिस्थिति में कठोर अनुशासन ही, लड़ाई में विजय दिलाता है। जोशी जी कहते हैं, 'ऐसा, जनता का अभूतपूर्ण सहयोग और समर्पण दिखता है, जिसकी कल्पना विश्व में और कहीं नहीं की जा सकती, क्योंकि इसके पीछे है- एक आस्था और एक आत्मिक बल'। आचार्य श्री राम शर्मा जी का कहना कि मन को 'ध्यान' से साधने पर यदि लक्ष्य अध्यात्म है तो आशाजनक प्रगति होती है। इसी प्रक्रिया में ही अपने देश से 'वसुधैव कुटुम्बकम की बात और विचार ने जन्म लिया, यह समझने वाली बात है। अपनी अम्मा की संझा वाले उदाहरण से मुझे यह मानने में जरा भी संदेह नहीं है कि भारत की आजादी के पहले तक, हमारे देश में अधिकतर लोगों की जीवन यात्रा आध्यात्मिक थी। उस समय यह 'ध्यान' की प्रक्रिया सरलतम से सरलतम रुप में मौजूद थी, जो अब हमारे परिवार व गाँव में तो नहीं हो, दिखती। आज मैं अनुभव में पाता हूँ कि जन साधारण या शिक्षित वर्ग भी आध्यात्म शब्द सुनते ही मन बिचका लेता है, जैसे यह कोई बहुत कठिन चीज है कि कौन समझने और अपनाने के झंझट में पड़े। यह ईश्वर की बहुत बड़ी कृपा है कि भावना के स्तर पर, हमारा अधिकतर जन समूह संकल्प, समर्पण व सहयोग के लिए, प्रधानमंत्री जी के एक आव्हान पर, इस लड़ाई में कूद पड़ा। ईश्वर ने चाहा तो, तमाम संकटों के बीच जीत जनता की ही होगी।

'ध्यान' पर इतनी लम्बी-चौड़ी भूमिका बनाने का हमारा मकसद, एक ही है कि हम अपनी उस परम्परा से 'सरलतम, व्यवहारिक व गूढ़' सीख लें और

सहज–सहज में ध्यान का वरण करते हुए, शान्ति का जीवन जिएँ। 'ध्यान' से हमें क्या मिलेगा?। मन में विचारों की कमी, फिर विचार शून्यता और मन को रेस्ट! इससे मन का सीधा सम्बन्ध 'आत्मा' से हो जाता है, जहाँ आनंद और चैतन्यता है। इसके बाद बड़े सुन्दर–सुन्दर विचार आते हैं। सच्चे मनुष्य के भाव पैदा होते है, अपना सच्चा ज्ञान प्राप्त होने लगता है। अन्ततोगत्वा, ध्यानी–भाई/बहन, यह जान जाते हैं कि सब हमीं हैं 'जड़ चेतन जग जीव जत सकल राम मय जान'। यह है ध्यान की क्षमता।

महात्मा यशपाल जी (भाई साहब), इंजीनियर थे, जिन्होंने इस बात का गहन अध्ययन किया, साधा और मन की इस स्थिति का गृहस्थ जीवन में, दिनचर्या का खाली समय लगा कर प्राप्त करने का सुगम तरीका (Technology) हमें बताया। उनकी ही बात 'ध्यान व अध्यात्म' के बारे में यह अगले पत्रों में चर्चा करेगा जिससे इन शब्दों से डरने या भ्रम की स्थिति दूर हो और यह विश्वास बने, 'ध्यान' की बात तो खेल–खेल में सध सकती है।

22–04–2020

प्रतिक्रिया: या अनुरागी चित्त की गति समुझै नहिं कोय। ज्यों ज्यों बूड़े श्याम रंग त्यों–त्यों उज्जवल होय।।– दु:ख हरण चौधरी; आपके द्वारा लिखित 7–8 आलेख पढ़कर मन को शक्ति मिली। वाकई इन दिनों आंशिक स्वाध्याय व साधना की सतत प्रक्रिया से आंतरिक ऊर्जा का आभास लग रहा है। आपका आलेख हमको आगे और मार्गदर्शन करेगा– टी0पी0 सिंह

---

9. भ्रमित इंसान

आज कोरोना बीमारी की लड़ाई के फेज-II का 9वाँ दिन है। स्वास्थ्य, सुरक्षा, सफाई, जीवन चलता रहे की राशन व्यवस्था के प्रयास, अद्‌भुत शक्ल अख्तियार कर रहे हैं। क्या पता! प्रकृति एक झटके में मानव जाति को अपने हद की याद दिलाते हुए, हमें रास्ता दिखा रही हो, कि भाई ऐसे रहो। हम अभी तक, फौजियों को ही योद्धा हैं, कि समझ रखते थे। अब पता चला, कि हर व्यक्ति, अपने में योद्धा ही है! सबसे बड़े योद्धा तो हमारे किसान भाई हैं। पुरानी कहावत है कि "उत्तम खेती मध्यम बान–निषिध चाकरी भीख निदान"। यह कहावत, आध्यात्मिक दृष्टि से कही गई है। असन्तुलित विकास की अंधी

दौड़ ने, चाकरी (नौकरी) को ऐसा बढ़ावा दिया, कि खेती की बात जो उत्त्म कही जाती थी, समय के साथ-साथ धूमिल पड़ती गई।

पैसा आवश्यक है, लेकिन वह यदि जीवन में प्राथमिकता बन जाये तो क्या हमें, आज की इस विकसित इंसानी बुद्धि पर तरस नहीं आना चाहिए? लगभग हर व्यक्ति की प्राथमिकता आज पैसा ही होकर रह गया है। हम अपने बच्चों को वह शिक्षा दिलाना चाहते हैं कि जिससे वह ज्यादा से ज्यादा पैसा कमा सके। अपने देश में आजादी के बाद जैसे-जैसे आध्यात्मिक विचार कमजोर पड़ते गये, पैसे के विचार हावी होते गये। याद है, हमारे बाबा कहा करते थे कि 'सबसे बड़ा रुपैया न मैया न भैईया।' आज सोचता हूँ कि उनका ऐसा कहना बदलाव का सूचक था। आज, दु:ख तो तब होता है, जब हम देखते हैं कि हमारे आध्यात्मवादी धर्माचार्यों में भी, पैसा इकट्ठा करने की होड़ सी लगी हुई है। धन्य हैं हमारे शिक्षा व्यवस्था के नियन्ता (प्राथमिक शिक्षा), जिन्हें अपने पर विश्वास ही नहीं है कि वे मानवीय यथार्थ को समझें। मित्रों! विचार करो, जितने भी महापुरूष हमारे देश में हुए हैं, वे सब के सब स्वत: आगे बढ़ने की प्रक्रिया की उपज रहे हैं। वे केवल और केवल प्रकृति की व्यवस्था से उपजे लोग थे। हाल में हुए, राष्ट्रपति अब्दुल कलाम साहब, पटेल साहब, लाल बहादुर शास्त्री, आज के हमारे प्रधान मंत्री, अतीत के तमाम वैज्ञानिक, टाटा बन्धु ऐसे अनगिनत उदाहरण हैं। इन महापुरुषों के साथ आध्यात्म की जबरदस्त शक्ति काम करती रही है। काश, आज का इंसान वर्तमान की कोरोना समस्या को आध्यात्म के परिपेक्ष्य में देखे तो यह कहावत चरितार्थ हो सकती है, जिसे 'blessings in disguise' कहते हैं। मुझे लगता है कि उच्च स्तर पर इस लड़ाई में, अवश्य भविष्य के प्लान पर भी कुछ किया जा रहा होगा, और आश्चर्य नहीं कि बहुत सी बातें स्थिति सामान्य होने की प्रक्रिया में तमाम प्रचलित तौर तरीकों का स्थान स्वत: ले लें।

एक बात, हमें और आपको यह समझने की है कि हम अपने अस्तित्व के बारे में कुछ खास बातें जानें। यह बातें 'ध्यान' से, सरोकार रखती हैं। हमारा शरीर, तीन तत्वों का समिश्रण है। स्थूल शरीर जो हमें दिखाई देता है, इसमें सूक्ष्म शरीर- हमारा मन है और कारण शरीर- आत्मा है। इस सूक्ष्म शरीर को ही साधना है, जो ध्यान से ही संभव है। इसका विस्तार आगे करेंगे।

23-04-2020

प्रतिक्रिया: बहुत मजा आया। अध्यात्म से ओतप्रोत है- डॉ. मान सिंह। जगतु जनायो जेहि सकलु सो हरि जान्यो नाहिं। *ज्यों आंखन जग देखिये, आंख न देखी जाहि।* एक अबूझ पहली, समाधान गुरु कृपा ही दु:ख हरण चौधरी।

---

10. पूजा

आज कोरोना बीमारी की लड़ाई के फेज - II का 10वाँ दिन है। मीडिया की खबरों से ज्ञात हुआ कि, देश में जो प्रयास हो रहे हैं, वे सफल होते दिख रहे हैं। इसका सारा श्रेय, देश की 130 करोड़ जनता के अनुशासन व नेतृत्व को दिया जा रहा है। ऐसे परिपेक्ष्य में, जब हम जनता की बात करते हैं, तो उसके सामूहिक, आध्यात्मिक शक्ति (सकारात्मक सोच) के सम्बन्ध से होती है। ऐसे ही नेतृत्व का भी प्रभाव पड़ता है। आज ही. पेपर में एक सर्वे आया है, कि देश में, इस समय, 93% लोगों का विश्वास वर्तमान नेतृत्व में है। मोदी साहब अपने सम्बोधनों में कहते भी हैं, कि संकल्प और विश्वास ही हमें लड़ाई में जीत दिलायेगा। यह दोनों बातें, आध्यात्म व ध्यान (पूजा) की उपज हैं, जो अपने देश के सामाजिक चरित्र से रहा है।

आज, एक गायत्री परिवार के साधक, भाई हरिभान सिंह का 8वें दिन के पत्र पर एक प्रतिक्रिया है "गलतफहमी है कि अध्यात्म व ध्यान, सन्त महात्माओं और बुजुर्गों की चीज है, हमें इससे क्या लेना देना! यही अज्ञानता, समाज को अंधकार में ढकेल रही है।" अपनी प्राथमिक शिक्षा के परिपेक्ष्य में, यह प्रतिक्रिया विचारणीय है। भाई! जब हम मान रहे हैं कि, हमारा मन बीमार है, तो किसे और कब यह बात समझनी है? इस बात की समझ तो, बचपन में ही बन सकती है, जहाँ जीवन यात्रा की नींव पड़ती है। हम सब कुछ अपने शरीर के परिपेक्ष्य में सोचते व करते हैं और इससे विषयों का आनंद लेते हैं। हमारा दूसरा शरीर-मन (बुद्धि, चित्त और अंहकार से मिलकर बना है), हमें 'वासनानंद' का अनुभव कराता है, जो सूक्ष्म शरीर है। तीसरा कारण शरीर (आत्मा) है, जिसमें है चेतन और आनंद)। हमारी जीवन यात्रा में सूक्ष्म शरीर का अहम रोल है, जो निरन्तर काम करता रहता है। यह थक कर तमाम बीमारियों से ग्रसित रहता है। सन्तों ने मन को आराम देने के लिए,

विभिन्न प्रकार के पूजा-पाठ (ईश्वरोपासना) की पद्धतियाँ सुझाई है। हम सूक्ष्म विश्लेषण में पाते हैं कि इनमें, चित्त की एकग्रता प्राप्त करने का मुख्य उद्देश्य छिपा हुआ है। योग (चित्तवृत्तियों का निरोध), पूजा का ही विकसित रूप है। इसलिए, हमारे गुरुदेव महात्मा यशपाल (भाई साहब) जी ने गृहस्थ जीवन में ध्यान के लिए 'पूजा' शब्द को अपनी 24 घन्टें ध्यान की पद्धति में बरकरार रक्खा। ध्यान करने को हम पूजा कहते हैं।

पूजा (ध्यान) के लिए, साधक को एक ईष्ट (परमात्मा का रुप जो सबसे प्यारा लगे या नाम- ओम, अल्लाह, गॉड, वाहेगुरु ...) निश्चित करना आवश्यक है। पूजा में जब बैठे, तो अपने ईष्ट का ख्याल करें और उसे अपने हृदय में प्यार से बिठाने का प्रयास करें। गृहस्थियों के लिए ध्यान हृदय चक्र पर करना है, आज्ञा चक्र पर नहीं। आज्ञाचक्र पर ध्यान बाल ब्रम्हचारी करें। अभ्यास के साथ-साथ आज्ञाचक्र वाली स्थिति स्वतः बनेगी। पूजा में, विचारों को हटाते हुए, अपने ईष्ट को बिठाने का प्रयास शनैः शनैः विचार शून्यता की ओर ले जाती है। सन्तों का कहना है, कि इंसान होने के नाते, हमें सुबह-शाम यह पूजा आध-आध घण्टे की करनी चाहिए। आध्यात्मिक जीवन में यह साधना का पहला कदम है।

24-04-2020

प्रतिक्रिया: गुरु बिनु कुछ न लखाइया पड़े न दिल में चैन। राम खुमारी नानका चढें रहे दिन रैन- दु:ख हरण चौधरी

---

11. पूजा क्यों और कैसे?

आज कोरोना बीमारी की लड़ाई के फेज-II का 11वाँ दिन है। घर में रहते- रहते, हम लीक से हटकर आजकल यह नियमित चर्चा, आध्यात्म पर कुछ दिनों से कर रहे हैं। हम कैसे- एक अच्छे इंसान बनें, हम हैं क्या की समझ बने और कैसे यह सब प्रक्रिया हमारे जीवनचर्या में ही फिट हो जाये, अलग से समय न निकालना पड़े, चर्चा का मुख्य मुद्दा है। हम क्यों करें पूजा और कैसे करें का प्रश्न मन में आना स्वाभाविक है।

देखिये! सूक्ष्म शरीर (मन) से हम सोच विचार का काम लेते हैं। यह हर वक्त व्यस्त रहता है। यहाँ तक कि सोते समय स्वप्नों में पड़ा रहता है। इसे कैसे रेस्ट मिले। सन्तों ने, यह पूजा (ध्यान) का तरीका निकाला। पूजा करेगें तो, भगवान में चित्त- एकाग्र होगा, मन thoughtless हुआ, तो विचार शून्यता आई, उसे रेस्ट मिलने लगा। यदि हम अपना सच्चा विकास चाहते हैं तो स्थूल शरीर की तरह मन को भी रेस्ट देना होगा। भगवान को माने या न मानें कोई फर्क नहीं पड़ता, लेकिन अपनी हस्ती या अस्तित्व को तो मानेंगे! भगवान हमारी पूजा का भूखा नहीं है। पूजा की प्रक्रिया में चित्त की एकाग्रता के साथ, मन का सम्बन्ध हमारी आत्मा से हो जाता है, जहाँ है आनंद और चैतन्यता। ध्यान के बाद, बड़ा हल्का-फुल्का महसूस करेंगें (अनुपन शान्ति)। सुन्दर-सुन्दर, विचार आयेंगे, सच्चे मनुष्य के भाव पैदा होंगे, धीरे-धीरे यह पता चलता है कि हम हैं क्या? कोई गैर नहीं सब हमीं हैं। 'जड़ चेतन, जग जीव जत, सकल राम मय जानि Love Thy neighbour as Thy self' की भावना बनती है। यह हैं ध्यान से लाभ।

पूजा (ध्यान) कैसे करें? आसन पर बैठें, धूप अगरबत्ती जलायें, कल्पना करें कि आपका ईष्ट सशरीर आपके सामने विराजमान है, कोई भक्ति भरा भजन गायें या ऐसा भाव बनायें कि ईष्ट की गहरी याद बन जाय। बर्हिमुखी विचार अन्तरमुखी होने लगेंगे और ईष्ट पर ध्यान बनेगा। पहले बाहर देखिये जब ध्यान बनने लगे तो उस पवित्र मूर्ति को अपने हृदय में उतारिये, प्यार से बैठाईये कि वही वह रह जाये, न दूसरा ख्याल रहे न विचार। जब विचार हट जाये तो फिर उसी मूर्ति को हृदय पर जमायें। ऐसा करते रहें। आधे घण्टे बाद जब चेतन अवस्था में लौटेंगे तो बड़ी सुन्दर अनुभूति होगी कि आपका हृदय मस्तिष्क, आनंद से भर गया। साकार पुजारी यदि ऐसे पूजा करेंगे तो चित्त की एकाग्रता प्राप्त होगी, सुषुप्ति की अवस्था प्राप्त होगी। धीरे-धीरे सहज समाधी में प्रवेश कर जायेंगे। जो निराकार उपासक हैं, वे किसी एक नाम को पकड़ें और अपने हृदय की धुकधुकी को सुनने का प्रयास करें। यह ख्याल करें कि वही नाम हर धड़कन के साथ निकल रहा है। धीरे-धीरे उसी में तल्लीनता आ जायेगी, और विचार शून्यता की अवस्था बनेगी। आनंद और शान्ति की अनुभूति होगी। इस तरह आध-आध घन्टे सुबह-शाम पूजा करें।

लेकिन हमारा लक्ष्य है कि कैसे हम ध्यान की अवस्था में हर वक्त रहें! गीता के अनुसार 'कृष्णभावामृत' में 'दस्त बकार-दिल ब यार' (हाथ कार्य में दिल परमात्मा की याद में)। इसकी चर्चा हम आगे के पत्र में करेंगे।

25-04-2020

प्रतिक्रिया: बहुत ही अच्छे तरीके से समझाने का प्रयास है। पढ़कर मन प्रसन्न हो गया। सच्ची शान्ति का यही उपाय है 100% सहमत- सतीश गुप्ता; बहुत सुन्दर विचार- गुरु प्रसाद; very beautiful ways to utilize time spending in meditation and concentration towards the supreme- G.P. Tripathi; परमात्मा एक तू ही तो है, तेरी इच्छा पूर्ण हो रही है। इस सृष्टि, इस घटनाओं के रुप में धन्यवाद प्रभू जी। तेरी लीला बड़ी विचित्र है। हम सब जीवों पर रहम कर मालिक- दुःख हरण चौधरी; भइया जी अगले अंक में परम पूज्य गुरू जी द्वारा बताई ध्यान की प्रक्रिया को लिखिए- हरिधान सिंह।

---

12. चौबीस घण्टे का ध्यान

आज कोरोना बीमारी की लड़ाई के फेज -II का 12वाँ दिन है। इस अजीब सी लड़ाई में, पूरा विश्व, अकल्पनीय स्थिति से गुजर रहा है और इंसान अपने को बचाने का, हर तरह से प्रयास कर रहा है। ऐसे विचार बन रहे हैं कि अन्ततोगत्वा, हमें और बीमारियों की तरह, कोरोना के साथ भी रहना होगा। इसकी दवा बनाने की कोशिशे तेजी से हो रही हैं। ऐसे में, धैर्य! इंसान को बड़ी राहत देता है। यदि हमारा मन एकाग्र हो, जीवन यत्रा आध्यात्मिक हो, तो यह गुण स्वभाव में स्वतः ही पैदा हो जाता है। इस सीरीज में हम गृहस्थ जीवन में, मन की एकाग्रता, ध्यान के माध्यम से प्राप्त करने की बात कर रहे हैं और वह भी, दिनचर्या के खाली समय में, अभ्यास करके। जीवन में रामनाम जोड़ कर। इस प्रकिया को महात्मा यशपाल जी ने 'आनंदयोग' के तहत प्रस्तुत किया है, जिसका संक्षिप्त विवरण इस प्रकार है।

आठ घण्टे का ध्यान: सुबह आधे घण्टे का ध्यान; साँय आधे घण्टे का ध्यान; दोपहर भोजन अपने ईष्ट की याद में करें (आधा घण्टा); सायँ भोजन अपने ईष्ट की याद में करें (आधा घण्टा); रात सोने के पहले प्रति दिन किये कार्य का आत्मनिरीक्षण करना व ईष्ट की याद में सो जाना सोने के

6 घण्टे का ध्यान। स्वतः इस प्रैक्टिस से मन दिन के 24 घन्टे में 8 घण्टे ध्यान की अवस्था में रहेगा।

अगले आठ घन्टे का ध्यान: पहले 8 घण्टे ध्यान के बाद खाली, सामान्य कार्य के बीच का समय अपने ईष्ट की याद में लगायें, आदत बनाना। सुबह नित्य क्रिया के समय ईष्ट की याद करना, ब्रश करते हुए, शेव करते हुए, नहाते हुए, टहलते हुए, दिन में कार्य के समय का खाली समय ईष्ट की याद। सामान्यतः हर इंसान के पास ऐसा ढेर सारा समय फालतू विचारों में बर्बाद हो जाता है। ऐसे समय को, ध्यान की प्रैक्टिस में लगान।

अगले आठ घण्टे का ध्यान: सोलह घण्टे के ध्यान की प्रैक्टिस के बाद करें। दिन का कार्य शुरु करने के पहले, अपने ईष्ट की याद यह सोचते हुए करें कि हम उनके हाथ के यंत्र हैं और मन ही मन कहें कि हे प्रभु! यह तेरा ही कार्य है तू जैसे चाहे कर फिर कार्य में लग जाये। जब कार्य समाप्त हो जाये फिर उसकी याद यह सोचते हुए करें कि यह कार्य तूने किया, तुझे ही अर्पण है। तूने शक्ति दी इसलिए मुझसे यह हो सका। इस प्रैक्टिस का लाभ पहली व दूसरी सीढ़ी के पूरा करने पर एहसास होगा।

इस साधना से मन का स्वभाव परमात्मा की याद करते रहने का बन जाता है, हृदय में जो निरन्तर दैवी चिन्तन हो रहा है, वह सुनने लगता है। ऐसे हृदय से किसी का बुरा चिन्तन नहीं होता। हर एक की भलाई चाहता है, सारे विश्व का कल्याण चाहता है। 'दस्त बकार दिल व यार'- हाथ काम में दिल परमात्मा की याद में। साधक का दुनियावी कार्य पहले से बेहतर (+)। महात्मा यशपाल जी, स्वयं इसके उदाहरण बने। टेलीग्राफिस्ट से नौकरी प्रारम्भ कर निदेशक के पद से सेवा मुक्त हुए।

26-04-2020

---

13. स्टार्टअप साधना

आज कोरोना बीमारी की लड़ाई के फेज - II का 13वाँ दिन है। परेशानियों के बीच, मीडिया में आध्यात्मिक व सकारात्मक विचारों की बाढ़ सी आयी हुई है। ऐसे में, मन में संचित कुछ लाभप्रद बातें भी याद आ रही हैं- जैसे दुःख में सुमिरन सब करें सुख में करें न कोय -जो सुख में सुमिरन

करें तो दुःख काहे को होय; यहि सर आवत अति कठिनाई – राम कृपा बिनु आई न जाई; होई है वही जो राम रचि राखा– को करि तरक बढ़ावे शाखा... इत्यादि, इत्यादि। यह ईश्वर कृपा ही है कि हम किसी भी वजह से यह चर्चा कर रहे हैं, जो हमें अध्यात्म मार्ग पर चलने या प्राथमिकता देने की तरफ प्रेरित तो कर ही रही है। हमारे गुरुदेव कहते थे कि 'रामनाम' का सही लाभ, यदि हम जीवन में इसे प्राथमिकता दें, तो ही है। और यह भी कहते, कि हमारी साधन पद्धति में छोड़ना कुछ नहीं है, जो कर रहे हैं उन्हें करते रहें, केवल 'राम नाम' जीवन में और जोड़ें। यह मानसिक प्रक्रिया है। आप स्वयं गृहस्थ थे, मुझे इस पद्धति ने आकर्षित किया। और आज 40 वर्ष से, इसे समझने में लगा रहा, जो बात समझ में आई, साझा कर रहा हूँ। चर्चा को और आगे बढ़ाने के लिये, 'ध्यान' की इस पद्धति का एक 'स्टार्ट-अप' विचार में आता है।

'हम सुधरें' बात में, निष्काम कर्म की भावना (selfless service) की बात छिपी हुई है। कबीर के शब्दों में 'ना कुछ किया न कर सका, न कुछ किया शरीर –जो कुछ किया सो हरि किया, कहत कबीर-कबीर' क भाव निहित है। इस आनंद योग के 24 घण्टे ध्यान की पद्धति में, साधना की पहली सीढ़ी (8 घन्टे के ध्यान) के तीसरे सब-स्टेप (सोते समय आत्म निरीक्षण) की प्रक्रिया से ही निष्काम कर्म की प्रैक्टिस का आरम्भ हो जाता है। इस पूरी साधना का सरलतम रुप, नीचे दिये गये भाव के साथ आसानी से किया जा सकता है और बच्चों को भी सिखाया जा सकता है। ईश्वर ने चाहा तो आध्यात्मिक दृष्टिकोण से लाभान्वित होंगे।

सुबह उठते ही, चारपाई पर बैठे-बैठे भगवान का नाम लें, प्रार्थना करें कि दिन अच्छा गुजरे, हमसे किसी का दिल न दुःखे, फिर काम नें लग जायें। नित्य-कर्म अपने ईष्ट की याद में करें (नहाना-धोना, दातुन-मंजन, चाय-नाश्ता, खाना...)। स9ाँय सोते समय, दिन में किये गये कामों की समीक्षा करें। जितने भी काम हमसे अच्छे हुए हैं (किसी की मदद, या किसी को हमसे प्रसन्नता मिली हो) भगवान को यह कहकर अपर्ण करें कि यह आपकी दया कृपा से हो पाया है, आपने ही किया, मैं तो निमित्त मात्र या आपके हाथ का यंत्र हूँ। यदि कोई गलत काम हुआ है, किसी की आत्मा दुःखी हो या जिस पर आत्मा कचोटे, तो भगवान से क्षमा मांगे, प्रार्थना करें कि ऐसी गलती से बचायें। फिर ईष्ट की याद करते-करते सो जाये। यदि इसके साथ-साथ

आत्मा की आवाज पर चलने की आदत बना लें, 'मन जिस काम को कहे, आत्मा न कहे,' करने से बचें, तो सोने में सुहागे की बात हो जायेगी। ऐसा करने से, ईश्वर चाहेंगे तो जीवन यात्रा आध्यात्मिक होगी। साथ साथ दुनियावी कार्य और सुन्दर व अच्छे होते जायेंगे।

27-04-2020

---

14. अनुभव ज्ञान का संकलन

आज कोरोना बीमारी की लड़ाई के फेज- II का 14वाँ दिन है। परिस्थिति जन्य, ईश्वर कृपा से हम मानव जीवन के आध्यात्मिक पक्ष पर चर्चा कर रहे हैं। वैसे, व्यवहारिक और वैज्ञानिक दृष्टिकोण से, अध्यात्म का क्षेत्र अछूता तथा un-explored सा रहा है। मानव जीवन के, अध्यात्मिक अनुभवों के संकलन का प्रयास औपचारिक रूप से नहीं हुआ। साधारण जन मानस के कितने सार्थक व शिक्षा प्रद अनुभव, लुप्त होते गये हैं। केवल सन्त महात्माओं या कुछ महापुरुषों के जीवन के आध्यात्मिक अनुभव ही उपलब्ध हैं।

भारत के पूर्व राष्ट्रपति, ज्ञानी जैल सिंह जी का आध्यात्मिक जीवन के लिए, परामर्श - मानव विकास प्रक्रिया में महत्वपूर्ण है। आप कहते हैं - "कि व्यक्ति को अधिक से अधिक समय अच्छे लोगों के साथ व्यतीत करना चाहिए और बुरे लोगों के साथ से बचना चाहिए। उनका एक और परामर्श था कि अपने जीवन के अनुभवों एवं घटनाक्रम को यथासंभव लिपिबद्ध अवश्य कर लेना चाहिए क्योंकि कोई कभी भी बड़ा आदमी बन सकता है। इस सम्बन्ध में उन्होंने स्वयं का उदाहरण दिया। उस दशा में यह संकलन समाज के लिए उपयोगी हो सकता है और यदि ऐसा न भी हो तो अपनी भावी पीढ़ियों को उपयोगी सूचना तो देता ही है।" मनुष्य के छोटे से जीवन अवधि व कमजोर स्मृति के कारण, हम अपने ही परिवार की परम्परा व बुजुर्गो के चरित्र के मजबूत पक्ष से अनभिज्ञ ही रहते हैं, खासकर आज के व्यस्तता के युग में। इससे, उपलब्ध महापुरुषों के अनुभवों को ही बार- बार रटते व लोगों पर थोपने का प्रयास करते रहे हैं।

एक उदाहरण, भूतपूर्व राष्ट्रपति अब्दुल कलाम साहब का लेते हैं। आप लिखते हैं- "I have been always a religious person in the sense that I maintain a working partnership, with God. I was aware that the best work required more ability than I possessed. And therefore I needed help that only God could give me. I made true estimate of my own ability then raise it to 50% and put my self in God's hand. In this partnership, I have always received all the power I needed, and infact even felt it flowing in to me. Today I can affirm that the kingdom of God is with in you in the form of his power, to achieve your goals and realize your dreams." कलाम साहब की तकनीकी, उपलब्धियों को बात हम सुनते रहे हैं, लेकिन, उनके जीवन के आध्यात्मिक पक्ष, के योगदान की बात, उनकी उपलब्धियों में कितनी है, की ओर विचार ही नहीं जाता। पाठक बन्धु! आप अपनी ही जीवन यात्रा के अनुभवों पर विचार करें, कितनी शिक्षाप्रद बातों का विशाल भन्डार आपके पास है। उपरोक्त बातों पर जन-हित में विचार करें कि आप क्या योग दान कर सकते हैं?

28-04-2020

प्रतिक्रिया: Too good papa. We must ponder on above article. Specially liked partnership of kalam ji with God and feeling that he was tool in hands of God.... Really men are foolish who boast too much about themselves. High regards to Kalam ji - Sarita Singh

---

15. हमारा जीवन महत्वपूर्ण

आज कोरोना बीमारी की लड़ाई के फेज- II का 15वाँ दिन है। पूरा विश्व समाज अभी तक इस समस्या का हल, Social distancing में ही पा सका है, जो एक जटिल प्रक्रिया है। इस प्रक्रिया में अकेलेपन की स्थिति ने स्वयं के विचारों में भी लड़ाई की सी स्थिति उत्पन्न कर दी है। इसका हल आध्यात्मिक है, जो हमेशा से optional रहा है। समाज में, बहुत कम लोग ही इसे महत्व देते हैं, हालाँकि, इसकी अहमियत को मानने वालों की संख्या भी बहुत है। वेद प्रताप, वैदिक- जी का NBT में लेख 'कोरोना का डर छोड़ दें और सहज रहें' पढ़ा। आपके सुझाव हैं- समय बिताने के लिये ध्यान कीजिए; भोजन करने में अधिक समय लगायें, असली स्वाद आप चखेंगे। यह जीवन का एकदम नया अनुभव होगा। इस ध्यान प्रक्रिया को आप अपने चलने-फिरने, बोलने-लिखने, उठने-बैठने, कपड़े पहनने-उतारने आदि पर

लागू करके देखिए। दो तीन घण्टे स्वाध्याय में भी बिता बैठे-बैठे अपनी आत्म-कथा या डायरी भी लिख सकते हैं....।' यह बातें अपने अनुभव के बाद ही वैदिक जी ने लिखी हैं, जो निःसंदेह उनकी आध्यात्म साधना का हिस्सा होगा। हम, इन सुझावों के अमल से, मिलने वाले आध्यात्मिक लाभ को नकार नहीं सकते।

'अपनी आत्म कथा लिखने' के सुझाव को तो अण्डर लाइन ही करना चाहूँगा। कुछ वर्षों से, इसके मन में बार-बार आ रहा था कि मानव विकास में 'अध्यात्म विज्ञान' पर शोध होनी चाहिए। इस कोरोना काल के मीडिया में आते लोगों के विचारों ने यह धारणा बदल दी। वैदिक जी के आत्मकथा लिखने के सुझाव से लगा कि हर व्यक्ति आध्यात्म के शोध का यूनिट सा ही है। आवश्यकता है, दिन प्रति-दिन के अनुभवों को संज्ञान लेने व लिखते रहने की। निःसंदेह, ऐसा करने वालों की संख्या बहुत कम होगी, लेकिन महत्वपूर्ण होगी, यह मैं मानता हूँ। यह प्रक्रिया मानव के आध्यात्मिक (व्यवहारिक) पक्ष को उजागर कर, इंसान को सच्चे माने में इंसान बनने की प्रेरणा देगी और साथ-साथ, बुद्धिजीवियों के लिए, सेवा निवृत्ति के बाद सार्थक समय बिताने का अवसर भी। ऐसी कई आत्म कथायें हमनें पढ़ी व उपयोगी पाई हैं।

एक महापुरुष, गृहस्थ सन्त राकेश कुमार मित्तल साहब जो आई0ए0एस0 अधिकारी रहे, कबीर दर्शन पर आरूढ़ रहते हुए, 'कबीर शान्ति मिशन' की स्थापना, समाज में सकारात्मकता के भाव को बढ़ाने के लिए की। आप अपनी पुस्तक 'मेरे जीवन का उपवन' की भूमिका में लिखते हैं - 'यह पुस्तक मेरे जीवन की कहानी है। दूसरे शब्दों में इसे मेरी आत्म कथा भी कहा जा सकता है। सामान्यतः समाज के विख्यात अथवा कुख्यात व्यक्तियों की आत्मकथायें ही महत्वपूर्ण होती हैं और उन्हीं में पाठकों की रुचि होती है। मैं इन दोनों श्रेणी में नहीं हूँ, किन्तु अपने जीवन को महत्वपूर्ण मानता हूँ। मेरा तो यह मानना है कि प्रत्येक जीवन स्वयं में महत्वपूर्ण है और सभी के जीवन से कुछ न कुछ सीखा जा सकता है। इसी कारण मेरा जीवन भी अनेक दृष्टि से महत्वपूर्ण है....।' विचार करें! आपका भी जीवन महत्त्वपूर्ण है/रहा है।

29-04-2020

प्रतिक्रिया: महत्वपूर्ण, प्रेरणा दायक- डॉ. आर0पी0 शुक्ला; Good views - Sangam Singh; Most inspiring. One must pendown his feelings and experiences in daily diary, write book, 'हर बच्चा है खास' ने ऐसे ही पुस्तक का रुप लिया- सरिता सिंह: सराहनीय प्रयास - दु:ख हरण चौधरी

---

16. चित्त वृत्तियों का निरोध

आज कोरोना बीमारी की लड़ाई के फेज - II का 16वाँ दिन है, हम लॉकडाउन में इस बीमारी के उपचार हेतु तरह-तरह के विचारों से रुबरू हो रहे हैं। शरीर की इम्युनिटी बढ़ाने के लिए पोषक आहार, योगा और तमाम आजमाये हुए तरीके मीडिया के माध्यम से बताये जा रहे हैं। नि:संदेह हम जागरुक व शिक्षित (आध्यात्मिक/health conscious) हो रहे हैं। इसी दिशा में हमारा प्रयास भी इस पत्र के द्वारा, मन से सम्बन्धित विषय 'आध्यात्म व ध्यान' के व्यवहारिक पक्ष को समझने पर है। इंसान, शान्ति व सुख के जीवन की ख्वाहिश रखता है। हम यहाँ, यह मान कर विचार कर रहे हैं कि ये बातें, हमारे जीवन में अध्यात्म के माध्यम से आ सकती है, जिसमें ध्यन एक महत्वपूर्ण क्रिया है। एक बात और मान लेना चाहिये कि स्वयं को ही करना होगा, कोई दूसरा किसी के लिए कुछ नहीं कर सकता। यदि कर सकता है तो सिर्फ मार्गदर्शन।

वैसे, हम गत पत्रों में अपने स्थूल, सूक्ष्म व कारण शरीर की बात कर चुके हैं। यहाँ, इन्हीं तत्वों के योग से सम्बन्धित, विशेष गुणों को देखते हैं। पतंजली महाराज ने योग सूत्र में, योग की परिभाषा दी है 'योगश्चित्तवृत्तिनिरोध:'। चितवृत्तियों के निरोध को योग कहते हैं। हम स्थूल शरीर से 'विषयों' का आनंद लेते हैं, मन से 'वासना' का आनंद लेते हैं और आत्मा में है 'आनंद'। इसे महात्मा यशपाल जी ने इस प्रकार व्यक्त किया है-

स्थूल-शरीर ———	सूक्ष्म-शरीर ———	कारण-शरीर
↓	↓	↓
विषय+आनंद	वासना+आनंद	आनंद

यदि किसी तरह हम 'विषय' को स्थूल शरीर से और 'वासना' को सूक्ष्म शरीर से दबा दें या इसका रुप बदल दें, तीनों जगह आनंद ही आनंद रह

जायेगा। आत्म-मय जीवन हो जायेगा। आनंद-योग, के साधकों ने ही इसी को जीवन का लक्ष्य कहा है, यही सच्चा योग है। इन महात्माओं ने, अनुभव के बाद बताया कि दसों इन्द्रियों पर कंट्रोल करने के बजाय आँख और जबान के कंट्रोल करने पर विषय व वासना पर काबू किया जा सकता है। हम अपनी सुरक्षा को ध्यान में रखते हुए, बहुत इधर-उधर न देखें, इससे संस्कार कम बनेंगे। पहली दृष्टि निर्दोष होती है, संस्कार किसी चीज को दुबारा देखने से बनते हैं। उदाहरणार्थ- किसी बगीचे में जाते हुए, गुलाब के फूल पर नजर पड़ी, कोई बात नहीं, यदि दुबारा देखा तो उसे तोड़ने की इच्छा पैदा होगी, मन की प्लानिंग शुरु! ऐसे, जिन चीजों को देखने के लिए शस्त्रों ने मना किया है, पहली दृष्टि पड़ जाये तो कोई हर्ज नहीं, लेकिन दूसरी दृष्टि कभी न पड़े की साधना।

जबान का कंट्रोल है, कम से कम बोलें, जब आवश्यक हो तभी बोलें- बोलने में बड़ी शक्ति (उर्जा) लगती है। वैसे भी ज्यादा बक-बक करने वालों को, लोग पसंद नहीं करते। स्वादेन्द्रिय निग्रह, परमात्मा की याद में भोजन करने से धीरे धीरे स्वतः हो जाता है। इन बातों से मन में विचारों की कमी आने में मदद मिलती है, ध्यान की अवस्था व विचारों की शुद्धता बढ़ती जाती है। जीवन आध्यात्मिक होता जाता है।

30-04-2020

प्रतिक्रिया: Best thing I found in it is control of eyes and tongue. Sarita Singh; साधुवाद बहुत ही अच्छा आलेख- टी0पी0 सिंह; बहुत अच्छा लगा। समय का सदुपयोग। सत्संग के सिद्धान्तों का प्रचार-प्रसार, अपना भी अभ्यास। बहुत सी खूबियाँ एक साथ-दु:ख हरण चौधरी; बिल्कुल सत्य- डॉ. आर0पी0 शुक्ला

---

17. चित्त-वृत्तियाँ

आज कोरोना बीमारी की लड़ाई के फेज -II का 17वाँ दिन है। आज पता चला, कि लॉकडाउन की अवधि, 15 दिन के लिए और बढ़ा दी गई है। हम सभी, एक ऊब का सा अनुभव कर रहे हैं। मानसिक स्तर नर, जो इस लड़ाई में किसी न किसी रूप में सेवा-सैनिक के भाव में हैं, लेखक हैं, चिन्तक हैं या फिर कुछ साधू-महात्मा हैं, इस मन की ऊब से बचे होंगे। वैसे, गहराई

से विचार करें तो सारा का सारा मामला, मन के स्वभाव का है। ऐसी ऊब की स्थिति से 'ध्यान' ही बचा सकता है। इसका लाभ, तत्कालिक तो हो नहीं सकता, नियमित, साधना की आवश्यकता है। जो लोग काम में व्यस्त रहते हैं, उन्हें अपना होश नहीं रहता, उनमें यह ध्यान की प्रवृत्ति स्वत: विकसित होती जाती है। काम में, इतना मशगूल होते हैं कि कब दिन बीता, पता ही नहीं चलता। आइये मन की वृत्तियों (चित्तवृत्तियों) के बारे में जानते हैं। यह बातें महात्मा यशपाल जी ने अपने योगा के प्रवचन में बताई।

वृत्तियाँ चार तरह की होती हैं- ईश्वरीय, सात्विक, राजसिक व तामसिक। ध्यान में बैठे हैं, सुन्दर अनुभव हो जाता है, हजारों सूर्यों का प्रकाश ही प्रकाश नजर आ रहा है। सारा शरीर विद्युत-धारा से ओत-प्रोत हो जाता है। ऐसे सुन्दर आध्यात्मिक अनुभव, ईश्वरीय वृत्ति कहलाते हैं, मन में परमात्मा की दया व कृपा से आती है, अपने बस की बात नहीं है। इनका संस्कार आत्मा के पटल पर बनता है। अंत समय में यह सामने आ जाती है तो मनुष्य बड़े आनंद व शान्ति में शरीर छोड़ता है।

दूसरी है सात्विक वृत्ति-अच्छे विचारों का पैदा होना। सात्विक वृत्ति हर मनुष्य को आती है। परोपकार, भक्तिभाव, सुन्दर विचारों का पैदा होना, सात्विक वृत्ति कहलाती है। इसकी विशेषता यह है कि यह आती तो है, लेकिन रहती थोड़ी देर है। अगर उस काम को कर डाला, तब तो उसका लाभ मिल गया, चूक गये, तो बहुत जल्दी ही राजसिक वृत्ति में बदल जाती है।

तीसरी है राजसिक वृत्ति - धन की इच्छा, पद, नाम, मान की इच्छाएँ राजसिक वृत्ति कहलाती हैं। ऐसी बात जब मनुष्य में आती है, तो वह उसे प्राप्त करने का प्रयत्न करता है। जब पूजा में हम ध्यान करने का प्रयत्न करते हैं तो ऐसे तमाम विचार एक के बाद एक आते हैं। ऐसे विचार यदि आयें तो समझ जाना चाहिए कि हम राजसिक वृत्ति के प्रभाव में है।

चौथी है तामसिक वृत्ति - यह बहुत ही खतरनाक व स्थाई किस्म की होती है। यह जिसके मन पर प्रभाव डालती है, तो उसके मनुष्यत के सारे गुण लुप्त हो जाते हैं। ऐसे व्यक्ति का विवेक समाप्त हो जाता है। वह अपने स्थूल

शरीर के अलावा कुछ नहीं सोचता। वह दुनियावी चीजो से ही आनंद लेने लगता है, और वह भी बहुत निम्न स्तर का।

इंसान, इन्हीं वृत्तियों के प्रभाव से संचालित होता है। आजकल इस कोरोना की लड़ाई में, लोगों के व्यवहारों में, इन वृत्तियों के प्रभाव को स्पष्ट रूप से देखा, समझा व शिक्षा ली जा सकती है। अपने जीवन नें इन शक्तियों का संतुलित –समायोजन हम ध्यान के माध्यम से कर सकते हैं।

01-05-2020

प्रतिक्रिया: बहुत सही एवं सुन्दर- डॉ. आर0पी0 शुक्ला

---

18. समाज सेवी

आज कोरोना बीमारी की लड़ाई के फेज - II का 18वाँ दिन है। लॉकडाउन को 15 दिन और बढ़ाने की खबर को अधिकांश जनमानस ने स्वागत ही किया है। ऐसे अप्रत्याशित अनुभवों से हर इंसान कुछ न कुछ सीख ही रहा है, और अपनी कमियाँ कमजोरियाँ भी नजर आ रही हैं। यदि हम किसी तरह मन की वृत्तियों की समझ व उपयोगिता, अपने अतीत के अनुभवों के परिपेक्ष्य में, विचारों में जगह दें, तो केई शक नहीं कि हमारे जीवन के आध्यात्मिक पक्ष को भविष्य के लिए मजबूती मिलेगी। किसी भी विविधता वाले जन समूह में, लोगों के विचारों में भिन्नता होना स्वाभाविक ही है। लेकिन, नकारात्मकता का भाव, ऐसा भी न हो कि सच को सच कहने में भी स्वार्थ के चलते, कटुतापन के साथ बरतें। इसके चलते अधिकांश जन सेवक तामसिक वृत्ति से अनजाने ही प्रभावित हो जाते हैं।

'जो होता है अच्छा होता है' की बात याद नहीं कैसे इसके मन में बचपन से ही जड़ जमा ली थी। इससे, सोच सकारात्मक ही रही। पारिवारिक परिपेक्ष्य जो आध्यात्मिकता का रहा है इसका कारण हो सकता है। अपरोक्ष अनुभव के आधार पर, इसे यह लगता है कि हमारे देश के जन समूह में नकारात्मकता की सोच के भाव में, समय के साथ, वृद्धि होती गई है। यदि हम, सात्विक, राजसिक व तामसिक वृत्तियों के परिपेक्ष्य में चिन्तन करें, तो पायेंगे कि देश में वर्तमान रुलिंग पार्टी का सत्ता में आना उस समूह के लोगों और जन सपोर्ट

समूह के व्यक्तित्व में सात्विक व राजसिक वृत्तियों के बल के बाहुल्य का प्रभाव रहा है। देश में 2014 लोक सभा, 2017 में उत्तर प्रदेश में विधान सभा और 2019 के लोक सभा चुनाव, आध्यात्मिक दृष्टिकोण से इस बात की पुष्टि करते हैं (लेख: आध्यात्मिक जागृति, कबीर ज्योति अंक 103, वर्ष 2019)।

आज आवश्यकता है, समाज में आध्यात्मिक जागृति की भावना जगाने की। इसके लिए हमारे देश में, सीनियर सिटीजनस की अच्छी खासी संख्या है। मोदी जी की भाषा में, इस वर्ग के लोगों को 'समाज सेवा सैनिक' के रोल में आना होगा। इस वर्ग के पास, अनुभव की अपार सम्पदा है, जो व्यर्थ चली जाती है। यह सोच कोई ख्याली पुलाव की कहावत पर आधारित नहीं है। दो वर्षों से देख रहा हूँ, हमारे पड़ोसी भाई दिनेश प्रताप सिंह, व शिक्षिका कु0 सरिता सिंह, सुलतानपुर में, अपने मुहल्ले के 10-12 बच्चों को नियमित साप्ताहिक, एक घण्टे का रामायणी सत्संग, रख कर बच्चों से रामायण पाठ करवाते हैं और मानव मूल्यों के बारे में बताते हैं। हाजिरी, लगभग शत-प्रतिशत होती है। रविवार को सरिता सिंह उन्हें, इंगलिश से सम्बन्धित समस्याओं का समाधान भी करती हैं। इसमें इन लोगों की आध्यात्मिक साधना को भी बल मिलता है। कहीं कोई, पैसे का इनवाल्वमेन्ट भी नहीं। यदि कहीं कुछ आवश्यकता पड़ी तो स्वयं, अर्जित संसाधन के दशांश में वह पूरा हो जाता है।

ऐसे आध्यात्मिक जागृति के कार्य, जो भाई बहन कर सकें, विचार करें और करने का प्रयास करें। यही हमारी विरासत भी रही है।

02-05-2020

प्रतिक्रिया: सर इन सभी पत्रों (लेखो) का pdf बनाकर भेजना जो सभी का संकलन एक साथ होगा। सतीश गुप्ता; परहित बस जिनके मन माही।तिन कह जग दुर्लभ कुछ नाही।। संत सहहिं दु:ख परहित लागी। पर दु:ख हेतु असत अभागी।।- दु:ख हरण चौधरी; बहुत सुन्दर प्रयास डॉ. आर0पी0 शुक्ला।

---

19. अध्यात्म विज्ञान

आज कोरोना बीमारी की लड़ाई के फेज - II का 19वाँ व अन्तिम दिन है। इस आशा व उम्मीद के भरोसे लड़ाई में डटे हैं, कि सब ठीक हो जायेगा। व्यक्तिगत स्तर पर भी हम भारतीयों की स्वाभाविक रुप से यही भावना, किसी भी मुसीबत में बनती है। प्राय: अपने स्वजनों को कहते सुनते हैं कि भगवान सब ठीक करेगा, जो होता है अच्छा होता है। हमारी जीवन यात्रा में, 'भगवान' की समझ व भाव का बहुत बड़ा रोल है। विश्वास ही जीवन यात्रा को, सकुशल पार लगाता है। यही सकारात्मक सोच है। मुझे, जीवन यात्रा में, ईश्वर कृपा से आध्यात्मिक माहौल मिलता रहा है। अब इस स्टेज पर, ज्यादा कुछ अतीत का याद नहीं रहा, केवल उन बातों के जिन पर सकारात्मक प्रभाव पड़ा। वर्तमान में हो रही घटनाऐं, ईश्वर लीला ही लगती हैं। हर स्तर पर सकारात्मक व नकारात्मक भावनाओं का ही खेल लगता है। सकारात्मक सोच वाले ही सकून में दिखते हैं। किसी के जीवन में, परिपेक्ष्य (back-graound) का बड़ा रोल होता है, जो सम्भवत:, इंसान की जीवन यात्रा का ब्लूप्रिंट बनाता है, जिसमें सुधार की गुंजाइश अच्छे लोगों का साथ करने या सत्संग से ही बनती है।

मैं भाग्यशाली रहा कि मुझे, बिना किसी ख्वाहिश या रुचि के गृहस्थ सन्त महात्मा यशपाल जी (भाई साहब) का साथ जीवन यात्रा के 36वें वर्ष में मिल गया। अपनी अल्पबुद्धी के अनुसार एक वैज्ञानिक दृष्टिकोण से, उन्हें अब तक हुए अध्यात्म विज्ञानियों में जिन्हें यह पढ़ा या कुछ समझ सका, अध्यात्म विकास की प्रक्रिया में बढ़ावा देने के मामले में अग्रणी पाता है। कबीर, रहीम, सूरदास, बहुत सारे सन्त.... सब आध्यात्म विज्ञानी ही रहे हैं। इनके माध्यम से, मानव जीवन के रहस्यों के मूल (Basics/Fundamentals) प्रकाश में आये। महात्मा यशपाल जी ने शास्त्रों व इन विज्ञानियों के सूत्रों पर चल कर उन्हें डिकोड किया, तकनीकी में परिवर्तित किया, जो आज के मानव समुदाय में बिना किसी धार्मिक भेदभाव के ग्राह्य व उपयोगी हैं। आप, हम वैज्ञानिक बन्धुओं से कहते थे कि इसका और सरलीकरण करो। यह पत्र श्रृंखला, मानव जीवन के इस कठिन समय (कोरोना काल) में, सरली करण का एक तुच्छ प्रयास भर है, जो किसी अदृश्य शक्ति के प्रेरणा स्वरूप ही हो

पा रही है। वैसे ही अनुभव हैं जैसे कबीर साहब ने कहा है कि "…. लोग भ्रम मुझ पर करें कहत कबीर कबीर…." कहीं भी, इस कार्य में इसकी अपनी इच्छा का दूर-दूर तक भी समावेश नहीं है। हाँ! स्वान्तः सुखाय की अनुभूति को नकार नहीं सकता। महात्मा यशपाल जी, अपने को एक साधक कहते थे।

जीवन यात्रा के, वर्ष 2015 में, इसकी मुलाकात एक ऐसे ही सन्त राकेश कुमार मित्तल, संस्थापक 'कबीर शान्ति मिशन', लखनऊ से हुई। इन सन्त के साथ, विचार विमर्श के लगभग तीन वर्ष भी सार्थक व उपयोगी रहे। आप भी एक उच्च स्तर के आध्यात्म विज्ञानी थे। इन दोनों संतों के कार्य मौलिक रहे। मित्तल साहब ने कबीर दर्शन की अच्छी डिकोडिंग की हैं। दोनों सन्त, अनुभव आधारित विशाल प्राइमरी डाटा बेस का भण्डार छोड़ गये हैं, जो आध्यात्म की व्यवहारिक समझ को आगे बढ़ाने के लिये इसे अमूल्य निधि लगते हैं।

सरल भाषा में अध्यात्म साधना में अपनाने योग्य, तमाम बातें, गत पत्रों में आ चुकी हैं। अब अनुभव आधारित आध्यात्मिकता की बातें जो प्रेरणात्मक हों का समावेश अगले पत्रों में करने का प्रयास करते हैं। आप सब से भी योगदान करने की प्रार्थना है। ऐसे अनुभवों का संकलन, समाज में सकारात्मकता का भाव बनाने में सहायक होगा।

03-05-2020

प्रतिक्रिया: The paragon situation in present world has vanished since last three days, wine unparliamentary tiktok vedeos have disturbed. Even Epic serials and Geeta have lost significance. PL advise. Do not misunderstand. I am unconvinced with your writeup. Arun Varma; अति सुन्दर प्रेरणादायी- टी0पी0 सिंह; वाह बहुत अच्छा, धन्यवाद- हरिभान सिंह।

3

अनुभव ज्ञान

इस फेज में भी लोग घरों में ही, रहे। अपने घरों में रहते हुए, अधिकांश लोगों ने पूजा पाठ और आध्यात्मिकता को अपना संबल बनाया। इस संकट के दौर में बहुत सारे नये लोगों का भी ध्यान हमारी चिरकालीन धार्मिक परंपराओं की ओर गया, जिसे उन्होंने जानने व समझने की कोशिश की। इससे धार्मिक और सांस्कृतिक परंपराओं में बढ़ोत्तरी की बातें दिखीं। इन बातों का संज्ञान लेते हुए, साधना के विभिन्न आयामों में अध्यात्म, इच्छा, अनुभव ज्ञान, प्रकृति की मदद, ईश्वरकृपा, गुरु कृपा, राम राज्य ऐसे विषय चर्चा के विषय रहे।

बंदौं सन्त समान चित, हित अनहित नहिं कोय।
अंजलि गत सुभ सुमन जिमि, सम सुगंध कर दोइ।।

1. स्व-इच्छा ही समस्या

आज कोरोना बीमारी की लड़ाई के फेज - III का पहला दिन है। देश को इसकी व्यापकता व गंभीरता के हिसाब से ग्रीन, आरेन्ज, व रेड जोनों में चिन्हित किया गया है, जिनमें क्रमश: 319, 284 व 130 जिले आते हैं। आज से रेड जोन को छोड़, अन्य जिलों में कुछ शर्तों के साथ, आर्थिक गतिविधियों के लिए ढील दी गई है। अभी भी इस समस्या से लड़ने की चुनौती बनी हुई है।

आज, हमारा ध्यान वाट्सअप के एक लेख 'मैं गाँव हूँ' पर गया। गाँव में सब कुछ होते हुए भी भावनात्मक रूप से किसी ने गाँव का दुःखड़ा रोया है, खास कर अतीत में वहाँ से हुए लोगों के पलायन, गाँव में रह रहे बुजुर्गो के भावनात्मक दर्द और आज महामारी के चलते, मजदूरों के घर वापसी की ललक व परेशानियों को लेकर। लेख को पढ़कर, 70 वर्ष पहले के गाँव के माहौल की यादें ताजी हो गईं। खास कर, मानवीय मूल्यों (आध्यात्मिक) में हुई गिरावट के बारे में सोच कर, कुछ देर के लिये, यह भी दुःखी हो गया। प्रेम, व्यवहार, सहयोग, उन दिनों की अपेक्षा, आज कुछ न रहा। मीडिया में, आते लोगों के विचारों से उन दिनों की भी झलक मिलती है। लोग भगवान के साथ- साथ प्रकृति की व्यवस्था पर काफी विचार और अनुभव की बातें कर रहे हैं। एक विज्ञानी सोच व चिन्तन के साथ, यदि प्रकृति की स्वाभाविक विकास की प्रक्रिया के परिपेक्ष्य में विचार करें, तो आज के मानव विकास की जटिल समस्यों का समाधान मिल सकता है।

यह अपनी, जीवन यात्रा को एक स्वाभाविक प्रक्रिया के रुप में देखने का प्रयास करता है, जो प्रारम्भ में अभिभावक जनों के संरक्षण और बाद में अपनी आत्मा की आवाज (self conscious) पर हुई और न चाहते हुए भी अन्त में जहाँ से (स्थान) प्रारम्भ हुई वहाँ ही पहुँच गई। ऐसा नहीं कि यह कहीं ठहरना या रुकना नहीं चाहता था। आखिर, मनमत में आकर, दिल्ली NCR में भविष्य के सपनों को लेकर, रह ही रहा था। चूँकि, यह आध्यात्मिक रुचि का था (not by self desire but can't say why? may be so called sansakar), प्रकृति ने ऐसी व्यवस्था बनाई कि यह अन्ततोगत्वा सुलतानपुर आ गया, वह भी बड़ी सहूलियत के साथ, हाँलाकि, विषम परिस्थितियों में। अपना कुछ न चला, प्रकृति का ही रोल रहा।

अब पलायनवादियों की समस्या पर विचार करता हूँ, तो उनमें अधिकांश, की जीवन यात्रा, स्व-इच्छा व स्वार्थ से प्रेरित (अधिक धन या आराम पाने की चाह) की होती/रहती है। सन्तों के एक भजन की लाइन बार-बार याद आती है 'मेरा मन सकल सुखों को धावे पर कोई सुख हाथ न आवे- जैसे करि, सेमल की सेवा सुआ बैठ पछतावे। फिर कहते हैं- साचो सुख, दुःख के भीतर है इसे कौन समझावै। मेरा मन....। दुःख में ही परमात्मा की याद आती है, याद से ही ध्यान बनेगा, मन एकाग्र होगा, अच्छे-अच्छे विचार

आयेंगें और हम Love Thy Neighbour as Thy self की ओर बढ़ेंगे। यह है अध्यात्म की खूबी! यह उपेक्षित क्षेत्र शिक्षा व शोध माँगता है।

04-05-2020

प्रतिक्रिया: संत, महात्मा, सिद्ध लोग जो भी बताये हैं, सब बड़े अनुभव के बाद ही बोले हैं। ईश्वर की भक्ति में उनका ध्यान दु:ख के समय अधिक होता है, ऐसे सम्य उनकी प्रतीत भी होती है। दु:ख के बीच रहते हुए मेरा भी ऐसा दृढ़ मत है। ईश्वर ने निश्चय ही दिन के साथ रात, अच्छाई के साथ बुराई, फूल के साथ काँटे और सुख के साथ दु:ख बनाया है, अरुण सिंह; अध्यात्म ही जीवन जीने की सच्ची राह बताता है। किन्तु आम आदमी उससे उदासीन ही रहता है। यह उसकी अज्ञानता ही है। इसीलिए पूरे जीवन भटकता रहता है- हरिभान सिंह।

---

2. माँ

आज कोरोना बीमारी की लड़ाई के फेज - III का दूसरा दिन है। हम अपने देश की स्थिति इस लड़ाई में बेहतर मान रहे हैं, जिसका मापदण्ड है कि बढ़ोत्तरी की रफ्तार कम है, प्रशासन की व्यवस्था, लगभग ठीक है और अधिकांश जनता का सहयोग है। मेरे दृष्टिकोण से, यह हमारे देश के आध्यात्मिक स्वभाव की वजह से है। इस पत्र श्रृंखला के पहले पत्र नें, लिख उठा था कि 'कुछ न बिगड़ेगा तेरा सद्‌गुरु शरण आने के बाद'। आज वाट्सअप पर किसी भाई का फारवर्ड पढ़ा, जिसमें राजाभोज द्वारा, कवि काली दास से पूछे गये 10 प्रश्नोत्तर थे। दो प्रश्नों के उत्तर, तथा उन पर इसकी तत्कालिक सोच, इस पत्र के मजमून के कारण बने। आईए, भारतीय दर्शन के परिपेक्ष्य में विचार करें।

एक प्रश्न था कि भगवान की सर्वश्रेष्ठ रचना क्या है? उत्तर था 'माँ'! एक और प्रश्न, कि सर्वश्रेष्ठ दूध किसका है? उत्तर था 'माँ' का। शायद ही हममें से किसी को भी इस बात में कोई शक हो! गुरु, को हमारे शास्त्रों ने भगवान से भी बड़ा माना है और इसे 'तत्व' कहा है। यही तत्व हमें जन्म लेते ही 'माँ के रूप में उपलब्ध हो जाता है। इस पर हम गत पत्रों में चर्चा कर चुके हैं। वर्तमान में मनुष्य जिस परिस्थिति से गुजर रहा है, वह प्रकृति का प्रकोप है or reaction, every action has equal and opposite reaction.

पृथ्वी को भारतीय दर्शन 'माता' का दर्जा देता है और इसके संरक्षण के लिए, हमारे शास्त्रों व पूजा पद्धतियों में बताया भी गया है। भौतिक-विज्ञान के माध्यम से मुझे, धरती माता के संरक्षण के शोध कार्य में जीवन यात्रा करने का एक विज्ञानी के रुप में अवसर मिला, जिससे इस माँ के साथ भी नजदीकी सम्बन्ध व आध्यात्मिक अनुभव रहे। मनुष्य, पेड़, पौधे, जल, जन्तु सब प्रकृति के विभिन्न अंग हैं। हम सब प्रकृति माँ की गोद में ही तो फल फूल रहे हैं। क्या अत्याचार मनुष्य ने प्रकृति के साथ किया है, का ही नतीजा यह कोरोना आपदा है। प्रकृति इंसान को चेता रही है।

इसका 'भूमि एवं जल संरक्षण' के शोध का मुख्य विषय रहा है। इस प्रक्रिया की जान 'जल' है। मेरे अनुभव, में आता है कि जल प्रबन्धन एक अत्यंत जटिल काम है, आज के समय में, यह सिर्फ काम चलाऊ स्तर तक ही, निरन्तर प्रयास से हो सकता है। क्यों? वर्तमान का मानव विकास (आध्यात्मिक) उस स्तर का है नहीं कि कर सके। यह कार्य उन सबकी भागीदारी माँगता है, जो जल का उपयोग करते हैं। प्रकृति की व्यवस्था में यह सम्भव हुआ है, जिसका उदाहरण अरूणांचल प्रदेश के 'आपातानी प्लेटयू' में देखा जा सकता है। इसकी संभावना प्रकृति ने श्री पी0आर0 मिश्रा - सुखोमाजरी (चन्डीगढ़) व श्री अन्नाहजारे - रेले गाँव सिद्धी (महाराष्ट्र) को, माध्यम बनाकर, कराकर दिखा भी दिया है। यह दोनों महापुरूष मजबूत अध्यात्मवादी रहे हैं। ईश्वर कृपा से जीवन यात्रा में, मुझे इन महानुभावों से मिलने का अवसर मिला।

हमारे बहुत से साथी जो इस पत्र को पढ़ेगे, उनकी भी जीवन यात्रा बिना जाने ही आध्यात्मिक रही है। जीवन यात्रा के अनुभवों का विश्लेषण यदि कर सकें, तो निःसंदेह, मन के स्वास्थ्य में, बेहतरी का अनुभव होगा।

05-05-2020

प्रतिक्रिया: अरोपित होय मेरा मनुज काय। बहुजन हिताय बहुजन सुखाय।। सद्गुरु संचय से न मुँह मोड़। जो मिले जहाँ उसको न छोड़। सद्गुरु संचय किस हेतु होय। दुःख हरण चौधरी

3. ईश्वर इच्छा

आज कोरोना बीमारी की लड़ाई के फेज - III का तीसरा दिन है। पिछले कुछ दिनों से कोरोना के नये मामलों में तेजी आ रही है। वहीं सरकार का कहना है कि मात देने वालों की संख्या भी तेजी से बढ़ रही है। हम, धैर्यवान लोग हैं, जो सकारात्मक सोच का द्योतक है, जो होगा अच्छा ही होगा। यही आध्यात्म जीवन की खूबी भी है। आज, NBT पेपर में आनंदमूर्ति जी के लेख 'मन को साधते ही अनंत के प्रति आकर्षण होता है' के एक अंश ने हमारा ध्यान आकर्षित किया। "जब मनुष्य ज्ञान की ओर बढ़ता है तो देखता है कि यह दो भागों में बंटा है। पहला जब ज्ञान पूर्णतः भौतिकता पर आधारित रहता है, तब ज्ञान का आधार 'मन' होता है। दूसरा जब ज्ञान पूर्णता आध्यात्मिक हो तब उसका आधार 'आत्मा' होता है। आध्यात्मिक चिन्तन से ही मन के सोचने का दायरा बढ़ जाता है। सबके प्रति प्रेम और सेवा भावना की सृष्टि होती है। उसके चलते मन अत्यन्त कोमल और सरल हो जाता है। ऐसी स्थिति में अगर हम सही में कोई बड़ा काम समाज के लिए करना चाहें तो अवश्य सफल होंगे।"

अध्यात्म विज्ञान के दृष्टिकोण से, अभी हाल के अतीत में हुए महात्मा गाँधी जी की जीवन यात्रा, ज्ञान के 'आध्यात्मिक आधार' पर रही थी। इसमें, गाँधी जी का कोई रोल नहीं था। यह, प्रकृति की व्यवस्था में, उद्भिद (evolution), और महापुरुषों की तरह विकास प्रक्रिया की एक घटना थी- ऐसा इसका मानना है। इस पत्र का उद्देश्य 'ईश्वर की इच्छा पर जीवन यात्रा' तथा इसके आर्थिक दर्शन की सोच व समझ को आगे बढ़ाने की है। गाँधी जी ने सेवा (एक आध्यात्मिक गुण) भाव के लिए संस्थागत माध्यम से प्रयास के, तीन सिद्धान्त (आर्थिक दर्शन) बताये हैं। (1) the cause should be a felt need of the society and not the fancy or whim of one or few individuals - means the cause should be owned by the society, (2) leadership or leaders behind the movement should be totally selfless and (3) the working of the organization should be transparent, irrespective of the credibility of the leader or leaders. Gandhi ji concludes, if these conditions are fulfilled, no fixed deposit is required and the resources will be made available by nature perennially.

महात्मा यशपाल जी (भाई साहब) को स्वाभाविक प्राकृतिक, रूप से गृहस्थियों के लिए 'अखिल भारतीय सन्तमत सत्संग' सस्था को 'न चन्दा, न निंदा' के सिद्धान्त पर विकसित होते 20 वर्षों तक हमने देखा, और गाँधी जी के उपरोक्त सिद्धान्तों की यर्थाथता का अनुभव किया। भाई साहब जी ने अपने अनुभव से, आध्यात्मिक संस्थाओं के विकास के लिए दो बातें कहीं हैं- 'ईश्वर इच्छा और आवश्यकतानुसार विकास'।

महात्मा राकेश कुमार मित्तल साहब अपने अनुभव व गाँधी जी के सिद्धान्तों से प्रभावित हो, अन्त में 'कबीर शान्ति मिशन' के लिए NO FIXED DEPOSIT के विचार तथा सिद्धान्त पर आ गये थे। परिवार भी तो एक संस्था है, यह नियम इस पर भी लागू होते हैं, हमारा अनुभव तो यही कहता है, खासकर संयुक्त परिवारों के लिए। जिन्दगी व समाज की समस्याओं का हल अध्यात्म में ही है। विचार करें!

06-05-2020

---

4. भावी पीढ़ी

आज कोरोना बीमारी की लड़ाई के फेज - III का चौथा दिन है। इन कठिन दिनों में समाचारों में आती खबरें, हमारे समाज का वास्तविक चरित्र भी उजागर कर रही हैं। आज के NBT पेपर में, एडीटोरियल कालम में बोल्ड टाइटिल था 'कालिख में डूबते बच्चे'। लिखा था- 'इंटरनेट बने एक ग्रुप में दिल्ली के कुछ किशोरों द्वारा अपनी सहपाठी लड़कियों को लेकर अश्लील बातें करने, उनकी आपत्तिजनक तस्वीरें शेयर करने और उनके साथ सामूहिक बलात्कार की योजना बनने का मामला अत्यंत दुर्भाग्यपूर्ण है।' इसी पेपर में पढ़ा कि पिछले तीन दशकों में हम गाँधी जी के विचारों से कितने दूर होते गये है - हर चीज ज्यादा। खाना ज्यादा, खर्चा ज्यादा, कपड़े, कार, मोबाइल, घर बड़ा और ज्यादा स्पेस वाला। इसके लिए बड़ी नौकरी और पैसे भी ज्यादा।

आज की आती पीढ़ी पर, एक रिपोर्ट का उद्धरण एक पत्र में दिया था, जिसमें कहा गया था "present generation that are coming up are totally technological with the result that they are becoming more depressed, anxious, violent, aggressive, intolerant, and even murderes. They are the most confused group of people with a lot of conflicts and contradictions in their decisions and feelings.

यह हमारी अगली आती पीढ़ी का यथार्थ, जिससे समाज का एक बहुत बड़ा बुद्धिजीवी वर्ग भी परिचित है, लेकिन असहाय की सी हालत में हैं, चुप है। यह हमारी शिक्षा प्रणाली की खामी है, लेकिन इसके लिए, बच्चों के माता-पिता ही दोषी हैं। कानपुर के एक नामी गिरामी स्कूल की प्रिंसिपल से नैतिक शिक्षा की बात में यह सुनने को मिला, कि भाई साहब आजकल के अभिभावक, अच्छे स्कूल में बच्चों को एडमीशन दिलाकर मान लेते हैं कि अब सब स्कूल सम्हाल लेगा, हमें कुछ नहीं करना है। आजादी के समय, बच्चों के आवश्यक जीवन मूल्यों के आध्यात्मिक पक्ष की सीख सहज-सहज में, दादा-दादी, नाना-नानी के व्यवहार व किस्से कहानियों के माध्यम से हम सब अनजाने में ही बहुत कुछ सीख गये थे, जो सुविधा अब विकास पद्धति के भेंट चढ़ गई है।

यह हालत कैसे सुधरे का प्रश्न? मिलियन डालर का है। लेकिन हम सब यदि विचार व चिन्तन करें तो देश सेवा का बड़ा काम हो सकता है। कुछ दिन पहले हमने अपने मुहल्ले में किये जाने वाले दिनेश प्रताप सिंह व सरिता सिंह के बच्चों के साथ प्रयोग, पहले वाले (दादा-दादी, नाना-नानी के तरीके) का आधुनिक मॉडल के बारे में अवगत कराया था। हमारे समाज का बुजुर्ग वर्ग यदि ठान ले तो स्वान्तः सुखाय के साथ यह बहुत बड़ा सामाजिक कार्य कर सकता है, वह भी सप्ताह में मात्र एक घण्टा का समय देकर। कोई खर्च नहीं, अपने घर का ड्राइंग-रूम व उपलब्ध समय का सदुपयोग। आस-पड़ोस में समरसता व स्वयं का आध्यात्मिक विकास और साथ-साथ सकारात्मक सोच। थोड़ी सी हिम्मत करने की आवश्यकता है। आइये, समाज व देश के लिये, इस कठिन समय में देखें कि, हम क्या कर सकते हैं। विचार करें।

07-05-2020

प्रतिक्रिया: आज की नई पीढ़ी हम दो हमारे दो के सिद्धांत ने दादा-दादी के वजूद को ही नकार दिया है। यहाँ तक कि यदि दादा-दादी कम पढ़े लिखे हैं या अनपढ़ हैं, कुछ आधुनिक विद्यालय बच्चों के admission लेने से इंकार कर देते हैं। आधुनिक समाज हमें कहाँ ले जायेगा? जिस मोबाइल के लिए बच्चों को मना किया जाता है, वही कल्चर पैदा किया जा रहा है- हरिभान सिंह

5. प्रेम

आज कोरोना बीमारी की लड़ाई के लॉकडाउन फेज - III का 5वाँ दिन है। बीमारी बढ़ने के मामले में स्लो–डाउन के कोई चिन्ह नहीं दिखते। हाँ! मृत्यु दर स्लो व रिकवरी रेट बढ़ रहा है। इससे थोड़ी राहत, विचारों में अवश्य मिल रही है। इन दिनों प्रवासी मजदूरों की घर वापसी का बड़ा अभियान भी चल रहा है। वैसे प्रकृति की व्यवस्था में सन्तुलन स्वतः बनता है, हमें धैर्य रखते हुए अनुशासित रहना होगा। इस मामले में समाज की कमजोरी अवश्य दिखाई पड़ रही है। धर्म हो, राजनीति वर्ग हो, स्वार्थ के चलते नकारात्मकता के भाव से लोग, नहीं चूक रहे। ऐसा समाज का चरित्र ही रहा है। लेकिन सकारात्मक भाव के बाहुल्यता की वजह से मानव विकास आगे बढ़ता ही रहा है, भले ही गति धीमी ही रही है।

आज NBT पेपर में आचार्य रूपचंद जी का लेख 'धर्म का संदेश प्रेम है और यही सुखद जीवन का मूल है' पढ़ा। यह भी लिखा गया है कि कोरोना के कारण, लाक डाउन में धर्म स्थानों को भी बन्द कर दिया गया है, धर्म को लेकर उपहास होने लगे हैं। सभी जानते हैं कि धर्म का संदेश 'प्रेम' है। यह पढ़ कर 'प्रेम' शब्द पर अनुभव आधारित बातें, लिखने का मन किया। बचपन में जब छठवी या सातवीं कक्षा का विद्यार्थी था तो, अपनी दादी (सत्संगी), के पास रही एक पुस्तक जहाँ तक याद है ऊद्धव, कृष्ण, गोपी प्रेम प्रसंग पर थी, जब भी पढ़ने का प्रयास करता तो आनायास ही रोना आता और एक पन्ना भी पढ़ना मुश्किल होता। कुछ समझ में न आता और किताब पढ़ न सका था, यह याद है।

वर्षोंपरान्त जब गृहस्थ सन्त महात्मा यशपाल जी (भाई साहब) का सानिध्य मिला, तो 20 वर्षों के अनुभव में पाया कि ईश्वर चर्चा या सत्संग के ध्यान व प्रवचन में, प्रायः ऐसी हालत होती कि आँसू थमने का नाम ही न लेते। बड़ी मुश्किल होती, हमारा ही नहीं, बहुतों को ऐसी हालत में देखता। यह विशुद्ध प्रेम का प्रभाव होता। वैसे भी सत्संगियों के आपसी व्यवहार व मेल मिलाप बड़े प्रेममय होते, जैसा परिवार व स्वजनों (माँ को छोड़कर) के साथ भी नहीं होते। किसी से कोई अपेक्षा नहीं (निःस्वार्थ प्रेम)। भाई साहब जी ने 'विनय प्रेम बस भई भवानी – खसी माल मूरति मुस्कानी' (मानस),

की विबेचना करते हुए प्रवचनों में, प्रेम के पाँच गुण – अदब; लज्जा शर्म और हया; विश्वास; संतोष; त्याग; इसार और कुर्बानी, बड़े विस्तार से बताते थे। आपका कहना था कि 'अध्यात्म का जो रास्ता है वह एक चिराग से अनेक चिराग जलाते है। जब हृदय में उस परमात्मा की लौ जागृति हो जाती है (24 घण्टे का ध्यान) तो जो भी दूसरे दीपक उसके संपर्क में आते हैं, उनमें भी वह रोशनी प्रकट हो जाती है। यह रुहानियत (spiritualism) का रास्ता है, कि एक चिराग से दूसरा चिराग जलता है। प्रवचन से नहीं होता, इससे तो खाली प्रेरणा मिलती है। ईश्वर की याद हमारे हृदय में निरंतर – चलते–फिरते, खाते–पीते, सोते–जागते बनी रहे। 'विनय व प्रेम' यह दो विशेष गुण हैं जो हमें ईश्वर तक ले जाते हैं।' आध्यात्मिक जीवन सच्चे प्रेम की अनुभूति कराता है।

आज सारी की सारी धार्मिक संस्थायें बन्द हैं, चुप हैं क्योंकि उनक मुख्य लक्ष्य है, इंसान को सच्चा इंसान बनने के लिए प्रेरित करना, जो इस समय बाधित है। धर्म के उपहास की कोई बात नहीं है।

08-05-2020

प्रतिक्रिया: Read this wonderful expression of religion - Prof. Manendra Singh; Practical साधना ही काम आने वाली है- डॉ. आर0पी0 शुक्ला; Many thanks for positive attitude towards spirituality _ Dukh Haran Chaudhary; You are the blessed child of God- Dr. A.K. Bhattacharya

---

6. स्वाध्याय (2)

आज कोरोना बीमारी की लड़ाई के फेज - III का 6वाँ दिन है। इस लड़ाई में विभिन्न रुप में, विश्व समुदाय व लोगों की क्रियाओं व प्रतिक्रियाओं को देखकर, अपने देश के राष्ट्रीय व्यंजन 'खिचड़ी' की याद आ गई। बटुली में ताप सहते हुए मिश्रित अनाज व मसालों के बीच, कितना खद्बद् व संघर्ष होता है, लेकिन अन्ततोगत्वा पक जाने पर वह स्वादिष्ट व स्वास्थ्य वर्धक हो जाती है। 'जो होता है, अच्छा होता है' वाक्य, प्रकृति के वृहद् कार्य प्रणाली में हो रही क्रियाओं व प्रतिक्रियाओं के नतीजों के आधार पर ही कहा गया होगा। अभी तक के हम लोगों के इस विश्व व्यापी अजीबों–गरीब लड़ाई की

इस पत्र प्रक्रिया चर्चा में, विचार का केन्द्र-बिन्दु अध्यात्म रहा है। स्वाध्याय, ध्यान, मन, आत्मा, सकारात्मक सोच, सेवा, योग.... ऐसे शब्द, विचारों के आधार रहे हैं। आचार्य श्री राम शर्मा जी की कही बात 'हम सुधरें, जग सुधरेगा', बड़ी सारगर्भित है। इसके लिए, उपरोक्त बातों में से जो विचार के आधार हैं, कोई भी एक बात हमें अपने को सुधारने के लिए काफी है, क्योंकि ये सभी एक दूसरे से जुड़े हैं। बात, किसी आधार को पकड़ने व जीवन में प्राथमिकता देने की है। ऐसा करने से, हमारे सुधरने से, जो हमसे किसी को परेशानी होती है, वह न होगी। कितना बड़ा योगदान होगा समाज के प्रति। इस सुधार की प्रक्रिया में स्वाध्याय से मदद मिलती है।

यह अपना स्वाध्याय का एक अनुभव साझा करता है। विनोबा जी के गीता प्रवचन पर संकलित, पुस्तक के दो दिन की रेल यात्रा में पढ़ने की समाप्ति पर, अंदर से प्रश्न उठा कि मिला क्या इसके पढ़ने से? तुरन्त जहाँ से प्रश्न उठा था, वहीं से उत्तर मिला कि हमें 'स्वधर्म' का पालन करना चहिए। है क्या स्वधर्म? यह दूसरा प्रश्न, पहले उत्तर के साथ ही उठा और उसी तरह जबाब भी, कि जो काम सहज प्राप्त हों वही 'स्वधर्म' है। यही इस स्वाध्याय की शिक्षा थी। वर्षों बाद पूसा इन्स्टीटयूट (IARI), दिल्ली के निदेशक महोदय हमें तबादले पर अपने संस्थान में ले आये। मुझे वाटरशेड मैनेजमेन्ट पर काम करने का आदेश दिया।

हमारे इस टापिक पर शिलांग, ICAR Complex के काम को देखकर वह प्रभावित हुए थे। यहाँ आने पर मुश्किल यह हुई कि यहाँ के वैज्ञानिक बन्धु कहते कि तुम अकेले इस पर क्या करोगे, देश में इसके लिए कई बड़े-बड़े संस्थान काम कर रहे हैं। आगे बढ़ने में तरह तरह के अंड्गे होते। खैर यह प्रयास करता रहा। अन्ततोगत्वा गीता के स्वाध्याय से उपरोक्त दो प्रश्न व उत्तर याद आ गये। मैं तो यहाँ आना नहीं चाहता था फिर यह काम स्वतः आया है, यही हमारा स्वधर्म है। फिर तो आगे का रास्ता खुलता गया और वहाँ 14 वर्ष के शिक्षण कार्य में मुझे जबरदस्त संतुष्टि (job satisfaction) की अनुभूति रही।

मेरा मानना है कि इंसान को जो काम स्वतः आये वही करना चाहिए। यदि कार्य के प्रति समर्पण हो, रास्ते की सारी बाधायें हटती जाती हैं। स्वाध्याय

जीवन यात्रा में बहुत मदद करता है। सन्तों और महापुरुषों की जीवनी पढ़ने से आध्यात्मिक जीवन बनने में मदद मिलती है।

09-05-2020

प्रतिक्रिया: आपका लेख बहुत ही एक तरफा है। जिसे कहते हैं one track mind. यह सोच रखिए कि जो हो रहा है, अच्छा हो रहा है। और जो होगा वह अच्छे के लिए होगा। परिवर्तन जीवन का नियम है। जिस तरह जीवन व मृत्यु, इस नियम को सवालों से या खेद से मत भरिए। सब ऊपर वाले की इच्छा है- Dr. A.K. Bhattacahry.

Reply: भाई यह मामला रिसर्च का है। Research is based on experience. Primary and secondary data are used with already eshtablished norm or understandings. But some how and unknowingly this persuation was in my thiking and in professional work too. But after retirement it became full time. I find it interesting and as good time pass process. Handout, News letter, bulletins, books are out come. No target. I appreciate your comment. I try to be unbiased. I find Natures help in this work. I do not know how to react to your comment. But what ever you have written, I agree, except on one track mind. He replied chalo kuchh to maana.

---

7. कर्ता - धर्ता परमात्मा

आज कोरोना बीमारी की लड़ाई के फेज - III के लॉकडाउन का 7वाँ दिन है। किसी भी कार्य की सफलता में निष्काम कर्म (Selfless service) का बड़ा रोल होता है। देश की आजादी की लड़ाई में, महात्मा गाँधी जी का रोल, एक निष्काम कर्मी का था। निष्काम कर्म, किसी भी व्यक्ति के जीवन के आध्यात्मिक पक्ष को इतना विकसित कर देता है कि भगवान/प्रकृति की मदद स्वत: उसे मिलने लगती है, और वह व्यक्ति इसकी अनुभूति करते हुए उस कार्य के प्रति और समर्पित होता जाता है, कर्त्तापन के भाव से मुक्त होता जाता है, कि करनेवाला कोई और है, मैं नहीं करता। कबीर साहब ने इस अवस्था को 'न कुछ किया न कर सका, न कुछ किया कबीर। जो कुछ किया सो हरि किया, कहत कबीर कबीर" कह कर व्यक्त किया है। ऐसा व्यक्ति स्वयं के भाव में अपने को यन्त्रवत पाता है।

उपरोक्त बातों का बड़ा सुन्दर खुलासा, अपने भूतपूर्व राष्ट्रपति अब्दुल कलाम साहब ने अपने स्वयं के अनुभवों की अनुभूतियों के माध्यम से किया है। आप लिखते हैं "ईश्वर की सृष्टि में प्रत्येक कण का अपना अस्तित्व होता

है। प्रत्येक को कुछ न कुछ करने के लिए परवरदिगार ने बनाया है। उन्हीं में मैं भी हूँ। उसकी मदद से मैंने जो कुछ हासिल किया है, वह उसकी इच्छा की अभिव्यक्ति ही तो है। कुछ विलक्षण गुरुओं और साथियों के माध्यम से ईश्वर ने मुझ पर यह कृपा की और जब मैं इन सर्वश्रेष्ठ व्यक्तियों के प्रति अपनी श्रद्धा एवं सम्मान व्यक्त करता हूँ तो मैं उसकी महिमा का ही गुणगान कर रहा होता हूँ। ये सब राकेट और मिसाइलें उसी के काम हैं जो 'कलाम' नाम के एक छोटे से व्यक्ति के माध्यम से खुदा ने कराये हैं। इसलिए भारत के कई कोटि जनों को कभी भी छोटा या असहाय महसूस नहीं करना चाहिए। हम सब अपने भीतर दैवीय शक्ति लेकर ज़न्में हैं। हम सबके भीतर ईश्वर का तेज छिपा है। हमारी कोशिश इस तेज पुंज को पंख देने की रहनी चाहिए, जिससे यह चारों ओर अच्छाइयाँ एवं प्रकाश फैला सके।"

यह भारत के भूतपूर्व राष्ट्रपति अब्दुल कलाम साहब के, जीवन के आध्यात्मिक अनुभवों का निचोड़ है। आप एक महान वैज्ञानिक के साथ-साथ एक सच्चे इंसान भी थे। कलाम साहब की यह अभिव्यक्ति, अध्यात्मिक सोच 'कर्ता – धर्ता परमात्मा है, हम उसके हाथ के यंत्र है, सारे कार्य परमात्मा के है कि पुष्टि करती है। यही अभिव्यक्ति संतो की भी रही है। स्वाध्यायों के दरमियान, यह एक प्रश्न का उत्तर पाने की कोशिश करता था कि आपना देश, जो कभी विश्वगुरु की हैसियत में था, वह मानव जीवन के निष्काम कर्म चरित्र की शिक्षा की बात क्यों न समझ सका और हनारी शिक्षा पद्धति, इससे वंचित रह गई। करोना की इस वर्तमान लड़ाई में, मोदी जी का देश का नेतृत्व करना एक बहुत बड़ी बात है, क्योंकि वह राजनितिज्ञ होते हुए, एक योगी / निष्काम कर्मी भी हैं। मीडिया में आते लोगों के विचारों से लगता है कि यह कोरोना दुनिया की धारा बदल देगा। आईये उम्मीद करें, मनुष्य इस अनुभव के बाद अपने आध्यात्मिक पक्ष पर भी विचार करेगा और सच्चा इंसान बनने की ओर अग्रसर होगा।

10-05-2020

प्रतिक्रिया: लेख और लेखक का अभिनन्दन है- टी0पी0 सिंह; नही भाई टी0पी0 सिंह, मैं पढ़ता रहता हूँ, इन बातों की जानकारी होती रहती है। वही तो है संकलन रूप में- डा. ए0 सिंह; संत इमरसन कहा करते थे कि मुझे नर्क में भेज दे, मैं वहाँ भी स्वर्ग बना

दूँगा। टी0पी0 सिंह; भक्त-भक्त भगवंत-गुरु चतुर्नाम बपु एक। तिनको पद् वंदन किये नासहिं बिध्न अनेक। सब जानत प्रभु प्रभुता सोई- तदपि कहै बिनु रहा न कोई। तहाँ त्रेद अस कारण राखा। भजन प्रभाव भाँति बहु भाखा। सराहनीय अभिव्यक्ति। सदोगुणी, सद्गुणी अनुपम के अंदर ही, इस प्रकार के उत्तम विचार उत्पन्न होते हैं-दु:ख हरण चौधरी; बहुत बढ़िया अंकल जी- निधी, यू.यस.ए.

---

8. निष्काम कर्म

आज कोरोना बीमारी की लड़ाई के फेज-III के लॉकडाउन का 8वाँ दिन है। तसल्ली यही है कि वर्तमान परिस्थिति में लड़ाई सही दिशा में है, यह बात रणनीतिकार मान कर चल रहे हैं। वास्तविकता तो यह है कि बीमारी की बाढ़ जारी है और यह लड़ाई का मुश्किल दौर है। हमारे देश के आध्यात्मिक जीवन मूल्य ही, ढ़ाल का काम कर रहे हैं। लोगों में इम्युनिटी बढ़ाने की समझ बढ़ी है, तथा खान-पान में एहतियात भी बरतना शुरु कर दिये हैं। ईश्वर मालिक हैं। इस पत्र श्रृंखला में हम मानव जीवन मूल्यों की जागरुकता पर चर्चा कर रहे हैं। इसके पहले के पत्र में 'निष्काम कर्म' शब्द का प्रयोग किया था। इसे थोड़ा और समझने का प्रयास करते हैं।

हमारे मार्ग दर्शक, भाई साहब जी, आध्यात्म विज्ञानी थे। निष्काम कर्म की बड़ी सुन्दर परिभाषा दी है 'जिस काम को करने के पहले, जिस काम को करते हुए और जिस काम को कर चुकने के बाद, उसका हृदय पर संस्कार न बने, वह निष्काम कर्म है'। आनंद योग साधना में, ध्यान की आठ घण्टे की साधना में (पहला स्टेप), सोने के पहले आत्म-निरीक्षण में, निष्काम कर्म का अभ्यास शुरु करते हैं। आत्म-निरीक्षण करते समय, जितने हमसे दिन में अच्छे काम हुए हैं, सभी भगवान को अर्पण कर देते हैं, कि हे प्रभो! तूने ऐसी परिस्थितियाँ प्रस्तुत की कि यह काम इससे हो गया, यह तूने किया, इसमें क्या शक्ति है कि यह कर सकता? फिर अपनी कमियों को देखते हैं और धीरे-धीरे एक-एक को छोड़ते चले जाते हैं। फिर प्रैक्टिस करते हैं कि सब कुछ ईश्वर करता है, हम कुछ नहीं करते। इस तरह मैं 'I' का Elimination हो जाता है। धीरे-धीरे ऐसा विश्वास बन जाता है कि कर्ताधर्ता भगवान है, मैं उसके हाथ का यन्त्र हूँ। एक भक्त रहीम साहब हुए

हैं। वह दान देते थे। जितना देते उतना झुकते जाते। उनके एक समकालीन कवि ने पूँछा

रहिमन सीखी कहाँ देनी यह तुम देन।
ज्यों-ज्यों दान तिहारौ बढ़ैं त्यों-त्यों नींचे नैन।।

आपने उत्तर दिया

देने वाला और है, देता है दिन रैन।
लोग भ्रम मों पै करें, ताते नीचे नैन।।

लोग मुझ पर लांछन लगाते हैं कि रहीम दे रहा है। यह है निष्काम कर्म।

आप कहते कि देखो जितने पाप कर्म हैं, वे लोहे की जंजीर हैं। नरक भोगने के लिए जन्म लेना ही पड़ेगा। जितने अच्छे कर्म हैं, वे सोने की जंजीर हैं। अगर अहंकार है कि मुझसे अच्छा काम हुआ है, तो स्वर्ग भोगने के लिए जन्म लेना ही पड़ेगा। सच्चा निष्काम कर्मी न लोहे की जंजीर में बंधता है, न सोने की। न उससे अच्छा काम होता है न बुरा। वह तो परमात्मा के हाथ में यंत्र है। करने-कराने वाला तो परमात्मा है। ऐसा व्यक्ति शास्त्र विरुद्ध कोई काम नहीं करता। 'निष्काम कर्म' को हम पूजा कह सकते हैं। Every work is not worship but every work can be changed into worship. आनंदयोग साधना सहज-सहज में ही हमें यह अवस्था प्राप्त करा सकता है, जिसके लिए अलग से समय निकालने की आवश्यकता नहीं है।

11-05-2020

---

9. परमात्मा की याद

आज कोरोना बीमारी के साथ लड़ाई के फेज - III के लॉकडाउन का 9वाँ दिन है। प्रधानमंत्री, मोदी जी का देश के नाम पिछले 54 दिनों में टी0वी0 पर 5 वाँ सदेंश था। आपका कहना था कि 'कोरोना वाइरस ने पूरी दुनिया को तहस-नहस कर दिया है। हमें इस संकट से बचना भी है और आगे बढ़ना भी है। यह भी कहा कि 17 मई के बाद भी लॉकडाउन जारी रहेगा और यह नये रंग रूप व नियमों वाला होगा। थकना, हारना, टूटना, बिखरना.. मानव को

मंजूर नहीं। सतर्क रहते हुए बढ़ना है। आज की स्थिति में इसका मार्ग एक ही है – 'आत्म निर्भर भारत।'

स्पष्ट है कि अब जीवन यात्रा में कुछ नये नियमों पर चलने की आदत बनानी होगी, अर्थात और अनुशासित होकर रहना। यही तो अध्यात्म है, जो कुछ लोग संस्कार बस स्वानुशासित होकर रहते रहे हैं, धार्मिक कथाओं में संत लोग इसके लिए प्रेरित करते रहे हैं। अब यह परिस्थिति जन्य होगा, भले ही कड़ाई से अपनवाया जाय। हमें अपने मन को समझाना व साधना होगा, इसी के बारे में हम इस पत्र सीरीज में चर्चा करते आये हैं। हमारे देश की अधिकाशं जनता, किसी न किसी ईश्वरोपासना पद्धति पर आरुढ़ होती है। सभी में मानव जीवन के मुख्य उद्देश्य 'जनम मरण से छुटकारा पाने की बात' छिपी होती है। अन्ततोगत्वा शिक्षा यही होती है कि हृदय में भगवान की याद बनाये रखना। शास्त्र कहते हैं कि जिनके हृदय में भगवान निवास करते हैं उनकी सर्वत्र विजय ही विजय है, पराजय कहीं नहीं। (बृजमोहन वचनामृत, भक्त संत और सत्गुरु चैप्टर से)।

लाभस्तेषां जयस्तेषां कुतस्तेषां पराजयः।
येषामिन्दी वर श्यामो हृदयास्थो जनार्दनः।। 72।।

गीता के उपरोक्त श्लोक की विवेचना करते हुए, यशपाल जी महाराज लिखते हैं "..... इस स्थिति को प्राप्त होकर साधक फिर संसारी विषय वासनाओं के मोह – जाल में नहीं फँसता। वह इस संसार में रहते हुए, सब काम धर्मानुकूल करते हुए निरन्तर 'सहज समाधि' में मग्न रहता हुआ जीवन मुक्त होकर विचरता है। अन्त काल में शरीर छोड़ते समय भी 'स्थित प्रज्ञ' की यह अवस्था अटल बनी रहती है और वह जन्म-मरण के बन्धन से मुक्त हो जाता है। ज्योति-ज्योति से एकाकार हो जाती है। कभी-कभी ऐसा भी होता है कि सारे जीवन भर साधक परमात्मा और सत्गुरु में सच्चे विश्वास के साथ साधन में तत्पर रहता है। निरन्तर परमात्मा के चिन्तन में अपने मन को लगाये रहता है पर आत्मा का अनुभव ज्ञान (साक्षात्कार) प्राप्त नहीं होता। परमात्मा की विशेष कृपा ऐसे जीव पर जब होती है तो अन्तकाल में उसके सारे चक्र ज्वालामुखी की तरह एक साथ जागृत हो जाते हैं और आत्मसाक्षात्कार के

साथ-साथ उसकी आत्मा अपने सच्चे स्वरूप में विलीन हो जाती है। फिर उसे जन्म नहीं लेना पड़ता।"

बहुत से गृहस्थ, सत्य व कर्तव्य निष्ठ जीवन यात्रा में, ऐसी ध्यान की पराकाष्ठा में रहते हुए, इससे अनभिज्ञ रहते हैं, लेकिन शतत्, एक आनंद की अनुभूति करते हैं।

12-05-2020

प्रतिक्रिया: अति सुंदर प्रेरणा दायक- दु:ख हरण चौधरी; साहब की कृपाधार है- डॉ. आर0पी0 शुक्ला।

---

10. प्रकृति का संविधान

आज कोरोना बीमारी की लड़ाई के फेज -III के लॉकडाउन का 10वाँ दिन है। तमाम प्रयासों के बावजूद, बीमारी बढ़ ही रही है। अब इसके साथ रहने की बातें सोची जाने लगी हैं। लेकिन, दुर्भाग्य ही कहेंगे कि धर्म के नाम पर मानव समुदाय आपस में लड़ता ही रहा है और आज भी, मुट्ठी भर लोग धर्म को लेकर लड़ाई के प्रयास को कमजोर कर रहे हैं। इंसान अभी भी इंसान बनने से बहुत दूर है। महाभारत की लड़ाई समाप्त हो जाने के बाद भीष्म पितामह की भगवान कृष्ण से हुई अंतिम बात धर्म का अच्छा चित्रण करती है।

"राम और कृष्ण की परिस्थितियों में बहुत अंतर है पितामह...! राम के युग में खलनायक जैसा शिव भक्त होता था...। तब रावण जैसे नकारात्मक शक्ति के परिवार में भी विभीषण जैसे संत हुआ करते थे। बाली जैसे खल नायक के परिवार में तारा जैसी विदुषी स्त्रियाँ व अंगद जैसे सज्जन पुत्र होते थे। उस युग में खलनायक भी धर्म का ज्ञान रखता था। इस लिए राम ने उनके साथ कहीं छल नहीं किया। किंतु मेरे युग के भाग में कंस, जरासंध, दुर्योधन, दु:शासन, शकुनी, जयद्रथ जैसे घोर पापी आये हैं...!! उनकी समाप्ति के लिए हर छल उचित था पितामह...! पाप का अंत आवश्यक है पितामह, यह चाहे जिस विधि से हो...! तो क्या इससे गलत परंपरायें नहीं प्रारम्भ होंगी

केशव...? क्या भविष्य तुम्हारे इन छलों का अनुशरण नहीं करेगा..?? और यदि करेगा तो क्या यह उचित होगा...?

भविष्य तो इससे भी नकारात्मक आ रहा है पितामह...! कलयुग में तो इतने से भी काम नहीं चलेगा...! वहां मनुष्य को कृष्ण से भी कठोर होना होगा, नहीं तो काम नहीं चलेगा। जब क्रूर और अनैतिक शक्तियाँ सत्य और धर्म को समूल नाश करने के लिए आक्रमण कर रही हों, तो नैतिकता अर्थहीन हो जाती है पितामह...! तब महत्वपूर्ण होती है विजय, केवल विजय...! भविष्य को यह सीखना ही होगा पितामह...।।

क्या धर्म का नाश भी हो सकता है, केशव और यदि होना ही है तो क्या मनुष्य इसे रोक सकता है केशव...? सब कुछ ईश्वर के भरोसे छोड़कर बैठना मूर्खता होती है पितामह...। ईश्वर कुछ नहीं करता, केवल मार्ग दर्शन करता है। सब मनुष्य को स्वयं करना पड़ता है। यही प्रकृति का संविधान है।"

धर्म महासभा में स्वामी विवेकानन्द ने कहा था कि अब इन प्रत्यक्ष प्रमाणों के बावजूद भी यदि कोई ऐसा स्वप्न देखें कि अन्यान्य सारे धर्म नष्ट हो जायेंगे और केवल उसका धर्म ही जीवित रहेगा, तो उस पर मैं अपने हृदय के अतंस्थल से दया करता हूँ और मैं उसे स्पष्ट बतला देता हूँ कि शीघ्र ही, सारे प्रतिरोधों के बावजूद, प्रत्येक धर्म की पताका पर यह लिखा रहेगा– 'सहायता करो, लड़ो मत' 'पर भाव ग्रहण, न कि पर –भाव– विनाश': 'समन्वय और शान्ति', न कि 'मतभेद और कलह'। इसी संदर्भ में महात्मा गाँधी जी की कही बात भी बहुत समीचीन है। आप कहते हैं 'सभी धर्म ईश्वरीय हैं, मगर सभी अपूर्ण हैं। सभी को समय के साथ गतिशीलता तो अपनानी ही होगी। सभी का गंतव्य एक ही है। रास्ते अलग-अलग हैं और हर रास्ता उस गंतव्य तक पहुँचाने में समर्थ है'। पता नहीं इंसान कब इन बातों को समझ कर इंसान बनने की ओर अग्रसर होगा?

13-05-2020

प्रतिक्रिया: अति सुंदर प्रेरणा दायक– दुःख हरण चौधरी; आजकल धर्म कट्टरता पर आधारित होता जा रहा है। असली धर्म को समझने वाले बहुत कम हैं– डॉ. आर0पी0 शुक्ला।

11. जीने का उसूल

आज कोरोना बीमारी की लड़ाई, फेज - III के लॉकडाउन का 11वाँ दिन है। इन तनाव व परेशानियों के माहौल में यथार्य पूर्ण विचार व लेख भी समाचार पत्रों में आ रहे हैं, जो हमारे जीवन के आध्यात्मिक पक्ष के लिए विचारणीय तथा अनुकरणीय भी हैं। NBT पेपर में नदीम का लेख था 'विश्वास का संकट बढ़ती नौकरशाही की खामोशी'। लेख में पूर्व में हुए यू0पी0 स्टेट, इलेक्शन कमिश्नर अपरिमिता प्रसाद सिंह की आई0ए0एस0 संवर्ग के समारोह में खुले मंच से कही बात का जिकर था 'एक बात याद रखना अगर नेताओं के पैर छूकर पोस्टिंग पाई तो फिर तुम्हें नेताओं के पैर छू कर ही नौकरी करनी पड़ेगी। गलत को गलत कहना सीखना होगा। नेता तुम्हें कलेक्टरी से जरूर हटा सकता है, लेकिन वह तुम्हें प्रशासनिक सेवा से कभी बेदखल नहीं कर सकता। अगर तुम चाह लो तो नेता बन सकते हो, लेकिन नेता चाह कर भी आई.ए.एस. नहीं बन सकता।' यह बात दीगर है कि किसी ने उनके मंत्र को अपनी जिन्दगी का मंत्र नहीं बनाया। उसके बाद उसी राज्य के कई सीनियर आई.ए.एस. आफिसर भ्रष्टाचार के आरोप में जेल गये।

उपरोक्त उदाहरण में आध्यात्मिक जीवन यात्रा की खूबी स्पष्ट रूप से देखी जा सकती है। एक नि:संदेह अपनी आत्मा पर चलने वाला और अन्य मन मत के शिकार। यह पढ़ कर, कहावत याद आ गई 'तप से राज - राज से नरक'। हमारे सामान्य जीवन में अनगिनत ऐसे अनुभव लोगों के दिखते हैं, लेकिन बहुत कम लोग ही, औरों के अनुभवों से लाभ ले पाते हैं। 'आध्यात्मिक जागृति' न होने से, छोटी-छोटी बातें मनुष्य को परेशान किये रहती हैं। अध्यात्म जीवन जीने की कला है, जो सत्य व धर्मानुकूल जीवन पद्धति पर आधारित होता है। अनजाने में हजारों लोग, ऐसी जीवन यात्रा में होते हैं जिससे समाज में हमेशा सद्विचारों का पलड़ा भारी बना रहता है। आध्यात्मिक जीवन यात्रा में सकारात्मक प्रवृत्ति बनाये रखने से जीवन मूल्यों में निखार आता जाता है, जिसका अनुभव स्वभावानुसार हर इंसान करता भी है, लेकिन लाभ नहीं ले पाता। प्रकृति में ऐसी सुन्दर व्यवस्था है कि यदि कोई, इस विचार का बनता है तो अन्य ऐसे लोगों का साथ मिलता जाता है। 'परमात्मा' का नाम

यदि हमारी सोच में आ जाये तो, जीवन में आनंद का कहना ही क्या? यह अनुभव गम्य है।

यह अपनी जीवन यात्रा का एक शिक्षाप्रद अनुभव साझा करता है। सेवा काल के काफी एडवान्स स्टेज पर, इसका किसी काम को जारी रखने को लेकर, बॉस (Boss) से मतभेद हो गया। स्वाभाविक है, तनाव का होना। अन्ततोगत्वा, विवाद का अंत, इसके ही ढील देने पर हुआ। हमारे मार्ग दर्शक का कहना था कि, बॉस तो बॉस ही होता है, उसकी बात माननी ही चाहिए, क्योंकि परमात्मा ने उसे उस कुर्सी पर बैठाया है। हाँ यदि काम अनैतिक है तो आप मना कर सकते हैं। आप अपनी राय दे सकते हैं, कि मैं ऐसा चाहता था, वैसे जैसे आप कह रहे हैं वैसे करेंगे। यदि आप सही हैं तो आगे चल कर उनकी राय बदल सकती है कि हाँ यह ठीक ही कह रहा था। यह है आध्यात्मिक जिन्दगी जीने का वसूल। खैर, हमारी समस्या का हल निकला। परिस्थितियों ने ऐसी करवट बदली कि उनका स्थानान्तरण हो गया और काम जारी रहा।

14-05-2020

---

12. अवसरवादी नहीं

आज कोरोना बीमारी की लड़ाई के फेज - III के लॉकडाउन का 12वाँ दिन है। बीमारी के बढ़ते हुए माहौल में अब सारे प्रयासों के साथ, देश में धीर-धीरे आर्थिक गतिविधियों को फिर से पटरी पर लाने की कोशिश शुरु की जा रही है। देखना यह है कि कैसे, अब हालात बदले हुए तौर-तरीकों के साथ आगे बढ़ते हैं। सभी नागरिकों की जिम्मेदारी बनती है कि जीवन यात्रा में अनुशासन बरतें। इस परिपेक्ष्य में, आज इसका ध्यान NBT पेपर में आये प्रणव प्रियदर्शी के लेख 'जो अवसरवादी नहीं हैं' पढ़ने पर गया। पढ़ कर लगा कि यह तो इसकी जीवन यात्रा का ही चित्रण है। नौकरी के दरमियान दिल्ली पहुँचा, वहाँ एक सत्संग संस्था से प्रभावित हो आश्रम में प्लाट लेकर मकान बना कर रह गया। समर्पण व निष्ठा के बावजूद वह संस्था हमें वहाँ बनाये न रख सकी। ईश्वर कृपा से ऐसी परिस्थितियाँ बनीं की वर्ष 2015 में, बड़ी सहूलियत के साथ, लखनऊ होते हुए तीन वर्ष की यर्थाथ पूर्ण

व सार्थक (आध्यात्मिक दृष्टिकोण) यात्रा करते हुए वर्ष 2018 में अपने गृह नगर सुलतानपुर आ गये और इस आध्यात्मिक जागृति पत्र ऐसे कामों में लग गये। खैर! इस लेख के मजमून पर चिन्तन से मुझे लगता है कि मैं जीवन में 'अवसरवादी' तो नहीं ही था। जीवन यात्रा अच्छे लोगों के साथ ही होती रही, और आज जिस माहौल में हूँ, दिल्ली के आश्रम में रहने से बेहतर है।

जहाँ एक से दो लोग हो जाते हैं, वहाँ राजनीत का माहौल बन ही जाता है, यह मानव के स्वभाव में है। हमारे एक साथी डॉ. यस0पी0 घोष, जिनके साथ प्रारम्भिक दिनों में रिसर्च के काम में सक्रिय साथ था, एक दिन जब हम फील्ड में काम कर रहे थे, बोले! अक्षयबर, हम लोग साइंटिस्ट नहीं साइन्टिफिक वर्कर हैं। यह बात मुझे आज भी सही लगती है। सारा खेल भगवान / प्रकृति का लगता है। जिन लोगों में कर्म के प्रति निष्ठा व समर्पण का भाव गहरा होता है, प्रकृति मानव कल्याण हेतु अपने गुप्त रहस्यों को उन्हीं के माध्यम से प्रकट करती है और ऐसा व्यक्ति महापुरुष कहलाने लगता है, समाज में पूज्य बन जाता है। लेकिन बिडम्बना है कि अमूमन, इंसान अपने को समझने में गलतफहमी का शिकार बना रहता है। खुद तो परेशान रहता ही है, और औरों को भी परेशान किए रहता है। हम सुधरें जग सुधरेगा, बहुत सही कहा गया है।

हमारे बेटी व दामाद जो यूनिवर्सिटी में वैज्ञानिक एवं प्रोफेसर हैं, स्वभाव से ईमानदार व कर्मनिष्ठ हैं। एक बार जब वे लोग हमारे यहाँ आये तो जीवन यात्रा के अनुभवों पर चर्चा रही। इनके जीवन यात्रा में तीन अनुभव ऐसे रहे कि जर्जर प्रोजक्टों के चार्ज मिलने पर, जब सुधार आता तो इन्हें कुछ और उसी तरह का काम दे दिया जाता और प्रत्येक बदलाव पर यह कुछ दिन तनाव में व दु:खी रहते। लेकिन धीरे-धीरे समझ आता कि बदलाव तो इनके लिये अच्छे ही साबित हुए। संयोग से उस समय यह तनाव में ही थे एक और तत्कालिक बदलाव के चलते। इंसान इस छोटे से जीवन काल में भी अपने अनुभवों से सबक नहीं लेता। काश बदलाओं को 'ईश्वर इच्छा या जो होता है अच्छा होता है' के परिपेक्ष्य में लें तो जीवन कितना सहज हो जाये।

15-05-2020

प्रतिक्रिया: आपने सही अनुभव किया- डॉ. आर0पी0 शुक्ला; परमात्मा एक तू ही है। तेरी इच्छा पूर्ण होने के क्रम में ही सृष्टि के सभी कार्य संचालित हो रहे हैं- दु:ख हरण चौधरी; सुखद एवं यथार्थ परक- टी0पी0 सिंह

---

13. कार्य के प्रति समर्पण

आज कोरोना बीमारी की लड़ाई के फेज - III के लॉकडाउन का 13वाँ दिन है। इंसान सुख व शान्ति की जीवन यात्रा के लिए शतत् प्रयास करता रहता है। अधिकांश लोग मुख्य रूप से भौतिकता व मन के क्षण्कि सुख के अनुभवों में ही उलझे हुए जीवन यात्रा समाप्त करते हैं। अभी तक की अपनी चर्चा में हमने मानव के सुख प्राप्ति के आधार के रुप में 'ध्यान तथा आध्यात्मिक जीवन' को चिन्हित किया है, जो चित्त की एकाग्रता से प्राप्य है। यह दोनों बातें सरल व सहज भाव में समझने की आवश्कता है। इन दिनों इनके बारे में मीडिया में भले ही थोड़े वर्ग के बीच, पर व्यापक चर्चा भी हो रही है। मेरी समझ के अनुसार यह दोनों प्रक्रियायें, व्यवहारिक स्तर पर इतनी सरल हैं कि आसानी से वरण की जा सकती हैं, चाहिए तो केवल संकल्प व उसपर आरूढ़ता। सरल कैसे हैं? की बात एक अनुभव /उदाहरण से समझने का प्रयास करते हैं।

एक महापुरुष का उदाहरण लेते हैं, जिनसे सार्थक सामाजिक कार्य हुआ। मेरा मानना है कि बिना मन की एकाग्रता (ध्यान) के कोई सार्थक सामाजिक कार्य सम्भव नहीं है। वर्ष 2015 में मेरी मुलाकात लखनऊ में गृहस्थ सन्त महात्मा राकेश कुमार मित्तल साहब से हुई। आप सेवा निवृत्त, आई0ए0एस0 अधिकारी व 'कबीर शान्ति मिशन' के संस्थापक थे। आपसे अक्सर आध्यात्मिक चर्चा होती, उनके संस्थान में साप्ताहिक स्वाध्यायी सत्संग में भी जाता। एक दिन, उनके आफिस में किसी विषय पर चर्चा के दौरान 'ध्यान' पर बात आई, तो आप बोले कि, भाई, ध्यान तो मैंने कभी किया नहीं। इतना कहते ही, वे गायब हो गये (ध्यान में चले गये, ऐसे हमने अपने गुरुदेव को भी देखा था)। कुछ देर के बाद वे झटके के साथ होश में आये और बोले कि 'लगता है ध्यान लग गया।' इसने कहा कि सर, बिना ध्यान के यह कबीर मिशन का काम सम्भव ही नहीं था। आप कैसे सरकारी आफिस व मिशन का काम

किये, इसी में उस ध्यान की प्रक्रिया का उत्तर है? यदि बता सकें! यह वही, 24 घण्टे ध्यान (आनंद योग) वाला मामला है, जिसके लिये मात्र दिनचर्या का खाली समय ही पर्याप्त है, दुनियावी कार्य या परमात्मा की याद (यहाँ मित्तल साहब के लिये मिशन पर चिन्तन ही, एकाग्रता के लिए ईष्ट के समान था)। मुख्य बात थी,कर्तव्य निष्ठा।

यदि हम अपने कार्य के प्रति समर्पित हैं, संतुष्ट हैं, job satisfaction है, तो नि:संदेह आपके अंदर ध्यान से सम्बन्धित तंत्र सक्रिय (active) है, आवश्यकता है मन की सात्विक वृत्तियों को विचार शक्ति से और पोषित करने की, जीवन स्वत; आध्यात्मिक होता जायेगा, ध्यान की अवस्था प्रगाढ़ होती जायेगी। महज सजग होने की आवश्यकता है। भाई साहब जी ऐसे सन्तों ने, अपने अनुभव ज्ञान से इसे विकसित करने की पद्धति का सृजन किया, जिसका लाभ लोगों ने उठाया, उठा रहे हैं, शान्ति पूर्ण जीवन जी रहे हैं। यह अपनी जीवन यात्रा, ईश्वर इच्छा पर ही पाता है क्योंकि, इसे कुछ बनने या करने की इच्छा न रही, सिर्फ काम करने में ही रूचि रही, आगे का मार्ग स्वत: प्रशस्त होता रहा। शास्त्रों में कही बातों की सत्यता के सुखद अनुभव रहे।

16-05-2020

प्रतिक्रिया: अति सुन्दर, सराहनीय, प्रेरणास्पद- दु:ख हरण चौधरी; कबीर साहब की वाणी है 'आँख न मूदौं कान न रूधौं तनिक कष्ट नहि धारौं' .... मित्तल साहब हर समय ध्यान में रहते थे- डॉ. आर0पी0 शुक्ला।

---

14. सजग रहें

आज कोरोना बीमारी की लड़ाई के फेज-III के लॉकडाउन का 14वाँ व अन्तिम दिन है। अभी भी स्थिति चिन्ता जनक है। अब कोरोना के साथ ही रहने की नीति पर, आर्थिक गतिविधियाँ प्रारम्भ करने की बात सोची जा रही है। लॉकडाउन का चौथा चरण भारत सरकार ने नये रंग रूप में (स्थिति के अनुसार), 31 मई तक बढ़ाने का फैसला किया है। बीमारी के बारे में, बहुत से अनुभवी आयुर्वेद, होमियोपैथ व योग के क्षेत्र के डाक्टरों की सलाह भी आ रही है, कि अपने स्वास्थ्य की बेहतर देखभाल व सजगता भी बचाव का सटीक उपचार है। हम देख रहे हैं, कि इस समस्या में, अफवाह व भय का

माहौल ऐसा बन गया है कि जिससे निकलना कोई आसान बात नहीं है। हमारे देश की जीवन पद्धति में शरीर के रोग से बचने की लोगों में इम्यूनिटी की ताकत अच्छी है, जिसका लाभ मिलते हम देख भी रहे हैं, रिकवरी रेट अच्छा है।

'जीवन पद्धति' शब्द का जिकर ऊपर किया है। इस बीमारी के शुरुआती दौर, मार्च के महीने में, मैं लखनऊ गया था। कहीं जाने के लिए ओला टैक्सी बुलायी, जैसे ही बैठा, हमारी लेन से गाड़ी मेन रोड पर आई। ड्राईवर साहब पूँछ बैठे कि सर, यह जो कोरोना की बातें हो रही हैं, इसके बारे में आप क्या कहेंगे? तत्काल मेरे से जो जवाब निकला – 'होई हैं वही जो राम रचि राखा, को कर तरक बढ़ावे शाखा।'। तुरन्त ही उसने जबाब दिया कि 100 परसेंट करेक्ट सर! क्या कहेंगे इसे? अंधविश्वास, आस्था या जीवन पद्धति का अंग सकारात्मक स्वभाव। कहीं न कहीं, प्रकृति प्रदत्त तरीकत के अंतर्गत सामाजिक जीवन से, यह बात हमारे अंतर्मन में घर किये बैठी हुई है, जो विश्वास का बल है और यह हमारे इम्यून प्रक्रिया का शतत् पोषण करता रहता है। सबको पता है कि एक दिन तो मरना ही है, यह कोई ईशू नहीं है, इससे डर नहीं लगता। आज कोरोना का भय, एक अजीब सा बन गया है।

आज इस बीमारी और इससे निपटने के तरीके के प्रचार ने, मानव समाज में विश्वास तन्त्र प्रक्रिया को हिला कर रख दिया है, जिसका उपचार भी एक समस्या ही बनती दिख रही है। हमारी सारी धार्मिक संस्थायें बन्द हैं, असहाय हैं, उनकी भी पोल पट्टी भगवान ने खोल दी है, कि समझें अपना रोल! मुझे लगने लगा है, कि ये संस्थाऐं अन्य दुनियावी शिक्षण संस्थाओं के समकक्षी ही हैं। अंधविश्वासिता फैलाने के काम, धर्म के नाम पर मरने-मिटने या समाज में अशान्ति फैलाने की शिक्षा देने से बचें। केवल मानव को सच्चे अर्थ में इंसान बनने को प्रेरित करती रहें, जो उनका मुख्य उद्देश्य है।

यह सारी बातें आध्यात्मिक जीवन से सम्बंध रखती हैं। इसी शिक्षा से हमारी भारतीय संस्कृति का प्रारम्भ हुआ था। समय के साथ जब आर्थिक व धार्मिक परिस्थितियाँ उच्च कोटि की न रहीं तो, इस बात पर जोर दिया जाने लगा था कि योगी को भी अपनी जीविका का स्वयं उपार्जन करना चाहिए। कठिनाईयों से दबे समाज पर बोझ नहीं बनना चाहिए और अपने घर के

एकान्त कोने में योग साधना करनी चाहिए (लहड़ी महाशय)। क्या पता यह आध्यात्मिक कहावत 'जाहि विधि राखे राम –ताहि बिधि रहिए' हमें आगे की जीवन पद्धति का मार्ग प्रशस्त करे।

17-05-2020

प्रतिक्रिया: बहुत सुंदर भाई साहब– डॉ. आर0पी0 शुक्ला; बहुत खूब। आपका निष्कर्ष भी यही निकला, कि मानवीय शक्ति जब थक जाती है तो एक मात्र परमात्मा की तरफ मानव याचना करते हुए कहता है कि 'होई हैं सोई जो राम रचि राखा....' – दु:ख हरण चौधरी।

4

सन्तों की बातें

आज से लॉकडाउन में रियायत देने की घोषणा हुई है। कुछ न कुछ आर्थिक गतिविधियाँ प्रारम्भ की जा रही हैं, वह भी कड़े अनुशासन के साथ, जिसके हम अभ्यस्त नहीं हैं। ऐसी परिस्थिति में आध्यात्मिक विचार, मानव की रहनी-सहनी में बड़ी मदद करते हैं। चर्चा के विषय ऐसे रहे कि अधिकांश, सन्तों के अनुभव की बातें व अध्यात्म साधना सूत्र से हैं। मुख्य रूप से अध्यात्म विज्ञान, एक घण्टा परमात्मा को दें, नीचे से उच्चता की ओर, सुनो सबकी करो अपनी, अनुभव ज्ञान, प्रकृति की मदद, ईश्वर कृपा; गुरु कृपा, गुरु भी एक साधक, कोरोना एक चेतावनी, कर्ता - धर्ता परमात्मा, राम-राज्य ऐसी बातों का खुलासा होता है।

बिनु पद चलै सुनै बिनु काना।
कर बिनु करम करै विधि नाना।।
आनन रहित सकल रस भोगी।
बिनु बानी वक्ता बड़ जोगी।।

1. अध्यात्म विज्ञान

आज कोरोना बीमारी की लड़ाई के लॉकडाउन (अनलॉक - IV) का पहला दिन है। कुछ न कुछ आर्थिक गतिविधियाँ प्रारम्भ की जा रही हैं, वह भी कड़े अनुशासन के साथ, जिसके हम अभ्यस्त नहीं हैं। ऐसी परिस्थिति में

आध्यात्मिक विचार, जीवन यात्रा में बड़ी मदद करता है। कोई विकल्प नहीं है, नये तौर तरीके हमें अपनाने ही होंगे। अध्यात्म विज्ञान, एक बहुत बड़ा विज्ञान है, जो समय के साथ-साथ आधुनिक होती मानवता में नजरअंदाज होता गया है। एक उदाहरण से इस विज्ञान को समझने का प्रयास करते हैं।

पुस्तक 'आचार्यशंकर-लेखक स्वामी अपूर्वानन्द' में एक प्रसंग है। श्रृंगेरी में प्रभाकर नाम के एक शास्त्रज्ञ धार्मिक ब्राह्मण थे, जिनके तेरह वर्ष का, एकमात्र, एकदम जड़वत तथा गूंगा बालक था। आचार्य के आगमन की बात सुनकर प्रभाकर के हृदय में विपुल आशा का संचार हुआ। पुत्र के साथ आचार्य के पास आये और प्रार्थना की, कि उसे ठीक कर दें। आचार्य ने बालक से पूँछा -

कस्त्वं शिशो कश्य कुतोऽसि गन्ता, कि नाम ते त्वंकुत आगतोऽसि।
एतद् वद त्वं मम सुप्रसिद्धं, मत्प्रीतिविवर्धनोऽसि।।

हे! शिशु, तुम कौन हो, किसके पुत्र हो, कहाँ जा रहे हो, तुम्हारा नाम क्या है, कहाँ से आये हो, इन प्रश्नों का सुस्पष्ट उत्तर देकर मुझे प्रसन्न करो। तुम्हें देखकर मुझे विशेष आनंद आ रहा है। शंकराचार्य के प्रश्न को सुनकर बालक, विशेष उत्फुल्ल हुआ। आचार्य के श्री मुख पर दृष्टि निबद्ध करके मधुर कंठ से उसने उत्तर दिया-

नाहं मनुष्यो न च देवयक्षौ, न ब्राह्मण-क्षत्रिय-वैश्य-शूद्रः।
न ब्रह्मचारी न गृही वनस्थो, भिक्षुर्न चाहं निजबोधरुपः।।

मैं मनुष्य नहीं हूँ, देवता या यक्ष भी नहीं, ब्राह्मण, क्षत्रिय, वैश्य, शूद्र भी नहीं, ब्रह्मचारी, गृही, वानप्रस्थी, सन्यासी भी नहीं। मैं निज-बोध-स्वरूप आत्मा हूँ। यह सुनकर आचार्य ने कहा, पूर्व जन्म के शुभ कर्म तथा तप के फल स्वरूप यह बालक ब्रह्म ज्ञान में प्रतिष्ठित हुआ है। इसके शरीर में अहं बुद्धि नहीं है। इसके द्वारा आप लोगों का कोई भी प्रिय कार्य साधित नहीं हो सकता। आप इस बालक को हमारे पास छोड़ जाये। प्रभाकर तैयार नहीं थे, कई दिनों के बाद, तमाम रहस्योद्घाटनोपरांत, बालक को आचार्य के सुपुर्द कर दिया। आचार्य ने बालक को शास्त्र सन्यास मंत्र में दीक्षित किया। उसका नाम 'हस्तमलकाचार्य' हुआ। अब वह बालक जड़ नहीं रहा, उसका गूंगा पन छूट गया। आचार्य के प्रधान चार शिष्यों में हस्तमलक अन्यतम थे।

इसे पढ़ने के बाद, विचार आता है कि आज के समय में, इस बालक को किसी मनोरोग विशेषज्ञ को ही दिखाते! वह डाक्टर कुछ तो इलाज करता, बच्चे की ताड़ना होती। प्रधान मंत्री मोदी जी ने ऐसे बच्चों को दिव्यांग कह कर, ईश्वर लीला का मान बढ़ाया है। अध्यात्म विज्ञान की ओर हम देखें, का इशारा भी है। आश्चर्य होता है कि यह विज्ञान मानव दृष्टि में क्यों उपेक्षित रहा? आध्यात्मिक जीवन के अनुभवों की चर्चा रुचिकर व प्रेरक होगी।

18-05-2020

प्रतिक्रिया: बहुत सुंदर प्रसंग-डॉ. आर0पी0 शुक्ला; Good message- Sangam Singh; अति उत्तम। प्रशंसनीय मुद्दा उठाया है आपने। बोध कथा भी सराहनीय है, दुर्लभ प्रसंगों को उजागर करने हेतु- दु:ख हरण चौधरी; बहुत सुंदर बात- गुरु प्रसाद।

---

2. एक घण्टा परमात्मा को दें

आज कोरोना बीमारी की लड़ाई के लॉकडाउन (अनलॉक - IV) का दूसरा दिन है। मानव समुदाय, हमेशा किसी न किसी समस्या से जूझता रहा है। यह वर्तमान समस्या, एक जैसी - विश्व व्यापी है। सभी देश अपनी इसी समस्या में, इतने उलझे हुए परेशान हैं कि किसी की मदद करने की बात संभव ही नहीं लगती। अपना भारत ही ऐसा देश है कि इसके प्रधान मंत्री मोदी जी ने दवाएँ भेज कर, कुछ देशों की मदद तथा सभी को एक साथ, मिलकर इस समस्या का समाधान ढूँढ़ने की पहल की है। यह है- देश के आध्यात्म बल (विश्व बन्धुत्व) से उपजी भावना और ईश्वर कृपा।

हमारे देश ने ऐसे कठिन समय में 'धैर्य बल' का उपयोग समस्या के समाधान के लिए किया है। निकट अतीत में हुआ कारगिल युद्ध, बाजपेई जी के धैर्य का अद्भुत उदाहरण रहा है, मात्र रक्षात्मक रहते हुए आक्रमणों का जबाब देते रहे। साँप भी मरा, लाठी भी नहीं टूटी, अन्ततोगत्वा भारत विजयी बना। आज भी, वर्तमान समस्या के हल में, मोदी जी की सूझ-बूझ तथा आध्यात्मिक एप्रोच को विश्व में सराहना मिल रही है। ऐसे व्यवहार, उच्च आध्यात्म साधना (जाने-अनजाने) के द्योतक हैं। अपना देश आज भी ऐसे महापुरूषों से भरा पड़ा है कि हमारे आसपास, एक से एक आध्यात्मिक

शक्तियों से भरपूर लोग उपलब्ध हैं, जिन्हें दुनिया नहीं जनती। कोई ठेले पर सब्जी वाले के रूप में, कोई जूता मरम्मत वाले के रूप में, कोई किसान, दुकानदार, अफसर, नेता के ...., भिन्न-भिन्न रुपों में। ऐसे लोग ढोल नहीं पीटते (रहिमन हीरा कब कहे, लाख टका मेरा मोल)। यह ऐसा विषय है कि ऐसे किसी अध्यात्मिक वैज्ञानिक ने सच ही कहा है कि 'The one who knows, tells it not- The one who tells knows it not'। यह विषय ध्यान व अनुभूति का है। आम जनता इस विज्ञान का लाभ कैसे ले, दो गृहस्थ सन्तों की बात यहाँ समीचीन लगती है। मोरारी बापू की बच्चों को सलाह, कि 24 घण्टे में एक घण्टा परमात्मा को दें और महात्मा यशपाल जी का गृहस्थों को सुबह-शाम आधे-आधे घण्टे पूजा (ध्यान) करने की सलाह। अपने अनुभव से यह कह सकता हूँ कि ऐसा व्यक्ति न केवल जीवन यात्रा में एक सच्चा इंसान बनने की ओर अग्रसर होगा, बल्कि शास्त्रों में बताये गये जीवन के मूल लक्ष्य की ओर भी बढ़ेगा।

एक बड़े वैज्ञानिक की बात करते हैं। आइंस्टीन ने जीवन के अंतिम समय में एक पत्रकार के प्रश्न के उत्तर में अपनी अंतिम इच्छा बताते हुए कहा कि 'वैज्ञानिक तो नहीं ही बनना चाहेंगे। मैंने न जाने कितने तथ्यों व सत्यों की खोज की और अपना सारा जीवन उसी में व्यतीत कर दिया। अब मुझे अनुभव हो रहा है कि जीवन के इस पड़ाव पर मैं खाली ही जा रहा हूँ। मैं उस तत्व पर कभी सोच ही नहीं पाया कि जो सब वैज्ञानिक तत्वों व शक्तियों का खोज कर्ता था। उस आविष्कारक को नहीं खोज पाया जिसने सारे अविष्कार किये। यदि पुनर्जन्म है और मेरा भी हो तो प्रभो से मेरी एक ही प्रार्थना कि मैं आत्मदर्शी, आत्म अन्वेषक संत बनूँ और आत्मसाक्षात्कार प्राप्त करने में सफलता प्राप्त करूँ।' अध्यात्म विज्ञान के परिपेक्ष्य में महात्मा यशपाल जी द्वारा सृजित अनुभव ज्ञान (आनंद योग) साहित्य एक दिशा दे सका है।

19-05-2020

प्रतिक्रिया: सत्य ही आइंस्टीन ने कहा है कि वैज्ञानिक खोज नहीं, आत्मज्ञान की खोज न कर सका- डॉ. आर0पी0 शुक्ला; a very good application towards spirituality. Einstien was a seeker in this regard - Dukh Haran Chaudhary.

3. नीचता से उच्चता की ओर

आज कोरोना बीमारी की लड़ाई के फेज - IV के लॉकडाउन (अनलॉक) का तीसरा दिन है। प्रवासी मजदूरों की घर वापसी की इच्छा, से उपजी समस्या ने समाज के नीति नियन्ताओं के लिये, मानवीय दृष्टिकोण से एक नई सोच को जन्म दे दिया है। बड़े- बड़े भवनों का निर्माण, अच्छी-अच्छी सड़कें, एयरपोर्ट बनाने वालों को दिहाड़ी मजदूरी देकर छुट्टी करना कहाँ तक मानवीय है? आज ऐसी परिस्थिति में, यह वर्ग क्या करे? इन्हीं विचारों में, हमारा ध्यान NBT पेपर के लेख, 'ध्यान हमें हमारे अवगुणों से भी परिचित कराता है' पर गया। लेख सीताराम गुप्ता जी ने लिखा था। प्रसंग - बुद्ध के भिक्षाटन के समय किसी उच्च जाति के व्यक्ति द्वारा इन्हें नीच कहे जाने पर था। बुद्ध ने उससे पूछा कि भाई नीच कौन होता है? वह बोला कि तुम ही बताओ की नीच कौन होता है? बुद्ध ने प्यार से कहा कि 'जो व्यक्ति किसी से बैर भाव रखता है, ईर्ष्या करता है, क्रोध करता है, निरीह प्राणियों पर अत्याचार करता है, वह नीच होता है।' एक अच्छे विश्लेषण के साथ लेख का निष्कर्ष था- 'कि हमें नीचता से उच्चता की ओर चलना चाहिए, जिसका रास्ता अध्यात्म से ही होकर जाता है। ध्यान हमें हमारे सभी अवगुणों से परिचित कराता है। साधना से ही हम वह ऊँचाई प्राप्त कर सकते हैं, जहाँ तक बुद्ध पहुँचे थे।'

गृहस्थ जीवन में हम ध्यान की बात कर रहे है जिसमें जीवन बड़ा कसमकश का होता है, चाहे कोई संसाधानों के अभाव में हो या बहुलता में, मानसिक स्तर पर उलझन होती ही होती है। इसका उपचार एकमात्र 'ध्यान' है। ध्यान से ही अपनी कमियाँ नजर आती हैं और सद्विचार उत्पन्न होते हैं। भाई साहब जी ने गृहस्थियों को दो और बातों से बचने को कहा (1) व्यभिचार (2) किसी बेगुनाह का दिल न दुखाएँ। इनके कर्म फल से बचत नहीं होती, माफ नहीं होता। आपके द्वारा बताये गये ध्यान के तरीके को भी साथ-साथ, यदि अमल में लाया जाये तो 'झूठल खेलल-सच्चल होय' का सुन्दर अनुभव करते हुए साधक की कर्म निष्ठा बढ़ते हुए दुनियावी कामों में भी निखार आता जाता है, वह भी बिना आभास हुए।

किसी साधक के आये हुए पत्र को पढ़ते हुए, इसने भाई साहब जी को यह कहते सुना, कि इन्हें ध्यान में आनंद आता है, कोई स्टेज नहीं! It is beyond आनंद। इतना, कह कर आपने पत्र का जबाब लिखने के लिए इसे पकड़ा दिया। अतीत में हुए, राजा जनक व कबीर दास जी की जीवन यात्रा गृहस्थी में ही ध्यान साधना के अनुपम उदाहरण हमारे सामने हैं। आनंद योग साधना में तो ध्यान, जीवन यात्रा का अभिन्न हिस्सा बन जाता है। गीता, ऐसी जीवन यात्रा को 'कृष्णभावमृत' में रहना तथा सूफी सन्त 'दस्त बकार व दिल व यार (हाथ काम में, दिल परमात्मा की याद में) कहते हैं। आओ, गृहस्थ में इस अद्भुद् ध्यान की पद्धति को आजमा कर देखें, जो परमात्मा की याद को जीवन चर्या के प्रत्येक कामों में पिरोते हुए, एक अच्छा इंसान बनने का प्रयास करने का है।

20-05-2020

प्रतिक्रिया: I am really thankful to receive your thoughts- Dr. Jai Singh; very good concept about way of life- Dukh Haran Chaudhary

---

4. सुनो सबकी करो अपनी

आज कोरोना बीमारी की लड़ाई के लॉकडाउन (अनलॉक फेज - IV) का चौथा दिन है। NBT पेपर में कई अच्छी बातें आध्यात्मिक विचारों की पढ़ीं। 'कैसे होगा यह नहीं सोचना है, कैसे करना है- यह हमें सोचना है;' धर्म और अध्यात्म हमें सही रास्ता दिखाता है, जिसका अनुकरण करके हम अपने जीवन को एक नई ऊँचाई दे सकते हैं यह निष्कर्ष है जयति गोयल के लेख 'चिंतनशील को कोई न कोई मार्ग अवश्य मिलता है;' रिजवान अंसारी का कहना है कि 'इस रमजान में मजहब से परे हटकर जकात बांटी जाय'। इन्हें पलायन करते मजदूरों के दु:खों को देखकर, ऐसे पवित्र व सात्विक विचार आये। इनके मजहब में, साल भर की कमाई में से ढ़ाई फीसदी जकात के मद में डाल कर गरीबों की मदद करने के लिए कहा गया है; शब्दों के इस्तेमाल में कभी-कभी अर्थ से ज्यादा महत्वपूर्ण उनके पीछे छिपी हुई नियत होती है- कहना है प्रणव प्रियदर्शी का अपने लेख 'शब्दों का इस्तेमाल' में। यह तीनों विचार गहरे आध्यात्मिक अर्थ के हैं, जिन्हें 'जैसी नीयत वैसी बरक्कत' की कहावत के परिपेक्ष्य में देखा जा सकता है। अध्यात्म के दृष्टिकोण से - योग साधना में चित्त की वृत्तियों के निरोध की प्रक्रिया में इन

विचारों का बड़ा महत्व है। चिंतनशीलता का स्वभाव जीवन यात्रा में आध्यात्मिक पक्ष को मजबूत करने में सहायक है। इस स्वभाव का विकास हम नियमित स्वाध्याय को अपनी दिनचर्या में शामिल करके कर सकते हैं। खास कर जो भाई सेवा निवृत्त हो चुके हैं और समय बिताने की समस्या हैं। इसका बहुत बड़ा प्रभाव परिवार के बच्चों पर पड़ता है। इसका मुझे अनुभव रहा है और अपने बाबा के स्वाध्यायी होने की बात देख कर लाभ मिला। मुझे भी स्वाध्याय की रुचि बन गई।

क्या पढ़ें के प्रश्न पर हमारा अनुभव कहता है कि 'अनुभव ज्ञान से सम्बन्धित साहित्य' - संतों या महापुरुषों के जीवन चरित्र। शास्त्रों का अध्ययन- जिनके संस्कार हैं, वे करते ही हैं और अपने विकसित होते बौद्धिक ज्ञान से जनमानस को तरह-तरह की धार्मिक कथाओं के माध्यम से अध्यात्म मार्ग अपनाने को प्रेरित कर ही रहे हैं।

वर्षों तक, सत्संग गतिविधियों से जुड़े रहने के अनुभव के आधार पर मुझे जो समझ आता है, अच्छे लोगों के साथ सकारात्मक चर्चा, स्वाध्याय, कथावार्ता में शामिल होना, संतो का साथ या यहाँ तक कि इस पत्र को पढ़ने में जो समय लगा यह सब सत्संग की ही गतिविधि हैं। इसमें लगा सारा समय, परमात्मा को दिये गये समय के एकाउन्ट में ही जाता है। बड़ा धोखा है इस अध्यात्म के मार्ग में भी। आज के आर्थिक युग में, भौतिक वाद, बड़े-बड़े महात्माओं को भी विचलित कर दे रहा है। ऐसे में 'सुनो सबकी- करो अपनी' की कहावत अध्यात्म मार्ग में बड़े ही काम की है। मन जिस काम को कहे आत्मा न कहे, हरगिज न करें। अनुभव के आधार पर ही विश्वास बनाना चाहिए। इतना निश्चित है कि करना खुद को है, हाँ गुरु से मार्ग दर्शन मिलता रहता है। सजग रहने की दरकार है। मायावी शक्तियाँ, कदम-कदन पर विचलित करने का प्रयास करती रहती है। यह भी सही है 'जहाँ चाह है, वहाँ राह है'।

21-05-2020

प्रतिक्रिया: आपने बिल्कुल सही कहा, जहाँ चाह है वहीं राह है। सच्ची राह निकल आती है। हमारा, आपका या किसी का विगत जीवन की कसौटी पर यह खरा उतरता है- दुःख हरण चौधरी; बिल्कुल सत्य- डॉ. आर0पी0 शुक्ला।

5. अनुभव ज्ञान (1)

आज कोरोना बीमारी की लड़ाई के लॉकडाउन (अनलॉक - IV) का पाँचवा दिन है। नियमों में ढील दी गई है, धीरे-धीरे जीवन कुछ बदलाओं के साथ सामान्य होना प्रारम्भ हुआ है। इस लम्बे लॉकडाउन के बीच, मीडिया के माध्यम से हम तमाम तरह के वैचारिक तथा जीवन यात्रा के अनुभवों से भी अवगत हुये हैं, जो शायद सामान्य स्थिति में न हो पाते। जीवन के यथार्थ से सम्बंधित बहुत सी बातों से सामना हुआ। इस पत्र श्रृंखला के माध्यम से हम अध्यात्म व अध्यात्म विज्ञान की बातें करते रहे हैं।

अध्यात्म में हम दो तरह के ज्ञान से रूबरू होते हैं, बौद्धिक ज्ञान तथा अनुभव ज्ञान। बौद्धिक ज्ञान शास्त्रों के अध्ययन या कथावार्ता में शामिल होने से मिलता है- साधना करने की प्रेरणा देता है। अनुभव ज्ञान, सन्त महात्माओं के जीवन चरित्र के अध्ययन, देशाटन या सन्तों के साथ सत्संग और साधना करने से मिलता है। अनुभव ज्ञान ही हमें, धीरे-धीरे स्वानुभव से मानव जीवन के रहस्यों को समझने में काम आता है। इंसान की पहुँच अभी तक स्वयं और परमात्मा के बारे में जहाँ तक भी है -संतो ने 'नेति-नेति (और आगे, और आगे....)' ही कहा है। इसके मन में एक विचार उठता रहा है कि- मान लीजिए हमें भगवान के दर्शन मिल ही गये या वह हमें मिल जाँयें तो इसके आगे? कोई संतोषजनक उत्तर न पा सका, न किसी से जानने की कोशिश ही की। हाँ ! यह जरूर सुना था कि भाई साहब जी से (हमारे मार्ग दर्शक) किसी बहन ने पूछा था कि क्या भगवान को देखा जा सकता है? आपने कहा कि क्यों नहीं? लेकिन पहचानेंगे कैसे? जो बात स्वयं से इसकी समझ में आई, वह यह कि हमें एक 'अच्छा इंसान' बनने का प्रयास करना चाहिए। गीता में प्रदत्त शिक्षा 'स्वधर्म' के पालन पर आरूढ़ होने से भला ही भला होता है, साधक संतुष्ट रहता है। हमारा! तो जीवन यात्रा का अनुभव ऐसा ही रहा है और कई लोगों को ऐसे ही जीवन यात्रा करते देखा भी है। मुझे तो यही 'अध्यात्म' लगता है। जितने ऐसे लोगों को देखा, गुरु कृपा से उनकी जीवन यात्रा में प्रकृति की मदद मिलते स्पष्ट अनुभवों में रही। ऐसी मदद इच्छा से नहीं, स्वतः स्वकर्मों का प्रतिफल होती है। जैसे हम

प्रकृति की गोद में बच्चे हों। इसीलिए महापुरुषों की कही बातों पर चिन्तन लाभप्रद हैं-

काहु न कोउ सुख दुख कर दाता। निज कृत करम भोग, सबु भ्राता।।
होइहैं वही जो राम रचि राखा। को करि तरक बढ़ावे शाखा।।

राम ने कोई सूत्र या फारमूला ही रच रक्खा है, हमारे कर्मों की परीक्षा उसी के तहत होती है और हमें कर्म फल को लेना ही लेना है। बचत निष्काम कर्म भाव से किये कर्म से ही हो सकती है। यह भी बहुत ही सही कहा गया है- 'सकल पदारथ है जग माहीं। करम हीन नर पावत नाहीं।।'

ईश्वरमय जीवन बनाना ही, सुख और दुःख का सहजता से सानना करते हुए सच्चा इंसान बनने का आसान मार्ग है जो कोई भी अपना सकता है।

22-05-2020

प्रतिक्रियाः A good starting, better description and the best conclusion - Dukh Haran Chaudhary; हमको ईश्वरमय/ गुरुमय होना पड़ेगा- डॉ. आर0पी0 शुक्ला।

---

6. प्रकृति की मदद

आज कोरोना बीमारी की लड़ाई के लॉकडाउन (अनलॉक - फेज IV) का छठवाँ दिन है। मानव जीवन के अध्यात्म पक्ष पर भी खूब चर्चायें हो रही हैं। यह भी, अपने जीवन यात्रा के अनुभव और समझ के अनुसार अध्यात्म विज्ञान की बातें इस पत्र श्रृंखला के माध्यम से साझा कर रहा है। अध्यात्म मार्ग में गुरु को बहुत बड़ा दर्जा दिया गया है।

गुर्रुब्रम्हा गुर्रुविष्णु गुर्रुदेवो महेश्वराः।
गुर्रुः साक्षात पर ब्रम्ह्य तस्मै श्री गुरुवे नमः।।

संतो और महापुरुषों ने, इस बात का अपनी साधना में बखूबी अनुभव किया और यहाँ तक कहा कि 'गुरु गोविन्द दोऊ खड़े काके लागूं पाँय। बलिहारी गुरु आपने गोविन्द दियो मिलाय'। साधना के लिये परमात्म तत्व की कल्पना 'ईष्ट व गुरु' के रूप में की गई है जो एक ही तत्व की विभिन्न, अभिव्यक्तियाँ हैं। आनंदयोग साधना में जीवन में राम-नाम जोड़ कर साधक अपना जीवन ईश्वर मय बनाता है और जीवन यात्रा का हर क्षण ईश्वर की

याद में बिताने के अभ्यास में लगा रहता है। एक बार समर्पण व साधना में लग जाने के बाद, गुरु/गुरु तत्व से मार्ग दर्शन मिलने लगता है, और साधक को अनुभव ज्ञान प्राप्त होने लगता है। यही अनुभव ज्ञान साधना में incentive का काम करता है जो साधक को उत्साहित किये रहता है। साधक के विचार में स्वहित से बढ़कर सर्वहित की भावना विकसित होने लगती है, प्रकृति की सहायता मिलने लगती है।

अनुभव ज्ञान का एक उदाहरण देखते हैं। बिहार के दु:खहरण चौधरी जी लिखते हैं कि "जब से यह भाई साहब जी से दीक्षा लेकर आया था, तभी से ऐसा महसूस होता था कि प्रकृति के साथ इसका तदातम्य संबंध (Relation of identity) स्थापित हो गया है। प्रकृति इसकी प्रत्येक इच्छा, भावना, विचार जो इसके मन में, हृदय में उठता था उसके अनुरूप वह तुरन्त बदलती नजर आती थी। जैसे वर्षा होने पर, इस सेवक के बाहर निकलते ही वर्षा का रुक जाना। बादल की घनघोर घटा उमड़ते ही उसके इच्छा के अनुरूप बादल का छिन्न-भिन्न होकर हवा के झोंके से छितरा कर बिखर जाना। अनायास कहीं बैठते ही फूल का सुगंध या अगरबत्ती की गंध महसूस होने लगना। कड़ी धूप में बाहर निकलने पर अनायास कहीं से बादल आकर छा जाना। जिस व्यक्ति से मिलने की इच्छा होते ही एक-आध घन्टे के अंदर उसका स्वत: ही इसके सामने प्रकट हो जाना, इत्यादि इत्यादि...। लेकिन इस सबके बावजूद भी, इस सेवक के मन में किसी प्रकार का अहंकार उत्पन्न नहीं हो पाता था। इन घटनाओं को पूज्यपाद की कृपा दृष्टि और परमात्मा के असीम अनुकम्पा के रुप में मानता था। ऐसा होने पर परम पिता परमात्मा और पूज्यपाद की गहरी याद-ध्यान हो आती थी। महाराज जी ने एक पत्र के उत्तर में साफ-साफ लिखा था "कि कोई सन्त महात्मा या फकीर किसी भी व्यक्ति की किस्मत नहीं पलट सकता। लेकिन उसके जीवन के संस्कारों को तरतीब दे सकता है, ताकि जीवन ठीक से व्यतीत हो जाये। हाँ! ईश्वर की कृपा से कभी-कभी सूली-सूल में बदल जाती है। यह सेवक सिर्फ- प्रेम का भूखा है। प्रेन ही ईश्वर है। मनुष्य जीवन बड़े भाग्य से प्राप्त होता है। इसके लिए देवता भी तरसते हैं।"

23-05-2020

प्रतिक्रिया: अति सुंदर, धन्यबाद नंदलाल, ऐटा; बहुत सुंदर अनुभव डॉ. आर0पी0 शुक्ला।

7. ईश्वर कृपा

आज कोरोना बीमारी की लड़ाई के लॉकडाउन (अनलॉक - फेज IV) का सातवाँ दिन है। इस वाइरस की समस्या का अभी तक कोई समाधान दिखाई नहीं दे रहा। इसे प्राकृतिक आपदा मानते हुए हमारी तमाम सनातनी सोच व तरीकों की बातों की चर्चाएं भी हो रही हैं, जो हम भुला चुके हैं और आज वही हमारे मुख्य उपचार के हथियार बने हुए हैं। उदाहरणार्थ- क्वारेंटाईन होना चाहिए। यह वही सूतक-पातक है जिसका भारतीय संस्कृति में अनादिकाल से विभिन्न अवसरों पर पालन किया जाता था, प्रकृति के सम्बर्धन के अनुरूप था। सारी बातें, मानव हित को ध्यान में रख कर ही कही व अपनाई जाती थीं। कहा जा रहा है कि हम जाहिल, दकियानूसी गंवार नहीं थे।

भारतीय वैदिक संस्कृति के महत्व को, उनकी बारीकियों को और अच्छे से समझने की आवश्यकता है क्योंकि यही जीवन शैली सर्वोत्तम, सर्वश्रेष्ठ और सबसे उन्नत है। यही बात हमारे 'अध्यात्म व ध्यान विज्ञान' के ज्ञान के साथ भी है और आज दुनिया इसकी कायल भी होती दिख रही है।

ऐसा नहीं कि जो इस अध्यात्म के क्षेत्र में तो दिखते व सक्रिय हैं, वही इस ज्ञान के अग्रणी, ज्ञाता या महान हैं। समाज में बहुत से छुपे रुस्तम हैं, जिन्हें नाम या दिखावे से कोई सरोकार नहीं, दुनिया उन्हें जानती नहीं, लेकिन अच्छे अध्यात्म वादी हैं, जिनके भाव व भावनाओं से सकारात्मक विचारों का पलड़ा हमेशा भारी बना रहता है। हमारे ऐसे ही एक सिक्किम के सत्संगी भाई हैं, श्री आर0 डी0 लाल। जब वह सत्संग से जुड़े थे, तो उस समय उन्हें रामायण 'राम चरित मानस' अर्थ सहित कंठस्थ थी। जैसे-जैसे वे आनंद योग साधना में डूबते गये सब भूल गये। ईश्वर की याद ही बनी रहे का मुख्य उद्देश्य रहा। परिवार बड़ा था, कशमकश की जीवन यात्रा थी। गंगटोक में रहते थे, लेकिन समाज में इनकी, एक अच्छे इंसान होने की पहचान थी। अध्यात्म साधना के प्रति समर्पण, इतना था कि भाई साहब जी ने, उन्हें सत्संग कराने की इजाजत दे रक्खी थी। आपकी धर्मपत्नी भी भक्ति भाव से सराबोर रहती थीं। इनके अनुभव की एक बात याद है।

1, दिसम्बर 1986 की बात है, लाल साहब सत्संग हेतु गंगटोक से शिलांग आये थे। घर से सूचना आई कि उन्हें पुत्र रत्न की प्राप्ति हुई है,

जिससे वह बहुत अचम्भित हुए और हम लोगों को बताये। कहने लगे कि पटना मेडिकल कालेज में कई महीनों से धर्मपत्नी के पेट में ट्यूमर का टेस्ट व इलाज हो रहा था और अभी, यहाँ से लौटने के बाद, पटना जाकर उसका आपरेशन कराना था। यह तो बड़ी ही अजूबी खबर आई है। खैर हम साथी संगी हंसी-मजाक करते रहे, लेकिन क्या कहेंगे, मैडिकल साइंस को या ईश्वर कृपा को! ऐसे ही और दो लोगों के साथ, इसने ऐन नौके पर आपरेशन होने की बात टलते देखा है। जिनकी जीवन की प्राथमिकता ईश्वरोपासना थी, अपने-अपने रोल में अच्छे कार्यकर्ता भी थे। ऐसे लोगों के जीवन में स्वधर्म या परमात्मा का नाम और ईश्वर इच्छा ही सर्वोपरि होने की ही भावना होती है। यही ईश्वरमय जीवन होने की बात है, जो गृहस्थ जीवन में सम्भव है। जाहि बिधि राखे राम, ताहि विधि रहिए।

24-05-2020

प्रतिक्रिया: R. D. Lal का अनुभव बहुत सुंदर है। अब तो लगता है कि परमात्मा पर काम छोड़ने से वह सही होता है। हमको पूर्ण विश्वास है- डॉ. आर0पी0 शुक्ला; बहुत-बहुत धन्यवाद सर। एक कहानी पढ़ी थी 'भूले बिसरे चित्र'। आप भी इन सत्संग के भूले बिसरे अनमोल अनुभवों को प्रकाशित कर रहे हैं। प्रयास सराहनीय है, साधुबाद- दुःख हरण चौधरी; 'बधाई' एक फिल्म आई थी। लगभग same situation पर बनी थी- डॉ. यस0के0 गंगवार।

---

8. गुरु कृपा

आज कोरोना बीमारी की लड़ाई के लॉकडाउन (अनलॉक - फेज IV) का आठवाँ दिन है। इस वाइरस ने ऐसी समस्या पैदा कर दी है कि एक अजीब सा वातावरण बन गया है। फिर भी, तमाम समस्याओं तथा विरोधाभाषी विचारों के बीच, अधिकांश जन मानस में एक धैर्य की बात साफ दिखती है। देश का नेतृत्व व सेवा कर रहा समूह भी हर संभव प्रयास, पूर्ण धैर्य व निष्ठा के साथ कर रहा है। ईश्वर कृपा है। परिस्थितियाँ, निःसंदेह प्रतिकूल हैं। 'जाहि विधी राखे राम, ताहि विधि रहिए' की कहावत को अमल में लाने का यह भारी चैलेन्ज आज की मानवता के सामने आ खड़ा हुआ है।

हम अध्यात्म पर चर्चा कर रहे हैं। गुरु, ईष्ट, ईश्वर, ध्यान और अध्यात्म की स्पष्ट समझ आज की परिस्थिति में बड़ी मदद कर सकती है, क्योंकि हमें बदलना ही पड़ेगा, ऐसा लग रहा है। अध्यात्म के अनुभव ज्ञान का एक उदाहरण लेते हैं। श्री भोलानाथ भल्ला रिटायर्ड सुपरिन्टेण्डेंट पुलिस इलाहाबाद, अपने गुरुदेव गृहस्थ सन्त महात्मा रघुवर दयाल जी को श्रद्धांजली अर्पित करते हुए कहते हैं- "सन् 1925 में सरकारी नौकरी में जाने के पहले, श्री गुरु महाराज जी के यहाँ जाने का सुअवसर मिला। उस समय मेरे जीवन का लक्ष्य व ध्येय केवल उचित अथवा अनुचित ढंग से धन अर्जित करना और खूब ऐश करना/मौज उड़ाना था। इन दोनों बातों को मैंने महाराज जी से भी, बिल्कुल स्पष्ट शब्दों में बता दिया था, जिसे सुनकर वे बोले नहीं। किंतु जब मैं प्रशिक्षण करके आ गया और नौकरी में स्थाई रुप से काम करने लगा तब इन्हीं दोनों संकल्पों से मेरी तबियत हट गई और महाराज जी से प्रार्थना की कि मैं अपना जीवन पूर्ण शान्ति से व्यतीत करना चाहता हूँ। उन्होंने दुआ की कि खुदा ऐसा ही करे और साथ-साथ मुझे ऐसा समझाया कि जिसके प्रारब्ध में जितना धन मिलना है, उसे अवश्य मिलेगा। चाहे उसे वह ईमानदारी से प्राप्त करे अथवा बेईमानी से। उनका यह मूल मंत्र मेरी समझ में आ गया। इसी कारण मैं अपनी मुलाजमत में काफी सफल रहा।

सन् 1928 की घटना है, दोपहर का समय था। महाराज जी ने पूछा कि तुम जवानी में आराम करना चाहते हो या बाद में? मैंने तुरन्त प्रार्थना की कि महाराज जवानी का समय तो किसी न किसी प्रकार कट जायेगा किन्तु बुढ़ापा ही कष्टदायक होता है। उस समय का कष्ट सहना शक्ति के बाहर की बात होती है। अतः महाराज जी ने दुआ की और फरमाया, खुदा ने चाहा तो ऐसा ही होगा। सन् 1928 से लेकर 1937 तक पारिवारिक, शारीरिक और आर्थिक कष्टों और दुःखों का ऐसा तांता बँधा कि कभी-कभी बड़ी उधेड़बुन में लग जाना पड़ा। वेतन की कमी के कारण खाने-पीने के लाले पड़ जाते थे। बीमारी का ऐसा प्रकोप आया कि नौकरी से इस्तीफा देने की नौबत आ गई। सन् 1936 में, महाराज जी ने एक बार पूछा कि घबड़ाते तो नहीं हो? जब आप हमारे साथ हैं तो मुझे न कोई चिन्ता है न कमी। आपने दुआ की और फरमाया, मियाँ जो तुम्हारे काँटे थे वे फूल हो जायेंगे। 1937-57 तक हमारी पदोन्नति होती रही, कोई कष्ट न रहा। आपने फरमाया था "याद रक्खो कोई

सन्त महात्मा या फकीर किसी की किस्मत नहीं पलट सकता, लेकिन उसके जीवन के संस्कारों को तरतीब दे सकता है ताकी उसका जोवन ठीक तरह से व्यतीत हो जाये।

25-05-2020

प्रतिक्रिया: बहुत प्रेरणात्मक प्रसंग है। बहुत धन्यवाद, साधुवाद- दु:ख हरण चौधरी; यह बिल्कुल सत्य है- डॉ. आर0पी0 शुक्ला।

---

9. अनुभव ज्ञान (2)

आज कोरोना बीमारी की लड़ाई के लॉकडाउन (अनलॉक - फेज IV) का नवाँ दिन है। घर में बैठे-बैठे, मजबूरी में ही सही, टी0वी0 व अखबारों से ऐसे ऐसे समाचारों व विचारों से (चाहे न चाहे) रूबरू होना पड़ रहा है कि जो कभी सोच भी नहीं सकते थे। बचपन में हमें राक्षसों, भूतों, शैतानों के बारें में घर या गाँव के बुजुर्गों से कहानियाँ सुनने को मिलती थीं। आजकल तमाम धार्मिक सीरियल, टी0वी0 पर दिखाये जा रहे हैं और मानव के इन उपनामों की समझ और स्पष्ट होती जा रही है। यह शैतान वर्ग तामसिक व नकारात्मक विचारों का समूह होता है और पूर्व कर्मो के फल से प्रभावित होता है। यही हम आज कोरोना की लड़ाई में देख भी रहे हैं कि ऐसे लोगों के लिए अपना या अपने समूह का स्वार्थ ही प्राथमिकता है। ऐसे लोग सही को भी सही कहने से परहेज करते हैं। आम इंसान करे क्या? भगवान का भरोसा रह जाता है। द्रौपदी तथा गज-ग्राह की लड़ाई में, समर्पण के बाद ही ईश्वरीय मदद मिली थी। कोरोना की लड़ाई में यथा स्थिति को देखते हुए, हमारे मन में भी यही आता है कि इसका निराकरण परमात्मा ही करेगा। कब करेगा, कैसे करेगा, उसकी लीला वह ही जाने। यह राज भविष्य के गर्भ में छिपा है। अच्छी बात यही है कि विश्व व्यापी जो भी प्रयास कोरोना से लड़ने के हो रहे हैं वे मानवीय बुद्धि की क्षमता के उत्तम से उत्तम, जो भी सम्भव है हो रहे हैं।

अध्यात्म भी यही कहता है कि कर्म तो करना ही है, 'कर्मणेवाधिकारस्ते माम् फलेषु कदाचन'। सफलता और इसकी गुणवत्ता, अच्छे-बुरे भाव या

नीयत पर निर्भर करती है। यह बातें, शास्त्रों में, बड़े अनुभव के बाद ही आयी हैं। ईश्वर कृपा से कर्मणेवाधिकारसते.... के यथार्थ का अनुभव हमने अपनी जीवन यात्रा में खूब किया है। प्राप्तियाँ, महत्वहीन लगती थीं, न खुशी न गम। वाह–वाह करने वाले या गाली देने वाले, देते रहें।

सेवा निवृत्त के बाद यही विचार बने कि अब सही माने में रिटायर। यदि कुछ करना है तो बस सत्संग का काम। 17 वर्ष रिटायर के हो गये, जीवन यात्रा के इस पीरियड में परिस्थितियाँ विषम रहीं लेकिन 'बच्चे को माँ की गोद की तरह' का अनुभव 'प्रकृति माता की गोद में रहने का रहा'। यही गुरु कृपा है, तभी गुरु की तुलना भगवान से की गई है। 23 मई का पत्र पढ़कर, दु:ख हरण चौधरी जी के हृदयोद्गार गुरु की महत्ता दर्शाते हैं–

संत, सद्गुरु के संपर्क एवं सेवा से मनुष्य सदय बनता है।

1. सदय वही है जिसके हृदय में सद्विचार उत्पन्न होते हैं।
2. सद्विचार वही है जो मन को निर्मल बनाता है।
3. निर्मल मन से ही चरित्र का निर्माण होता है।
4. चरित्रवान मनुष्य ही विवेकशील होता है।
5. विवेकशीलता में ही, शील सौजन्य नम्रता, मृदुलता, दयालुता आदि सद्गुण उत्पन्न होते हैं।
6. इन सद्गुणों के प्रभाव से ही मनुष्य–साधना–आराधना, उपासना, भक्ति भावना की ओर बढ़ता है।
7. यह सारे उपक्रम मनुष्य को ईश्वर की ओर अग्रसर करते हैं।
8. अस्तु, उन सबों के मूल में संत–सद्गुरु की सेवा ही है।

यह ही अध्यात्म में अनुभव ज्ञान की बातें हैं।

26-05-2020

प्रतिक्रिया: हमें तो लगता है कि सत्संग पर जितना विश्वास बढ़ता जायेगा, इस मार्ग में उतनी ही उन्नति होती जाती है– डॉ. आर0पी0 शुक्ला; पत्र में खूब आनंद आया। पत्र में जो 8 सूत्र अंकित हैं, बहुत ज्ञान दिए –डॉ. मान सिंह; your views are 100 percent correct. The nature intends to revive our Hindu culture; G.P. Tripathi.

10. गुरु भी एक साधक

आज कोरोना बीमारी की लड़ाई के लॉकडाउन (अनलॉक- फेज- IV) का दसवाँ दिन है। दु:ख हरण चौधरी जी के अध्यात्म साधना के अनुभव ज्ञान, गुरु तत्व तथा गुरु कृपा की सार्थक समझ दर्शाते हैं। याद आती है इसको अपनी स्वाभाविक जीवन यात्रा। वर्ष 1979 के उत्तरार्ध तक 'गुरु' शब्द का शाब्दिक ज्ञान भर था, और अध्यात्मिक गुरु की कोई कल्पना भी न थी। कर्म फल के खेल (संस्कार) ने, ऐसी परिस्थितियाँ बनाई कि वर्ष 1980 के प्रारम्भ में, संत यशपाल (भाई साहब) जी के सत्संग के वार्षिक भण्डारे में, शिलांग से जाकर, अनंगपुर (फरीदाबाद) में शामिल हुआ। अनुभवों ने, ऐसी प्रेरणा दी कि सत्संग संस्था की पत्रिका सन्त सुधा में 'गुरु कृपा' शीर्षक नाम से एक लेख लिखा। उसके बाद तो आध्यात्मिक अनुभव ज्ञान की बातें लिखता ही रहा हूँ। अपने स्वाध्यायी और प्रत्यक्ष अनुभवों में हमने देखा कि आज के समय में, 'गुरु' शब्द का व्यवहारिक जगत में बड़ा दुरुपयोग है। आज आध्यात्म साधकों का एक विशाल वर्ग खौफ/डर/आक्रमक जीवन शैली का शिकार हो रहा है। गुरु जन अपनी स्वार्थ की सिद्धी के लिए निम्न स्तर तक बहक जाते हैं और भोले-भाले साधक अंधविश्वासिता के शिकार हो रहे हैं।

अध्यात्म ज्ञान के व्यवहारिक पक्ष के अध्ययन से पता चलता है कि साधक व गुरु का सम्बन्ध 'सखा' भाव का होता है। बड़े, छोटे का कोई भेद नहीं, बस आपस में जैसे सीनियर, जूनियर और अदब का व्यवहार। हमारे, सत्संगी भाई डॉ. बीरबल सिंह जी ने, जब लम्बी साष्टांग दन्डवत लगा कर, भाई साहब जी के सामने विराजे, तो महाराज जी ने कहा कि डॉ. साहब यह सेवक भी साधक ही है। साहित्य में उपलब्ध अनुभव ज्ञान 'ईश्वर-ईष्ट-गुरु' को एक तत्व की विभिन्न रुपों में अभिव्यक्तियाँ साबित करता है। भावनात्मक रूप में इसने अपने अनुभव में एक गाइड और पी0एच0डी कर रहे 'सत्य ज्ञान के शोधक' साधक में इस भाव का अनुभव किया है। साहित्य में वर्णित, यही बात अनुकरणीय सन्तों व उनके शिष्य के सम्बन्धों में भी पाई जाती है। अध्यात्म साहित्य तो यही कहता है कि सद्गुरु समय आने पर ही शरीर रूप में उपलब्ध होते हैं। उन्हें खोजने की

आवश्यकता नहीं है। हमारे अन्दर 'आत्मा की आवाज' के रूप में यह तत्व हर इंसान का मार्ग दर्शन करता रहता है। बात समझने, मानने, व अनुभव के आधार पर विश्वास में मजबूती लाने की है।

स्वाभाविक जीवन यात्रा में इंसान परिस्थिति बस कर्म फल से प्रेरित हो किसी न किसी महापुरुष की तरफ अध्यात्मिक विकास हेतु आकर्षित होकर जुड़ता है, इसका अर्थ यह कतई नहीं कि वह उन्हें सद्गुरु मान ले। आकर्षण का कारण कुछ भी हो सकता है। एक ही चीज देखने की है कि अपने व्यवहार का निर्णय अपनी आत्मा की आवाज पर आधारित हो। सद्गुरु की प्राप्ति के बाद भी गुरु केवल मार्ग दर्शक ही होता है। स्वयं का विकास अपने पुरुषार्थ से ही होना है। हमें जो भी पद्धति स्वाभाविक रूप से उपलब्ध है, उसी से ही आगे बढ़ेंगें, हमारे लिए वही सही है। हाँ, स्पष्टता व सरल तरीके जो कहीं से मिलें, आत्मा कबूल करे, मानने में लाभ ही है। सबकी जीवन यात्रा आध्यात्मिक है, भले ही वे अध्यात्म ऐसे शब्द से अनभिज्ञ हों।

27-05-2020

प्रतिक्रिया: सद्गुरु मिले तो जानिए मिटै शोक संताप। सुख दुःख कुछ व्यापै नहीं तब गुरु आप ही आप।- दुःख हरण चौधरी। Good views: Sangam Singh

---

11. कोरोना एक चेतावनी

आज कोरोना बीमारी की लड़ाई के लॉकडाउन (अनलॉक फेज-IV) का ग्यारहवाँ दिन है। लखनऊ के एक सत्संगी भाई जी0पी0त्रिपठी जी ने सुबह-सुबह वाट्सअप पर दैनिक जागरण पेपर में आया, मिलन सिन्हा जी के लेख 'लॉकडाउन में छूट की चुनौती' की फोटो कापी भेजी और साथ- साथ आग्रह भी कि इसे पढ़ें जरूर। पढ़ा, लेख बड़ा ही सारगर्भित था। सिन्हा साहब ने सुझाव दिया है कि आगे की जीवन यात्रा में हमें चार बातों का ख्याल में रखना चाहिए। जान है तो जहान है, स्वास्थ्य ही धन है, (health is wealth), सावधानी हटी दुर्घटना घटी और रोकथाम- इलाज से बेहतर। इसे पढ़कर याद आया कि अब 'इस कोरोना त्रादसी के बाद हमारा जीवन बदल जायेगा' कि

बात अकसर कही जा रही है। सरकार की तरफ से गाइड लाइन भी जारी की जा रही हैं। लब्बो – लुबाब यह निकलता है कि हमें अब अनुशासित जीवन पद्धति अपनानी होगी। उपरोक्त चारों बातें पहले भी अलग–अलग कही जाती रही हैं, लेकिन आप्शन था, चाहे करें या न करें। आज की परिस्थिति में तो यह बातें, विचारणीय, अनुकरणीय और एक अनिवार्यता सी लग रही हैं। निःसंदेह यह सामाजिक रहनी–सहनी में व्यापक बदलाव लाने का माद्दा रखती हैं। ऐसे बदलाव से जो उभर के सामने आयेगा वह समाज का एक आध्यात्मिक रूप होगा।

जीवन में किसी न किसी रूप में हर व्यक्ति परमात्मा को स्थान देता ही है। आध्यात्मिक जीवन में परमात्मा का स्थान प्रथम होता है। जो ऐसा करते हैं, इसके लाभ से भली–भाँति परिचित हैं। कुछ दिन पहले, रामकथा वाचक मोरारी बापू ने, बच्चों को सलाह दी थी कि वे 24 में से एक घण्टा परमात्मा को दें। यह जीवन यात्रा के परिपेरेक्ष्य में एक बहुमूल्य सलाह है। यदि माता–पिता इस पर ध्यान दें और बच्चे को इसकी अहमियत बता सकें, तो इससे बढ़कर वे उसके लिए और कुछ नहीं कर सकते। बाकी तो जीवन यात्रा का बल्यूप्रिंट प्रारब्धानुसार बना ही रहता है। यह बात उसे और सुन्दर बनाने में सहायक होगी। संतों की बातों के गूढ़ अर्थ होते हैं।

मिलन सिन्हा जी की चार बातों के परिपेक्ष्य में, रमन महर्षि जी का एक मार्ग दर्शन इस पत्र में यह दुबारा देता है। उन्होंने किसी अपने अनुयायी से कहा – "तुम भविष्य की चिन्ता क्यों करते हो? तुम वर्तमान समय को सम्हालो, भविष्य अपने आप ही ठीक बन जायेगा। इस संसार पर एक महान शक्ति शासन करती है और यह उसका काम है कि वह उसकी देखभाल करे। वह जो इस संसार को जीवन प्रदान किया है, इस बात को अच्छी तरह जानता है कि इसे किस तरह पालना चाहिए। इस संसार का भार उसी के ऊपर है, तुम्हारे ऊपर नहीं। जैसे तुम हो वैसा ही यह संसार भी है। अगर तुम अपने को नहीं समझ सकते तो संसार को समझने से क्या लाभ हो सकता है।" मिलन सिन्हा जी की उपरोक्त चार बातें इस वर्तमान में अपने को सम्हालने की हैं, जिसका आज और कोई विकल्प नहीं दिखता।

यदि हम बदलते हैं तो लगता है कि यह एक अच्छा समाज सामने लायेगा, जिसकी जीवन यात्रा आज से ज्यादा अनुशासित व सुव्यवस्थित होगी। भारतीय दर्शन के दृष्टिकोण से- आध्यात्मिक होगी।

28-05-2020

प्रतिक्रिया: कर्म प्रधान विश्व करि राखा। जो जस करहिं सो तस फल चाखा।- दुःख हरण चौधरी

---

12. कर्त्ता धर्त्ता - परमात्मा (2)

आज कोरोना बीमारी की लड़ाई के लॉकडाउन (अनलॉक) फेज -IV का बारहवाँ दिन है। 'जो भी होगा, अच्छा होगा', हमारे भरतीय जीवन दर्शन में एक सोच रही है। गाँधी जी ने लिखा है 'मैंने अनुभव में यह बहुत बार देखा है कि हमने चाहा कुछ और हुआ कुछ। पर साथ-साथ, मैंने यह भी अनुभव किया है कि 'जहाँ सत्य की साधना और उपासना हो', वहाँ हमारा सोचा चाहा हुआ परिणाम भले ही न हो, पर जो अनसोचा परिणाम होता है, वह भी अनिष्ट नहीं होता और कितनी ही बार तो सोचे हुए परिणाम से अधिक अच्छा होता है'। मेरा अनुभव स्वाभाविक जीवन यात्रा का रहा है, जिसका आधार सकारात्मक सोच की होती है। कालान्तर में मार्ग दर्शन करते हुए, हमारे गुरुदेव, यशपाल जी ने बताया कि 'जो काम स्वतः आते हैं, वे गॉड सेन्ट होते हैं, कर सकें तो करना चाहिए। मजबूरी की बात और है'। यही ईश्वर इच्छा है।

मैं अपनी जीवन यात्रा में ईश्वर इच्छा की बात पर काफी सजग रहा और घटनाओं को इसी परिपेक्ष्य में देखता रहा। गीता में कहा गया है कि आप एक 'दृष्टा' हो, देखते रहो जो हो रहा है, जो काम सामने आये करते रहो, यही आपके हाथ में है, फल की भी इच्छा न करो। यह आनंदयोग का साधक (24 घण्टे का ध्यान) रहा। एक बार शिलांग से फरीदाबाद सत्संग भण्डारे में जाने के लिए, घर से बस स्टेशन पहुँचने के लिए टैक्सी बुलाने निकला। मन में इच्छा पैदा हुई, कि यदि ईश्वर में विश्वास होता तो, कोई आकर कहता, कि चलो हम गौहाटी जा रहे हैं, आपको वहाँ स्टेशन पर छोड़ देंगें। विचार समाप्त होते ही, दौड़ता हुआ एक सत्संगी भाई का लड़का आया और कहा

कि अंकल आप बस स्टेशन न जाँय, एक अंकल गौहाटी ज रहे हैं, आप और आन्टी उनके साथ चले जाये। इस इच्छा की पूर्ति की बात का जिकर हमने अगले पत्र में गुरुदेव को लिख दिया, जो यह नियमित लिखा करता था। आपने उत्तर में लिखा कि 'यह परमात्मा की जाति में विश्वास टेस्ट करने की एक तुच्छ मिशाल है, साधक को ऐसी इच्छाओं से बचना चाहिए'। कुछ दिनों के बाद, एक दिन पैदल आफिस जाते समय, देर हो जाने से ऐसे ही विचार फिर आये, तो पाया कि विचार समाप्त होते ही एक सज्जन ने बगल में कार रोकते हुए कहा कि आओ सिंह साहब, आपको आफिस छोड़ देता हूँ। गुरुदेव की बात याद आ गई, लेकिन क्या करता? ऐसे ही दृष्टा बनने की बात पर भी आंकलन करता रहा, कि क्या स्थिति है। बाद में स्वाध्याय से पता चला कि दृष्टा की स्थिति तब बनती है जब यह पूर्ण विश्वास हो जाये कि कर्ता-धर्ता परमात्मा है, हम यंत्र। ऐसा विश्वास बनना ईश्वराधीन है। गुरु कृपा और ध्यान से ही हो सकता है, ऐसा शास्त्रों से विदित होता है।

हमारे गुरुदेव कहते थे कि अध्यात्म साधना में निज कृपा की उतनी ही जरूरत है जितनी गुरुकृपा की। Power of concentration (बीज मंत्र) मिलता है गुरु से, विकसित होती है, अभ्यास से। आप आकर बैठेंगे ध्यान बन जायेगा, गर्मी आ जायेगी, सब कुछ हो जायेगा, फिर ठण्डे हो जायेंगे, unless you make your own, यह अभ्यास से होता है। एक क्षण भी परमात्मा की याद से खाली न जाय।

29-05-2020

प्रतिक्रिया: Dear Bhai sb, Please write more on the concept of Nijkripa-Prof. Manendra Singh; सत्संग एक जीवन पद्धति है। आनंदमय जीवन जीने का मार्ग है। अन्तिम लक्ष्य अनंत है-दु:ख हरण चौधरी; यह बिल्कुल सत्य है- डॉ. आर0पी0 शुक्ला।

---

13. राम राज्य

आज कोरोना बीमारी की लड़ाई के लॉकडाउन (अनलॉक) फेज - IV का तेरहवाँ दिन है। देश के प्रधानमंत्री ने, पत्र के माध्यम से देशवासियों को कोरोना से मुकाबले के इस लड़ाई में जनता के धैर्य और साहस की तारीफ

करते हुए कहा है, 'हमें यह हमेशा याद रखना है कि 130 करोड़ भारतीयों का वर्तमान और भविष्य कोई आपदा या विपत्ति तय नहीं कर सकती। हम अपना वर्तमान भी खुद तय करेंगे और अपना भविष्य भी। हमारे यहाँ कहा गया है- 'कृतम में दक्षिण हस्ते, जयो में सव्य आहित:' (हमारे एक हाथ में कर्म और कर्त्तव्य है तो दूसरे हाथ में सफलता सुनिश्चित है)।" ऐसी सोच के पीछे, भारतीय दर्शन की छाप स्पष्ट दिखती है। अपने देश में, आज भी- योग, ध्यान तथा अध्यात्म की जड़ें गहरी जमी हुई हैं और ऋषी, मुनी, तपस्वी, योगी, हिमालय या हम सबके बीच समाज में रहते हुए, जन शक्ति को विकसित व पोषण करने में, अप्रत्यक्ष रुप से कार्यरत हैं, सहायक हैं जिन्हें हम नहीं जानते। समाज का मनोबल ही लड़ाई में विजय दिलाता है। प्रधान मंत्री जी का पत्र, आध्यात्मिकता के भावों से ओतप्रोत, विश्वास व आत्मबल बढ़ाने वाला है।

वैसे भी, किसी ऐसे विशाल जनसमूह का नेतृत्व करने वाला व्यक्ति, ईश्वर इच्छा से ही, ऐसे पद पर पहुँचता है, उसके बाद तो उसकी नीयत ही कर्म साधना की पवित्रता व, विवेक बुद्धि को आकार प्रदान करती है। जनता जनार्दन की सामूहिक भावना (प्रेम), ऐसे व्यक्ति का मार्ग दर्शन करती है, बशर्ते वह उनका सच्ची सेवा भावना के साथ एक समर्पित सेवक हो। ऐसे में दोनों आनन्दित होते हैं, अदृश्य प्रेम माध्यम बनता हैं। इसी की परिकल्पना राम राज्य के रुप में की जाती है।

हम आध्यात्मिक जीवन यात्रा की बात करते हैं, जिसमें सकारात्मक मानवीय मूल्यों की ही भावना होती है। हमारे शास्त्र, धर्मानुकूल मानव जीवन यात्रा की ही शिक्षा देते हैं। अध्यात्म विज्ञानी यदि इस समय, ऐसे संकट काल में इस विश्व व्यापी अजीबो गरीब लड़ाई का अध्ययन अतीत की रामायण व महाभारत काल की लड़ाइयों के परिपेक्ष्य में करें, तो मानव हितार्थ बहुत उपयोगी बातें उभर कर सामने आ सकती हैं। इसके लिए, ऐसे विज्ञानियों को बौद्धिक ज्ञान के स्थान पर, अनुभव ज्ञान को प्राथमिकता देनी होगी, तब गुरुजनों की सत्ता व मार्ग दर्शन की महत्ता का अन्दाज लग पायेगा। ईश्वर इच्छा की बात हम अपने ही दिन प्रतिदिन की जीवन यात्रा के अनुभवों को लें, विचार करते चलें, तो बिन प्रयास ही अपने में सकारात्मक बदलाव का अनुभव कर सकते है। राम कथा वाचक मोरारी बापू जी की बच्चों को दी

गई सलाह कि 24 घन्टे में वे एक घन्टे परमात्मा को दें, को यह ईश्वर इच्छा की ही अभिव्यक्ति कहेगा। आज के समय में, मानव विकास के क्षेत्र में, बदलाओं के लिए इससे बढ़िया व सरल सलाह हो ही नहीं सकती! बच्चे को मालूम हो कि जीवन व उसके मूल्य हैं क्या?

आज समय के इस मोड़ पर बच्चे, व उनके माता-पिता, दोनों को इसकी बहुत आवश्यकता है। मानव विकास में, इस बात से बहुत बड़ा काम हो सकता है। इस एक घण्टे को वे कैसे इस्तेमाल करें, पर माँ-बाप को ही माथा पच्ची करने पड़ेगी। शास्त्रों से सम्बन्धित मटेरियल या महापुरुषों का जीवन वृत्तांत को जानने में यह समय लगाया जा सकता है।

30-05-2020

प्रतिक्रिया: बहुत ही सुन्दर भावना, अच्छी प्रस्तुति एवं आध्यात्मिक विचारों से सराबोर। साधुवाद एवं धन्यवाद। जिस प्रकार माननीय अटल जी योग युक्त पीएम थे, उसी प्रकार माननीय मोदी जी योगरूढ़ एवं योग साधना युक्त पीएम हैं। यह हमारे देश का सौभाग्य है- दुःख हरण चौधरी; सुन्दर विचार-सतीश गुप्ता; आज लाहर्ड़ी महाराज का यू ट्यूब पर देखने से मालूम हुआ कि गुरु क्या नहीं कर सकता। वही जीवन चलाते हैं- डॉ. आर0पी0 शुक्ला।

---

14. बदलाव शुरू करें

आज कोरोना बीमारी की लड़ाई के लॉकडाउन (अनलॉक) फेज - IV का चौदहवाँ व अन्तिम दिन है। 1 मई से लॉकडाउन में स्थिति को देखते हुए, कुछ बदलाओं के साथ, जन जीवन सामान्य, बनाने का प्रयास शुरू किया गया। अब आगे की लड़ाई, यदि सकारात्मक रूप से सोचें तो हम सब की स्वयं से होनी है। गत 67 दिनों के लॉकडाउन में हम सभी, कुछ न कुछ नई बातों व विचारों से शिक्षित हुए हैं। क्या कुछ बातें, हम अपने आचरण में अपना सकते हैं? विचार करें, अपनायें तो स्वयं लाभान्वित होते हुए, समाज व देश को लाभान्वित करेंगे। आखिर बूँद-बूँद से ही समुद्र बनता है। हममें, कोई ऐसी आदत है, जिससे लोगों को असुविधा होती रही है, यदि संकल्प लें, छोड़ दें, तो यह स्वयं में सकारात्मक बदलाव के साथ, दूसरों को भी राहत देगी। यही है 'हम बदलेंगे, देश बदलेगा'। अध्यात्मिक जीवन में, यही साधना

है। यह तो हुई थ्योरी की बात। अब आते हैं, इसके प्रैक्टिकल बात पर। यह अपना ही कुछ अनुभव साझा करता है।

हम दिल्ली पूसा इंस्टीट्यूट में रहते थे, सुबह मार्निंग वॉक में हमारे एक साथी, डॉ. वाई0 सी0 आर्या भी मिल जाते। सकारात्मक बातें होतीं। आपको ब्लड प्रेशर, ब्लड शुगर, जोड़ों के दर्द की तकलीफ रहती। बात-बात में एक दिन उन्होंने बताया कि, उनके समधी, तिबिया आयुर्वेद कालेज में डीन हैं। उनका कहना है कि सुबह हमारे पेट में पहले क्या जाता है, बड़ा महत्वपूर्ण है। यदि, सुबह उठते ही गुनगुने पानी में एक नीबू (खड़ा काट कर 2 मिनट के लिए डाल दें) निचोड़ कर 2 गिलास पानी लेते रहें, तो स्वास्थ्य की तमान समस्याओं से बच सकते हैं। यह बात सुनकर, हमने अगले दिन से अपना लिया और करीब 20 वर्षों तक नियमित लेता रहा। हाँ, यह काम गृहस्थ में स्वयं करें, किसी पर निर्भर न हों। ऐसे ही हमारे, मित्र डॉ. आर0पी0अवस्थी जी ने वर्ष 1984, शिलांग में, वॉक के समय, कच्चा लहसुन की एक दो कली सुबह ही खाने को, हार्ट व कोलस्ट्राल में उपयोगी बताया था। जो हम आज भी लेते हैं। क्या लाभ मिला का विचार कभी न आया। स्वास्थ्य ठीक ही रहा।

हमारे गुरुदेव, भाई साहब जी ने गृहस्थ जीवन में 24 घण्टे की ध्यान की सरल विधि, प्रत्येक कार्य के साथ अपने ईष्ट की याद करते रहने की बताई थी। एक बार अनंगपुर भण्डारे में किसी और पद्धति के एक साधक आये, और हमारे घर भी पधारे। बात-बात में, उन्होंने बताया कि रात को सोने के पहले, वे अपने गुरु जी द्वारा बताये मंत्र की, दो माला जपकर सोते है, यही उनकी साधना है। हमें यह ध्यान साधना में बड़ा उपयोगी लगा। उसी दिन से इसे अपना लिया। मुझे लगता है कि यह आदत नींद की गोली जैसी है।

ऐसी छोटी-छोटी बातें जो अच्छी लगें अपनाना कठिन नहीं है। ऐसी अजीबो गरीब आदत व बातों का लाभ, अनुभव गम्य हैं। हमें एक नेक व अच्छा इंसान बनने का प्रयास करते रहना चाहिए। कोरोना काल में अर्जित ज्ञान का लाभ 'जान है, तो जहान है' के परिपेक्ष्य में विचारणीय है। स्वयं व समाज के लिए हितकर भी है।

31-05-2020

प्रतिक्रिया: सद्विचारों एवं सतपरामर्श से परिपूर्ण- दु:ख हरण चौधरी; I always enjoy reading your views. Can you reproduce it in the form of a book for the benefit of the society. It will crystilize your in - depth thoughts in to a peace of solace for disturbed man kind- Dr. U.C. Sharma

---

5

अध्यात्म जीवन जीने की कला

इस फेज में लॉकडाउन की स्थिति में और ढील दी गई, लेकिन एहेतियाती के कड़े नियमों के साथ। ठहरी हुई आर्थिक गति विधियों में, गति आने लगी, जिससे कोरोना के प्रति आदत व परिस्थिति बस एक उपेक्षा का भाव लोगों में बनने लगा। बीमारी की बढ़ोत्तरी में कोई कमी नहीं आई, मात्र इसके कि कुछ आंकड़े, लड़ाई के प्रयास में सकारात्मक प्रदर्शन करते दिखे। इस परिच्छेद में अध्यात्म साधना की चर्चा में मुख्य रूप से जीवन जीने की कला से सम्बन्धित बातें जैसे-, नियति, ईश्वरवादी होना, गृहस्थ में अर्थव्यवस्था, ईमानदारी का जीवन, आत्मा की आवाज, स्वानुशासन, भौतिक तथा अध्यात्म विज्ञान, आत्मनिर्भर बनें, अस्तित्व तथा स्वधर्म, ईश्वर इच्छा की समझ, भ्रमित इंसान, अध्यात्म शोध का विषय, जीवन यात्रा एक साधना, योग में आनंद योग, राम-नाम प्राथमिकता, एक को साधे सब सधे, निष्काम कर्म का प्रभाव, एक ही तत्व के विभिन्न रूप ऐसे विषयचर्चा में आये।

जेहि विधि होइहि परम हित,
नारद सुनहु तुम्हार।
सोई हम करब न आन कछु,
बचन न मृषा हमार।।

1. अध्यात्म साधना - सिलसिला

हम कोरोना बीमारी के चलते, लम्बे समय के लॉकडाउन माहौल से आज बाहर निकल रहे हैं, लेकिन एक शिक्षा के साथ कि हमें स्वयं पर लॉकडाउन के भाव (मन पर नियंत्रण व आत्मा की आवाज पर चलना) को बनाये रखते हुए एहतियात बरतनी होगी, तभी हम सुरक्षित हैं। इस पत्र सीरीज में, गृहस्थ अध्यात्म की बातें, चर्चा का विषय रही हैं। स्वाभाविक था कि हमने अपने स्वाध्यायी ज्ञान व गृहस्थ में अध्यात्म साधना के कुछ अनुभवों को साझा करने का प्रयास किया। जैसा कि हमने बताया है कि संस्कारबश हमारा जुड़ाव, गृहस्थ सन्त महात्मा यशपाल जी से रहा जो सूफी सन्त थे। आप अपना सिलसिला गृहस्थ सन्त महात्मा रामचन्द्र जी (लाला जी), महात्मा बृजमोहन लाल जी (दद्दा जी) का बताते थे। लाला जी महाराज के गुरुदेव सूफी सिलसिले के मौलाना फजल अहमद खां कुद्दसुरुह साहब थे, जिसका लिंक अष्टावक्र जी द्वारा, राजा जनक को दिया गया अध्यात्म ज्ञान से रहा था। कालान्तर में इस पद्धति का जो विकास हुआ, इस सिलसिले के सन्तों का कहना रहा है कि–

"अव्वले माँ आखिरे हर मुस्तहीस्त। आखिरे माँ जेवे तमन्ना तिहीस्त।।"

योग साधना में आम तौर पर कड़ी मेहनत, रियाज़त, यम-नियम, आदि कठोर साधना या तपस्या के पश्चात अंत में सुषुप्ति व समाधि की जो उच्चावस्थायें प्राप्त करके सफर समाप्त समझ लिया जाता है, उन अवस्थाओं का आनंदयोग, साधना में शुरु से ही ले लिया जाता है और यहीं से सुरत शब्द योग द्वारा इस मार्ग का आरम्भ होता है। अर्थात, जहाँ लोग अन्त समझते हैं वहाँ से आनंद योग का सफर शुरु होता है। जिस स्थन को वहाँ शान्ति पद माना जाता है। उस स्थान पर यहाँ साधक की जेबें सारी आशाओं व तमन्नाओं से खाली होती हैं। यशपाल जी महाराज कहते थे कि–

"अजब सिलसिला है यह सलारे हक का,
कि ले जाते हैं परदे में हरम तक।"

गुरु के शरण और फजल से अभ्यासी के जज्बात में चढ़ाव उतार में सहूलियत आती है, अहंकार नहीं होने पाता। क्योंकि गुरु उसको अपने मुकामों से बेखबर रखता है।

यह संक्षेप में कहानी है, साधन पद्धति की, जिससे जीवन यात्रा एक स्वाभाविक रुप से हमारा जुड़ाव हुआ। आप भी अध्यात्म साधना के, किसी न किसी पद्धति से जुड़े होंगें या जाने-अनजाने आध्यात्मिक यात्रा कर रहे हैं। मुझे अपने अनुभवों से यही लगता है कि अध्यात्म विद्या बिल्कुल दुनियावी विद्या की तरह ही है, जिसमें विद्यार्थी, गुरुओं के माध्यम से आगे बढ़ते हुए, अन्त में सद्‌गुरु की शरण प्राप्त कर जीवन मुक्त हो जाता है। यही मानव की गति है जो योगानन्द जी के अनुसार जन्म-मरण के चक्र में पड़ते हुए 10 लाख वर्ष की लम्बी यात्रा के बाद समाप्त होती है। हमारे ऐसे, आपके भी बहुत अनुभव होंगे जो यदि आप उजागर करने की हिम्मत करें और ईश्वर ने चाहा तो अध्यात्म विज्ञान के विकास को बल मिलेगा।

01-06-2020

प्रतिक्रिया: verygood conception and description –Dukh Haran Chaudhary

---

2. नियति

देश में कोरोना मरीजों की संख्या बढ़ ही रही है। रिकवरी व मृत्यु दर ही थोड़ी ढाँडस बढ़ा रही है, ईश्वर कृपा की आस है। विश्व परिदृश्य में, औरों की तुलना में हमारी हालत बेहतर है। आज NBT पेपर में बिल एंड मिलिंडा गेट्स फाउंडेशन के सीइओ मार्क सुजमैन का लेख 'भारत दिखाए महामारी से मुक्ति की राह' पढ़ा। मार्क ने लिखा है कि भारत इस वैश्विक चुनौती को भी सम्बोधित कर रहा है। यहाँ के खोजियों, विद्वान वैज्ञानिकों और दवा निर्माताओं की क्षमता, दवाओं के निर्माण में उच्च स्तरीय सुरक्षा मानकों के पालन की भावना और सहयोग की परंपरा इस देश को यहाँ ला खड़ा करती है, जहाँ से यह दुनिया को इस महामारी से बाहर निकलने का रास्ता दिखा सकता है'। ऐसे विचार जब पश्चिम विद्वानों से आते हैं, तो इसका ध्यान, अपने देश के अतीत की बातों पर जाता है, जहाँ राज सत्ता पर गुरु सत्ता का प्रभाव हुआ करता था और इस प्रभाव के पीछे गहन अध्यात्मिक अनुभव तथा नैतिक बल की शक्ति हुआ करती थी। आज, आध्यात्मिक विज्ञान से उपजा भौतिक विज्ञान का ही बोल बाला है और साधारण जन मानस अशान्ति का जीवन जीने को बाध्य है। क्या यह भौतिक विज्ञान, इंसान को शान्तिमय

जीवन दे पायेगा। ऐसा होना, नामुमकिन है का ही उत्तर हम अपने अल्प ज्ञान से पाते हैं।

आज के भौतिक विज्ञान के विकास की व्यवस्था में यह वैज्ञानिक रहा है। वैज्ञानिक का कार्य सत्य की खोज से संबन्धित होता है। इस कार्य में ध्यान का बड़ा महत्व है। इसे ऐसे अनुभव रहे कि, प्रकृति की व्यवस्था में ईश्वर इच्छा की सहायता कदम-कदम पर उपलब्ध होती है। इसकी अनुभूति अब्दुल कलाम साहब को अपने दिन-प्रतिदिन के अनुभवों से बखूबी हुआ करती थी, जिसे उन्होंने बड़े निष्पक्ष भाव से कहने में कोई कसर नहीं छोड़ी है।

वायुसेना में सेलेक्शन न होने पर, कलाम साहब ऋषिकेष शिवानन्द जी के आश्रम पहुँचे। शिवानन्द जी ने कहा "अपनी नियति को स्वीकार करो और जाकर अपना जीवन अच्छा बनाओ। नियति को मंजूर नहीं था कि तुम वायुसेना के पाइलट बनो। नियति जो तुम्हें बनाना चाहती है, उसके बारे में अभी कोई नहीं बता सकता; लेकिन नियति यह पहले ही तय कर चुकी है। अपनी इस असफलता को भूल जाओ, जैसे नियति को तुम्हे यहाँ लाना ही था। असमंजस से निकल अपने अस्तित्व के लिए सही उद्देश्य की तलाश करो। अपने को ईश्वर की इच्छा पर छोड़ दो", स्वामी जी ने कहा। कलाम साहब ने लिखा है कि जब शिष्य चाहेगा, गुरु हाजिर होगा- कितना सच है। यहाँ गुरु अपने शिष्य को रास्ता दिखाता है जो अपने रास्ते से भटकने की राह पर है।

जो भी हम इस कोरोना बीमारी के माहौल में देख रहे हैं, खास कर विदेशी विचारों के माध्यम से वह हमारी आध्यात्मिक विज्ञान की विरासत का ही प्रभाव है। इस बात को हम वैज्ञानिक लोग, थोड़ा लीक से हट कर सोचें, तो अध्यात्म विज्ञान को बढ़ावा मिल सकता है, जो समाज के हित में होगा।

02-06-2020

प्रतिक्रिया: अक्षरस: सहमत- डॉ. मान सिंह; अध्यात्म और विज्ञान साथ चले तो बहुत अच्छी बात होगी- डॉ. आर0पी0शुक्ला; परमात्मा का प्रत्येक विधान जीव के लिए मंगलमय होता है। हम नहीं जानते की वह किन जंजालों के बीच मंगल का बीज छुपाये हुए है। हर हाल में उनको धन्यवाद देते रहना चाहिए। ओम शान्ति- दु:ख हरण चौधरी।

3. आध्यात्मिक सोच

कुछ रोज पहले, Dr. U.C. Sharma ji से मिली प्रतिक्रिया कि "Can you reproduce it in the form of a book for the benefit of the society?' हमारे चिन्तन में बनी रही। इस प्रतिक्रिया पर विचारों का सार रहा कि 'What a great saint Yashpal ji was.?' इन हमारे गुरु भाई मित्र को निः संदेह, यह कह सकता है कि सिलसिले के सन्तों की कही बात कि 'अजब सिलसिला है यह सालारे हक का कि ले जाते हैं परदे में हरम तक' के एक उदाहरण हैं। साधक को अपनी आध्यात्मिक प्रगति का पता ही नहीं चलत। यह भाई, उपरोक्त कही बात के जीते जागते उदाहरण लगे- कैसे? उपरोक्त प्रतिक्रिया में 'disturbed man kind' की पीड़ा व उसके निवारण का भाव आपके हृदय में बैठ चुका है, जो एक अहम आध्यात्मिक गुण है। आपकी सोच 'हम सुखी, संसार सुखी' के संकीर्ण सोच के भाव की मिट चुकी है।

परम सौभाग्यशाली वो व्यक्ति होते हैं।

जिनके पास

"भोजन के साथ भूंख भी हो"

"बिस्तर के साथ मीठी नींद भी हो"

"धन के साथ धर्म भी हो"

और

विशिष्टता के साथ शिष्टता भी हो!!

यह था आज वाट्सअप पर एक मैसेज जो ऐसे ही हमारे एक और गुरुभाई और अध्यात्म के साधक से मिला। इनके घर पर अवैध कब्जा होने के बाद 18000 रुपये माह के किराये के मकान में रहते हुए, धर्म की लडाई लड़ रहे हैं। उन्हें यह उपरोक्त मूल्यों का धनी पाता है और कर्मशीलता महाभारत काल के समय की याद दिलाती है। कुछ रोज पहले, हमारे एक और गृहस्थ साधक साथी ने, पत्र पर कमेंट लिखा था-

"सत्संग एक जीवन पद्धति है। आनंदमय जीवन जीने का मार्ग है। इसका अन्तिम लक्ष्य अनंत है।"

03-06-2020

प्रतिक्रिया: The first identity revealing trait of sadguru is that his discourse or speech would profoundly influence the seeker or his soul current (spiritual consciousness) would awaken internally and he would experience spiritual intoxication and Atmik ananad which gradually lead the sadhak to the state of spiritual trance. Nanad Lal; बहुत सुंदर अनुभव: डॉ. आर0पी0 शुक्ला। इस सेवक का अनुभव है कि जब हम सत्संगी भाई बहन कुछ लिखना प्रारम्भ करते हैं तो पूज्य गुरुदेव जी की याद कर लेते हैं। यह एक आदत बन जाती है। तो जो विचार या लेख पूज्यपाद की याद में लिखी जा रही है, तो उसमें उसका फैज तो होगा ही। ऐसी रचना का महत्वपूर्ण हो जाना स्वाभाविक है। अत: आपके मित्र के विचार सराहनीय हैं। उस दिशा में प्रयास करने की कृपा करें- दु:ख हरण चौधरी।

---

4. ईश्वरवादी होना

जो परिस्थिति विश्व पटल पर, दैहिक-दैविक-भौतिक तत्वों की बनी है, उसी की छाप, आज हमारे स्वयं के जीवन में भी प्रखर रुप में दिख रही है। ऊहापोह की हालत है। परिवारी जन बच्चों के लिए, वृद्धजन अपने लिए, नेता अपने वोट व कुर्सी के लिए, असामाजिक तत्व अव्यवस्था के लिए अपनी-अपनी सोच के साथ, जाने-अनजाने एक विषम परिस्थिति से गुजर रहे हैं। कुछ मुट्ठी भर लोग (योगी जन) स्वधर्म व गुरुनिष्ठ होने के नाते, अवश्य इस हलचल में शांत होंगे, इसमें संदेह नहीं है। हमने, अपने गुरुदेव महात्मा यशपाल जी से एक प्रश्न पूछा था कि गृहस्थ साधना में हम कदम- कदम पर ईश्वर कृपा का अनुभव करते हैं और विश्वास में वृद्धि होती है। लेकिन जब अगली समस्या आती है तो मन ऊहापोह की हालत में होता है कि पता नहीं क्या होगा? लेकिन होता अच्छा ही है, तो यह विश्वास में कमी क्यों? आपका छोटा सा उत्तर था कि ऐसा होना अच्छा है, इसी बहाने ईश्वर की याद आती रहती है। आपसे होती बातें व लिखा साहित्य पढ़कर, इसे लगा कि हमारे जीवन की सार्थक यात्रा, ध्यान (चित्त की एकाग्रता) से ही संचालित होती है। विचारों की शुद्धता, ध्यान का स्तर ही निर्धारित करता है बढ़ते ध्यान की अवस्था से मन सात्विक स्वभाव में रंगता जाता है। ईश्वर की याद बनी रहे का एक सरल उपाय है कि मन को अपने ईष्ट की याद की तरफ लगाये रहने का प्रयास करते रहना है। आप स्वयं इसके उदाहरण बनें, कि सक्रिय जीवन

यात्रा, टेलीग्रफिस्ट की नौकरी से प्रारम्भ कर, अलंकारों से सुशोभित होते हुए निदेशक के पद से सेवा निवृत हुए।

ध्यान से जुड़ी हुई एक बात स्वामी चिन्मयानन्द जी की भी याद आती है। दशकों पहले एक इन्टरव्यू में किसी ने, धार्मिक क्षेत्र में व्याप्त दुराचार पर प्रश्न पूछा था कि इस पर आप क्या कहेंगे कि भोली-भाली जनता को धोखा दिया जाता है। आपका उत्तर था कि कोई बात नहीं, इंसान को किसी न किसी बहाने राम-नाम (ईश्वर) की तरफ तो लगाया जा रहा है। अब समझ में आता है कि बार-बार भगवान की याद करते रहने से ही मन एकाग्रता की ओर बढ़ता है।

आज NBT पेपर में राम कथा वाचक मोरारी बापू का एक लेख पढ़ा। राजनीति में भ्रष्टाचार, सामाजिक क्षेत्र में अत्याचार और धार्मिक क्षेत्र में दुराचार की बात आपने की है। इससे मुक्ति के लिए हमें प्रभु चाहिए, यानि समर्थ व्यक्ति मिले। प्रभु का शास्त्रों में अर्थ है समर्थता। हमारे देश से वित्त और चित शुद्धि चली गई, इंसान खुद्गर्ज हो गया। हमें पुरुषार्थ के साथ-साथ ईश्वरवादी भी बनना चाहिए, जैसे महात्मा गाँधी। ईश्वरवादी बनने का अर्थ है जाने-अनजाने में ध्यानी होना। जीवन में राम-नाम जोड़ने से, हम धीरे-धीरे बड़ी सरलता से ध्यानी बन सकते हैं। जीवन में आनंद की अनुभूति, ध्यानी होने का मापदण्ड है।

मेरा मानना है कि बुद्धिजीवी वर्ग, जिन्हें job satisfaction की अनुभूति होती है, उनके लिए ईश्वरवादी होने के स्वतः प्राप्त इस गुण को, स्त्राध्याय तथा सुबह-शाम, आधे-आधे घण्टे की पूजा (ध्यान) करके और विकसित किया जा सकता है।

04-06-2020

प्रतिक्रिया: सत्य है- डॉ. आर0पी0 शुक्ला

---

5. कुछ भी बाईचान्स नहीं

आज पर्यावरण दिवस भी है। पर्यावरण शब्द से मन के प्रदूषण के विचार आ गये। मन के प्रदूषण (नकारत्मक विचार) को दूर करने से हमारा जीवन

शुद्ध होता है, परोपकार की भावनायें बनने लगती हैं। ध्यान की साधना पर हम चर्चा कर रहे हैं, जो हमें अध्यात्मिक जीवन यात्रा की ओर अग्रसर करती है। यह अपनी जीवन यात्रा के अनुभवों में पाता है कि अध्यात्मिक सोच, ईश्वर कृपा से स्वत: ही ऐसे ही विचारों के लोगों से सम्पर्क बनता जाता है और जाने-अनजाने हम परिष्कृत होते जाते हैं।

अब्दुल कलाम साहब की कही यह बात महत्वपूर्ण है कि "ईश्वर की सृष्टि में प्रत्येक कण का अपना अस्तित्व होता है। प्रत्येक को कुछ-न-कुछ करने के लिए ही परवरदिगार ने बनाया है।" यह भी एक सोच है कि जो भी काम हम कर रहे हैं, ईश्वर की इच्छा से ही कर रहे हैं। यही है ईश्वरवादी होना। इस सोच का हमने अपने और सहकर्मियों के अनुभवों की जीवन यात्रा में उत्साहवर्धक पाया है। शिलांग में पोस्टेड था। दिल्ली से आ रहे किसी उच्च अधिकारी को रिसीव करने हम दो लोग, गौहाटी एयर पोर्ट गये। जाते समय रास्ते में एक गेस्ट हाउस में रुक कर चाय पी गई। वहीं, एक पहचान के प्रेमी व अनुभवी फारेस्ट रेन्जर मि. बोरा से मुलाकात हुई। जब हम लोग आगे बढ़ने के लिए गाड़ी के पास आये, तो रेन्जर साहब ने कहा कि सिंह साहब, गौहाटी पहुँच कर, गाड़ी के टायर बदलवा कर ही, इस गाड़ी से यात्रा करें। बूदाँ-बादी हो रही है, पहाड़ की रोड, सिलिप्री हो गई है, खतरा हो सकता है। खैर हम लोगों ने, इस सलाह को नजर अंदाज कर यात्रा जारी रखी। वापसी पर शिलांग पहुँचने से 25 कि0मी0 पहले, हमारी प्लास्टिक बाडी की जीप स्लिप करके उलट गई, चारों पहिए ऊपर आसमान की ओर। ईश्वर की कृपा, कि गाड़ी पहाड़ की तरफ उलटी, नहीं तो दूसरी तरफ नाले में काफी नीचे खड्ड में चली जाती। हम लोग तो बिना किसी खरोंच के, लेकिन मेहमान भाई को कुछ खरोचें आईं। कुछ लोकल लोग इकट्ठे हुए, गाड़ी सीधी की, ईश्वर कृपा से चल गई, धीरे-धीरे चला कर हम लोग शिलांग वापस पहुँचे। आश्चर्य यह रहा जो आज भी याद है कि इसके बाद शिलांग पहुँचने में लगा कि समय जैसे मात्र कुछ मिनटों का था। मन पता नहीं कहाँ शून्यता में पड़ा रहा। तीनों जन चुप, कोई बात चीत नही, as if shocked.

बाद में इस घटना की जानकारी पत्र द्वारा अपने गुरुदेव को दी। जबाब में आपने लिखा था, कि- "परमात्मा को जब किसी से कुछ काम लेना होता है,

तो वह जान बख्शता है। यदि हम महापुरुषों की जीवनियों का स्वाध्याय करें तो, पुरुषार्थ के साथ ईश्वरवादी होने की आवश्यकता व अहमियत से परिचित हो सकते हैं। मुझे बड़ा आश्चर्य होता है अपनी शिक्षा व्यवस्था में हम ईश्वरवादी समाज होते हुए भी, कैसे मानव/अध्यात्म विज्ञान को प्रारंभिक शिक्षा में कोई स्थान ही नहीं दिया गया। हमारा मानना है कि मानव जीवन में कुछ भी बाईचान्स नहीं होता। इन सबके पीछे गुरु तत्व की शक्ति काम करती है, जिसमें हमारे कर्म और उसके पीछे नियत का मुख्य रोल होता है। ध्यान व मन की एकाग्रता से जीवन यात्रा को सुखद बनाया जा सकता है।

05-06-2020

प्रतिक्रिया: गुरु शक्ति ही काम करती है- डॉ. आर0पी0 शुक्ला; Thanks for your very nice attitude and concept. Dukh Haran Chaudhary

---

6. गृहस्थ में अर्थ व्यवस्था

हम सब अपने-अपने तरीके से, कोरोना से बचते हुए, पूर्ववत दिन्चर्या में आने के प्रयास में लग गये हैं। अगला समय, आर्थिक दृष्टि से बहुत ही संघर्षमय होगा, भले ही कुछ समय के लिए ही सही। पारिवारिक अर्थ व्यवस्था में, अतीत के हम सबके अपने-अपने अनुभव रहे हैं। राम कथा वाचक मोरारी बापू जी के एक लेख से, देश की वित्त व चित्त की शुद्धता पर चिन्ता जाहिर की गई है। हमारे अनुभव व विचार से चित्त की शुद्धि से वित्त सम्बन्धित शुद्धता स्वत: बनने लगती है। चित्त की शुद्धता का सशक्त मार्ग 'ध्यान' है। इस पर हम काफी चर्चा कर चुके हैं। हम गृहस्थियों के लिए सहज ध्यान ही बिना उसके प्रभाव की चिन्ता किए, कुछ न कुछ करते रहना चाहिए। परिष्कृत जीवन व ईश्वरवादी रुख बनाये रखने का यह सरल उपाय है। अमूमन गृहस्थ का जीवन बड़ी कशमकस का होता है। इस समय, यह बहुत ही दिक्कत वाला होगा। इस सम्बन्ध में हम कुछ व्यवहारिक अनुभव साझा करते हैं।

गाँधी जी की बात कि "पाई-पाई का हिसाब रखता था। खर्च नपा-तुला था। यह आदत अन्त तक कायम रही। मैं समझता हूँ कि इसी कारण

सार्वजनिक जीवन में मेरे हाथों से लाखों रुपयों का उलट-फेर होने पर भी मैं मुनासिब किफायतदारी रख सका। मेरी देख-रेख में जितने आंदोलन चले हैं, उनमें कभी मैंने कर्ज नहीं लिया। बल्कि हर एक में जमा की ओर कुछ न कुछ बचता ही रहा है। यदि प्रत्येक नवयुवक उसे मिलने वाले थोड़े रूपयों का भी हिसाब सावधानी से रक्खें तो उसका लाभ जैसे भविष्य में मुझे और जनता को मिला वैसे उसे भी मिलेगा।" यह बात, हमने, सक्रिय जीवन के आरम्भ में ही पढ़ा था व अपना लिया था। आज, गाँधी जी की बात की सत्यता को प्रमाणित करने में हमें कोई संदेह नहीं है।

इसके साथ-साथ, मुझे जो भी पैसे नियमित सैलरी के मिलते थे, बैंक से, कुछ एमाउन्ट लाकर पत्नी को दे देता था और आवशकतानुसार, उनसे माँग कर खर्च करता था। इससे जीवन यात्रा में शख्त आडिट से गुजरना होता था। इस व्यवस्था में, ईश्वर कृपा से पाँच लड़कियों का पालन-पोषण व शादी ब्याह बड़ी सुगमता से सम्पन्न हो सका। सबसे छोटी लड़की की शादी में विदाई के बाद, विदा लेते समय इसके बड़े दामाद जो आई0ए0एस0 अधिकारी हैं, मिले, पैर छूते हुए बोले कि मुझे बहुत ही आश्चर्य है कि कैसे, आप मात्र तनख्वाह के भरोसे पाँच लड़कियों की शादी कर सके और वह भी बहुत अच्छी तरह से। यह क्या कहता? जाने-अनजाने ईश्वरवादी होने का ऐसा प्रतिफल हर इंसान अनुभव करता है। यह इसे परम सत्य लगता है।

कुछ वर्ष पहले, एक महात्मा जी का कथा प्रवचन टी0वी0 पर चल रहा था। इसका ध्यान उधर गया। आप श्रोताओं को सलाह दे रहे थे कि, पत्नी घर की लक्ष्मी होती है। खर्च का हिसाब-किताब उसे सौंप दो। अच्छी तरह सब पार करा देगी। महीने की तनख्वाह लाकर उसे पकड़ा दो। जब आवश्यकता हो तो उसी से माँग कर खर्च करो। बहुत बुराईयों से भी बचोगे। बहुत सही राय लगी मुझे। यही छोटी-छोटी बातें हैं हमारे जीवन को आध्यात्मिक बनाती है। जीवन सकारात्मक सोच का बनता है।

06-06-2020

प्रतिक्रिया: अति सुंदर- एस0 एन0 खन्ना; बहुत बहुत शिक्षा प्रद- डॉ. आर0पी0 शुक्ला;

7. ईमानदारी का जीवन

अखबार देखने से, इसे दो बातें विशेष लगीं- (1) वैज्ञानिकों का कहना है, कि कोरोना वाइरस कमजोर पड़ रहा है तथा (2) सामान्य जीवन में इससे व्याप्त डर कम हो रहा है। दुनिया उम्मीद पर जीती है, का अद्भुत नजारा पूरे विश्व में दिखाई दे रहा है। यह गुण भी परमात्मा की ही देन है। गीता शास्त्र-कर्म हाथ में, मन परमात्मा की याद में रहने की शिक्षा देता है। राम कथा वाचक मोरारी बापू इंसान को ईश्वरवादी, महात्मा यशपाल जी ईश्वरमय जीवन बनाने तथा सन्त जन परमात्मा की याद करते रहने को कहते हैं। इन सबके पीछे विचार करें, तो उद्देश्य, चित्त की एकाग्रता (ध्यान) प्राप्त करने की ही है। इसी से विचार शुद्ध होते हैं।

पिछले पत्र में, हमने पारिवारिक स्तर पर अर्थ व्यवस्था का अनुभव साझा किया था। अस्सी के दशक में, एक उच्च टीम के सदस्य के रुप में, करीब 10 दिन का टूर आसाम के जंगलों में, एक प्रोजक्ट के मूल्यांकन के लिए रहा था। एक आई0ए0एस0 अधिकारी, मि. बोरा हमारे टीम लीडर थे। उनकी बात याद है कि सिंह, तुम लोग लकी हो सांइटिस्ट हो, एक ही इनकम ग्रुप के लोग हो, उसी के अनुसार इच्छाएँ भी सीमित रहती हैं। हम लोगों की दुनिया अलग है। पड़ोसी के घर टी0वी0 आ गई, तो हमें लाना ही लाना है, जैसे भी आये।

यह बात मन में इसलिए आई कि, इंसान अक्सर बिना विचारे दूसरों की नकल करता है, कि सब तो ऐसा ही कर रहे है, करने में कोई हर्ज नहीं है। पैसे के मामले में तो यह प्रथा इतनी दुःखदाई है कि यदि हम थोड़े से सजग रहें तो शहर की हर गली मुहल्ले में किसी न किसी को इस बीमारी से ग्रसित देख सकते हैं। तीन तल्ला का मकान है, कोई रहने वाला नहीं। अक्सर देखने में आता है कि अनाप-सनाप पैसे के अधिकतर उपभोक्ता भी, शारीरिक या मानसिक रूप से परेशान ही नजर आते हैं, फिर भी मानव मन इससे शिक्षा नहीं लेता।

माता-पिता की बड़ी जिम्मेदारी होती है कि बच्चों को आचरण की शिक्षा दें। सुलतानपुर आने के बाद, इसका ध्यान सब्जियों के एक बीज/पौध विक्रेता

जो एक पेड़ के सहारे ठेले पर वर्षों से, रोजी-रोटी का जुगाड़ किये था, उसके चेहरे की प्रसन्नता को देखता, तो कारण जानने के लिए परिचय बनाया। एक दिन पूछ ही लिया कि भाई अपनी प्रसन्नता का राज बताओ, आश्चर्य होता है आपको देख कर कि इतने, प्रसन्न दिखते हो! हँस कर टाल जाता। एक दिन, वह खुला और बताया कि साहब हम दो भाई मिल कर यह काम यहीं करीब 15 वर्ष से कर रहे हैं और आज 9 सदस्यों का पालन पोषण इसी से होता है। हमारे पिता जी ने कहा था कि बेटा ईमानदारी का जीवन जीना। कर्ज कभी न लेना, भले ही भूखा सोना पड़े। हमारे दो बच्चे हैं, लड़का-लड़की दोनों ने के0एन0आई0 से बी0 काम0 कर लिया है। वह भी यह दुकान चलाने में मदद करते हैं। मुझे ईश्वर लीला का ही आभास हुआ। हमारे माता-पिता भी ऐसे ही थे। काश! हम भी अपने बच्चों को पैसे की असलियत और कर्मशीलता की शिक्षा दें, तो जीवन स्वत: बेहतर बनेगा।

07-06-2020

प्रतिक्रिया: बहुत अच्छा शिक्षाप्रद - डॉ. आर0पी0 शुक्ला; Parents have to live life like that children follow- S N Khanna; A very good conversation with general people. सकल कमना हीन जे राम भक्ति रस लीन। नाम सप्रेम पीयूष हृदय तिनहि किए मन मीन। दु:ख हरण चौधरी

---

8. आत्मा की आवाज

दुकानें खुलने लगी हैं। आज से अधिकतर धार्मिक संस्थान भी खुल रहे हैं, लेकिन तमाम प्रतिबन्धों के साथ। बचपन में सुनी एक भजन की लाइन याद आ गई "कि घरहीं म तीरथ बनाई, मंदिर हम काहे का जाई।" अब समझ में आता है कि जिसने भी इस भजन की रचना की होगी, वह अध्यात्म का अच्छा साधक रहा होगा। परम हंस रामकृष्ण ने कहा है कि समुद्र में एक सीपी होती है, वह अपना मुँह खोलकर सतह पर तैरती रहती है। जब स्वाती नक्षत्र की बूँद उसमें पड़ जाती हैं, तो अपना मुँह बन्द कर, समुद्र के तले में जाकर बैठ जाती है। मुँह तब खोलती है, जब वे मोती बन जाते हैं। इसी तरह से सच्चा साधक, गुरु से बीज मंत्र (power of concentration) पा कर साधना में निज कृपा का सहारा लेकर उसे कीलक में बदलने के लिए लग

जाता है और कोशिश करता है कि उसका एक पल भी परमात्मा की याद (गहरा-ध्यान) के बगैर न बीते।

सत्संग, स्वाध्याय तथा चिन्तन से यह इस नतीजे पर पहुँचा है, कि अध्यात्म विज्ञान भी भौतिक विज्ञान की तरह ही है, बल्कि यह महा विज्ञान है क्योंकि भौतिक विज्ञान, इसी विज्ञान की देन है। दुनियावी शिक्षा की तरह ही, अध्यात्म विज्ञान की शिक्षा भी आगे बढ़ रही है। यह मंदिर, धार्मिक संस्थान, स्कूल कालेजों की तरह ही हैं, और प्रगति के साथ विद्यार्थी संस्थान बदलते रहते हैं। फर्क, मात्र समय का है। मानव जीवन में थोड़े ही समय (उम्र की मियाद) में ही सब कुछ कर लेना होता है और अध्यात्म विज्ञान में जनम-मरण चक्र के माध्यम से (मुक्ति या मोक्ष) दस लाख वर्ष का समय लगता है (योगानन्द)। यह सोच, धार्मिक क्षेत्र का विषय है जो आज के समय में दुराचार से बुरी तरह प्रभावित है। सन्त महात्मा भी इस घोर आर्थिक युग के प्रभाव से नहीं बच पा रहे हैं। राम-नाम या अध्यात्म की आड़ में, अधिकतर भ्रष्ट हो चुके हैं। भोली-भाली जनता ठगी जा रही है और अंधविश्वास की गिरफ्त में जकड़ती जा रही है। ईश्वर कृपा से इसे आध्यात्मिक जीवन यात्रा में, उपरोक्त बातों से भली-भाँति परिचित होने का अवसर मिला। यदि कोई इस स्थिति का साधारण ही विश्लेषण करे तो परम सन्त कहलाने वाले अधिकतर महात्मा, इंसान भी कहलाने के योग्य नहीं पाये जायेंगे। ऐसे कितने महात्मा जेल में हैं या, जाँच के घेरे में, इस बात के गवाह हैं।

कैसे बचें ऐसे महात्माओं से? एक मात्र विकल्प, अपनी आत्मा की आवाज का है। वही करें जो आत्मा कहे। अधिकतर महात्मा लोग चाटुकारों की वजह से भ्रष्ट हो जाते हैं, ऐसा नहीं कि महात्मा लोग ही भ्रष्टता का अभिशाप झेलते हैं, चाटुकार लोग भी तो साधक ही होते हैं। उन्हें भी खामियाजा भोगना पड़ता है, भले ही वह भावनात्मक या मानसिक हो। हमारे गुरु देव यशपाल जी कहते थे कि जब कुछ पूँछा जाये, तो जो बात दिल में है वह बतानी चाहिए। ऐसा न करना, बेअदबी होती है। अधिकतर लोग दिल की बात बताने की हिम्मत नहीं जुटा पाते, महात्मा जी का अहंकार मोटा होता जाता है। मेरे विचार से ऐसे तथाकथित महात्मा में परिपक्वता की कमी होती है। प्रभु जी दया करें।

08-06-2020

प्रतिक्रिया: पूज्य साहब जी जैसे संत ही ऐसा कह सकते हैं- डॉ. आर0पी शुक्ला; उपरोक्त संवाद महत्वपूर्ण। आपकी विचारधारा सराहनीय, ईश्वर कृपा ही केवलम। महान समर्थ संत ईश्वर इच्छा ही का अनुपालन करते हैं दु:खहरण चौधरी; बहुत अच्छा, सुरेश जी का खुलासा। गुरु कृपा- जे0पी0 अग्रवाल

---

9. स्वानुशासन

सुबह टहल कर लौटते समय एक दूकान पर कुछ सामान लेने के लिए रुक गया। दुकानदार महोदय पेपर देख रहे थे। पूछ ही लिया कि कोरोना के बारे में आप क्या सोचते हैं? बोले कि यह तो बढ़ ही रहा है, लेकिन कब तक लॉकडाऊन करके रक्खेंगे? बोले कि अब तो देख रहा हूँ कि सरकार भी ढील दे रही है कि ये नियम हैं, इन्हें फॉलो करिए और करोना से बचिए, करना अब जनता को ही है। पुलिस वाले भी उतनी शक्ति नहीं कर रहे। सही बात लगी, संक्रमण से स्वयं को बचाना होगा। जीवन को अनुशासित करने से ही बचाव होगा।

7 जून के पत्र में माता- पिता की जिम्मेदारियों की बात की थी कि बच्चों को स्वयं उदाहरण बनकर जीवन मूल्यों से संस्कारित करना होगा। उस पत्र पर हमारे गुरुभाई श्री एस0 यन0 खन्ना जी से बड़ी सुन्दर प्रतिक्रिया मिली है। आपने लिखा है कि parents have to lead a life, like that children follow- साथ में एक बौध साधक के चार पेट (puppy) के साथ अरदास करते हुए दिखाया है, जैसा वह करते हैं वैसे ही पेट्स करते हैं। कितनी बड़ी जिम्मेदारी माता-पिता की बनती है, इस पर विचार की आवश्यकता है। देखता हूँ, कि कितनी माएँ, छोटे से बच्चे को मोबाइल में उलझा कर घर के काम में लग जाती हैं। यही आदत उनके लिए बाद में ऐसा सरदर्द बन जाता है कि रोते नहीं बनता। मुझे आश्चर्य होता है कि हमारी लड़की अमेरिका में रहती है, पता नहीं कैसे उसके बच्चे (6-12 yrs of age) मोबाइल का प्रयोग न के बराबर करते हैं या यह कहूँ कि मोबाइल की बीमारी से दूर हैं। खन्ना साहब का कमेंट पढ़ कर हमें अपनी याद आ गई कि कैसे परिवार में देखते-देखते, हम लोगों (बच्चों में, पिता व बाबा के स्वाध्यायी होने की आदत ने स्वत: जगह बना ली। जिसका लाभ जीवन में मिला। एक हाल का ही अनुभव बताता हूँ।

एक आध्यात्मिक पत्रिका (कबीर ज्योति) में किसी ने सेवानिवृत्त लोगों के लिए लेख लिख कर, आगे की जीवन यात्रा कैसे करें पर सलाह दी थी। Financial Management के बारे में उन सज्जन का कहना था कि आपके पास जो भी पैसा है उसका उपयोग अपनी व अपनी पत्नी के स्वास्थ्य तथा रही सही इच्छा पूर्ति के लिए ही करें। जो मर्जी हो खायें, पहनें, दान-पुण्य करें, देशाटन करें। किसी के कहने से बच्चों को सेटल करने, मकान बनाने, खेत खरीदने में न लगायें, नहीं तो अगले दिन से ही टेंशन की शुरुआत हो जायेगी। बहुत परेशान हो जायेंगे।

हम कुछ लोगों को NCR दिल्ली में विषम परिस्थिति में अपना, अपना मकान छोड़ किराये के मकान में जाना पड़ा। हमारे दो साथी ग्रेटर फरीदाबाद में, फ्लैट खरीदने के फेर में थे, मुझे दिखाने ले गये। जाते समय हनने उन्हें लेख में पढ़ी उपरोक्त बात बताई। फ्लैट देखा गया, अच्छा था। कुछ महीनों के बाद जब मुलाकात हुई तो, उन्होंने बताया कि भाई वह आपकी बताई बात हमें सही लगी, नये फ्लैट का विचार हम लोगों ने टाल दिया। इस तरह स्वाध्याय से हमें कुछ न कुछ लाभ मिलता रहता है। प्रभु जी दया करें।

09-06-2020

प्रतिक्रिया: सुंदर प्रेरणा मिली- डॉ. आर0पी0 शुक्ला

---

10. आध्यात्मिकता का प्रभाव

बीमारी की समस्या के बीच जन, जीवन सामान्य होने की ओर बढ़ रहा है। आज के NBT पेपर में सुविज्ञा जैन का एक लेख 'हजार साल के लिए पानी' पढ़ा। लेख बुन्देल खण्ड क्षेत्र से सम्बन्धित था, जिसमें कहा गया है कि 9वीं से लेकर- 13वीं सदी तक वहाँ चंदेल शासकों का अकाल विहीन राज था। तालाब बारहों महीने लबालब भरे रहते थे। जल प्रबन्धन की उनकी नायाब व्यवस्था के अवशेष महोबा में आज भी मौजूद हैं। सात तालाबों की एक ऐसी श्रृंखला जीवित है, जो उस समय अपने जलग्रहण क्षेत्र का एक-एक बूँद पानी संचित करने में सक्षम थी। इसके शोध का विषय भी, पानी व जलग्रहण क्षेत्र रहा है। आध्यात्मिक चिन्तन भी, रुचि का विषय रहा

है। इस लेख को पढ़ते समय, दो विचार आये (1) चंदेल राज में समाज का आध्यात्मिक स्वास्थ्य बहुत ही अच्छा रहा होगा, (2) किसी भी ऐसी समस्या का संतोषप्रद प्रबन्धन भौतिक एप्रोच में, स्वयं के आध्यात्मिक प्रबन्धन की माँग करता है।

सन्तों ने ईश्वरमय जीवन बनाने की बात कही है। इससे सम्बन्धित, हम अपना एक अनुभव महात्मा यशपाल जी के साथ का साझा करता हूँ, जो पानी की व्यवस्था से सम्बन्धित है।

NCR दिल्ली क्षेत्र, फरीदाबाद में एक बहुत बड़ी ग्रीन फील्ड कालोनी है। पानी की कमी की वजह से, उसका विकास बहुत ही धीमी गति से आगे बढ़ रहा था। उसी से सटा हुआ गाँव अंनगपुर है। महात्मा यशपाल जी महाराज ने इसी गाँव में अध्यात्म की शिक्षा देने हेतु एक सत्संग आश्रम की स्थापना की थी। पानी की उपलब्धता, ईश्वर कृपा से वहाँ हुई। उसके विकास में, उन्होंने हम वैज्ञानिकों की एक टीम का समयानुकूल, उपयोग करके, दो tube well लगवाये। आप हर स्टेप पर इस टीम के साथ लगे भी रहे। हमारे साथी डॉ. एच0सी0 चन्द्रसेखरन, जियोफिजिसिस्ट, उस अनुभव तथा डाटा को पब्लिश करना चाहते थे। महात्मा जी ने इसकी अनुमति नहीं दी। कारण बताया कि "यदि इसे विज्ञान की सफलता बतायेंगें, जो कि नहीं है, तो सत्संगियों का नुकसान होगा। दुनियावी चीजों की शरण में जाने की प्रवृत्ति बनेगी। ईश्वर कृपा भूल जायेंगे। बहुतों का आगे चलकर बहुत नुकसान होगा।" इसने कहा, कि सर इस पर सन्तसुधा पत्रिका के लिए मैं एक लेख लिख देता हूँ। आप का कहना था, कि आप नहीं लिख सकते जब तक firm conviction (पूर्ण विश्वास) न हो जाये कि यह अध्यात्म विज्ञान की सफलता है। यह क्षेत्र अरावली रेंज पहाड़ियों में आता है। इस आश्रम की पहाड़ी पर, पेड़ लगाने व उपजाने में हम लोग फेल होकर, महात्मा जी को बताया। आप ध्यान में गये, थोड़ी देर के बाद जोर से कहा 'अच्छा', प्रयास करते रहिए। जुलाई माह में, पौध लाकर, वहाँ के चौकीदार से कहा गया कि तुम खुरपी की मदद से जहाँ, लग सकें इनको लगा दो, प्रति पेड़ हम एक रूपया देंगे (1991)। प्रत्येक रविवार, हम और डॉ. आर0पी0 सिंह, जाते और सिंचाई तथा सूख गई पौधों की जगह दूसरा लगा देते। अन्ततोगत्वा, ईश्वर की कृपा से करीव 65% पेड़

लग गये। प्रति वर्ष 200-250 पौधे लाते, लगवाते और बन संपदा में बढ़ोतरी होती रही। बाद के 20 वर्षों के समय में जब तक यह वहाँ रहा, देखा कि पानी की उपलब्धता ज्यों की त्यों बनी रही। निष्काम कर्म की शिक्षा का सुन्दर अनुभव रहा।

10-06-2020

प्रतिक्रिया: साहब की बात थी। वह क्रेडिट कभी नहीं लेते थे, लेकिन उन्हें सबकुछ पता होता था। उनके ऐसे हस्ती मिलना मुश्किल है- डॉ. आर0पी0 शुक्ला: उपरोक्त डायरी के अनुभव साझा किया। धन्यवाद। एक राम चरित मानस की चौपाई याद आ गई। परभु की कृपा भययु सब काजू। जनम हमार सुफल भा आजू- दु:ख हरण चौधरी

---

11. प्रकृति के परिपेक्ष्य में सोचें

मीडिया में आती खबरों से दिल्ली व मुम्बई महानगरों की हालत इस बीमारी के मामले में बहुत ही चिन्ता जनक है। आज भी देश में मरीजों की संख्या रोज बढ़ ही रही है। फिर भी विश्व के परिपेक्ष्य में हमारे नीति नियन्तक, देश में होते प्रयासों से सन्तुष्ट रहते हुए, जन मानस से एहतियात बरतने की अपील लगातार कर रहे हैं। इन अनुभवों के साथ, मानव समाज को हर स्तर पर प्रकृति के परिपेक्ष्य में चिन्तन की आवश्यकता है। सरकार की तरफ से 'आत्मनिर्भर' बनने की बात और उसकी शुरुआत एक सकारात्मक कदम है। काश, हम अपनी व्यक्तिगत आवश्यकताओं पर भी चिन्तन कर सकें, तो नि:संदेह एक अच्छे भविष्य की ओर बढ़ सकेंगें।

गत पत्र में हमने अध्यात्मिक विज्ञान को समझने में एक व्यवहारिक अनुभव की बात की थी। उस पत्र पर हमारे एक साथी, मंसूर अली प्रोधनी की प्रतिक्रिया मिली है। आपने लिखा है "Respected Sir,.... I have gone through your valuable letter. It is my utter surprise that today afternoon I was studying about the contributions of chandel kings. I have realized that those kings were very religions and each king constructed a temple there. The famous Khajuraho temple was also constructed by a chandel king. You are right, during the reigns of chandel kings the people were very religious and the society progressed leaps and bounds.

When I visited Anangpur in 1980s for attending a satsang programme for three days and all satsangi brothers and sisters were present. I saw the tube wells and large numbers of people took bath using water from those tube wells. I also saw some trees grown there, though the place was full of big stones but it was really surprising that trees were luxuriantly growing. This is possible only due to the blessings of our pujya Bahi sb ji (Yashpal ji). He is always in our heart. God bless all of us — Prodhani"

प्रोधानी जी का यह पत्र पढ़कर, मुझे अपने गाँव के एक साधू, बाबा शिवनाथ जी की भी याद आ गई। आप फौज से सेवा निवृत्त थे, साधू हो गये, गाँव छोड़कर अयोध्या चले गये। गाँव वालों से सम्पर्क न रहा। चौदह वर्ष बाद लौटे, तो गाँव के पास, आम की बाग से लगे जंगल में, एक लगभग सूख चुके आम के पेड़ की छाँव में, आसन जमाये और कुछ वर्ष उसी स्थान पर रहे। लोग दर्शनार्थ आते रहे। धीरे-धीरे उस पेड़ में हरियाली आती गई, पेड़ खूब हरा-भरा हो गया। यह लोगों के लिए आश्चर्य रहा। वही विश्वास करेंगे, जिन्होंने प्रत्यक्ष इसका अनुभव किया है। अधिकांश सुनने वाले तो अंधविश्वास ही कहेंगे। मानव में विद्यमान शक्ति का आभास, अध्यात्म विज्ञान के माध्यम से ही किया जा सकता है। हमें अपने को जानने का प्रयास करना चाहिए। आध्यामिक जीवन, इस ओर एक कदम है।

11-06-2020

---

12. भौतिक तथा अध्यात्म विज्ञान का सामंजस्य

मानवता की ऐसी पीड़ा तथा असहाय की सी स्थिति तो, हमने अपने 77 वर्ष की जीवन यात्रा में नहीं देखी। कुछ लोग प्रभावित हों तो बात और है, पूरे विश्व की मानवता कराह रही है। क्या कहेंगे, कुछ देश, या देश के भीतर भी कुछ वर्ग स्वार्थ या राजनीति वस, नकारात्मक रुप से ही सक्रिय हैं। मानव समाज ऐसा ही रहा है। जनता, अपने हाल पर भगवान भरोसे रहती रही है। खैर, पेपर में यह पढ़कर थोड़ी राहत की भी बात थी कि पहली बार कोरोना से ठीक होने वालों की संख्या (1,35,205) मरीजों से (1,33,632) ज्यादा है। शास्त्रों में बहुत उदाहरण मिलते हैं कि भगवान के भरोसे, जब हार कर कोई

परमात्मा को समर्पण कर देता है, तो किसी शक्ति की मदद मिलती ही मिलती है। वैसे भी हम जीवन में कभी न कभी, ऐसे अनुभवों से गुजरते हैं, जिन्हें समझा ही नहीं जा सकता। प्राय:, ऐसे अनुभव बाई चान्स के ब्रेकट के हवाले कर या हल्के में ईश्वर कृपा कह कर भूल जाते हैं। शास्त्रानुसार, हम हर क्षण, गुरु तत्व की साया में रहते हैं और आचरण अनुसार कदम-कदम पर, अध्यात्मवादी जन ईश्वरीय कृपा का आभास भी करते हैं।

इसे यह बातें, अध्यात्म विज्ञान के विषय की लगती हैं। शास्त्रों के अध्ययन या आज कल आ रहे पौराणिक सीरियलों में आते डायलाग / प्रसंगों को देखें तो पायेंगे कि किसी भी अप्रिय परिस्थिति पर विजय पाने हेतु भौतिक व अध्यात्मिक विज्ञान के सामन्जस्य की आवश्यकता होती है। गत पत्र में, हमने पानी की समस्या पर अध्यात्म विज्ञान की बात की थी। कोई कैसे, ऐसी बातों पर विश्वास करे? विचार करें तो, आधुनिक विज्ञान सारी चीजों को एनर्जी का ही विभिन्न रूप मानता है, तो कोई अवश्य जानकार होगा जो एनर्जी को किसी भी रूप में परिवर्तित या प्रस्तुत करने कि विधा से वाकिफ होगा। इस बात को 'ध्यान' के माध्यम से सन्तों योगियों ने जानने का प्रयास किया है और सफलता भी हासिल की है। ध्यान करने के विभिन्न प्रारूप उपलब्ध हैं। हम गृहस्थ में, ध्यान के सहज तरीके की बातें इस पत्र सीरीज में कर रहे हैं। हमारे गुरुदेव गृहस्थ में रहते हुए अध्यात्म विज्ञानी थे, और ध्यान का तरीका जो आपने सृजित किया वह समग्र (holistic) था, न कि किसी एक संकुचित उद्देश्य को लेकर। हम तो इतना ही जान पाये कि ध्यान अध्यात्म विज्ञान की मुख्य कुन्जी है। हमें जितने भी अवसर मिले, उनकी बातों का संकलन करने का प्रयास किया, जो अभी हाल में 'गृहस्थ जीवन में अध्यात्म - संत यशपाल कथनामृत' नाम से प्रकाशित हुआ।

परमहंस रामकृष्ण जी कहते थे कि परमात्मा चाहे तो सुई के नकुए से ऊँट निकाल दे। शंकराचार्य जी ने 13 वर्ष के गूंगे, बहरे बालक से संस्कृत के श्लोकों के प्रश्न माध्यम से, उसी भाषा में बालक से त्वरित उत्तर पाकर लोगों को हतप्रभ कर दिया था। बाद में वह बालक आपका मुख्य शिष्य साबित हुआ। जीवन यात्रा में हम बहुतों को भी, ऐसे अजूबे अनुभव होने की घटनायें होती ही हैं। ध्यान को जीवन में स्थान दें, तो अवश्य लाभान्वित होंगे।

12-06-2020

प्रतिकिया: पूर्ण सत्य - डॉ. आर0पी0 शुक्ला; Very good spiritual concept- Dukh Haran Chaudhary; गृहस्थ जीवन में अध्यात्म, पुस्तक क्या अध्ययन के लिए मिल पायेगी- सतीश गुप्ता;

---

13. आत्मनिर्भर बनने का मार्ग

मीडिया में आती खबरों से दिल्ली व मुम्बई महानगरों की हालत कोरोना के मामले में बहुत ही चिन्ताजनक है। आज देश में आये मरीजों की संख्या अब तक की रिकार्ड (11458) बताई गई। स्थिति, जो भी है, वह है। इस बीमारी की दवा उपलब्ध न होने के कारण, कोई संतोषजनक परिणाम का न दिखाई देना और तरह-तरह की सकारात्मक, नकारात्मक अफवाहात्मक सूचनाओं का विकिरण, लोगों को चिन्तित कर रहा है। हर स्तर पर समस्या का सामना हिम्मत के साथ करने के बावजूद, ज्यादातर लोग भारी अनिश्चितता के माहौल में दिखने लगे हैं। यहीं पर, मानव जीवन में आध्यात्मिक पक्ष के मजबूत मानसिक स्वास्थ्य की आवश्यकता महसूस होती है। प्रधान मंत्री मोदी जी ने भी कहा कि 'मन के हारे हार है, मन के जीते जीत' यह बात भी अनुभव सिद्ध है। लेकिन यह भी सत्य है कि इस बात का लाभ लेने के लिए, अनुशासित जीवन व पुरुषार्थी होना भी जरूरी है। ऐसा होना कठिन नहीं, प्राथमिक शिक्षा की आवश्यकता है। यदि हम किसी तरह आने वाली (आगामी) माताओं व पिताओं को मात्र अनौपचारिक शिक्षा के माध्यम से मानव के अस्तित्व का ज्ञान करा सकें तो यह शिक्षा का सिलसिला प्रकृति के साथ सामन्जस्य बनाते हुए स्वाभाविक रुप ले सकता है। आज देश हर क्षेत्र में आत्मनिर्भर बनने की बात कर रहा है। मानव संपदा के आध्यात्मिक विकास पक्ष पर भी ध्यान देना होगा। इसे कल्पना या मन की उड़ान ही मानिए। आईए देखते हैं कैसे-

स्वाध्याय व चिन्तन से, गृहस्थ जीवन में सहज-सहज में ही अध्यात्म की भावना विकसित करने हेतु तीन महापुरूषों की बातों ने मुझे आकर्षित किया। वे बातें यह हैं।

1. Your children are not your children, They are the sons and daughters of life's longing for itself. They come through you

but not from you. You may give them your love but not your thoughts. For they have their own thoughts, - Khalil Gibran (Kalam's father told this to his wife, when kalam was leaving home for studies).

2. अभी हाल ही में मानव जीवन में व्याप्त समस्याओं को देखते हुए, राम कथा वाचक, मोरारी बापू जी ने, बच्चों को दिन के 24 घण्टों में से एक घन्टा परमात्मा को देने की सलाह दी है। बच्चों में यह संस्कार जागरण का एक सरल, सुगम व सुदृढ़ तरीका हो सकता है, जो कभी दादा-दादी करते थे।
3. गृहस्थ सूफी सन्त महात्मा यशपाल जी (भाई साहब) की दिन के 24 घन्टे ध्यान की साधना, वर्तमान जीवन शैली के खाली समय को ही लगा कर, जीवन में परमात्मा के नाम को जोड़ने की साधन पद्धति सुझाई, यह अभूत पूर्व पाता है। न हींग लगे न फिटकरी माल चोखा का चोखा।

यदि हम, मानव अस्तित्व की असलियत (स्थूल शरीर, सूक्ष्म शरीर, कारण शरीर) और इनकी विशेषताओं का ज्ञान बच्चों को शुरुआती जीवन यात्रा में ही करा सकें तो इससे बेहतर हम उन्हें कुछ नहीं दे सकते। पूरा समाज स्वाभाविक रुप से (natural way में) लाभान्वित हो सकता है।

13-06-2020

प्रतिक्रिया: सुविचार- डॉ. आर0पी0 शुक्ला; अध्यात्म को जीवन में उतारना ही जीवन जीने की कला है। पूज्य भाई साहब जी का कहना कि 24 घण्टे व्यक्ति को परमात्मा का नाम लेना चाहिए और उसका तरीका भी बताया। इससे जीवन की लगभग 3/4 समस्या ही समाप्त हो जाय- हरिभान सिंह।

---

14. हम सुधरें

NBT पेपर में, सुधीर मिश्र का लेख 'फरिश्ते से बढ़कर है इंसान बनना' पढ़ा। लेख में, वर्तमान कोरोना बीमारी की लड़ाई के अनुभवों का अच्छा विश्लेषण आप ने किया है। नकारात्मक बातों की इतनी भरमार है कि लोग डरे हुए हैं जो कोरोना संक्रमणता से भी ज्यादा खतरनाक है। इतने बड़े मानव

समाज में, ऐसी भ्रमात्मक बातों और बनते माहौल से बचना भी मुश्किल है। विकास के ऐसे ही रास्ते से, मानव समाज आज की स्थिति में पहुँचा है। आज के विचारकों को सबसे बड़ी बात जो स्तब्ध करने वाली होनी चाहिए वह यह है कि अध्यात्म विज्ञान, व्यवहारिक स्तर पर अभी तक, मात्र दुःख निवारण, अर्थार्जन या चमत्कारों तक के उद्देश्य तक ही सीमित क्यों रह गया है? कहने का तात्पर्य यह है कि भौतिकता का प्रभाव समाज को जकड़ता जा रहा है, जो मानव समाज को घोर अशान्ति तथा अंधकार की ओर ढ़केले जा रहा है।

महाभारत के एक प्रसंग में भगवान कृष्ण, भीष्म पितामह से कहते हैं कि भविष्य तो इससे भी नकारात्मक आ रहा है पितामह ..! कलयुग में तो इतने से भी काम नहीं चलेगा। जब क्रूर और अनैतिक शक्तियाँ सत्य और धर्म को समूल नाश करने के लिए आक्रमण कर रही हों, तो नैतिकता अर्थहीन हो जाती है पितामह..! तब महत्वपूर्ण होती है विजय, केवल विजय! भविष्य को यह सीखना ही होगा पितामह'। आज का युग कलयुग का समय कहा जाता है। अतीत में कही यह बात हम आज अनुभव कर रहे हैं। कोरोना काल में, इन बातों को हम, विश्व परिदृश्य में भी देखें तो उस समय की कही इस बात के यर्थाथ की अनुभूति कर सकते हैं।

प्रश्न है कि हम क्या करें? मुझे तो आज के संदर्भ में आचार्य श्री राम शर्मा जी की कही बात कि 'हम सुधरें, तो जग सुधरेगा' बड़ी सही लगती है; अपना कल्याण, समाज का कल्याण और दुनिया का भी कल्याण। तमाम वर्षों के जीवन यात्रा के अनुभवों से गृहस्थ सूफी सन्त महात्मा यशपाल जी का जीवन में राम-नाम जोड़ने की बताई अनुभव आधारित बात जो जीवन को ईश्वरमय बना कर, गृहस्थियों के लिए आज के इस कठिन दौर में बड़ी सकून देने वाली है। आखिर हम, अपने प्रयासों में, असफल होने पर परमात्मा को समर्पण करते ही हैं और जो होता है उसे, मान ही लेते हैं, तो क्यों न हम ईश्वर इच्छा की ही उपासना पर चलें। इस सिद्धांत पर आरूढ़ता से जो निखार, हमारे वर्तमान कार्य पर पड़ता है, देखते बनता है और अनुभव गम्य है। अब्दुल कलाम साहब ने, इस तरह की कार्य विधि को 'working in parternership with God' कहा है। हमारे गुरुदेव यशपाल जी कहते थे, कि जो इस तरह

का जीवन जीते हैं, उनके भी दुनियावी काम परमात्मा करा ही देता है, और क्या चाहिए, एक साधारण गृहस्थी को। हाँ! ऐसी जीवन यात्रा के लिए ध्यान' की प्राथमिकता है, जिससे इंसान परिष्कृत होता जाता है। काश हम स्वाध्यायी बन कर उपरोक्त बातों को अपनी तरह से समझें तथा अपनायें।

14-06-2020

प्रतिक्रिया: बिल्कुल सत्य- डॉ. आर0पी0 शुक्ला;

---

15. अस्तित्व तथा स्वधर्म

कोरोना बीमारी की समस्या, बचने के तमाम उपायों के बावजूद वैसे ही बनी हुई है, बढ़ रही है, लोग ठीक भी हो रहे हैं। एक्सपर्ट लोगों की भविष्य वाणी डरावनी लगती है। बेहतर ईश्वर जाने, की बात हमारे विचार में आती है। सारी कुछ व्यवस्था उसी की है। अब्दुल कलाम साहब की बात कि 'इस सृष्टि में प्रत्येक कण का अपना अस्तित्व होता है। प्रत्येक को कुछ न कुछ करने के लिए ही परवरदिगार ने बनाया है', गीता में आये 'स्वधर्म' के परिपेक्ष्य में सही बैठती है। आज के NBT पेपर में, निर्मल जैन का एक लेख था 'लक्ष्य प्राप्ति के लिए किया गया परिश्रम ही पुरुषार्थ है'। लेख के टाइटिल से लगा कि लक्ष्य निर्धारण में मानव इच्छा के होने की बात (बू) आती है, न की ईश्वर इच्छा की। अब्दुल कलाम साहब की जीवन यात्रा, स्वधर्म पालन (ईश्वर की इच्छा पर चलना) की लगती है, जो पुरुषार्थ की भी मिसाल रही है। जो जैसे आया करते गये। यही बात मैं अपने गुरुदेव महात्मा यशपाल जी की जीवन यात्रा में पाता हूँ। मेरी स्वयं की भी जीवन यात्रा गीता के कथित स्वधर्म के अनुरूप ही रही, जो अनुभव में, आत्मा की आवाज पर, ईश्वर इच्छा से ही संचालित होती रही की बात पाता हूँ। आप (इस पत्र के पाठक बन्धु) के साथ भी ऐसे ही रहा होगा। ऐसी जीवन यात्रा में जैसा भी आये सुखद ही होता है, केवल धैर्य बनाये रखने में ही भला है।

अभी वाट्सअप पर एक ब्रिलियंट मद्रासी, पति-पत्नी, आईआईटियन, जो अमेरिका में सेटल हुआ था, के पूरे परिवार के सुसाइड का नोट वाइरल हुआ था। कारण था 'ले आफ' (नौकरी से निकाल दिया जाना) से, उत्पन्न

आर्थिक संकट। शोधकों का इस घटना पर निष्कर्ष था कि वह परिवार 'असफलताओं से निपटने के लिए प्रशिक्षित नहीं था'। हम इस निष्कर्ष से सहमत नहीं हैं। आज के इस घोर भौतिक व आर्थिक माहौल में, बहुत से अविभावक बच्चे को ऐसी शिक्षा देना चाहते हैं और दिलाते हैं, जिससे अधिक से अधिक पैसा कमाया जा सके। इसी स्तर पर 'ईश्वर की इच्छा' या प्रकृति की व्यवस्था से विलगाव हो जाता है। इस आध्यात्मिक सोच से यदि, शोध कर्ता, उपरोक्त दोनों स्थितियों का अध्ययन व विश्लेषण करें, तो मुझे कोई संदेह नहीं है कि स्वधर्म की थ्योरी ही मानव जीत्रन यात्रा के लिए उपयुक्त साबित होगी। हमने, अपने अनौपचारिक अध्ययनों (मात्र देखते रहना) में पाया है कि जो लोग, अपनी इच्छा से संचालित होते हैं, जीवन यात्रा में, अधिक ही अशांत दिखते हैं। जीवन में जो लोग स्वाभाविक रूप से प्राप्त व्यवसाय, नौकरी या धन्धे में लगे रह कर, आगे बढ़ते रहते हैं, वे सकून व अनाजने ही अध्यात्म पथ पर होते हैं, गुरु तत्व की सहायता से संचालित होते हैं और उन्हें स्वतः समय आने पर सद्गुरु की प्राप्ति हो जाती है, भले ही वह न चाहते रहे हों।

कबीर शान्ति मिशन के संस्थापक महात्मा राकेश कुमार मित्तल साहब का कहना था। कि 'प्रत्येक जीवन स्वयं में महत्वपूर्ण है और सभी के जीवन से कुछ न कुछ अवश्य सीखा जा सकता है। इसी कारण मेरा जीवन भी अनेक दृष्टि से महत्वपूर्ण है'। आप जो इस पत्र को पढ़ रहे हैं, अपने जीवन पर विचार करें, तो आश्चर्य चकित होंगे, कि आपके भी कुछ अनुभव अनुकरणीय मिलेंगे। उन्हें निःसंकोच साझा कीजिए, आने दीजिए प्रकाश में। कितनों को प्रेरणात्मक लाभ मिलेगा। साथ-साथ समाज की आध्यात्मिक सेवा भी होगी।

15-06-2020

प्रतिक्रिया: कोई काम स्वतः आये, उसे ईश्वर इच्छा समझ कर करना ही बुद्धिमानी है- डॉ. आर0पी0 शुक्ला; जब द्रवहिं दीन दयाल राघव संत संगति पावहिं। जेहि दरस परस समागमादिक पाप राशि नशावहिं। दुःख हरण चौधरी।

16. ईश्वर इच्छा की समझ

कोरोना बीमारी की समस्या, बचने के तमाम उपायों के बावजूद वैसे ही बनी हुई है, बढ़ रही है, लोग ठीक भी हो रहे है, जिसकी वजह से अच्छे दिनों की आशा तो बँधती ही है। गत पत्र में, स्वधर्म, स्वयं की इच्छा, ईश्वर इच्छा, अध्यात्मिक सोच तथा सद्गुरु की प्राप्ति का जिकर, प्रमुख रुप से विषय वस्तु में उभरा था। मानव जीवन में गुरु का बड़ा महत्व है, जो जीवन यात्रा के विभिन्न पड़ावों पर सुलभता से उपलब्ध होता जाता है। जब जीव (इंसान), जन्म-जमान्तर की यात्रा करता हुआ अपने को परिष्कृत कर पात्रता प्राप्त कर लेता है, तो स्वत:, बिना किसी प्रयास के ऐसी परिस्थिति बनती है कि सद्गुरु की प्राप्ति होती है और आध्यात्मिक प्रगति हेतु, प्रत्यक्ष मार्ग दर्शन मिलने लगता है। शास्त्रों में, इस स्थिति को दुर्लभ कहा गया है। इसके अनुभव में आया है कि ऐसे महापुरुष की तरफ आकर्षित होकर उनकी बातों को आत्मा स्वीकारती जाती है और मन आत्मा के नियंत्रण में आने लगता है।

परमात्मा को सन्तों/शास्त्रों में नेति-नेति कहा गया है। हमारे गुरुदेव सूफी सिलसिले के साधक व अध्यात्म शोधक थे। गृहस्थ जीवन में स्वधर्म का बखूबी पालन करते हुए, व्यवहारिक अध्यात्म पर मौलिक साहित्य का सृजन किया और 'आनंदयोग' की सहज साधन पद्धति, मानव समाज को दी। मुझे भी आपके साथ, इस कार्य में सहभागी बनने का 20 वर्षो का साथ मिला।। जो खास बात आपके तरीके में थी, वह दुनियावी कार्यों (स्वधर्न पालन) के बीच, उपलब्ध खाली समय को ही लगा कर अध्यात्म साधना करना। शास्त्रों या कबीर की बातों की सुन्दर decoding की है, आपने। रामकृष्ण परम हंस ने कहा है 'अधिक शास्त्र पढ़ने से और भी हानि होती है। शास्त्र का सार जान लेना चाहिए। फिर ग्रंथ की क्या आवश्यकता है? शास्त्र का सार जानने पर डुबकी लगाना चाहिए- ईश्वर का लाभ करने के लिए। मुझे माँ ने बतला दिया है - 'ब्रह्म सत्य और जगत मिथ्या'। गीता का सार क्या है? त्याग, वह भी मन से करना है, जिसका रास्ता सद्गुरु के मार्ग दर्शन में, ध्यान से निकलता है, ऐसी मन की अवस्था, आसानी से प्राप्य है। आनंद योग के साधक का एक अनुभव देखते हैं।

यह शिलांग में पोस्टेड था। हिमाचल प्रदेश, सत्संगी परिवार के दो लड़के पूरे विश्वास के साथ बी.एड. में एडमीशन लेने के लिए आये और करीब तीन माह हम लोगों के साथ रुके। पूरे प्रयास के बावजूद हम उनके एडमीशन नहीं करा सके। दिल्ली सत्संग का भण्डारा आ गया। हम लोगों के साथ ही वे लोग भी दिल्ली आये। वहाँ से चलने के पहले की शाम वे हमारे यहाँ ठहरे। अश्वनी कुमार ने, रात में देखा एक स्वप्न, हमें सुनाया। वह दुःखी थे, देखते हैं कि सिलसिले के एक सन्त महात्मा रघुवर दयाल जी महाराज (चच्चा जी) आते हैं, दुःखी होने का कारण पूछते हैं, यह एडमीशन न हो पाने की बात बताते हैं। महात्मा जी बोले, बेटा जो परमात्मा की राह (साधना) में लग जाते हैं, उनकी जीवन यात्रा ईश्वर इच्छा पर आगे बढ़ती है, न की उनकी स्वयं की, दुःखी मत हो। आगे की जीवन यात्रा में अश्वनी के साथ जब तक इसका संपर्क रहा, उसे बड़ी हँसी खुशी की ही जीवन यात्रा करते देखा, परिस्थिति जो भी रही हो। ईश्वर इच्छा ही सर्वोपरि।

16-06-2020

प्रतिक्रिया: बहुत सही- डॉ. आर0पी0 शुक्ला; बिल्कुल सही है। गुरुमत में आने के बाद, उनकी इच्छा पर पूर्ण रुप से निर्भर रहना चाहिए। इसी में मंगल कल्याण छुपा रहता है- दुःख हरण चौधरी

---

17. अध्यात्म जीवन जीने की कला

कोरोना बीमारी के बीच, दुनिया का ध्यान हटाने के लिए चीन ने हमारे देश के लद्दाख बार्डर पर खूनी संघर्ष छेड़ कर मानव मन के रजोगुणी स्वभाव की एक घृणित मिशाल पेश की है और ऐसे समय, जब पूरा विश्व और चीन की भी जनता, इस वाइरस के खिलाफ लड़ाई में जूझ रही है। यही मानव की, खुराफात या मन की बीमारी है जिसके इलाज की बात हम इस पत्र सीरीज में करते आये हैं। आज भी मानव, सच्चाई से कितना दूर है। अध्यात्म ही सच्चाई से अवगत करा सकता है। अध्यात्म मानव जीवन की सुखद यात्रा का एक पैकेज है, न की कोई एकांगी उपचार। हमारे देश के अतीत के इतिहास से पता चलता है कि हमें, इसमें किसी समय महारथ हासिल थी। इसीलिए तो बार-बार भारत के विश्वगुरु होने की बात कही जाती है।

गत पत्र में ईश्वर इच्छा और सद्‌गुरु की बात की थी। साधना के दिनों का एक अनुभव, गुरु के मार्ग दर्शन का एक उदाहरण, यह यहाँ साझा करता है। 7 फरवरी 1982 को, रविवार के आंतरिक सत्संग के बाद भाई साहब जी ने सन्तसुधा में आये समर्थ स्वामी रामदास जी पर एक लेख बड़े प्रभावशाली ढंग से पढ़ा। बनारस के सिद्धांती ज्योतिषी के एक प्रश्न विधात्या ची रेषा कवंड़ा नर तो भोग चुकवी (विधाता की रेखा के भोग से कौन नर बच सकता है)? का स्वामी जी ने उत्तर दिया था कि 'विधाता ची रेषा गुरु धन-कृपा-लेष नुरवी (विधाता की रेखा का विधान गुरुदेव की महती कृपा द्वारा टाला जा सकता है)' और बाद में अपने शिष्य के साथ बनारस जाकर, ज्योतिषी को, प्रत्यक्ष करके दिखाया भी था, बात लेख में आई थी। आपने इसकी विवेचना, अपने गुरुदेव की आड़ लेते हुए (वह कहा करते थे), की और कहा कि कभी- कभी कोई प्रिय साधक जब किसी बात के लिए जिद पकड़ लेता है, जो उसके भाग्य में नहीं होता, तो परमात्मा के विधान को बदलना पड़ता है। वह चीज तो मिल जाती है, लेकिन उसके नफे नुकसान का जिम्मेदार वह साधक खुद होता है। वैसे, गुरु कृपा से संस्कार आसानी से भुगत उठते हैं। कुछ संस्कार तो स्वप्न में भुगत उठते हैं। कष्ट में आत्मा को दु:ख होता है, जो प्रत्यक्ष न हो स्वप्न में हो जाता है। इस बात को सुनकर इसे ऐसा लग रहा था कि जैसे, साहब यह बात, हमारे लिए ही कह रहे हैं।

हम दम्पति को पाँच लड़कियाँ रहीं। स्वाभाविक ही है कि लड़के की चाह हो। लेकिन मुझे यह याद नहीं कि कभी ऐसी बात की इच्छा इसे स्वप्न में भी रही हो। धर्मपत्नी की भी ऐसी ही सोच थी।

भाई साहब जी 1986 में इसके गाँव बभनगँवा सत्संग हेतु पधारे थे। कुछ शुभ चिन्तकों ने इसकी धर्मपत्नी को माता जी के सामने प्रस्तुत कर अपनी इच्छा बताई। भाई साहब जी को यह बात माता जी ने कही, सुनते ही आप बड़े जोर से बोल पड़े, अच्छा और आपकी निगाह वही खड़ी इसकी धर्मपत्नी से मिल गई। इनके हृदय में तत्काल विचार उठा कि नहीं भाई साहब जी, यदि भाग्य में हो तभी, नहीं तो नहीं चाहिए। बात आई की गई हो गई। आपके सानिध्य के दरमियान इसने ऐसे केस कुछ प्रेमी साधकों के साथ उपरोक्त

कही भाग्य के यथार्थ की बात भी देखी। इस महाविज्ञान पर पता नहीं मानव, कब सर्व हिताय के दृष्टिकोण से ध्यान देगा।

17-06-2020

प्रतिक्रिया: तीन लोक नौखण्ड में गुरु से बड़ा न कोय। कर्ता करै न कर सके गुरु करै सो होय। रामकृष्ण से को बड़े तिनहू ने गुरु कीन्ह। तीन लोक के वे धनी से गुरु वचन आधीन। गुरु को सिर पर राखिए- चलिए आज्ञा माही। कह कबीरता दास को तीन लोक डर नाहीं। विश्वास फल दायकम। अटल अखण्ड विश्वास ही सफली भूत होता है - दु:ख हरण चौधरी; पुनीत मुल्तानी ने सूचित किया कि वह गृहस्थ जीवन में अध्यात्म पुस्तक खरीद ली है;

---

18. भ्रमित इंसान (2)

पूरे विश्व का मानव समाज घोर अनिश्चितता व संकट के समय से गुजर रहा है। लोग एक दूसरे से डरते से नजर आते हैं। जो एक दूसरे के यहाँ फ्रीली आते-जाते थे, आने वालों से डरने लगे हैं, कि कोरोना न आ जाय। हमारे मित्र व रिश्तेदार, एक शाम को गप-शप के लिए आना चाहते थे, इसने हाँ कह दिया कि, आईये। बेटी ने सुन लिया, क्यों हाँ कहा? डॉ. ने मना किया है किसी से मिलने को। फिर उसी ने ही उन्हें मना कर दिया कि, फूफा जी, अभी मिलने-जुलने से बचिए, फोन से ही बात कर लिया कीजिए। हाय रे इंसान! तू करे तो क्या करे। जब की वास्तविकता यह है, कि सब हमीं हैं, कोई अन्तर नहीं। यही तो गीता में भगवान कृष्ण ने अर्जुन को अनुभव कराया था। कहा है 'जड़-चेतन जग जीव जत सकल राम मय जानि', यही है भगवान की लीला। फिर इसके बाद, नेति-नेति का भी तमगा लगा हुआ है। इस पर भी इंसान अपने को जानने की बात सोचता ही नहीं।

इस गुत्थी को सुलझाने के लिए, अध्यात्म विज्ञान है, लेकिन उसका भी क्या हाल है, हम देख ही रहे हैं। भगवान राम, कृष्ण, महावीर, बुद्ध की बातें हम सुनते हैं। मुझे ऐसा लगता है कि अनुभव के स्तर पर, ऐसे और बहुत से भगवान, इस मानव समुदाय में आकर चले गये होंगे, जिन्हें यह समाज जानता ही नहीं। यह बिडम्बना ही लगती है कि स्वयं को जानने की शिक्षा का विचार

आज तक समाज में नहीं बन पाया। आईए ऐसे महापुरूष की बात करते हैं, जिन्हें हम सब जानते हैं। श्री रामकृष्ण नरेन्द्र से कह रहे हैं, "क्या गिरीश घोष ने जो कुछ कहा (कि मैं अवतार हूँ), वह तेरे साथ मिलता है (तू भी ऐसा सोचता है)।" नरेन्द्र, मैंने कुछ नहीं कहा, उन्होंने ही कहा कि उनका विश्वस है कि आप अवतार हैं। श्री रामकृष्ण – परन्तु उसमें कैसा गंभीर विश्वास है! देखा? कुछ दिनों के बाद, अवतार के विषय में नरेन्द्र के साथ श्री रामकृष्ण का वार्तालाप हुआ। श्रीरामकृष्ण कह रहे हैं, "अच्छा, कोई कोई जो मुझे ईश्वर का अवतार कहते हैं- तू क्या समझता है? 'नरेन्द्र ने कहा, दूसरों की राय सुनकर मैं कुछ नहीं कहूँगा; मैं स्वयं जब समझूँगा जब मेरा विश्वास होगा, तभी कहूँगा। 'काशीपुर बगीचे में श्रीरामकृष्ण जिस समय कैंसर रोग की यंत्रणा से बेचैन हो रहे हैं, भात का तरल माँड़ तक गले के नीचे नहीं उतर रहा है, उस समय एक दिन नरेन्द्र श्री रामकृष्ण के पास बैठकर सोच रहे हैं, इस यंत्रणा में यदि कहें कि मैं ईश्वर का अवतार हूँ तो विश्वास होगा?' उसी समय रामकृष्ण कहने लगे, "जो राम, जो कृष्ण, इस समय वे ही रामकृष्ण के रुप में भक्तों के लिए अवतीर्ण हुए हैं।" नरेन्द्र यह बात सुन कर दंग रह गये।

गृहस्थ सन्त यशपाल जी (भाई साहब), आज के समय में, हमारे शोध में, श्रीरामकृष्ण जी के प्रतिमूर्ति लगे। गृहस्थ में रहते हुऐ, कामिनी काँचन के बीच, निर्लिप्त जीवन आपने जिया। आपको भीड़ में नहीं पहचाना जा सकता था। मुट्ठी भर गृहस्थ भक्तों की मंडली आपके इर्द-गिर्द भी होती थी, लेकिन उन्हें रामकृष्ण जी की तरह पहचाना नहीं जा सका। आप जीवन के उत्तरार्ध में गहरे ध्यान व समाधि की अवस्था में रहे, जिसे आज के डॉ. बीमारी के रुप में उपचार करते रहे और आपको कठिन शारीरिक पीड़ा से गुजरना पड़ा. जिसका यह साक्षी रहा।

18-06-2020

प्रतिक्रिया: अध्यात्म का मार्ग एक आग का दरिया है, इसे तैर कर जाना होता है- दु:ख हरण चौधरी; बहुत सुन्दर अनुभव आपके भाई साहब जी के साथ हुए। हमको सीख लेनी है- डॉ. आर0पी0 शुक्ला।

19. अध्यात्म शोध का विषय

आर्थिक गतिविधियों के शुरु होने से, कोरोना संक्रमण की समस्या बढ़ने में तेजी आई है। चीन से बार्डर पर भी संघर्ष है। देश के प्रशासन की बड़ी बुद्धिमत्ता से किये प्रयास के फलस्वरूप, जनता का समर्थन हासिल करने में सफल है, अधिकांश राजनैतिक दल भी सरकार के साथ हैं। यह हमारे देश की आध्यात्मिक विरासत का प्रभाव है। आत्मनिर्भर बनने की बात हो रही है। ऐसे में, हमें आध्यात्मिक विज्ञान को समझना व जन हित में विकसित करना होगा। शास्त्रों के पठन-पाठन पर बहुत कुछ किया जा चुका है। उसे तकनीकी रुप में ढालना होगा। हमने गृहस्थ में ध्यान करने की तकनीक का व्यापक रुप में प्रस्तुत करने का प्रयास गत पत्रों में किया है। इस लेख में यह ध्यान से सम्बन्धित अपने गुरु देव का एक अनुभव साझा करता है।

अध्यात्म शोध का विषय: स्थान - दिल्ली (29-3-97)

संत यशपाल (भाई साहब जी) डॉ. राम मनोहर लोहिया हास्पिटल (दिल्ली) में भर्ती हैं। सायँ, यह धर्म पत्नी के साथ अस्पताल गया। यह आलू की चिप्स व चाय बना कर ले गई थीं। आपने सामने पड़ी कुर्सी पर बैठने को कहा। कहने लगे कि कुछ लोगों ने गलतफहमी पैदा कर दी है की भाई साहब जी mentally disturbed (मानसिक रुप से बेचैन) हैं। क्या अध्यात्म है? भारत अब अध्यात्म लायक रहा ही नहीं। इतना कुछ होते हुये लोग नहीं समझते, नहीं समझ सकते। सेवक हमेशा होश में था, हाँ शरीर का भान न था। deep (गहरा) ध्यान था, super consciousness। यह बात जरूर है कि एक दिन पहले Sunday (रविवार को) इसका ध्यान गहरा लग जाता था। ध्यान टूटता तो alert (सजग) हो जाता। सत्संग जल्दी समाप्त किया, ऊपर गया, खाना खाया। शिव ओम जी को बुलाया, उनका काम (सन्त सुधा का) कर दिया। साँय ध्यान की अवस्था काफी गहरी थी। होश न था कि आज सायँ हवन करनी है। इसने कहा कि यह नीचे नहीं जायेगा, माता जी शान्तिपाठ करा देंगीं। रात डॉ. एस0 सी0 शर्मा आये, देखे, कहने लगे की अस्पताल चलना है, टेस्ट करने हैं। सेवक ने कहा कि क्या रात को आपके यहाँ टेस्ट होता है? अस्पताल खुला है, बोले हाँ हो जायेगा। ठीक है, सेवक तैयार होकर सीढ़ियों से नीचे आया। इसे होश नहीं कि कहाँ जा रहा है। इतना

जरूर याद है कि लोकेश जी की कार में बैठ कर यह यहाँ आया। फिर क्या हुआ, पता नहीं। डॉ. लोग जो कहते इसका response (जबाब) ठीक रहा। तमाम इन्जेक्शन लगाये, इसे पता न चला। यह तो बाद में देखा कि निशान ही निशान हैं। आपने निशान हम लोगों को दिखाया। डॉ. जनार्दन सिंह कह रहे थे कि टोपी आप ठीक से लगाते हैं। चलते समय जब टोपी आप्को दिये तो आपने सिलाई देखकर टोपी ठीक से लगाया। पूरा होश था। यहाँ आने पर डॉक्टरों ने अपना काम शुरु किया। पहले Head की scanning सब्र ठीक, फिर heart देखा ठीक, blood में Co2 की मात्रा ज्यादा मिली। डाक्टरों ने dylesis लगाने की बात की। मशीन यहाँ खराब थी, गंगा राम अस्पताल ले गये। वहाँ डाक्टरों ने मना कर दिया कि इसकी जरूरत नहीं थी। फिर पेशाब के रास्ते में नली डाला, हाँ यहाँ दर्द महसूस हुआ। सेवक ने उसे निकलवा दिया। पेशाब हो गई। जब भी डाक्टर पूँछते इसका response (जबाब) ठीक रहा, काफी cooperative (सहयोगात्मक)। कई दिनों से पानी नहीं पीता था। urea वगैरह का concentration बढ़ गया होगा। अब भी कह रहे हैं कि 2-3 दिन और रखेंगें। हमें तो कोई फर्क नहीं पड़ता। अध्यात्म विद्या समझ के परे है। इसे नेती-नेती कहा गया है। यह तो रिसर्च की बात है। समाधी क्या है? कोई जल समाधी लेता है, कोई cave में शरीर छोड़ देता है। कहते हैं कि 'परमात्मा तू ही है तेरी इच्छा पूर्ण हो'। जब समाधी ले ली तो यह तो अपनी इच्छा हुई। कुछ दिन पहले विनोवा जी ने खाना बन्द कर दिया था, शरीर छूट गया। अगले रोज अखबार में था कि यह तो sucide (आत्महत्या) का case (केस) है, किसी scientist (वैज्ञानिक) ने लिखा था। बड़ा मुश्किल है समझना। Deep (गहरे) ध्यान की अवस्था थी। प्रणव, नागपुर से भाग कर आया। उसे मना कर दिया था। जियालाल जी ने उसे बताया कि भाई साहब जी mentally disturbed हैं। उसने कहा कि ऐसा नहीं हो सकता और कोई बीमारी हो सकती है, लेकिन बाबा जी को mental (मानसिक) कोई समस्या नहीं हो सकती है। जियालाल जी सत्संग के pillar (स्तंभ) हैं। ये लोग ऐसा कह जाते हैं। क्या समझा इन्होंने अध्यात्म को। हाँ बात ऐसी थी कुछ दिनों से महाराज जी के दर्शन नहीं हो रहे थे। इसने सोचा क्या हो गया। अभ्यास बढ़ा दिया। इसमें शरीर का होश न रहा। सारी बातों का होश धा, पूरा response था। Super consciousness की हालत थी। बड़ी सूक्ष्म चीज है यह।

बातें करते समय आप हँसते रहे। इस समय माता जी, इसकी धर्म पत्नी, डॉ. संजय सूद, डॉ. अजय, डॉ. जनार्दन सिहं, सुरेश भाई, भाई रमेश जी कमरे में बैठे यह सुनते रहे।

भाई साहब जी के सानिध्य में, हमने गृहस्थ जीवन में ध्यान की पद्धति को एक विज्ञान के दृष्टिकोण से देखा। सन्तों ने कहा है जिन लोगों ने शरीर विज्ञान का अध्ययन किया है, उन्हें और आगे बढ़ना चाहिए और आत्म विज्ञान का अध्ययन करना चाहिए। शरीर ढाँचे की आड़ में एक सूक्ष्म आध्यात्मिक तंत्र छिपा है। देखते हैं, इस विज्ञान को आधुनिक समाज का मानव समझ नहीं सका और न ही जनहित में विकसित कर सका। आज मानवता विनाश के कगार पर खड़ी है। क्या प्रकृति परमात्मा की इस 'मानव' की अद्‌भुत कृति को कोरोना के बहाने, सीख व सही मार्ग पर लाने की कोशिश कर रही है? ईश्वर जानें!

19-06-2020

प्रतिक्रिया: अध्यात्म, विज्ञान से परे की चीज हे - डॉ. आर0पी0 शुक्ला; बहुत बहुत धन्यवाद। आपने पूज्य भाईसाहब जी के साथ हुई बहुमूल्य वार्ता शेयर किया। वास्तविकता तो यह है कि अध्यात्म के अंदर आत्मा का विज्ञान एक अलग विषय है। जहाँ तक शरीर के डॉक्टर या वैज्ञानिकों की पहुँच नहीं हो सकी है। इसे कोई उच्च कोटि के संत या महात्मा ही समझ सकते हैं। जिनकी रसाई या पहुँच वहाँ तक हो सकी है। अन्यथा बीमारी जान कर इंजेक्शन ही लगायेंगे- दु:ख हरण चौधरी

---

20. जीवन यात्रा एक साधना

NBT पेपर में भारत के उप राष्ट्रपति एम. वेकैया नायडू जी का लेख 'अपने अंदर की क्षमता पहचानें' पढ़ा। लेख में 21 जून को आ रहे 'अंतरराष्ट्रीय योग दिवस' पर, कोरोना के संदर्भ में, योग की उपयोगिता के विभिन्न पहलुओं पर चर्चा थी। आप लिखते हैं 'निस्संदेह यह बड़ा तनावपूर्ण समय है। हम घरों में बँधे रहने को विवश हैं। कोविड के कारण हमारे जीवन में आये तनाव - अवसाद का कारगर निराकरण योग कर सकता है। वर्तमान परिस्थितियों में नागरिकों और देशों को कठिन चुनाव करना है- जीवन और जीविका के बीच, बँदी और खोलने के बीच, एकांत और संपर्क-संवाद के

बीच।' लेख बड़ा ही सामयिक लगा। इन तीनों बातों के लिए, योग को, इसके व्यापक रूप में देखना होगा। यह एक बृहद् विषय है। इसके जानकार, अलग-अलग तरीके व परिपेक्ष्य में इसे विकसित कर रहे हैं। वास्तव में, ऐसी सोच व तरीकों में समन्वय की आवश्यकता है। आज ही, इस पत्र की सीरीज में, हमारे आनंदयोग के रहे एक साधक साथी, मंसूर अली प्रोधानी जी की दिनांक 16 जून के पत्र पर एक प्रतिक्रिया, मेल से मिली। योग साधना के परिपेक्ष्य व इससे लाभान्वित होने का एक अनुभव उन्होंने लिखा है। वह यहाँ साझा करता हूँ।

आप लिखते हैं This letter influenced my mind immensely. The role of GURU in human life is very important and it leads in the path of SPIRITUAL development. I have realized that the teachings of our Pujya Bhai Saheb ji (Yashpal ji) greatly influenced my life in cleaning my mind and soul. As a result, when I stayed alone in Delhi more than a decade, I was able to control my self from lust, greed, kama, krodh etc. My mind was fully engaged in performing regular prayer, reciting the Quran and remained in Zikr ie utter the name of God (ALLAH) silently in each respiration. As I did this Karmaa, I was evenly getting blessings from time to time. Some of them I have mentioned in my earlier communication." Lastly, Sh. Prodhani, expresses his belief in the dream of Ashwani kumar in which the Saint of order 'Chacha ji' guided him consoling with words "that the events of life of sadhaks occur as per God's wish, those who follow spiritual path for self development."

नायडू साहब की योग की उपयोगिता पर कही बात, गौर करने वाली है। हमारा अनुभव कहता है कि, कोई भी पद्धति या तरीका जो अपनायें, फिर जीवन में दो ही बात होना चाहिए, स्वधर्म पालन और साधना। इसे कोई-कोई ही कर पाता है। यही मानव जीवन की बिडंबना है, संस्कारों का चक्कर है, उसमें भी सच्चे मार्ग दर्शक की उपलब्धता। वैसे तो अब ऐसा समय आया लगता है कि अन्तरराष्ट्रीय योग विश्वविद्यालय, स्थापित कर, योग के सारे आयामों/पक्ष पर शिक्षा व शोध हो।

20-06-2020

प्रतिक्रिया: I went through your writeup but my problem is giving more marks to logic over faith. I also know that I am wrong but I can't help- Dr. Arun Varma; प्रधानी जी का अनुभव बहुत सुन्दर है- डॉ. आर0पी0 शुक्ला; बिनु सत्संग विवेक न होई। राम कृपा बिनु सुलभ न सोई- दु:ख हरण चौधरी

---

21. योग में आनंदयोग

आज अन्तर्राष्ट्रीय योग दिवस है। NBT पेपर में भारत के मानव संसाधन विकास मंत्री श्री रमेश पोखरियाल 'निशंक' का लेख है। आपने यह बताने का प्रयास किया है कि कैसे सत्ता में आने के 6 महीने के भीतर, मोदी जी ने हमारी 5000 साल पुरानी योग की विरासत को सच्ची पहचान दिलाई और विश्व स्तर पर यह पहल संयुक्त राष्ट्र में 90 दिनों के भीतर प्रस्तावित व लागू किया गया, 177 देशों का समर्थन मिला। आप लिखते हैं योग-तन, मन और आत्मा के सहज एकीकरण का विज्ञान है। यह स्वयं को, स्वयं के लिये और स्वयं के जरिए यात्रा है। महर्षि पतंजली को योग पर उनके ग्रंथ 'पतंजलि योग सूत्र' के लिए जाना जाता है। भारत की योग व योग साधनाओं के सार का अनुवाद करने, बी. के. एस. अयंगार और परमहंस योगानन्द को अपने प्रेरणा दायक जीवन के माध्यम से दुनिया भर में योग के प्रसार के लिए, और विवेकानन्द को पश्चिम में योग के सबसे बड़े प्रचारक के तौर पर जाने जाते हैं, की बात की है। पिछले दशकों में योग के प्रचार-प्रसार में स्वामी रामदेव जी के योगदान को नजर अंदाज नहीं किया जा सकत। यह अतिश्योक्ति न होगी कि विश्व स्तर पर योग की पहचान व विश्व योग दिवस की मान्यता मिलने में, आपके प्रयास का अहम योगदान को नकारा भी नहीं जा सकता।

स्वामी रामदेव जी ने योग को स्वास्थ्य से जोड़ा, जिससे जन मानस में स्वीकारिता मिलने में आसानी रही। इसी तरह सदियों से हजारों साधकों अपने अनुभव ज्ञान से योग को विज्ञान की भाषा (माध्यम) में बताने का भी प्रयास किया है, जिन्हें दुनिया जानती नहीं और यदि जानती है, तो विषय वस्तु को आगे बढ़ाने की हिम्मत नहीं जुटा पाती, क्योंकि यह मार्ग अत्यंत सरल, कठिन व अथक पुरुषार्थ माँगता है। इस बात से अंदाजा लगाया जा सकता है कि अभी तक जन साधारण में यही प्रश्न मन में नहीं आ पाया है कि आखिर

'मैं कौन हूँ?' यदाकदा सन्तों ने कहा है कि भगवान को जानने के पहले अपने को जानने का प्रयास करो। जब तुम अपने को जान जाओगे तो सब जान जाओगे!

ईश्वर कृपा से, इसे दो ऐसे सन्तों से मिलने का अवसर मिला, जो कबीर दर्शन पर जीवन यात्रा करते हुए उनकी साखियों की डिकोडिंग कर रहे थे। गृहस्थ सन्त महात्मा यशपाल जी (भाई साहब) और महात्मा राकेश कुमार मित्तल, दोनों अध्यात्म व दुनियादारी में कबीर सरीखे पक्के गृहस्थ व अनुकरणीय लगे (ईश्वर ने चाहा तो कालान्तर में आधुनिक कबीर कहे जायेंगे)। इस पत्र के माध्यम से मात्र, यह कहना चाहता है कि आप दोनों के स्वसृजित, अनुभव आधारित विशाल अध्यात्मिक साहित्य, 'अखिल भारतीय संतमत सत्संग' दिल्ली तथा 'कबीर शान्ति मिशन' लखनऊ में उपलब्ध हैं जो इस विज्ञान को आगे बढ़ाने में मील के पत्थर साबित होंगें, शोधार्थी बन्धुओं के लिए उपयोगी होंगे। योग के विज्ञान आयाम पर, आगे बढ़ने में मदद मिलेगी। यशपाल महाराज द्वारा संकलित 'आनंदयोग', परमात्मा ने चाहा तो, भविष्य में मानव विकास के लिए बड़ा उपयोगी साबित होगा।

21-06-2020

प्रतिक्रिया: योग दिवस पर एवं सत्संग से संबन्धित आपकी विवेचना अर्थपूर्ण है- दुःख हरण चौधरी; बहुत सही डॉ. आर0पी0 शुक्ला।

---

22. स्वाभाविक जीवन यात्रा

कोरोना मर्ज के बढ़ते ग्राफ (आज रिकार्ड 14512 नये मरीज) की खबर के बीच, के.जी.एम.यू. की 'पाइलट स्टडी - लॉकडाउन के दौरान ज्यादा स्वस्थ हो गये लोग, खुद के लिए जीने लगे' का भी समाचार था। यह भी खबर थी कि रिकवरी रेट (55.49%) का ग्राफ भी बढ़ रहा है। यह पढ़कर, बचपन की एक याद आ गई कि 'जो होता है, अच्छा होता है'। सत्संगिनी दादी के पास, इसी टाइटिल की एक पुस्तक पढ़ने की धुँधली याद, दशकों से जीवन यात्रा के अनुभवों के साथ आती रही है। सिर्फ इतना याद है कि पुस्तक में छोटी-छोटी घटनाओं का जिकर होता जो प्रारम्भ में बहुत खराब

और अन्त में सुखद ही होता के वर्णन होते। इस कहावत में, निहित यथार्थ को हमने जीवन यात्रा में सही पाया है। तमाम लोगों के अनुभवों का संकलन था उस पुस्तक में, ऐसा मुझे आज अन्दाजा लगता है। बस टाइटिल भाव ही स्पष्ट रुप से याद है। यह प्रचलित कहावत है, जो अक्सर लोगों से सुनते रहे हैं। सकारात्मक जीवन जीने की अद्‌भुत कला। उपरोक्त कोरोना खबर पर हमें सकारात्मक भाव बनाये रखना होगा।

हमने तो अपने जीवन में इसे सत्य पाया है। 'अन्त भला, सब भला' की आस लगाये रख कर एहतियात बरतें। स्वभाव में एक बात अवश्य थी कि वर्तमान में संतुष्टि व जाब सैटिसफैक्शन (job - satisfaction)। जीवन में जितने भी परिवर्तन हुए (turning points), बिना इच्छा व स्वाभाविक प्रक्रिया के तहत। मार्ग दर्शक-आत्मा की आवाज या फिर आवश्यक हुआ तो- गुरुदेव से परामर्श। कभी-कभी दुनियावी प्रलोभनों में हम निर्णय नहीं कर पाते, कि क्या करना चाहिए? और लोगों की नकल या तथाकथित शुभचिन्तकों के दबाव में किसी न किसी तरह आगे बढ़ने का प्रयास करते हैं। Name, fame or money are uasually main consideration and not the real purpose of subject matter/or expected purpose. अपनी जीवन यात्रा में हमने दोनों परिस्थितियों में निर्णय करने का अनुभव किया है। मार्गदर्शक के साथ का एक अनुभव साझा करता हूँ।

एक उप संस्थान के प्रोजक्ट निदेशक के पद पर अप्लाई करूं या नहीं की बात थी, साथियों का दबाव कि करो, आत्मा न कहती। यह बात गुरुदेव से पूँछा तो आपने कहा कि इस पद पर आपकी सैलरी कितनी बढ़ेगी? कुछ नहीं, केवल काम प्रशासनिक हो जायेगा। आपने कहा कि फिर क्यों चक्कर में पड़ते हो। देखो, डॉ. आर0एन0 प्रसाद को सिक्योरिटी में रहना पड़ रहा है। वैसे! पोस्ट तो अच्छी है, जैसा आप चाहें कर लें। उत्तर हमें मिल गया, आत्मा हमें, सही रास्ता दिखाती है, लेकिन हम मानते नहीं। ऐसे हमने तमाम साथियों को देखा जिनकी जीवन यात्रा अशान्ति में रही जिन्होंने अपनी स्वाभाविक क्षमता के विरुद्ध जीवन यात्रा करने का प्रयास किया और किये। समाज के हर स्तर पर यह स्वाभाविक बीमारी देखा-देखी की रही है और आज भी है। स्वाभाविक जीवन यात्रा की बात और है, ईश्वर इच्छा पर होती है।

इसका एक मात्र उपाय अध्यात्मिक जीवन है, और 'जो होता है अच्छा होता है' के स्वयं के अनुभव, यदि हम सजग रहें और संज्ञान लेते रहें।। यह उनसे ही हो पाता है जो अपनी आत्मा की आवाज पर जीवन यात्रा करते हैं या स्वधर्म पालन, जो ईश्वर इच्छा ही होती है।

22-06-2020

प्रतिक्रिया: जीवन में भोगा हुआ यथार्थ का सही चित्रण किया है आपने। होता वही है जो ईश्वर की इच्छा होती है। Man is a tool in the hands of God–Dukh Haran Chaudhary. Good views – Sangam Singh; आत्मा की आवाज व स्वधर्म पर चलकर हमें जीवन की सार्थकता प्राप्त हो सकती है। किन्तु भेद बुद्धि सब कुछ तहस-नहस कर देती है- टी0पी0 सिंह

---

23. राम नाम प्राथमिकता

अनलॉक फेज में संभलता हुआ सामाजिक ताना-बाना तथा चीन द्वारा लद्दाख बार्डर पर तनाव की स्थिति पैदा किये जाने से उपजी विषम परिस्थिति ने कोरोना की समस्या को और जटिल बना दिया है। समाज का एक वर्ग, हमेशा से राजसिक व तामसिक वृत्तियों से प्रेरित हो नकारात्मक भाव से सक्रिय रहता ही है। ऐसे में शासक वर्ग के शीर्ष नेता का धैर्य ही काम आता है। वर्षों पहले कारगिल के युद्ध में बाजपेयी जी के धैर्य को हम देख चुके हैं। वैसे ही डोकलाम व आज के तनाव में हम मोदी जी के धैर्य को देख रहे हैं। यही आध्यात्म का प्रभाव है, खासकर अपने इस आध्यात्मिक आधार के देश में। अभी तक जितने भी महात्मा, भगवान या अवतार हुए हैं, सबों ने मानव समुदाय को, उसके आध्यात्मिक पक्ष से अवगत कराने का भरपूर प्रयास किया है। इसके बावजूद इस मामले में, हमारा समाज, अभी भी, बहुत ही प्रारम्भिक अवस्था में ही है। इसका मुख्य कारण मानव व मानवता पक्ष की शिक्षा में अभाव है, जो हमारी शिक्षा तन्त्र का अंग नहीं बन सका है।

हमारे एक वैज्ञानिक साथी, हमारी तरह सेवा निवृत्त हो जीवन यात्रा कर रहे हैं। हमारे इन पत्रों को आप पढ़ते रहे हैं। आज उनकी एक प्रतिक्रिया मिली। आपने लिखा है- "I went through your write up but my problem is giving more marks to logic over faith. I also know that I am wrong but I can't help it' बड़ी सही बात लिखी है। यही हमरी भी 1979 तक स्थिति थी, जब तक महात्मा यशपाल जी से साक्षात्कार नहीं हुआ था। जब हुआ तो logic की बात खत्म हो गई, रह गया यथार्थ व ईश्वर की इच्छा या लीला। इन, मार्ग- दर्शक की हर बात आत्मा स्वीकार करने लगी, कारण कि वे निष्काम कर्मी व 'परमात्मा तू ही है तेरी इच्छा पूरी हो' के उपासक थे। उनकी रहनी-सहनी धर्मानुकूल व एक आदर्श गृहस्थ की थी। समय आने पर ही ऐसे महापुरूष से साक्षात्कार हो पाता है। गत 19 जून के इस सीरीज के पत्र में, स्वामी रामकृष्ण व विवेकानन्द जी के अवतार के सम्बन्ध में वार्तालाप का जिकर आया था। इस पर मंसूर अली प्रोधानी ने प्रतिक्रिया देते हुए लिखा है 'Pujya Bhai sahib ji and Ramkrishna were sadhaks having super natural power bestowed by the Aimighty. In Islam we call them Aulia, They always remain remembering Almighty, general public do not understand them. They remain with us and do worldly duties but mind remain in contact with the Aimighty all the time. I think we may compare them with Aulia Nizamuddin sahib ji of Delhi.' भाई साहब जी ने एक बार बताया था कि 'जो अवतार होते हैं वे समाज की कुरीतियों को केवल प्रेम से ही नहीं, बल्कि साम, दाम, दन्ड तीनों से ठीक करते हैं, जबकि संत प्रेम मार्ग से ठीक करने की कोशिश करते हैं। भगवान राम, भगवान कृष्ण अवतार माने जाते हैं।'

मानव जीवन में सारा खेल भावनाओं का है। महात्मा यशपाल जी कहते थे कि राम-नाम जीवन की प्राथमिकता होनी चाहिए।

23-06-2020

प्रतिक्रिया: मंसूर अली प्रोधानी जी का अनुभव लिखना सत्य है- एस0 एन0 खन्ना। प्रोधानी जी की प्रतिक्रिया सटीक है- डॉ. आर0पी0 शुक्ला; एक कहावत है मानो तो देव नहीं तो पत्थर। विश्वास ही मूल बात है। भक्त प्रहलाद ने पत्थर के खम्भे में भगवान को प्रकट कर दिया। भक्ती बंदौं प्रहलाद ही को जिन पाहन से परमेश्वर काढ़ो- दु:ख हरण चौधरी।

24. अकेलेपन का एहसास कराता- कोरोना

इस बीमारी ने ऐसी परिस्थिति पैदा कर दी है कि इंसान अकेले पड़ जाने का एहसास कर रहा है। यह सच भी है, वह अकेला ही आता है और अकेला ही जाता है। इस प्रक्रिया में एक महाविज्ञान 'अध्यात्म' छिपा है। आज के NBT पेपर में हफीज किदवई का लेख था, 'अकेलेपन से दुनिया खत्म नहीं, शुरु होती है।' आध्यात्म विज्ञान के परिपेक्ष्य में, आज की परिस्थिति का एक अच्छा विश्लेषण किया है, किदवई साहब ने। आपने लिखा है कि "इस परिस्थिति से उपजे अकेलेपन का एहसास हो या अवसाद, दोनों ही स्थितियों को अध्यात्म से काबू किया जा सकता है। इस दौर में सबसे ज्यादा प्रभावित होने वाली चीज है, हमारा विश्वास। हर उस चीज पर विश्वास जो हमारी जरूरत है, हर उस रिश्ते पर विश्वास जो हमारी जरूरत है, जो हमें लगता था कि सबसे अहम् है। हमें देखना ही होगा कि जब यह समय बीत जायेगा तब हम कहाँ किस धरातल पर खड़े होंगे। ऐसे में हमें अध्यात्म की डोर पकड़नी होगी, जो हमें हमारे दिल से जोड़ती है, जीवन का आधार बनाती है और मजबूत भी करती है। अपनी आध्यात्मिक शक्तियों को जागृत करना होगा, जो कठिन नहीं है, बड़ा आसान है, बस एक बार खुद से बात शुरु कीजिए, सवालों के जबाब खुद खोजें और यह मानें कि आप इस पृथ्वी के लिए बहुत अहम हैं। आपका होना ही इस समूची सृष्टि का होना है। अपने को जिन्दा रहने का हर प्रयास कीजिए। यह एक सच्चाई है कि हर मस्तिष्क के सवाल, उत्तर सहित उसी मस्तिष्क में मौजूद होते हैं। हम बस देख नहीं पाते हैं। अध्यात्म हमें यह देखने का प्रशिक्षण देता है। हमें खुद को देखना, खुद से बात करना सिखाता है।" बहुत सही लिखा है आपने।

भगवान की लीला देखिए! उपरोक्त पैराग्राफ लिखने के बाद, आगे क्या लिखूँ के विचार आते ही, मोबाइल पर वाट्अप पर मेसेज चेक करने की बात मन में आई। अरविन्द जी ने एक उपयोगी मैसेज भेजा था "This is Dr. Bajaj, MD, DM. Earliar head of cardiology in Batra Hospital, Delhi. He suggests just a 7 minutes excercise every day as per the demo and you can stay fit & healthy from tip to toe.... डिमो देखा। उनमें से तो लगभग अधिकतर, हम रोज अपने दिन चर्या के संपादन में करते ही है। नहाते

समय, हाथ धोते समय... या अन्य क्रियाओं में ऐसा होता ही रहता है। आजकल जबसे मोबाइल का प्रचलन हुआ है, ऐसे स्वस्थ रहने के छोटे-छोटे टिप्सों की भरमार है और उनमें अधिकतर अपनाये जा सकते हैं। हमारा अनुभव है कि जो सहज में अपना सकें, करना ही चाहिए। ऐसे तीन टिप्स का अनुसरण हम कर पाये हैं: रोज-दो तीन जवा लहसुन की कली खाना, सुबह 2 गिलास गुनगुना पानी पीना और 'सोंठ-काली मिर्च-पीपर' के चूर्ण की काली चाय पीना। लाभ के बारे में बिल्कुल नहीं सोचता। अनुभव की बातें हैं, लाभ तो होगा ही। ऐसी छोटी-छोटी बातें जो हृदयग्राही लगें, अपना लेने से किदवई जी की बात कि अध्यात्म कठिन नहीं हैं का एहसास होगा, जीवन यात्रा सुखद होती जायेगी। 'आनंदयोग' साधना पद्धति में ऐसे ही ध्यान की बात है, जो स्वाभाविक प्रक्रिया बन जाती है। पता ही नहीं चलता की हम ध्यान कर रहे हैं और हम हर वक्त ध्यान बना रहे की ओर बढ़ते जाते हैं। क्या लाभ हो रहा है का पता नहीं चलता। लेकिन जीवन यात्रा आनंदमयी होती जाती है। लाभ ही लाभ है, अनुभव गम्य है।

24-06-2020

प्रतिक्रिया: प्रभु नाम स्मरण ही सबसे बड़ा सहारा। अध्यात्मिक लाभ का अनुभव हुआ। आपके पत्र प्रेरणा से भरपूर- सतीश गुप्ता; एकला चलो रे ....। अगर कोई साथ न हो तो तू खुद से प्रीत जोड़ ले। बिछौना धरती का करके अरे आकाश ओढ़ ले। पूरा खेल जग में किसने यहाँ खेला है। चल अकेला, चल अकेला, चल अकेला। तेरा मेला पीछे छूटा राही चल अकेला। विचारणीय- दु:ख हरण चौधरी; सुन्दर suggestion. Dr R. P. Shukla

---

25. अध्यात्म साधना कठिन नहीं

जन जीवन सामान्य बनाने की प्रक्रिया प्रारम्भ हो जाने के बाद, हालांकि कोरोना बीमारी की बढ़ने की समस्या जस की तस बनी हुई है, लेकिन लोगों का ध्यान और समस्याओं की तरफ लग जाने से, यह बीमारी उपेक्षित होने के दायरे में जाती दिख रही है। यह भी एक आध्यात्मिक एप्रोच है, जिस पर आगे चर्चा करेंगें। अभी अध्यात्म को और समझने का प्रयास करते हैं।

भाग्य बस, यह सूफी साधना पद्धति सिलसिले के गृहस्थ संत, महात्मा यशपाल जी के सानिध्य में आया। मुस्लिम संतों के द्वारा भारतीय वेदांत दर्शन

को आत्मसात कर, व्यवहारिक रूप देने की सूफी परंपरा प्रारंभ हुई। इस मत में प्रेम को वरीयता दी जाती है। इस प्रेम की पराकाष्ठा गीता के शब्दों में वासुदेव: "सर्वमिति से महात्मा सुदुर्लभ:" है (7/99)। वह सभी को प्रभु की कृपा के विस्तार के रूप में देखता है। अध्यात्म, आत्मा/परमात्मा से सम्बन्धित विचारों व भावनाओं का विज्ञान है। हिन्दू सन्तों के सिलसिले में पहले सूफी संत महात्मा रामचन्द्र जी महाराज (लाला जी) हुए, जिन्हें यह विद्या मिली, विकसित होते हुए बृहद रूप में जन मानस में फैली जिसकी एक छोटी सी शाखा के प्रयास के आधार पर, यह, इस पत्र की सीरीज के माध्यम से चर्चा कर रहा है। अध्यात्म साधना में साधक को 'निष्काम कर्म' भाव को अपने में बढ़ाना होता है। यह कर्त्तापन के भाव से मुक्त होने (Elimination of I) की बात है। आनंद योग, की साधन प्रक्रिया, इस स्थिति को सुगमता से प्राप्त करा देती है, यहाँ तक कि आभास भी नहीं होने पाता कि हम कोई साधना कर रहे हैं। हिन्दुओं में इस सिलसिले के प्रवर्तक लाला जी महाराज का एक कथन यहाँ देना समीचीन लगता है। आपने लिखा है "समग्र क्रान्ति और समाज के प्रत्येक इकाई के आमूल परवर्तन कर देने के उतावले पन की आग मेरे सीने में धधक रही है। .... मुझे प्रतीक्षा है कतिपय उन हाथों की जिन्हें यह धधकती हुई ज्वाला सौंप कर ऐसी खामोशी से पर्दा कर जाऊँ कि आने वाले युग को इसकी भनक भी न हो कि रामचन्द्र नाम का कोई व्यक्ति दुनिया में आया भी था।" ऐसे संत गृहस्थ में ही पाये जाते हैं जिन्हें उनके जीवन काल में बहुत ही कम लोग जान पाते हैं, क्योंकि वे व्यवहार में औरों की ही तरह होते हैं। हमें तो महात्मा यशपाल जी के साथ 20 वर्ष तक रहने और उनके साथ काम करने का अवसर मिला था, कहाँ जान पाया उन्हें।

यशपाल जी की ही प्रेरणा कहूँगा कि आपके साथ साक्षात्कार के ही दिन से प्रतिदिन की डायरी लिखने लगा, वह भी अध्यात्म से संबन्धित अनुभवों की। उसी में से आपकी बातों का संकलन अभी गत वर्ष 'गृहस्थ जीवन में अध्यात्म - संत यशपाल कथनामृत' नाम से प्रकाशित हुआ। पुस्तक में, गृहस्थ में रहते हुए, दिनचर्या के खाली समय में साधना के माध्यम से, जीवन में परमात्मा के नाम को जोड़ने का तरीका व अनुभव ज्ञान की बातें आपके ही शब्दों में दी गई हैं। अतीत में, अपने देश में जितने भी महात्मा हुए,

अधिकांश गृहस्थ से हुए हैं। अध्यात्म साधना कठिन नहीं है, हफीज किदवई साहब की बात से हम सहमति जताते हैं।

25-06-2020

प्रतिक्रिया: Match to my bent of mind- I also felt to be alone daily for some times, since last 35-40 years. It may not be spiritual but certainly opportunity to organize our mind set, which may be essential for each one of us- Dr. K.A. Singh; बिल्कुल सत्य - डॉ. आर0पी0 शुक्ला; साधो भूले को घर लावै.... सो जन हमको भावे। घर में ही जोग भोग, घर में ही घर तजि अनत न जावै, जो गुरु अलख जगावै....। सम्यक विवेचना के लिए धन्यबाद - दु:ख हरण चौधरी।

---

26. एक को साधे सब सधे....

कोरोना के खिलाफ लड़ाई जैसी परिस्थिति में, हम गृहस्थ जीवन में अध्यात्म की उपयोगिता को समझने का प्रयास कर रहे हैं। परमात्मा में आस्था होने के कारण, प्रत्येक मानव का जीवन आध्यात्मिक होता है। जीवन यात्रा में, तमाम उतार-चढ़ावों के बीच यही आस्था ही सम्बल प्रदान करती है। एक कहावत है कि 'दु:ख में सुमिरन सब करे, सुख में करे न कोय, जब सुख में सुमिरन करे तो दु:ख काहे को होय'। यह कहावत बड़े अनुभव के बाद ही कही गई होगी। बहुत कम लोग ही इसे गंभीरता से लेते हैं। यदि लें, तो यही अध्यात्म साधना बन जाय। इससे परमात्मा की याद करने की आदत को बढ़ावा मिले। जैसे-जैसे परमात्मा की याद का समय बढ़ेगा, जीवन में आनंद बढ़ता जायेगा। ईश्वरोपासना का सबसे उत्तम क्षेत्र, गृहस्थ ही माना गया है। कुछ अनुभवों पर विचार करते हैं।

मध्यप्रदेश, आगर मालवा जिले के जयनरायन शर्मा, न्यायालय में वकील थे। कचहरी जाने के पहले, स्नानादि के बाद वे बैजनाथ मंदिर में पूजा करके ही कचहरी जाते थे। एक दिन पूजा में उनका ध्यान ऐसा लगा कि जब होश आया तो दिन के 3 बज गये थे। परेशान हो उठे क्योंकि उस दिन उनका एक जरूरी केस बहस में लगा था और पूरी सम्भावना कि उनके मुवक्किल का नुकसान हो गया हो। यह बातें सोचते हुए वे न्यायालय पहुँचे और जज साहब से मिलकर निवेदन किया कि यदि उस केस में

निर्णय न हुआ हो तो बहस के लिए अगली तारीख दे दें। जज साहब ने आश्चर्य व्यक्त करते हुए कहा कि यह क्या कह रहे हैं, आपने इतनी अच्छी बहस की, कि मैंने आपके पक्ष में निर्णय दे दिया और फाइल मंगवाकर उन्हें दिखाई भी जहाँ इन महोदय के हस्ताक्षर भी थे। बात समझ में आ गई कि उनके रूप में कौन आया था।

इसी तरह का एक वाकया महात्मा रामचन्द्र जी महाराज ने लिखा है। आप फतेहपुर कचहरी में रिकार्ड रुम में मुख्य लिपिक के पद पर कार्यरत थे। अगले दिन आयुक्त महोदय का आपके कार्यालय का निरीक्षण था। आगामी दिवस की पूर्ण संध्या में ही कुछ प्रेमी व सत्संगी भाई आपके निवास पर पधारे। देर रात तक भगवत चर्चा रही, जो अगली सुबह देर तक चलती रही। निरीक्षण का ध्यान आते ही, एकाएक हड़बड़ा गये और भागे-भागे राम-राम करते दोपहर एक बजे के बाद ही कार्यालय पहुँच पाये। अनेकानेक अनहोनियों की कल्पना से घबड़ाये, डरते-डरते निकटस्थ एक लिपिक से पूछा कि क्या निरीक्षण ठीक प्रकार से हो गया? भाई मैं विचित्र स्थिति में फंस जाने से आ न सका। उक्त लिपिक, आश्चर्य से हँसते हुए कहने लगा कि बड़े बाबू! इस बुढ़ापे में, मैं ही बचा हूँ इस प्रकार के मजाक के लिए। अभी-अभी साहब लोग गये हैं। आपने स्वयं ही तो किस कुशलता से पूरा मुआयना कराया कि वे सब अचंभे में पड़ गये थे। मुझे यह समझते देर न लगी कि यह लीला किस की (मेरे प्रभू) थी।

ऐसे तमाम अनुभव, अध्यात्मिक साहित्य में पढ़ने को मिलते हैं। यह कोई अजूबी बात नहीं है, लेकिन परमात्मा की, प्रकृति में व्यवस्था है कि उसका काम होता रहे। ऐसे अनुभव समर्पित बंदो को होते हैं। काश! इंसान एक ईष्ट व कर्तव्यनिष्ठ बन सके। हमारे ऋषी-मुनी सारे ब्रम्हाण्ड की बातें शास्त्रों में भर गये। कैसे? का प्रश्न हमारे मन में बार-बार आता है। यही उत्तर पाता हूँ कि भौतिक विज्ञान की वजह से आज मानव बौधिक रूप से भटक गया है।

26-06-2020

प्रतिक्रिया: बहुत सुन्दर शिक्षा प्रद अनुभव-डॉ. आर0पी0 शुक्ला; सुख के माये दिल परै नाम हृदय से बोल। बलिहारी वह दु:ख की जो पल-पल नाम रटाये।। उपरोक्त प्रसंग का

विवरण सराहनीय। पूज्य महाराज जी हमेशा कहते थे कि ईश्वर सर्व-समर्थ है। सुई के न कुएँ से ऊँट निकाल सकता है वशर्ते उसके प्रति हमारा अखंड, अटल विश्वास व पूर्ण समर्पण हो तब। यह मार्ग बहुत कठिन है। गुरु कृपा ही का मात्र सहारा होता है- दु:ख हरण चौधरी

---

27. निष्काम कर्म का प्रभाव

अजीबोगरीब जन्य परस्थिति में कोरोना समस्या से उबरने का प्रयास हर इंसान अपनी-अपनी तरह से कर रहा है। कल के पत्र में जो बात की थी, वह सहज स्वाभाविक अध्यात्म साधना के अनुभव थे। अध्यात्म को, जीवन जीने की कला कहा गया है, जो गृहस्थ में 'योग' को समग्र व सहज रूप में अपना कर जीवन यात्रा की जाती है। कल के पत्र में दिये, दो उदाहरण अध्यात्म मार्ग के राहियों के स्वाभाविक जीवन यात्रा (संस्कार प्रेरित) में, ईश्वर कृपा के, अनुभव थे, जिससे परमात्मा में विश्वास बढ़ता है। दोनों महानुभाव साधक थे। महात्मा यशपाल जी का कहना था कि ऐसे अनुभवों को नजर अंदाज करते रहना चाहिए। परमात्मा क्या नहीं कर सकता, रामकृष्ण परमहंस के शब्दों में चाहे तो सुई के नकुए से ऊँट निकाल दे। आप कहते थे, कि ऐसे अनुभव 'निष्काम कर्म' की वजह से होते हैं और जब तक निष्काम कर्म नहीं हो जाता, जन्म - मरण से छुटकारा नहीं मिलता। आप निष्काम कर्म की परिभाषा बताते थे "जिस काम को करने के पहले, काम को करते समय और काम कर चुकने के बाद हृदय पर संस्कार न बने, उसे निष्काम कर्म कहते हैं"। गृहस्थ में 24 घण्टे की ध्यान साधना से, ऐसी अवस्था शनैः शनैः बनती जाती है। ऐसे अनुभव कोई लक्ष्य नहीं होते। साधना में प्रोत्साहन के लिए incentives हैं यह। साधना भी स्वाभाविक रुप में, जीवन यात्रा का हिस्सा बन जाती है, धर्मानुकूल जीवन यात्रा। अनुशासित गृहस्थ व कर्तव्य-निष्ठ साधकों को, ऐसे अनुभव होते रहते हैं। इस सम्बन्ध में हम अपना एक अनुभव साझा करते हैं।

यह वैज्ञानिक रहा, शिलांग में पोस्टेड था, 12-14 विभिन्न विषयों के वैज्ञानिक समूह का समन्वयक के रुप में काम में लगा था। फील्ड लेवल के जलग्रहण क्षेत्र आधारित फारमिंग सिस्टमस (Watershed Based Farming

Saytem) पर शोध का कार्य चल रहा था। वर्षा के दिनों में कितना पानी और मिट्टी बह कर इन क्षेत्रों से बाहर चली जाती है का माप आटोमैटिक रिकार्डर व फल्यूम के माध्यम से करना था। रिकार्डिग सिस्टम में किस साइज का फल्यूम स्थापित हो के निर्णय की मुख्य बात थी। उचित आँकलन व अनुभव के आधार पर इसने प्रोजक्ट मैनेजर को हर वाटरशेड के क्षेत्र के अनुसार साइज बता कर निर्माण कराने को बता दिया था। एक दिन पहाड़ी की चोटी से नीचे उतरते समय, एक वाटरशेड पर विचार आया कि इसमें एक फुट साइज के फल्यूम की जगह डेढ़ फुट का लगना था, लेकिन निर्माण का कार्य तो हो गया होगा? विचार आते ही, देखा कि प्रोजेक्ट मैनेजर मुझे देखकर पहाड़ी पर, चढ़ने लगे। नजदीक आये तो इसने पूछा कि शाह साहब क्या इस क्षेत्र में रिकार्डिगं सिस्टम का निमार्ण कार्य पूरा हो गया है? हाँ साहब, हो तो गया है, लेकिन एक गलती हुई, इसमें डेढ़ फुट के फल्यूम के सिस्टम डिजाइन के सेट का निर्माण हो गया। नि:संदेह ऐसी बातें निष्काम कर्म भाव की वजह से अनुभव में आती हैं। आपको भी ऐसे अनुभव हुए होंगे, लेकिन प्रश्न 'कर्त्तापन के भाव' का? मैंने किया या परमात्मा ने, का है। मिलियन डालर का प्रश्न तो यह है, कि यह भाव हमारे जहन में पक्के तौर पर स्थापित कैसे हो? आध्यात्मिक जीवन, गुरु का मार्ग दर्शन और साधक का पुरुषार्थ!

27-06-2020

प्रतिक्रिया: बहुत सुंदर- डॉ. आर0पी0 शुक्ला; Marvellous. A nice description of spirituality- Dukh Haran Chaudhary; आपके कल के और आज के लेखों से काफी प्रेरणा मिली- डॉ. आर0एल0 मिश्रा।

---

28. एक ही तत्त्व के विभिन्न रूप

एक अजीब सी स्थिति बनी हुई है कि लगातार, देश में मरीजों की संख्य बढ़ने का रिकार्ड (आज 19906) बनता जा रहा है। रिकवरी रेट (58.24%) भी बढ़ रहा है। बहुत ही अनिश्चितता का माहौल है। आज हमारे एक खास रिश्तेदार पड़ोस में किसी शादी में आये थे। हमारी भी खबर लेने अ गये। कोरोना के भय का चिन्ह साफ-साफ हम दोनों में दिख रहा था। पहले की

तरह, स्वागत- सौहार्द तो था, लेकिन प्रेम का वह पहले वाला भाव नदारद था, संकोच! सोशल डिस्टैंसिंह तथा मास्क की बात, एक जहमत सी लग रही थी। प्रधानमंत्री मोदी जी का कहना है कि 'कोविड-19 लोगों की जिन्दगी को जोखिम में डालने वाली न केवल शारीरिक बीमारी है, बल्कि यह अस्वस्थ जीवन शैली की ओर भी ध्यान दिलाती है। कोरोना से अभी सतर्क रहने का वक्त है, जीवन शैली बदलनी होगी।'

इस बदलाव में हमें अध्यात्म का सहारा लेना होगा। आध्यात्मिक जीवन की बात सुन कर व सोच कर हम कितना डर जाते हैं कि पता नहीं क्या करना पड़े, कैसे करेगें इत्यादि इत्यादि...। यह कोई अध्यात्म का विशेषज्ञ नहीं है और न कोई ज्ञानी ही। लेकिन स्वाध्याय, व्यवहारिक बातों के अनुभव और महात्माओं के आचरणों को देखकर, वैचारिक विश्लेषण करता रहा है। इससे, मानव जीवन में, गुरु (मार्ग दर्शक) के बारे में एक स्पष्ट धारणा तो बन ही गई है। इस बात पर आज चर्चा करते हैं। इसकी ऐसी कोई इच्छा नहीं है कि, इसे कोई माने, बल्कि इस महत्वपूर्ण विषय पर बौद्धिक विचार व वैज्ञानिक विश्लेषण अवश्य हो, क्योंकि इस पवित्र शब्द व शक्ति पीठ का बड़ा दुरुपयोग समाज में हम देख ही रहे हैं।

हमें अपने अनुभव से लगता है कि 'गुरु' शब्द मुख्य रुप से शिक्षक (गुरु या मार्ग दर्शक) या सद्गुरु के लिए ही संबोधन है। दुनियावी विद्या हेतु प्रथम गुरु, माँ से प्रारम्भ हो शिक्षक के रुप में हमें मिलते जाते हैं और यह सब भी 'गुरु' शब्द से ही उद्बोधित होते हैं। आध्यात्मिक शिक्षा हेतु भी 'गुरु' या 'सद्गुरु' शब्द का उद्बोधन होता है। दुनियावी उच्च शिक्षा में हमें पी0एच0डी0 गाइड गुरु के रुप में मिलते हैं, ऐसे ही उच्च आध्यात्मिक अनुभूति कराने हेतु, सद्गुरु मिलते हैं, जिनका मिलना दुर्लभ कहा गया है। सत्गुरु की पहचान जो हमारे अनुभव में आई, उनके मिलते ही सारे प्रश्न समाप्त हो जाते हैं और उनकी हर बात आत्मा स्वीकार करने लगती है।

हमारा मानना है, 'ईश्वर - ईष्ट -सद्गुरु' एक ही तत्व के विभिन्न रूप हैं। जब तक साधक को शरीरधारी सद्गुरु की प्राप्ति नहीं हो जाती, तब तक हमारी आत्मा ही सद्गुरु का रोल अदा करती है, मार्ग दर्शन करती है। अतः आध्यात्म साधना में, आत्मा की आवाज पर चलना हितकर है। दुनियावी

शिक्षक की तरह इस मार्ग में आवश्यकतानुसार गुरु मिलते जाते हैं। जिनसे हम कुछ सीखते हैं, वे गुरु तुल्य ही माने जाने चाहिए। सद्गुरु मिलने के बाद, जीवन की सारी समस्याओं का अन्त हो जाता है, और कदम-कदम पर मार्ग दर्शन मिलने लगता है। गुरु कृपा से साधक ईश्वर इच्छा पर आरूढ़ हो, बचे-खुचे संस्कार आसानी से भुगत लेता है।

28-06-2020

प्रतिक्रिया: बिल्कुल सही भाई साहब- डॉ. आर0पी0 शुक्ला; तथास्तुः परमात्मा तू ही है तेरी इच्छा पूरी हो - दु:ख हरण चौधरी

---

29. यही तो आध्यात्म है

बीमारी की बढ़ती गति के बावजूद, अधिकतर लोगों का अपने रोजमर्रा के कामों व समस्याओं में लग जाने के कारण, इस तरफ उतना ध्यान नहीं है जितना लॉकडाउन के प्रारम्भ में था। हाँ! एक भय का वातावरण तो बना ही हुआ है। भगवान ही ठीक करेंगे का भाव भी, लगभग सबों में दिखता है। अच्छी बात यही है कि प्रबन्धन ग्रुप पूरी तरह सतर्क, निष्ठा व तत्परता से बीमारी की रोकथाम में लगा हुआ है। इन सबके बावजूद, इंसान असहाय तो दिख ही रहा है। आश्चर्य की बात है कि इस समस्या के बीच एक वर्ग राजसिक व तामसिक वृत्तियों के प्रभाव से, तेरे-मेरे, स्वार्थ व अहंकार की भावना से प्रेरित हो समाज में, लड़ाई-झगड़े उकसाने से बाज नहीं आ रहा। इसका एक ही उपचार है 'अध्यात्म'। मानव समुदाय के हित में, भारत जैसे देश को विश्व स्तर पर आध्यात्मिक जागृति बढ़ाने की, एक तरह से जिम्मेदारी है, आखिर हम विश्व गुरु रहे हैं। आज के माहौल में, अधिकांश देश हमारी तरफ इसके लिए देख भी रहे हैं। विश्व स्तर पर 'योग' की स्वीकारिता की बात, एक शुरुआत है। चिन्ता की बात यही है कि आज देश में, यह अध्यात्म का शिक्षा क्षेत्र भी, धोखा- धड़ी या दुराचार का शिकार हो चुका है। साधारण जन मानस करे तो करे क्या ? भ्रमित सा है, ठगा जा रहा है।

कल सुबह मार्निगं वाक के समय, यह एक रिश्तेदार की लड़की की शादी के लिए बुक किये गये पड़ोस में ही स्थित बारात घर में हो रही तैयारी

देखने चला गया। उसके मालिक, सेवा निवृत्त, सिंचाई विभाग के इन्जीनियर, श्रीवास्तव जी से मुलाकात हो गई, जो प्रबन्ध व्यवस्था देख रहे थे। बात-बात में, इसने कहा कि आज कोरोना के माहौल के लिए, यह सुन्दर व्यवस्था आपने बना रक्खा है। उन्होंने कहा कि- "सोचा कि सेवा निवृत्ति के बाद समाज सेवा के लिए यह अच्छा काम रहेगा।" बात होते-होते, अध्यात्म पर आ गई। बोले कि अब अध्यात्म कहाँ है? मैं तो गायत्री परिवार से जुड़ा था, महीनों का 'समय दान' करता रहा। बाद में देखा कि सभी तो अध्यात्म के नाम पर वही कर रहे हैं जो साधारण जन मानस। आचार्य के समय की बात और थी। अध्यात्म कहाँ रहा? अब तो गाँव की खेती देखता हूँ, 100 पेड़ आम के लगाये हैं, उनकी एक-एक पत्ती को जानता हूँ, बड़ा आनंद आता है, बढ़िया नींद आती है। अनाज जो पैदा होता है, 5 भाइयों के परिवार की सेवा हो जाती है, कुछ सहयोगियों के भी जीवन यापन की सुविधा हो जाती है। हमने कहा कि यही तो अध्यात्म है, जिसका आप आनंद ले रहे हैं। गायत्री परिवार से जुड़ाव और प्राप्त शिक्षा का यही प्रतिफल है। वहाँ की शिक्षा, पूरी होने पर यह स्थिति बनी, जो समझने वाली बात है। आध्यात्म के संस्थागत कार्यवधि में, हमारा भी अनुभव ऐसा ही रहा है।

याद आ गया, एक दिन टी0वी0 पर आता राजनीतिक डिवेट। एक सज्जन कह रहे थे कि परिवारवाद से सत्ता तो मिल सकती है, लेकिन बुद्धि नहीं। अध्यात्म के क्षेत्र में भी तो यही बात है। अध्यात्मिक ज्ञान तो, कठिन तपस्या, पुरुषार्थ, त्याग व ऊँचे दर्जे का अनुशासन माँगता है। कालान्तर में, आध्यात्मिक संस्थायें विकृत हो मान व धनार्जन में उलझ जाती हैं, अध्यात्म गौड़ हो जाता है। ऐसा हम बड़े-बड़े महात्माओं के साथ देख भी रहे हैं। अध्यात्म के नाम पर व्यवसाय में लिप्त हैं। परमात्मा सबका भला करें।

29-06-2020

प्रतिक्रिया: बहुत सुंदर विचार हैं- गुरु प्रसाद; केशव कहि न जात का कहिए, देखत तब रचना विचित्र अति समुझी मन ही मन रहिए। मिशन साथी सुखी भव - दु:ख हरण चौधरी; आप सत्य कह रहे हैं- डॉ. आर0पी0 शुक्ला।

---

30. आध्यात्मिक शोषण

शाम, प्रधानमंत्री जी का देश के नाम कोरोना पर छठा सम्बोधन था। आपने अनलॉक पीरियड में जन मानस में लापरवाही बरतने का जिक्र करते हुए एक बार फिर एहतियात बरतने की अपील की। सरकार द्वारा किये जा रहे गरीबों की सहायता के बारे में भी बताया। समस्या तो बरकरार है। साथ साथ चीन द्वारा बार्डर पर तनाव की स्थिति का माहौल पैदा कर देना भी चिन्ता को और बढ़ा दिया है।

ईश्वर इच्छा! कल साँय दो लोग, जो पास में ही रहते हैं, दूर के रिश्तेदार हैं, झिझकते-झिझकते हमसे मिलने आ गये। कोरोना माहौल से उपजे प्रभाव का असर मुलाकात में स्पष्ट दिखा। खैर, बातों का रुख इस बदलाव तथा अध्यात्मिक चर्चा का बना। उन लोगों के चले जाने के बाद, मन अध्यात्म में 'अंधविश्वासिता' पर विचार करता रहा। अन्ततोगत्वा, महात्मा रामचन्द्र जी महाराज (लाला जी) की कही बात स्पष्ट रुप से इस समस्या का कारण लगी। आपने कहा है "मानसिक या अध्यात्मिक शोषण वह है कि जिसमें मैं सोचूँ और आप मान लें अथवा आपको जबरदस्ती मनवा दूँ। पहले में आपने मेरा शोषण किया, जबकि दूसरे मामले में मैंने आपका शोषण किया। जब किसी व्यक्ति की आत्मा या सोच छिन जाती है तब उसका सब कुछ छिन जाता है। आज सारा संसार जो आध्यात्मिक व मानसिक रुप से गुलामी की जंजीरों में जकड़ा हुआ है, उसका मूल कारण यह ही है कि आज का व्यक्ति मानसिक आलस्य अथवा मेन्टल लेथार्जी से बुरी तरह घिरा हुआ है।"

ऐसा क्यों होता है? इस बात पर एक चर्चा के दौरान अध्यात्मिक जीवन यात्रा में समय बिता रहे शास्त्रों के अच्छे चिंतक, श्री चिरंजीलाल शर्मा जी की बात हमें सही लगी। उनका कहना था कि- "साधक को आध्यात्मिक अनुभव उसके स्वयं के पुरुषार्थ से उपजे परमात्मा में विश्वास व कर्म (स्वधर्म) के प्रति समपर्ण व निष्ठा की वजह से होते हैं। लेकिन, अधिकतर साधक इसका कारण गुरु को मान लेते हैं। इसी भ्रम का लाभ माया से ग्रसित महात्मा लोग उठा कर भक्तों की भीड़ जमा कर लेते हैं और दोनों पक्ष (साधक व गुरु) असमान्य व्यवहार करते दिखते हैं। साधक के स्तर पर यही 'अंधविश्वास' है और लगभग सारा का सारा आध्याम जगत इससे प्रभावित है'। समझ में नहीं

आता कि ऐसे महात्माओं और गुरुओं की आत्मा खुद को महिमामंडित होने की अनुमति कैसे देती है, जबकि अधिकांशतः ऐसे गुरु वास्तविकता से परिचित होते हैं। ऐसे महात्मा अपने लिए सुख-सुविधाओं की व्यवस्था बनाने की ही प्राथमिकता रखते हैं। कितने अच्छे-अच्छे महात्मा इस प्रवृत्ति के शिकार हो सलाखों के पीछे भी हैं। लेकिन अनुयायिओं का एक बड़ा वर्ग, पूर्ववत निष्ठा रखते हुए, अनुभव गत लाभ लेता रहता है और समझता है कि गुरु महाराज की कृपा है। यही माया का खेल है, भगवान की लीला है।

मानव जीवन अमूल्य है, हमें आध्यात्म के मामले में बहुत सजग रहने की जरूरत है। परमात्मा के दिये हुए सुन्दर अदृश्य उपकरण 'conscience' (आत्मा की आवाज) का लाभ लेना चाहिए।

30-6-2020

प्रतिक्रिया: बिल्कुल सत्य- डॉ. आर0पी0 शुक्ला; अच्छी सोच व चिन्तन के लिए धन्यवाद- दुःख हरण चौधरी; आपका दैनिक संदेश धीरे धीरे गुरूग्राम की दिशा में लोग पढ़ने लगे हैं। हमारी भाभी जी लाइक करके पढ़ रही हैं- के0के0 नाथन

6

ध्यान से ही अध्यात्म

आज कोरोना बीमारी के खिलाफ लड़ाई लड़ते हुए 101 दिन हो गये। जुलाई माह के लॉकडाउन में, तमाम आर्थिक गतिविधियों को सुरक्षा के दृष्टिकोण से देखते हुए अनलॉक किया जा रहा है। वैसे बीमारी की लड़ाई जहाँ से शुरु हुई थी वहीं पर है, लेकिन आर्थिक गतिविधियाँ भी तो जीवन के लिए आवश्यक हैं, उन्हें रोका भी नहीं जा सकता। प्रशासन, अनुशासन के दृष्टिकोण से सतर्क भी है। जन मानस भी, बीमारी की, गंभीरता समझ रहा हैं। इस परिच्छेद में अध्यात्म साधना की चर्चा का सिलसिला पहले जैसा जारी रहा। मुख्य विषय जो चर्चा में रहे, इस परिच्छेद में, संकलित हैं। चर्चा में जो विचार उभरे उनमें हम आज कहाँ है, आनंदयोग, सभी सही, स्टार्टअप, निष्काम कर्म का अभ्यास, रामनाम की दौलत, राम-नाम, आत्म साक्षात्कार, बच्चे एक घण्टा परमात्मा को दें, गुरु के साथ होने का यकीन, खाली समय परमात्मा को दें तथा सोच की धारा बदले के रहे।

जासु कृपा अस भ्रम मिट जाई, गिरजा सोइ कृपाल रघुराई।
आदि अंत कोउ जासु न पावा, गति अनुमानि निगम अस गावा।।

1. हम आज कहाँ हैं

मानव समाज की अतीत से चल रही जीवन यात्रा में, ऐसी महामारी बीमारियों का सामना बहुत बार करना पड़ा है और उससे समाज उबरा भी है,

और वह भी अनलॉक में। आज का मानव समुदाय, कहने को तो तकनीकी तथा आर्थिक दृष्टिकोण से कहीं अधिक सक्षम है, लेकिन सम्भवत; पहली बार प्रकृति का यह झटका पूरे विश्व मानव समुदाय को एक साथ लग रहा है। अभी तक कोरोना बीमारी की दवा / वैक्सीन की उपलब्धता न होने पर मानव को अपने शरीर के प्रतिरोधात्मक क्षमता पर ही भरोसा करना पड़ रहा है। इस मामले में भारत और देशों की तुलना में कहीं अधिक बेहतर स्थिति में है। बीमारी के फैलाव व रिकवरी की दर इस बात की पुष्टि करते हैं। इसका मुख्य कारण हमारी जीवन शैली है।

29 जून के पत्र में इस अनलॉक में बीमारी की तरफ लोगों का ध्यान कम होने की बात की थी। एक तरह से जाने या अनजाने में बीमारी की उपेक्षा और इससे बचने के एहतियात को स्वाभाविक रूप में लेना। यह भी बीमारी से लड़ने का एक स्वाभाविक आध्यात्मिक तरीका है। ऐसा सन्तों का कहना रहा है। अतीत में जब उपचार के संसाधन कम थे, आर्थिक गतिविधियों का दबाव था, तो इस विधा का भी उपयोग होता रहा होगा (अनुमान)। इसका जीवन शोध के कार्य में बीता है। हजारों वर्ष हम गुलाम रहे हैं, जिसमें हमारा अध्यात्मिक ज्ञान तहस-नहस हो गया। इसके विकास की स्वाभाविक प्रक्रिया ध्वस्त हो गई। आजादी के बाद, हमने विकास के लिए दूसरे देशों (खास कर अमेरिका) की नकल की, जहाँ की परिस्थितियाँ, हमसे अलग हैं। हमारा अनुभव प्राकृतिक संसाधनों के रख-रखाव व सुरक्षा से सम्बन्धित रहा। हमने शोध तो किये लेकिन जो भी खोजें हुई, उनका पूरा लाभ देश की जनता को न मिला क्योंकि हमारी जमीनी हकीकत अलग हैं। हाँ शोधक वर्ग अवश्य लाभान्वित होता रहा। हमारी मानसिकता (सोच) प्रदूषित हो गई। मानव संसाधन का प्रशिक्षण भी, प्रभावित हुआ। मैकाले का शिक्षा प्लान सफल रहा कि भारत के लोगों की मानसिकता बदल दें।

हमारी सोच में, सबसे बड़ी ताकत हमारा अध्यात्म विज्ञान रहा है जो आज मानवता के परिपेक्ष्य में सुषुप्ति की अवस्था में पड़ा हुआ है। सोचिये, इतनी लम्बी मानव जीवन यात्रा के बाद इंसान यही नहीं जान पाया है कि वह है क्या (मैं कौन हूँ, और न इस बात की जिज्ञासा ही उभरी)। अपनी अल्प बुद्धि के अनुसार, जितना कुछ मुझे महात्मा यशपाल जी से जानने का अवसर

मिला, पिछले 100 पत्रों में चर्चा करने का प्रयास किया है। मुझे 35 वर्ष की अवस्था में पता चला कि मानव मन 100 प्रकार की बीमारियों से ग्रस्ति है। जब जाना तो इनके उपचार के प्रयास किये, लाभ मिला। यदि यही बात हमें, प्राइमरी स्कूल में बताई गई होती तो शायद, हालत कुछ और बनते। हमारी अतीत की उभरती शिक्षा पद्धति में, ऐसी बातें गुरुकुल में बच्चों को अवगत करा दी जाती थीं। आइये, आगे इन पत्रों में हम स्वयं के विकास से सम्बन्धित अपने अनुभव ज्ञान को स्वान्तःसुखाय के दृष्टिकोण से ही सही, साझा करें।

01-07-2020

प्रतिक्रिया: सही- डॉ. आर0पी0 शुक्ला; अध्यात्मिकता से परिपूर्ण विवेचना- दुःख हरण चौधरी

---

2. अध्यात्म विज्ञान को समझें

हम गृहस्थ जीवन में अध्यात्म पर चर्चा कर रहे हैं। अभी तक की चर्चा में- स्वधर्म, ध्यान, आत्मा की आवाज, जीवन में आर्थिक अनुशासन, दिन चर्या के खाली समय का सदुपयोग, गुरु, सद्गुरु, मन की बीमारियाँ, निष्काम कर्म, ईश्वर इच्छा.... ऐसे शब्द बार-बार आये हैं। यह सारी बातें हमारे जीवन को आध्यात्मिक बनाने व स्वयं को जानने में महत्वपूर्ण भूमिका निभाती हैं। इन शब्दों के यथार्थ- ज्ञान का अनुभव हमें गुरु, तथा सद्गुरु के माध्यम से होता है। गत चर्चाओं में बार-बार 'अध्यात्म विज्ञान' शब्द भी आया है। कोरोना ऐसी बीमारी के बारे में कुछ बातें, हमारे शास्त्र क्या कहते हैं, विद्वानों के विचार देखते है:

"Whatever we are talking about Corona, we are perpetuating in our experience. The only way to keep any kind of illness or virous or flu away is not to talk about it and it will dissipate itself. What we do instead is keep checking the statistics or keep spreading the 'awareness' messages on social media without noticing it that the more we talk about it, the more it becomes active in our vibration. History is full of evidence of epidemics because of the mass consciousness created by fear of the disease. Fear is very strong vibration and more fearful we are of any epidemic, it becomes reality very fast..it's the law. The more you feed the energy of fear the more profound it becomes. Ignore the things you don't want to participate in. Stop discussing it with family and friends; stop cheking out latest statistics. Stop watching the news about Corona virus. Take your attention away and it has no power on you. Hook yourself up with ever flowing stream of well-being" – Sadguru jaggi ji. (I wish to say that it has deep spiritual meaning, have had experience of above theory test in my life's journey on hint only given by my spiritual master, Yashpal ji Maharaj).

महाभारत के युद्ध में पिता के धोखे से मारे जाने के बाद अश्वतथामा ने क्रोधित हो 'नारायण अस्त्र' छोड़ दिया। भगवान कृष्ण ने सेना को अपने अपने अस्त्र-शस्त्र छोड़कर चुपचाप हाथ छोड़ कर खड़े रहने का आदेश दिया और कहा, मन में युद्ध करने का विचार भी न लायें, यह उन्हें भी पहचान कर नष्ट कर देता है। नारायण अस्त्र धीरे-धीरे अपना समय समाप्त कर शांत हो गया। प्रकृति के प्रकोप से बचने के लिए के लिए हमें कुछ समय के लिए सारे काम छोड़ कर, चुपचाप हाथ जोड़ कर मन में सुविचार रख कर एक जगह ठहर जाना चाहिए, तभी हम इसके कहर से बचे रह पायेंगें। कोरोना भी अपनी समयावधि पूरी करके शांत हो जायेगा।

उपरोक्त बातें, 'अध्यात्म विज्ञान' से सम्बन्धित हैं, जिसे मानव विकास में आज के शासन की शिक्षा व्यवस्था में कोई स्थान ही नहीं दिया गया है। यह प्रश्न, कि 'क्यों?' बार-बार मन में आता है। परमात्मा ने तो महात्मा तुलसीदास जी के माध्यम से मनुष्य को चेताया है कि 'सकल पदारथ है जग माहीं कर्म हीन नर पावत नाहीं'। प्रभु जी दया करें।

02-07-2020

प्रतिक्रिया: यथार्थवादी विवेचना। किसी आदमी या वस्तु का बार बार चिन्तन करने से वह घटित हो जाता है- दुःख हरण चौधरी; बहुत सही- डॉ. आर0पी0 शुक्ला।

---

3. परमात्मा रास्ता दिखाता है

पिछले पत्र में हम अध्यात्म विज्ञान की कुछ बातों पर चर्चा किये थे। ऐसे अनुभवों की अनुभूति के लिए, शास्त्र दो व्यवहारिक बातों की अनिवार्यता की ओर इशारा करते हैं- स्वधर्म पर आरूढ़ता तथा ध्यान। प्रकृति की व्यवस्था में,

मानव, जाने–अनजाने इन्ही दो व्यवस्थाओं के साथ जीवन यात्रा करता है। कबीर दर्शन पर जीवन यात्रा कर रहे, महात्मा राकेश कुमार मित्तल साहब ने हमसे एक वार्ता के दरमियान कहा कि हमारे देश की लगभग 60% जनता कबीर की तरह जीवन जीने को बाध्य है। जाने- अनजाने ऐसे वर्ग की जीवन यात्रा में कबीर की इस प्रार्थना "साई इतना दीजिए जामे कुटम्ब समाय, दास भूखा न रहे साधु न भूखा जाय" का समावेश रहता ही है और इसके गहरे अर्थ हैं। ऐसी जीवन यात्रा संघर्षमय होती है, ईश्वर की याद के साथ होती है और इसी में छिपा होता है मन को एकाग्र करने का सहज योग। याद आ गई मित्तल साहब की चर्चा में होती एक बात कि- "हमने ध्यान कभी किया ही नहीं।" यही कहते–कहते, उनकी आखें बन्द हो गई, अपने आप में गायब हो गये। कुछ मिनटों के बाद जब झटके के साथ वापस होश में आये तो बोल पड़े कि- "लगता है ध्यान लग गया।" हमारे मुँह से निकल पड़ा कि- "सर, इतना बड़ा काम जो कबीर मिशन का आपके माध्यम से हुआ, बिना ध्यान के सम्भव ही नहीं है।" संस्कार बस तथा ईश्वर कृपा से मित्तल साहब ऐसे व्यक्ति के पास दो ही काम होते हैं, स्वतः प्राप्त कर्म (स्वधर्म/रोजी रोटी की व्यवस्था की प्राथमिकता) और मानव कल्याणार्थ किसी काम की ओर मन का झुकाव। जीवन यात्रा स्वतः अनुभव के आधार पर आगे बढ़ती है और आश्चर्यजनक काम उससे होता जाता है, उसे खुद नहीं पता होता, बस एक आनंद की अनुभूति होती रहती है। जीवन में यही मित्तल साहब और अपने गुरुदेव, महात्मा यशपाल जी के साथ हमने देखा और अनुभव किया। यही कहानी साधारण गृहस्थ की भी अध्यात्म के मामले में होती है। एक केस स्टडी का उदाहरण लेते हैं।

"कबीर शान्ति मिशन लखनऊ की पत्रिका कबीर ज्योति (अप्रैल–जून, 2020) में एक लेख है। गोवर्धन क्षेत्र के डीग से आये, वर्ष 1985 में बसे अमृतलाल, बस स्टैंड मथुरा के सामने नाश्ते का ठेला लगाने लगे। दुकान पर बड़े बड़े अक्षरों में लिखा है- "पैसा न होने पर चाय–नाश्ता मुफ्त में मिलता है।" कहानी ऐसी है कि, 1992 में एक दिन उनके पास एक दंपति अपने चार बच्चों के साथ पहुँचे। तब एक कचौड़ी 50 पैसे की थी। दंपति ने दो रुपये में चार कचौड़ी लीं। अमृतलाल ने पूछा छह लोग हो और कचौड़ी चार? उस व्यक्ति ने जबाब दिया- मेरे पास तो इतने ही पैसे हैं और मायूस होकर लौटने

लगा। उसकी इस विवशता ने अमृतलाल को झकझोर दिया। उन्होंने उसे वापस बुलाया और उसी दो रूपये में दस कचौड़ियाँ दी। यहीं से निश्चय कर लिया कि कोई भी भूखा उनकी दूकान से बिन खाये नहीं लौटेगा। वह कहते हैं कि हर-रोज 15-20 ऐसे लोग आ जाते हैं जिनके पास पैसे नहीं होते, भूखे होते हैं। उनके चेहरे से ही इन्हें पता लग जाता है। उनकी इच्छा के अनुरूप खाना मुहैया कराता हूँ। भूखे लोगों का पेट भरकर मन को बेहद सकून मिलता है।" यही है कबीर दर्शन पर जीवन यात्रा।

03-07-2020

प्रतिक्रिया: अति सुन्दर- एस0 एन0 खन्ना; Good views - Sangam Singh; अच्छा लगा कबीर मिशन का कार्य। प्रशंसनीय। जन सेवा ही जनार्दन की भक्ति है- दु:ख हरण चौधरी।

---

4. आत्मघाती विकास

पिछले पत्र में हम स्वधर्म तथा ध्यान के, जीवन में व्यवहारिक पक्ष पर चर्चा किये थे। हमें, 1979 में सत्संग से जुड़ने के बाद स्वधर्म तथा ध्यान की बात की अहमियत का एहसास हुआ। जीवन यात्रा में, गुरुदेव की कही बात कि 'जो काम स्वत: आते हैं वे परमात्मा के भेजे हुए होते हैं, कर सकें तो करना चाहिए, मजबूरी की बात और है' के यथार्थ से अवगत हुआ। कल के पत्र में दिये गये आध्यात्मिक अनुभत्र स्वधर्म व ध्यान के आधार पर जीवन यात्रा के उदाहरण थे। आज की कोरोना जन्य परिस्थिति में, जहाँ प्रत्येक व्यक्ति जीवन शैली में बदलाओं के दौर से गुजर रहा है, वाट्सअप पर आया एक विचार हमें बड़ा सामयिक लगा। किसी ने लिखा है-

Shout out to the KIDS

Every one is applauding everyone but our children? These little heroes have stayed more than they've ever known in their lives. Their whole worlds have literally been turned upside down. All these rules they've never known. A life they couldn't have imagined. All the things they love sports, being with friends, going to school, or just being kids have all being taken away from them. Adults are talking about others becoming unwell, news reporting death after death. Our poor children's mind must be racing. Every day they get up and carry on despite all that's going on. So here's to our little heroes: today, tomorrow, forever.

इसे पढ़ कर दो विचार आये। (1) मोरारी बापू की बच्चों को दी गई सलाह, कि दिन के 24 घन्टे में एक घण्टा परमात्मा को दें (2) अविभावकों के लिए यह सही अवसर कि बच्चों को समझायें कि यह जो हो रहा है उसके लिए यह मानव समाज ही जिम्मेदार है। आवश्यकता से ज्यादा प्रकृति का दोहन किया गया है, यह प्रकृति की ही मार है। इंसान कितना असहाय है। हम जिस विकास को अपनाये हैं, वह आत्मघाती है, स्वयं मानव के ही खिलाफ है। हमें अनुशाशित व स्वयं को जानना होगा। देखा जाये तो परमात्मा को एक घण्टे देने की बात, अविभावक वर्ग स्वयं व बच्चों दोनों के लिए बहुत-बहुत ही मुफीद है। दिनचर्या में इस एक घण्टे के लॉकडाउन का लाभ अनुभव करके ही जाना जा सकता है। काश, इसे सब माता-पिता, अविभावक कार्य रुप दें, अपनी-अपनी रुचि व पारिवारिक परम्परा व संस्कारों के अनुरूप उपयुक्त व सामयिक जीवन शैली विकसित कर बच्चों को ईश्वरमय-ईश्वरवादी इंसान बनाने की और अग्रसित कर सकें तो भविष्य में समाज का रूप बदल सकता है, जो निःसंदेह सकारात्मक व खुशहाली की ओर ले जायेगा। अधिकांश लोग आध्यात्मिक जीवन व सच्चे माने में इंसान बनेंगे। हमारा देश फिर से विश्वगुरु बनने की ओर उन्मुख होगा। आध्यात्मिक विज्ञान के विकास को बढ़ावा मिलेगा। जैसी प्रभु इच्छा।

04-07-2020

प्रतिक्रिया: आध्यात्मिक जीवन को महत्व देना होगा- डॉ. आर0पी0 शुक्ला; बहुत अच्छा पोस्ट- दु:ख हरण चौधरी; Forwarded to Dr T. N. Upadhyay of CSIR. He is reading these letters with interest- K.K. Nathan

---

5. ध्यान - एक अनुभव

हम अध्यात्म के दो तत्व 'स्वधर्म तथा ध्यान' के व्यवहारिक पक्ष पर चर्चा कर रहे हैं। स्वधर्म को हम व्यवहारिकता के दृष्टिकोण से लें, तो हमारा वर्तमान कार्य जो रोजी-रोटी से सम्बन्धित है, वही हमारा स्वधर्म है। जीवन यात्रा में यही हमारी प्रायरिटी है। दुकान है, नौकरी है, खेती है, कोई उद्योग

है, शास्त्रों का प्रचार-प्रसार है, शिक्षा ग्रहण करना है इत्यादि इत्यादि....। शास्त्र, स्वधर्म को निभाने के लिए धर्मानुकूल आचरण बरतने की बात कहते हैं। आध्यात्मिक दृष्टिकोण से, यह सारे काम परमात्मा के हैं, हमारे नहीं क्योंकि हम कौन अपनी इच्छा से इस सांसारिक व्यवस्था में आये हैं। किसी ने हमें कुछ काम करने के लिए भेजा है और हम कर रहे हैं। स्वाध्याय में हमने पाया है, कि इस कथनी में, अपने भूतपूर्व राष्ट्रपति अब्दुल कलाम साहब को इस विचार की अच्छी स्पष्टता थी। ऐसी समझ के तहत, हमारे शास्त्रों में, मानव को परमात्मा के हाथ का यन्त्र कहा गया है और जो काम हमें स्वतः प्राप्त होते हैं, वही हमारा स्वधर्म होता है। इसीलिए हमारे गुरुदेव महात्मा यशपाल जी ने एक मार्ग दर्शन में मुझे बताया था कि जो काम स्वतः आते हैं वे परमात्मा के भेजे हुए होते हैं, कर सकें तो करना चाहिए। मजबूरी की बात और है।

इसी तरह गृहस्थ में जहाँ ध्यान की बात आती है, कार्य करते हुए परमात्मा की याद बनी रहे की बात शास्त्र कहते हैं। गृहस्थ सन्तों ने इस पर बड़ी साधना और खोज की। कैसे यह मन की अवस्था गृहस्थ में प्राप्त हो, और सारे काम भी पूरी दक्षता से सम्पन्न होते रहें। यही हमारे गुरुदेव ने साधा, जिसका यह साक्षी रहा। इस बात की जिकर यह पूर्व पत्रों में करता रहा है। इस पद्धति में 'ध्यान' जीवन यात्रा में, फूल के उस रस के समान है, जो मधुमक्खियाँ लेती रहती हैं और फूल का कुछ बिगड़ता भी नहीं। ध्यान भी होता रहता है और काम भी होता रहता है। स्वधर्म पालन की दिनचर्या के बीच खाली समय को परमात्मा की याद में लगाने की बात है, जिसको इसने अपने पर आजमाया। ध्यान का एक अनुभव साझा करता हूँ।

गत 8 मई के पत्र में अपने स्वधर्म के IARI नई दिल्ली आने व शोध में सेटल होने का जिकर किया है। इस प्रक्रिया में प्रारम्भ में यह अपने कमरे में बैठ कर सम्बन्धित विषय वस्तु का अध्ययन करता था। एक दिन उसी तल पर आग लग गई। यह पढ़ने में इतना मशगूल था कि इसे पता न चला। एकाएक इसकी निगाह दरवाजे की ओर गई, देखा सोकों से धुआँ अंदर आ रहा है। कोई घबड़ाहट नहीं, खिड़की से नीचे झाँका तो देखा की फायरब्रिगेड की गाड़ी ऊपर हमारे फ्लोर पर पानी की जेट फेंक रही है, बड़ी भीड़ है। खैर

दरवाजा खोल कर, लैब के अपोजिट दिशा से धुएं में से बाहर निकल, सीढ़ी से नीचे आ भीड़ के पीछे खड़ा हो गया। शोरगुल, फायर ब्रिगेड की गाड़ी का आना का कुछ पता नहीं चला था। जीवन यात्रा में ध्यान क्या होता है का यह हमारा दूसरा अनुभव था। और साधना के नाम पर, बस सतसंग में नियमितता। स्वधर्म पालन या परमात्मा के नाम को जीवन में जोड़ने का प्रयास।

05-07-2020

प्रतिक्रिया: बहुत सुंदर अनुभव- डॉ. आर0पी0 शुक्ला; An experience sadhana is better than principle-Dukah Haran Chaudahry.

---

6. सच्ची आत्म-निर्भरता

NBT पेपर में एक लेख है 'अध्यात्म बाहरी साधनों पर निर्भरता से मुक्त करता है'। लेखक महेश भारद्वाज कहते है कि "आज जब आत्मनिर्भरता की बात हो रही है, तो क्यों न हम प्रसन्नता के मामले में भी आत्मनिर्भर बनने के बारे में सोचें। प्रसन्नता या खुशी दो प्रकार से मिल सकती है। एक तो भौतिक संसाधनों द्वारा और दूसरी आध्यात्मिकता के जरिए, आत्मिक शान्ति से। पहली खुशी बाहरी साधनों पर निर्भर है और दूसरी प्रकृति द्वारा सबको समान रूप से प्रदत्त आंतरिक साधनों द्वारा। इसलिए खुशी या प्रसन्नता के मामले में जो आत्मनिर्भर होना चाहते हैं, उन्हें बाहरी सुख-सुविधाओं के बजाये अपने अंदर स्थित साधनों की ओर उन्मुख होना होगा। इसमें उनकी सहायता आध्यात्मिकता ही कर सकती है।" यह लेख पढ़ने के बाद स्वामी विवेकानन्द जी की मानव विकास से सम्बन्धित कही एक बात पर, हमारे मन में उठे प्रश्न का उत्तर मिलता है। उन्होंने अमेरिकी समाज के बारे में कहा है "As regards spirituality, the Americans are far inferior to us, but their society is far superior to ours. We will teach them our spirituality and assimilate what is best in their society." मुझे यह बात पढ़ने के बाद तीन बार अमेरिका जाने का अवसर मिला और लगभग एक वर्ष वहां प्रवास के दरमियान, उस समाज को जानने का प्रयास किया, लेकिन कोई संतोष जनक उत्तर, विवेकानन्द जी की कही बात का नहीं मिला। भारद्वाज जी द्वारा आत्मनिर्भरता के शाब्दिक अर्थ से बात स्पष्ट हुई। आप कहते हैं 'आत्मनिर्भरता

का मतलब है- आत्मवलंबन, आत्म विश्वास, अर्थात बिना किसी बाहरी सहायता के अपना जीवन अपने बूते जीना'। अमेरिकी समाज में यह बात हमें स्पष्ट दिखी थी, और अधिकांश की जीवन यात्रा 'खाओ पियो और मौज करो' (enjoy) के सिद्धांत पर चलते देखा था। यहाँ तक कि हमारे लोग भी जो वहाँ बस गये हैं, इसी बात का अनुसरण करते दिखे। खुशी व शान्ति तो बस मृग मरीचिका ही लगी। उस जीवन पद्धति में शास्वत आनंद या खुशी, हो ही नहीं सकती, जिसकी प्राप्ति के प्रयास में ही जीवन बीत जाता है।

यदि किसी तरीके से भारत की आध्यात्मिकता की समझ वहाँ पनपाई जा सके, तो किसी अमेरिकी की कही बात Super human being will be born in America सच साबित हो सकती है। लेकिन दुःखद् बात यह है कि, हमारे अधिकांश धर्माचारी, जिन्हें परमात्मा ने वहाँ भेजा है, अध्यात्म शिक्षा देने के साथ, धन की ओर झुकाव की प्रवृति से ग्रसित होते हैं या हो जाते हैं। महान आध्यात्मवादी महात्मा रामचन्द्र जी (लाला जी महाराज) ने लिखा है "मिशन स्कूल के अध्ययन काल के समय, महामना ईशा के इस महावाक्य का मेरे हृदय पर बहुत गहरा व अमिट प्रभाव पड़ा। "यह संभव है कि सुई के नकुए से ऊँट निकाल दिया जाये, किन्तु यह कभी भी संभव नहीं कि धनवान व्यक्ति उस (ईशु) की कृपा पात्र बन जाय।" यही कारण था कि जीवन की कितनी ही अभाव ग्रस्त स्थितियों का सामना करने में हमें कोई कठिनाई नहीं हुई। आज कोरोना के चलते हो रहे बदलाव के समय सच्ची आध्यात्मिकता को समझना आवश्यक है। यह संवाद जो पत्रावली के माध्यम से हो रहा है, यही बात समझने का ही प्रयास है।

06-07-2020

प्रतिक्रिया: Dr. Singh, the present problem as per my understanding is spiritual war fare to destroy the humanity, Nueclear and Biological warfare. Our Lord Krishna in Geeta has explained it- Dr. Arun Varma.

---

7. अपना सच्चा विकास

धीरे-धीरे सामाजिक गतिविधियाँ खुल रही हैं, जन जीवन सक्रिय हो रहा है, लेकिन कोरोना बीमारी का मनोवैज्ञानिक दबाव, जन सामान्य पर साफ

दिखता है। बहुत बड़ा झटका आर्थिक दबाव का एक वर्ग खासकर जिनकी जिन्दगी रोज कमाने व खाने पर चलती है, उनके दर्द को सुनकर दिल दहल जाता है। स्कूल से आकर हमारी बेटी सरिता ने बताया कि पापा आज पानी बरस रहा था, जाने के लिए एक बूढ़े चालक का रिक्शा मिला। वह भीगा हुआ था। बहुत मुश्किल से चला पा रहा था। पहुँच कर 20 रूपये की जगह हमने उसे 30 रूपये दिये। पापा! वह इतना खुश हो गया कि मैं क्या बताऊँ। वह बोला कि आज मैं रात से यहीं बैठा सवारी का इन्तजार कर रहा था। कोई मिला ही नहीं। अब जाकर, कहीं दुकान पर नाश्ता करूँगा। यह यथार्थ व सत्य अनुभव सुनकर यह दु:खी हो गया। याद आ गई, तीसरी कसम फिल्म की गीत की लाइन "क्या तेरे मन में समाई, काहे को दुनिया बनाई। काहे बनाऐ तूने माटी के पुतले....।" आज कल टी0वी0 पर कृष्णा सीरियल दिखाया जा रहा है। विचार आया कि कृष्ण जी इस घटना पर उसके कर्मफल का भोग कहते और यही बात शास्त्रों में आई भी है। काश मानव विकास के इस अहम् ज्ञान को शिक्षा व्यवस्था में प्राथमिकता व जगह दी गई होती, तो समाज की शक्ल कुछ और होती।

हम इन्हीं बातों की गृहस्थ जीवन में अध्यात्म के दायरे में चर्चा कर रहे हैं। बच्चों को ईश्वरमय जीवन बनाने की पारिवारिक स्तर पर शिक्षित करने की बात 4 जुलाई के पत्र में की थी। ईश्वर इच्छा ही कहूँगा कि फिलोसफी के प्रोफेसर डॉ. मानेन्द्र सिंह ने 30 वर्ष पूर्व पढ़ाये अपने विद्यार्थी श्री महेश वर्मा जी की कुछ यथार्थ पूर्ण रचनायें (बिना विषय के, गाँव, ये सूरज, प्रतिमान बदल चुके हैं, हे रावण हम शर्मिंदा हैं और संघर्ष - टाइटिल्स के अंतर्गत) हमें उपरोक्त पत्र के संदर्भ में वाट्सअप पर फारवर्ड किया है। यह भी लिखा है कि आपने वर्मा जी को Logic और Ethics पढ़ाया था। वर्मा जी अपने को athist कहते हैं। आपकी उपरोक्त रचनायें, गत लगभग 60 वर्षों के सामाजिक बदलाओं का सुन्दर चित्रण करती है, जो पढ़ते समय बचपन की यादों से सराबोर कर दीं। आध्यात्मिक दृष्टिकोण से रचनायें मानव समाज में हुए नैतिक पतन व ईश्वर के प्रति बढ़ती अंधविश्वासिता के आज के समाज में यथार्थ से रूबरू कराती हैं। वर्मा जी के athist होने की बात ने हमारा ध्यान अध्यात्म के परिपेक्ष्य में अपने गुरुदेव की कही बात याद आ गई कि

"भगवान को आप माने या न मानें कोई फर्क नहीं पड़ता, लेकिन आप अपने को तो मानते हैं कि, you exist. यदि अपना सच्चा विकास चाहते हैं तो जिस प्रकार हम शरीर को रेस्ट देते हैं, वैसे मन को भी रेस्ट देना जरूरी है और यह आधा-घण्टा सुबह व आधा-घण्टा सायँ की पूजा (ध्यान) मन को रेस्ट देना ही है। इस रेस्ट देने में मन का सीधा संबंध आत्मा से हो जाता है, जिससे मन में आनंद व चैतन्यता आ जाती है। वह समस्यायें हल होती हैं, जो सारी जिन्दगी हल न हो सकीं। ऐसी ऊँची शक्ति प्राप्त होती है। धीरे-धीरे हम जान जाते हैं कि हम कौन हैं? अपना वास्तविक रूप दिखने लगता है कि गैर नहीं हैं, सब हमीं हैं। धीरे-धीरे जीवन यात्रा आध्यात्मिक होती जाती है, अनुभव से आगे बढ़ते हैं, जीवन में सकून आने लगता है।"

07-07-2020

प्रतिक्रिया: भाई साहब जी की शिक्षा उत्तम है- डॉ. आर0पी0 शुक्ला; Thanks for good views - Sangam Singh; यह तो खेल है अटपटा झटपट लखै न कोय। जो जी की खटपट मिटै झटपट दर्शन होय।। प्रेम न बाड़ी ऊपजै, प्रेम न हाट बिकाय। राजा प्रजा जेहि रुचै, शीश दै लै जाय।।- दु:ख हरण चौधरी।

---

8. अध्यात्मिक शक्ति का प्रभाव

पूरे विश्व का सामाजिक माहौल आज जो इस बीमारी की वजह से बना है, कम व वेसी हमेशा मानव की विकास यात्रा में ऐसा ही रहा है। मानव समुदाय शान्ति का पक्षधर रहा है जिसके लिए प्रयास करता रहा है, कर रहा है और करता रहेगा। कल शाम टी0वी0 न्यूज में विश्व के सर्वोच्च नेताओं पर किये गये सर्वे की बात आई, कि वर्तमान मानव समाज की इस समस्या का हल निकालने के प्रयास में भारत के प्रधान मंत्री, मोदी जी को सबसे ज्यादा जन समर्थन (74%) हासिल है। उसके बाद ब्रिटेन के जानसन (46%), व अमेरिका के ट्रंप (39%) आते हैं। ऐसा सुनकर इसे इसका मुख्य कारण इन देशों की जनता का आध्यात्मिक परिपेक्ष्य लगा। ऐसा ही अध्ययन हमने अपने देश में वर्ष 2013 के बाद हुए चुनाओं में नेताओं तथा राजनीतिक पार्टियों का मीडिया में आती खबरों के आधार पर बनते विचार पर किया था। उसी पार्टी

को सत्ता मिली, जिसके सदस्यों का झुकाव धर्म-कर्म (अध्यात्म) की ओर अधिक उन्मुख दिखा। रामायण व महाभारत काल के समय के नैतिक मूल्य के मापदण्डों के आधार पर यह हमारा वैचारिक विश्लेषण था (कबीर ज्योति, अंक 119, 2019)

उपरोक्त बातों का तात्पर्य यह है कि हमें अपनी आध्यात्मिक विरासत को प्राथमिकता के साथ जीवन यात्रा में शामिल करना चाहिए। यदि यह किसी व्यक्ति समाज या देश का स्वभाव बन जाये तो मानव विकास का सच्चा मार्ग मिल सकता है, यह शास्त्र सम्मत भी है। भारत देश (शिक्षा के मामले में) प्रारम्भ से ही इसी मार्ग पर चलते हुए विश्व गुरु की हैसियत से आगे बढ़ते हुए सोने की चिड़िया कहलाता था। आज भारत के प्रधानमंत्री जब 130 करोड़ जनता की भागीदारी (सबका साथ, सबका विकास व सबका विश्वास) की बात करते हैं तो स्वत: वे एक बहुत बड़े जन-समूह के सात्विक भाव की उर्जा से जुड़ व चार्ज हो जाते हैं। यही उनकी शक्ति है जो कभी-कभी चमत्कारिक लगती है। उनका स्वयं का पात्र इस भावनात्मक भाव शक्ति को ग्रहण व उपयोग करने के लायक आध्यात्मिक दृष्टिकोण से विकसित है। भले ही उन्हें इसका आभास न हो। आईए विश्व के कुछ देशों के मॉडल का आध्यात्मिक दृष्टिकोण से अवलोकन करते हैं।

अमेरिका भौतिक दृष्टिकोण से एक विकसित प्रजातान्त्रिक देश है। वहाँ सबको स्वयं विकसित होने की पूर्ण स्वतन्त्रता है। पूरे विश्व के बुद्धिजीवियों का जमावड़ा है तभी किसी ने कहा है कि Super human being will be born in America. इस माडल के विकास का आधार भौतिक विज्ञान है।

चीन है जिसे मुट्ठी भर बुद्धिजीवी विस्तारवादी नीति से चलाने की कोशिश कर रहे हैं। मानव विकास में व्यक्तिगत स्वतन्त्रता बाधित है। फिर भी भौतिक विज्ञान के विकास में वह अमेरिका से टक्कर ले रहा है। आज कोरोना समस्या के लिये अधिकांश देशों की अगुंलिया उसी की ओर इशारा कर रही हैं। कमजोर नैतिक पक्ष के साथ वह किसी भी तरह विश्व में अग्रणी बनना चाहता है?

तीसरा अपना देश भारत जिसका आधार अध्यात्म रहा है और प्रजातान्त्रिक है। सारे विज्ञान अध्यात्म विज्ञान की ही उपज है, इसलिए वर्तमान समस्या को

लेकर अधिकांश देश हमारी ओर ही देख रहे हैं। यह आध्यात्मिक शक्ति का प्रभाव है। यह समझने की बात है।

08-07-2020

प्रतिक्रिया: अध्यात्म अपना देश ही विश्व को सिखायेगा- डॉ. आर0पी0 शुक्ला; आपका आध्यात्मिक विश्लेषण पूर्णतः समीचीन, सटीक एवं सार्थक है। एक अध्यात्म वेत्ता आध्यात्मिक देश या आध्यात्मिक राज नेता ही इस प्रकार सोच सकता है। सर्वे भवन्त सुखिनः सर्वे सन्त, निरामयः:.... दुःख हरण चौघरी; Good views – Sangam Singh: बहुत सही-सतीश गुप्ता।

---

9. प्रार्थना तथा ईश्वर मय जीवन

कोरोना बीमारी की समस्या ने पूरे समाज के आर्थिक ताने-बाने को तहस-नहस कर दिया है। जीवन को व्यवस्थित होने में तरह-तरह के वैचारिक प्रयास किये जा रहे हैं। लॉक डाउन के अनुभवों ने आध्यात्मिक सोच को एक उभार दे दिया है। हमारे एक मित्र की बेटी किसी बड़ी कम्पनी में अर्किटेक्ट है। प्रबन्धन ने छटनी की बात कही, कर्मचारियों ने कहा कि छटनी न करके सबों की तनख्वाह कम कर दीजिए। सकारात्मक विचार थे मान लिये गये। एक प्राइवेट स्कूल के बारे में सुना कि प्रबन्धन, ले आफ से बचने को लेकर, कर्मचारियों का अनौपचारिक आर्थिक स्थिति का मूल्यांकन करके व्यवस्था बनाने की बात सोच रहा है। फीस न आने से समस्या पैदा हो गई है। यह मानवीय एप्रोच है और आधार, निःसंदेह सकारात्मक/आध्यात्मिक है। यही भाव हमारे जीवन में बने, यही अध्यात्मिक सोच है।

आज के NBT पेपर में, मयंक मुरारी जी का लेख है- "प्रार्थना अपूर्णता से संपूर्णता की ओर चलने की यात्रा है।" आप लिखते हैं कि जब हम हार, जाते हैं, थक जाते हैं, तो हाथ जोड़ लेते हैं। प्रार्थना करते हैं, पर होती नहीं, क्योंकि प्रार्थना एक भाव है, हमारी मनोदशा है। प्रार्थना का अर्थ है कि शरीर का कण-कण, प्रभु को पुकारने लगे, रोम-रोम प्रभु से मिलकर एकाकार हो जाए। यह एक मात्र ऐसा सत्कर्म है, जिसमें प्रार्थी पूरी तरह डूब जाता है। यह एक जीवंत क्रिया है, जिसमें तल्लीन होते ही मनुष्य के अंदर अहंकार रूपी राक्षस विलीन हो जाता है। जीवन में विनम्रता का संचार होने लगता है। प्रार्थना

के साथ व्यक्ति खुद को ईश्वर से जोड़ लेता है। ऐसा होने से उसे सब कुछ मिल जाता है। परन्तु फिर उसकी कोई भौतिक चाह नहीं रह जाती। ऐसी स्थिति को प्राप्त करने के बहुत से तरीके हैं (कर्मकाण्ड से लेकर ध्यान तक)। लोग करते भी हैं। वैसे भी हम समाज में देखते हैं कि कितने, ऐसे लोग मिलते हैं जिनमें विनम्रता के गुण जन्मजात होते है, जिसका लाभ उन्हें मिलता है, ऐसे लोगों पर स्वतः लोगों का प्यार उमड़ता है। ईश्वरवादी या ईश्वर मय जीवन प्रार्थना, पूजा तथा ध्यान प्रक्रिया से बनता है।

'आनंदयोग' साधना में ईश्वर इच्छा की बात उपरोक्त मन की स्थिति (प्रार्थना वाली) प्राप्त करने की व्यवहारिक सोच है। "परमात्मा तू ही है तेरी इच्छा पूरी हो," की बात महामना ईशु ने कही "Let Thy wish be fulfilled." आनंदयोग ईश्वर मय जीवन (ईश्वरवादी होना) बनाने की बात कहता है, परमात्मा के नाम को जीवन में जोड़ना। "तुझी से माँगता हूँ मैं, तुझी को माँगता हूँ मैं।" साधना भी गृहस्थ जीवन की दिनचर्या का, खाली समय लगा कर (ध्यान साधना), झूठल खेलल सच्चल होय के अनुभव के साथ। छोड़ना भी कुछ नहीं, मात्र परमात्मा के नाम को जीवन में जोड़ना है। जो छूटना होता है अपने आप छूटता जाता है। आवश्यक है केवल एक ईष्ट में निष्ठा बनाना। तुलसी मस्तक तब झुके जब धनुष बाण हो हाथ। मथुरा द्वारिकाधीश के मंदिर गये तो तभी प्रणाम किया जब कृष्ण जी के हाथ में धनुष बांण आ गया। इसके लिए कहते हैं कि तुलसी दास जी ने, रो-रो कर प्रार्थना की। आनंदयोग की साधना में भक्त परमात्मा से, प्रार्थना करता है, जो चाहता है माँगता भी है, लेकिन बाद में कहता है कि हे प्रभु, तू मेरे माँगने पर न जा, जो मेरे लिये अच्छा हो वही दे। इन सब बातों का तात्पर्य यही है कि हम अपना जीवन ईश्वरमय बनायें, तरीका कोई भी हो। आप जो कर रहे हैं वह सही मानें, आवश्यक है नियमितता, निष्ठा व प्राथमिकता।

09-07-2020

प्रतिक्रिया: अति उत्तम, प्रेरणा दायक, सराहनीय- दुःख हरण चौधरी; भारत अध्यात्म के क्षेत्र में विश्वगुरु रहा है और रहेगा, क्योंकि अगर गहराई से देखा और सोचा जाये तो हमारे प्राचीन वेद शास्त्र की नकल ही पूरे विश्व ने किया है। जैसे हमारे अनादि देव ब्रम्हा (उत्पति कर्ता), विष्णु (पालन कर्ता) और महेश (संरक्षक) के रुप में मान्यता देते हैं। यह हमारे वेदों का मूल तत्व है - हरिभान सिंह।

10. अपनी आत्म कथा लिखे

वर्तमान में समाज की भावनात्मक स्थिति इस कोरोना समस्या की वजह से ऐसी हो गई है कि सकारात्मक सोच वाले व्यक्ति भी नकारात्मक भावों से प्रभावित होते दिख रहे हैं। एक हमारे वैज्ञानिक साथी Dr Arun Varma (सेवा निवृत्त), कुछ ऐसे ही भावनात्मक परिवर्तन के दौर से गुजर रहे हैं। हमारे इन पत्रों पर कभी कभी प्रतिक्रिया देते रहते हैं। उनकी अभी आई एक प्रतिकिया देखते हैं "Dr. A. Singh, the present problem as per my understanding is spiritual warfare to destroy the humanity by means that is beyond Nuclear and Biological warfare. Our God lord Krishna in Geeta has explained it." हम इस प्रतिक्रिया को, बुद्धिजीवी वर्ग के अति-शिक्षित होने व दुनिया की व्यापक समस्याओं के मन में, जमावड़े के रुप में मानते हैं। ऐसे विचार जीवन के उद्देश्य "अर्जुन की आँख वाली स्थिति" के चिन्तन पर नहीं आने देती। यदि हम गीता में कृष्ण जी के संदेश के परिपेक्ष्य में देखें तो यही माया का विकराल रूप है जो मानव को सन्तों के द्वारा निर्धारित लक्ष्य- "कोटि-कोटि मुनि जतन कराहीं, अन्त राम कहि आवत नाहीं" के भाव (ध्यान) को समझने से दूर रखती है। हमारे विचार से समाज का यह वर्ग, अध्यात्मिक अनुभवों की संपदा से संपन्न है, लेकिन अधिकांश इस बात से अनभिज्ञ हैं।

याद आता है अपने भूतपूर्व ज्ञानी जैल सिंह जी की सलाह कि हर व्यक्ति को अपनी आत्मकथा लिखनी चाहिए। हमारा मानना है कि हम ऐसे लोग जिन्हें शोधकार्य से सम्बन्धित जीवन यात्रा करने का अवसर मिला है, अपने तमाम दुनियावी अनुभवों के साथ, यदि सेवा निवृत्ति के बाद जो भी ज्ञान शास्त्रों से मिला है उसके परिपेक्ष्य में चिंतन करें, तो व्यवहारिक आध्यात्मिक अनुभव ज्ञान से रुबरु होंगे, बल्कि स्वान्त: सुखाय की दृष्टि से लाभान्वित होते हुए, ऐसे आध्यात्मिक ज्ञान का संकलन प्रस्तुत कर सकेगें, जो भावी पीढ़ियों के लिए भी उपयोगी होगा। यह अध्यात्म विज्ञान को भी बढ़ावा देगा।

सेवा निवृत्ति के बाद, हममें विचार आने लगे कि जिस सुख-सुविधा के साथ परमात्मा ने जीवन यात्रा-कराई, क्या उसके अनुरूप समाज के प्रति यह योग दान कर सका? इस पर चिन्तन चलता रहा। अन्ततोगत्वा यह निष्कर्ष रहा

कि गीता के उपदेश 'कर्मणेवाधिकारस्ते माम्फलेषु कदाचन' के अनुरूप एक सार्थक जीवन यात्रा रही। फल तो मिलता ही है, लेकिन उसका महत्व बस इतना होता है कि कार्य के प्रति उत्साह व समर्पण बढ़ता जाता है। परमात्मा सारे दुनियावी काम भी सरलता से करवा ही देता है। अध्यात्म व गुरु के मार्गदर्शन का ऐसी जीवन यात्रा में बड़ा महत्व है। जिन्हें सद्‌गुरु का साक्षात्कार नहीं हो पाया है उनका मार्ग दर्शन आत्मा की आवाज से होता रहता है। यह बात समझना मुश्किल नहीं है यदि हम सद्‌गुरु प्राप्ति के पहले के अनुभवों को सकारात्मक भाव से देखें और अनुभवों को साझा करें।

एक और प्रतिक्रिया में गायत्री के साधक श्री हरिभान सिंह ने लिखा है कि "Subah Aur sham ke Dhyan Me kuchh Aise Bichar Man Me Aate Hain Jo Kathin Gutthiyon ko Suljha Jaatey Hany, Mansik Tanav Kam Hota Hay. Atmaa Ko Sukh Aur Shanti Milati Hay'. यह है गृहस्थ जीवन में अध्यात्म साधना।

10-07-2020

प्रतिक्रिया: How to hear the inner voice of one's own soul on a particular issue of vital nature. Please enlighten in your next dispatch- Prof- Manendra Singh; आध्यात्मिक व सकारात्मक विचारधारा वाले व्यक्ति द्वारा किया गया कार्य निश्चित रुप से अच्छा होता है तथा गीता के अनुसार परिणाम भी प्रत्यक्ष या अप्रत्यक्ष अच्छा ही मिलता है- हरिभान सिंह

---

11. पैसा और अध्यात्म

आज कोरोना बीमारी से लड़ने की प्रक्रिया में अनलॉक-2 का ग्यारहवाँ दिन है। कोरोना समस्या ने अधिकांश जन समुदाय को अपनी -अपनी पूर्व की आर्थिक व्यवस्था में अप्रत्याशित बदलाव करने को मजबूर कर दिया है। आज के समाज की समस्याओं का मूल कारण पैसा है, इससे शायद ही कोई असहमति जताये। यदि पैसा कम है तो परेशानी और यदि अधिक है तो परेशानी। पैसा कमाने की होड़ लगी हुई है। अधिकांश जन समुदाय दिन की भोजन व्यवस्था जुटाने की जद्दो जहद में ही लगा रहता है। एक वर्ग ऐसा भी है उसके पास इतना अधिक पैसा है कि उसे व्यवस्थित करने में ही अशांत

रहता है। यह हम सब अपने अनुभव में देखते है, लेकिन ऐसे अनुभवों से शिक्षा/सबक लेने को तैयार नहीं। अवसर मिले तो हर मैट्रो शहरों में फ्लैट तो ले ही लेते हैं या संपदा जोड़ते जाते हैं जो अन्ततः अधिकतर दुःखदायी ही होती है। इसी चक्कर में कितने माननीयों का बुढ़ापा जेल में भी कटता है या समाज में शर्मिंदगी उठानी पड़ती है। पैसे का भी अपना विज्ञान है!

इसके विपरीत एक बहुत बड़ा वर्ग भी है जो कबीर जी की प्रार्थना "साई इतना दीजिए जामें कुटुम्ब समाय - दास भूखा न रहे साधु न भूखा जाय", के अनुरूप स्वेच्छा से या मजबूरी में जीवन यात्रा कर रहा है। पैसे के बारे में हमारे एक 'आनंदयोग' के साधक साथी, श्री चिरंजीलाल शर्मा जी ने हमें एक यथार्थ पूर्ण पत्र लिखा था। आपने लिखा था कि श्री विनोबा भावे जी ने कहा है कि- "पैसा हमारा अच्छा सेवक है, सेवक भी बेशक ऐसा कि वह अनिवार्य है। परन्तु हमें सावधान रहना होगा कि वह सेवक वाली हैसियत में ही रहे, हमारा स्वामी बनने की कोशिश न करे। यदि ऐसा प्रतीत हो कि वह अपनी औकात से ऊपर उठने की कोशिश कर रहा हो तो हमें सँभल कर अपनी जगह मजबूती से पकड़ लेनी चाहिए। देखना चाहिए कि हम उसके सामने कमजोर न पड़ें और इसे स्वामी न मान लें। पैसे का स्वामित्व बड़ा क्रूर होता है, त्रास ही देता है। कोई भी समृद्धि, आध्यात्मिक समृद्धि से बड़ी नहीं और अपने स्वरूप को जान लेना ही सबसे बड़ी आत्मिक समृद्धि है। मैं सकल सृष्टि का तुष्टि स्रोत हूँ, क्योंकि तुष्टि ही महासागर की बूंद है। यह अनुभूति हो जाने पर इंसान, इंसान बन जाता है। फिर उसे कुछ भी जानना या कुछ भी प्राप्त करना शेष नहीं रह जाता है।" मानव को इंसान बनने की प्रक्रिया में (आध्यात्मिक विकास), पैसे के अनुशासन का एक उदाहरण महात्मा राकेश कुमार मित्तल, संस्थापक 'कबीर शान्ति मिशन' लखनऊ के एक लेख 'Cobbler Saint' में आया है।

'Saints come from all sections of the society- the rich, the poor, the low cast and the high cast. Sainthood is a state of mind. I came across a saint in Delhi who was a cobbler, sitting and working in a corner of the colony at a crossing. I always saw him doing his work with concentration and dedication. One day I went for repair of a broken chappal and found him in same mood. During those days even a small repair will cost Rs 5/-, but I gave him a coin of Rs 2/-. I got surprised, when he returned me Rs 1/-. I silently took the coin and came back home. It would have been against his diginity to press for taking whole amount. I paid him a silent tribute'. यह सज्जन कबीर के समकक्षी साधक रहे होंगे या उन जैसा जीवन जी रहे होंगे। परमात्मा ऐसे ही कर्मनिष्ठ योगी से प्रसन्न होता है।

11-07-2020

प्रतिक्रिया: बहुत सही अनुभव- डॉ. आर0पी0 शुक्ला; Correct sir. Saint hood is beyond cast, colour and creed. It is the highest mental status not physical or social- Dukh Haran chaudhary

---

12. प्रकृति की अद्‌भुद्‌ व्यवस्था

कोरोना के कंट्रोल में सफलता नहीं मिल पा रही, यह बढ़ ही रहा है। हाँ, देश का प्रबन्धक वर्ग, जन समुदाय की, लड़ाई में रिकवरी रेट (63%) के आधार पर उत्साहित रहने में अवश्य सफल रहा है। यह बड़ी बात है और एक आध्यात्मिक गुण है। इस मामले में जो सामूहिक सोच दिखती है, यही कोरोना की लड़ाई में सकारात्मक भूमिका निभाते हुए जीत दिलायेगी। हमने आधात्मिक जीवन में कल पैसे के विज्ञान पर चर्चा की थी। परमात्मा से साक्षात्कार के विषय में स्वामी रामकृष्ण देव जी की बात 'मिट्टी-सोना एक समान' की बात और उनकी इस मामले में, व्यवहारिकता सर्वविदित है। यदि नियति शुद्ध जन सेवा है, माध्यम निष्काम कर्म है तो संतों की कही बातें जो आत्मा स्वीकारे मान लेना अध्यात्म पथिक के लिए हितकर है। गाँधी जी ने कहा है कि No fixed deposit is required, resources will be made available, by nature perennially. गाँधी जी के साहित्य में आई यह बात पढ़ कर कबीर शान्ति मिशन के संस्थापक महात्मा राकेश कुमार मित्तल जी ने संस्था के आर्थिक प्रबन्धन में NO FIXED DEPOSIT की बात अपनाई ऐसा उन्होंने लिखा है।

गृहस्थ सन्त महात्मा यशपाल जी (भाई साहब) ने अखिल भारतीय सन्त मत सत्संग की स्थापना 'आनंदयोग' पद्धति का गृहस्थियों में बढ़ावा देने हेतु

संस्था के विकास में अनुभव आधारित 'न चन्दा- न निन्दा' तथा आवश्यकतानुसार विकास की बात सफलता पूर्वक अपनाई। सदस्यों का आर्थिक सहयोग पूर्णता स्वेच्छा का रहा। इस सिद्धांत का यह 20 वर्ष तक विकास में सहभागी व साक्षी रहा। रिर्सोसेज की उपलब्धता उपरोक्त थ्योरी के अनुरूप देखा व अनुभव किया।

ईश्वर कृपा से हम जिस परिवार में पैदा हुए लगभग 20 वर्ष तक (जब तक पढ़ाई के लिए गाँव नहीं छोड़ा), कृषक परिवार में रहते हुए कशमकश की अर्थ व्यवस्था को नजदीक से देखा। सौभाग्य से पाँच पीढ़ियों से आध्यात्मिक यात्रा में रह रहे लोग बड़े संतोष और हँसी-खुशी का जीवन जी रहे थे। इसकी अपनी स्वयं की जीवन यात्रा भी, स्वधर्म पालन में उपलब्ध संसाधनों से ऐसी रही कि आज आश्चर्य लगता है, जो निःसंदेह अध्यात्म का प्रतिफल रहा। हमने सुना था कि हमारे एक गुरु भाई ने बताया कि गुरुदेव कहे थे कि अध्यात्म सबके लिए नहीं है, लेकिन सभी इस मार्ग पर अग्रसर हैं। इसके मन में बार-बार महात्मा तुलसी दास जी की कही बात याद आती है कि- "यहि सर आवत अति कठिनाई, राम कृपा बिनु आई न जाई'। यह ईश्वर कृपा ही है कि हम इस महत्वपूर्ण विषय पर चर्चा कर रहे हैं। कब 'निज कृपा' पर विचार बन जाये कह नहीं सकते।

हमारे गुरुदेव व माता जी तो एक अजूबे से थे, जो हम जैसे लोगों के साथ माता-पिता के तुल्य व्यवहार करते थे। कभी भी किसी तरह की गिफ्ट उन्होंने नहीं स्वीकारी। कितनी बार दिल्ली की बसों में सत्संग में जाते समय हमारा भी बस का किराया आप ही देते। कभी फल या मिठाई ले जाता तो आये हुए लोगों में प्रसाद रुप में बँटवा देते।

12-07-2020

प्रतिक्रिया: पूज्य भाई साहब जी के बारे में सत्य है - डॉ. आर0पी0 शुक्ला; बहुत अच्छा संस्मरण। पूज्य भाई साहब जी से सम्बन्धित बातें, हृदय को आनंद से भर देती हैं- दुःख हरण चौधरी।

---

13. आध्यात्मिक जीवन

आजकल कोरोना बीमारी के साथ लड़ाई जारी रखते हुए सभी देशवासी जीवनचर्या को पटरी पर लाने के प्रयास में लगे हैं। यह अपने तरह की एक अप्रत्यासित चुनौती आ पड़ी है। लोग आर्थिक प्रबन्धन व्यक्तिगत व पारिवारिक स्तर पर सुलझाने का भी प्रयास कर रहे हैं। हम आध्यात्मिक दृष्टिकोण से इस समस्या पर चर्चा कर रहे हैं। हमारे मन की प्रवृत्ति व सोच का जीवन के आर्थिक पक्ष पर सकारात्मक व नकारात्मक प्रभाव पड़ता है। 9 जुलाई के पत्र में हमने इस बात को समझने के लिए आज की परिस्थिति के दो उदाहरण लिये थे जिसमें प्रबन्ध-कर्ताओं ने सकारात्मक रुख अपनाया और कितनों को ले- आफ की स्थिति से बचने का रास्ता निकाला। इन उदाहरणों को पढ़कर पूर्व के हमारे एक आध्यात्म पथ के साधक-साथी, मंसूर अली प्रोधानी ने अपनी प्रतिक्रिया भेजी है जो उनकी जीवन यात्रा के अनुभव को समाज में बनते आध्यात्मिक भाव का चित्रण करती है। प्रोधानी जी लिखते हैं "…. you have focused some incidents related to our private organzations. Many organizations have eliminated all the employees but some of them have not done so, but rather they keep them all by minimising their salaries by mutual understanding. The first groups of proprietors are fully away from real purpose of life, their minds are full of material instinct. But the second group of proprietors are just reverse. Their minds are not to earn money but to help others and in return God automatically blesses them as per their actual requirement. This group always prays to Him for the betterment of humanity. They are the real sadhaks and their mind are full with Atmic Ananad. When people are in distress, they remember God and that too momentary. As soon as they are relieved from it, they forget Him. This is not sadhna nor meditation. But when a person remains calm and quiet in all situation, he is real sadhak. This status of mind comes to those who remember every fraction of a second only and only God. This is very difficult, but not impossible. Our Pujya Bahi sahib ji said, you start meditation for half an hour in the morning and half an hour in the evening by remembering God. This is to be done every day without fail. This habit compels the meditator to remember Him all the time. Such person keeps his/her mind balanced. This does not mean that he is to sit in secluded place, away from all members of his family. Bhai sahib ji said while you do any work, do remembering God and this habit will lead a life of real sadhak with out the knowledge of others. He will lead a simple life and remain so till the end of this life. God is great, May he bless all of us. Yours Prodhani."

यह पढ़कर मुझे लगा कि प्रोधानी जी ने सही तरीके से महात्मा यशपाल जी की गृहस्थ में ईश्वर लाभ की सुझाई पद्धति 'आनंद योग' को समझा और जीवन में उतारा। यही है कबीर को जीना। मित्तल साहब ने यही लिखा है Cobbler saint के बारे में। हमेशा ईश्वर की याद में रहते हुए जीवन यापन।

13-07-2020

---

14. आत्मा की आवाज

इन आध्यात्मिक जागृति पत्रों की प्रतिक्रिया में एक फिलोसोफी के प्रोफसर मित्र की बड़ी सार्थक प्रतिक्रिया मिली। आप ने लिखा कि- "How to hear the inner voice of one's own soul on a particular issue of vital matter. Please enlighten in your next dispatch." इसका एक संक्षिप्त उत्तर एक मामूली से चोरी के उदाहरण से यह हो सकता है। किसी को आसपास न देख मन ने कहा कि पेड़ (किसी दूसरों के) से यह आम तोड़ ले, उसी समय एक धीमी सी आवाज मन के इस विचार को प्कालो करती हुई बड़ी ही feeble voice में अंदर से आती है कि यह चोरी है, यही आवाज 'आत्मा की आवाज' है। पूर्व पत्रों में बार-बार आया है कि हम आत्मा की आवाज पर चलें, न कि मन की, तो हमारी जीवन यात्रा आध्यात्मिक होती जायेगी। यह तो हुई थ्योरी की बात। विचार बना कि क्यों न इस विषय पर अपने जीवन यात्रा के कुछ अनुभव साझा किये जायें।

यह शिलांग में पोस्टेड था, वहाँ 16 वर्ष रहा। यह पोस्टिंग जीवन यात्रा में पूर्णतः स्वाभाविक प्रक्रिया के तहत थी। नई जगह जाते समय सकारात्मक व नकारात्मक विचार आना स्वाभाविक है। लेकिन कर्त्तव्य भावना के प्रबल होने से जो कार्य का स्वरूप उभरा वह बड़ी ही संतुष्टि (satisfaction) का था। कार्य करीब 16 विशेषग्य वैज्ञानिकों की टीम वर्क का था, यह संयोजक था। राष्ट्रीय स्तर पर पहचान बन रही थी। ऐसे अवसर आये कि इसे इसके

स्तर की ऊपर लेवल की (प्रोफेसर और सलाहकार) ऑफर एक के बाद एक, कुछ अंतराल में मिलीं और स्वीकार करने का दबाव भी रहा, लेकिन हमारी आत्मा की आवाज ने दोनों बार 'न' कहा, अतः स्वीकारा नहीं। मुख्य कारण था कि हम अपने कार्य में उच्च स्तर का जाब सैटिसफैक्शन पा रहे थे। दूसरी बात थी आगे चलकर विभागीय एसेसमेन्ट में प्रोमोशन का प्राविधान भी था, देर-सबेर आगे बढ़ने का अवसर था ही।

एक दूसरे अवसर पर हमारे गृह नगर के पास यूनिवर्सिटी में जॉब आया। एप्लाई करने को आत्मा न कह रही थी, लेकिन शुभचिन्तकों के दबाव के कारण साक्षात्कार में गया। दिल्ली में साक्षात्कार था। कैण्डिडेट ज्यादा होने के कारण दो दिन का यह प्रोग्राम रहा। बोर्ड के सारे मेम्बर पहचान के थे, उसमें कुछ हमारे शुभ चिन्तक भी थे। हमारा इंटरव्यू पहले ही दिन था। शाम उसमें से एक जो काफी प्रभावी थे, साथ जाकर हमारे गुरुदेव से मिलना चाहते थे। ऑटों में जाते समय उन्होंने पूछा कि- "यह बताओ तुम चाहते क्या हो?" त्वरित उत्तर था कि जो बोर्ड का निर्णय हो। वह चुप हो गये।

इस कहानी के बताने का तात्पर्य मात्र यही है कि स्वधर्म पालन और स्वाभाविक जीवन यात्रा ही 'ईश्वर की इच्छा' होती है। स्वाध्याय में पाया था कि हमारे गुरुदेव महात्मा यशपाल जी महाराज, महात्मा राकेश कुमार मित्तल साहब, एपेजी अब्दुल कलाम साहब....., ऐसे सन्तों की जीवन यात्रा हमें स्वाभाविक ही लगी, कर्म ही लक्ष्य था। जहाँ जोड़-तोड़ का मानला होता है वहाँ परेशानी ही परेशानी होती है।

कुरान में आई यह बात समझने की है- "इंसान को दुनिया में परीक्षा के लिए पैदा किया है और परीक्षा के उद्देश्य से यह बात खुद उस पर छोड़ी गई है कि वह सत्य मार्ग की ओर जाना चाहता है या गुमराही की ओर। अगर वह खुद ही पथ भ्रष्ट होना चाहे तो अल्लाह अपनी इच्छा से उसको सत्य मार्ग पर चलने को बाध्य नहीं करता।" - (मजीद कुरआन)।

14-07-2020

प्रतिक्रिया: आत्मा की आवाज पर ही चलना सही है। लेकिन प्रैक्टिकल फालो होना इतना आसान नहीं है- डॉ. आर0पी0 शुक्ला; बिल्कुल सत्य है। अगर मनुष्य गुमराह के मार्ग पर जाना चाहे, खुदा उसे नहीं रोक सकता। करम प्रधान विश्व करि राखा, जो जस करै सो

तस फल चाखा- दु:ख हरण चौधरी; मन के भागम-भाग में इंसान भटक जाता है। असली आवाज आत्मा की, उसके साथ बुद्धि और विवेक द्वारा किया गया हर कार्य सदैव अच्छा और ऊँचे स्तर पर ले जाता है- हरिभान सिंह।

---

15. अध्यात्म पथ पर चलें

एक दिन प्रधानमंत्री मोदी जी ने कोरोना काल में अपने संबोधन में कहा था कि 'जान है तो जहान है'। यह कहते हुए देशवासियों से अपील की थी कि इस बीमारी से बचने के लिए दिये जा रहे दिशा-निर्देशों का पालन करें। जहाँ हैं वही रहें, आवश्यक हो तो ही घर से बाहर निकलें। अधिकांश लोग यह बात मान भी रहे हैं। आज के NBT पेपर में हरीश बड़थ्वाल ने 'जान है तो जहान है' के परिपेक्ष्य में इस भाव को सर्वोपर मानते हुए, अपने काम में तल्लीनता, सत्संग, भजन-कीर्तन, जन-सेवा में भागीदारी जैसी गतिविधियाँ मन और चित्त को सम्बल प्रदान करती हैं की बात कही हैं। यह बातें हरीश जी ने स्वानुभव के बाद ही कही होंगी। यह सारी बातें अध्यात्म से संबन्धित हैं और हमारी सामान्य दैनिक गतिविधियों में बड़ी आसानी से अपनाई जा सकती हैं। ऐसा हमारा भी अनुभव रहा है। हमारा 35 वर्षों का बड़े सक्रिय रूप से (शोध के साथ) सत्संग की गतिविधियों से जुड़े रहने का अनुभव रहा है। हमारे अच्छे व कटु अनुभव (जो इसे स्वाभाविक लगते), बार-बार प्रेरित करते रहे हैं, कि उन्हें पर्दापोशी के साथ, अध्यात्म प्रेम्यियों के साथ साझा किया जाय।

हमारा मानना है कि प्रत्येक इंसान को देर सबेर अध्यात्म पथ पर चलना ही चलना है, इससे बचा नहीं जा सकता भले ही यह बात इस जनम में न हो पाये। ऐसा हमारे शास्त्रों तथा सन्तों के अनुभव ज्ञान के साहित्य से विदित होता है। हमने अध्ययन तथा अपने अनुभव में पाया है कि समय के साथ-साथ इस शिक्षा से जुड़ी लगभग सभी संस्थायें पैसे को लेकर विकृत हो, मूल लक्ष्य से भटक कर भौतिकवाद का शिकार हो जाती हैं। अधिकांश साधक भाई/बहनें अंध विश्वासिता के जाल में फँस जाते हैं। एक तरह से यह संस्थायें भी भ्रष्टाचार का केन्द्र बन, जाने-अनजाने पैसा कमाने की प्राथमिकता के साथ, व्यवसायिक हो जाती हैं। जो भी हो, कई दशक पहले स्वामी

चिन्मयानन्द जी के एक छपे इन्टरव्यू को पढ़ कर, एक बात हमारे मन में बैठ गई कि जो भी कार्यविधि या संस्थायें, जन समुदाय को परमात्मा की ओर मोड़ने का काम कर रही हों, समाज के विकास के लिए अच्छा है। सूफी संतों ने जीवन की समस्याओं का कारण राम–नाम की कमी हो जाने को माना है। यदि थोड़ी गहराई में विचार करें तो इसके पीछे जो सोच है वह ध्यान आधरित जीवन चर्या के विकास का है।

एक बात और समझने वाली है कि गुरु केवल मार्ग दर्शक है, जैसे हमारे जीवन में और शिक्षक (दुनियावी विद्या हो या आध्यात्मिक विद्या)। करना सब कुछ शिष्य को ही है। यह बात महात्मा जे0 कृष्णमूर्ति साहब ने बड़ी सरल भाषा में कही है– "मैं भगवान नहीं, इंसान हूँ। जो उठा है अपने ही कर्मों या पुरुषार्थ से उठा है। जो गिरा है, उसे अपने कर्मों ने ही गिराया है। दूसरा किसी को सलाह भर दे सकता है, पर ऐसा नहीं हो सकता कि अपने बलबूते किसी का उद्धार कर सकें।"

बड़थ्वाल जी ने जन सेवा की बात कही है। हमारे गुरुदेव कहते थे कि सत्य बिखरा पड़ा है, सेवा करो सत्य बटोर लो। अन्ततोगत्वा हमें आत्मा की आवाज को मानना और उस पर चलना ही सही विकल्प है।

15–07–2020

प्रतिक्रिया: सेवा परमोधर्मः– डॉ. आर0पी0 शुक्ला; Good views - Sangam Singh; बिल्कुल यर्थाथवादी टिप्पड़ी। कबीर इस संसार में, कर रोने से प्रीति– बिन रोये नहीं पाईए प्रेम पियारे मीत। सुखिया सब संसार है, खावै अरू सोवै। दुखिया दास कबीर है जागै अरु रोवै।। हँस–हँस कर न पाईये, जिन पायौ तिन रोवै। हँसी खुशी जो पिय मिलैं तो कौन सुहागिन (दर्दवाली) होये।। –दुःख हरण चौधरी; Second para revealed universal love. Third and fourth truth only. You can do your spiritual or physical well being] others can do tips only- Dr KA Singh; अध्यात्म आत्मा के परिष्कार की पहली सीढ़ी है। उसके द्वारा पूरे मन, मस्तिष्क, चिन्तन और विचारों में अमूल चूल परिवर्तन आ जाता है। जैसा आपने कहा अध्यात्म सबके लिए आवश्यक है किन्तु जीवन जितनी जल्दी अध्यात्म से सधजाये, जीवन उतना ही सार्थक हो जाय। विशेषकर नवयुवकों में तो समाज की रुप रेखा ही बदल जाय।– हरिभान सिंह।

16. भावना ही प्रधान

हम गृहस्थ जीवन में अध्यात्म की बात कर रहे हैं। अध्यात्म जीवन जीने की कला है, यह बहुत बार विचार में आया है। यह अलग बात है, इस बात की clarity अपनी-अपनी समझ के अनुसार ही बनती है और हम लाभ उठाते हैं। हमारा मानना है कि जो इस विषय पर व्यवहारिक व विचार स्तर पर ईश्वर कृपा से सक्रिय हैं, यदि अपने अनुभवों को साझा करें तो mutual-benefit के साथ एक अनुभव ज्ञान का सरल व सार्थक साहित्य संकलन हो सकता है। निःसंदेह ऐसा संकलन किसी भी स्वाध्यायी के जीवन की कुछ गुत्थियों को सुलझाने में सहायक होगा। व्यक्तिगत स्तर पर हमारे गुरुदेव महात्मा यशपाल जी तथा कबीर शान्ति मिशन के महात्मा राकेश कुमार मित्तल साहब गृहस्थ में रहते हुए अपने-अपने आध्यात्मिक साधना क्षेत्र में उच्च स्तरीय योगदान करते हुए, 'गृहस्थ अध्यात्म साधना' के लिए बहुमूल्य व अनुकरणीय साहित्य सृजन का अच्छा उदाहरण प्रस्तुत किया है। इन दोनों संतों ने आज के समय में कबीर को जिया है। इस पत्र में हम 'ध्यान' से संबन्धित अपना, गुरुदेव के साथ का एक अनुभव साझा करते हैं।

यह शिलांग में पोस्टेड था, वहीं महात्मा यशपाल जी के सम्पर्क में आया। आप दिल्ली में रहते थे। डॉ. आर.एन. प्रसाद, हमारे संस्थान के डायरेक्टर थे। वह भी महात्मा यशपाल जी के शिष्य थे। सत्संग में आने के बाद, ईश्वर जाने, कैसे! जब भी दिल्ली में कोई बड़ा सत्संग आयोजन होता, तो कोई न कोई सरकारी काम / मीटिंग के लिए हम लोगों का बुलावा आ जाता। ऐसे में आफिस के काम से फुर्सत के बाद सत्संग में चले जाते एक बार भण्डारा था, हम दोनों किसी काम से गये थे। भण्डारे के अन्तिम दिन पूरे देश से आये परसेप्टरस की मीटिंग होती थी। मीटिंग हमेशा साँय 3.30 पर शेड्यूल होती, लेकिन शुरु हो पाती एक-दो घण्टे के बिलम्ब से ही। इस बार हम लोगों ने विचार किया कि आफिस का काम करके 5 बजे तक मीटिंग में पहुँच लेगें, ऐसा ही किया। लेकिन जब हमलोग पहुँचे पता किया तो मालुम हुआ कि मीटिंग 3.30 पर शुरु हो गई थी और अभी-अभी समाप्त हुई है, अब नारंग जी सबके लिए चाय लेकर गये हैं। जान तो सूख गई। डरते-डरते दरवाजे से झाँका, तो भाई साहब जी से, आँख मिल गई। चट से आप बोल पड़े कि

आइये- आइये, बैठिये, नारंग जी सिंह साहब को चाय पिलाईये। डॉ. साहब, आप इनकी भी हाजिरी लिख लीजिए। यह शरमाते- शरमाते अंदर गया। पीछे से डॉ. प्रसाद भी झाँके, अच्छा-अच्छा, आप भी हैं? इनकी भी हाजिरी लिख लीजिए।

यह है गृहस्थ में अध्यात्म साधना का एक अनुभव व उदाहरण। आप अंदाजा लगाईये, हम लोगों के मन में दिन भर बार-बार इस मीटिंग में जाने की बात से सम्बन्धित भाव किसी न किसी रूप में बना ही था और याद आता रहा था। यह है गृहस्थ में ध्यान की सहज प्रक्रिया, कही पर निगाहें कहीं पर निशाना। असली मकसद है मन को अंर्तमुखी करना। साथ- साथ दुनिया के काम भी होते रहते हैं, सहज बिन प्रयास के ध्यान साधना भी। एक पत्र में, भाई साहब जी के ध्यान की पराकाष्ठा की बात, डाक्टरों के साथ के अनुभव का शेयर किया था। गजब के मानव की रचना भगवान ने की है, अध्यात्म का बीज हर व्यक्ति के अंदर है, एक न एक दिन इस मार्ग पर आना ही आना है। आईये, आप भी अपने अनुभव ज्ञान को जन हित में साझा करें, इस अध्यात्म अनुभव ज्ञान के साहित्य के संकलन को आगे बढ़ायें।

16-07-2020

प्रतिक्रिया: बहुत सुंदर शिक्षा प्रदायक- डॉ. आर0पी0 शुक्ला; सद्विचारों से ओतप्रोत। सद्गुरुदेव जी की असीम कृपा- दुःख हरण चौधरी

---

17. भगवान ही बचा सकता है

कोरोना की समस्या पूरे विश्व में बढ़ती ही जा रही है। आज के NBT पेपर में, पहले पेज पर ही कर्नाटक राज्य के स्वास्थ्य मंत्री के बयान को 'भगवान ही बचा सकता है' के अन्तर्गत लिखा गया था कि 'कोरोना के बचाव के लिए सरकार भला क्या कर सकती है? इससे तो भगवान ही बचा सकता है। जो भी हो, हमें यह बात सकारात्मक लगी। यदि सोचें, तो लगभग हम सभी, कभी न कभी जब किसी बात को लेकर हताश हो जाते हैं, तो ऐसे भाव मन में आते हैं और कुछ न कुछ रास्ता निकलता भी है। व्यक्तिगत स्तर पर तो हम सभी ऐसी स्थिति से अवगत हैं। यहाँ समस्या, बड़े समूह में ऐसी

भावना (ईश्वरवादी) बनने की है, जिससे जन समूह की भाव उर्जा एक विशाल शक्ति बन, कोरोना जैसे वायरसों को शान्त कर सके। कोई न कोई रास्ता, भगवान ही निकालेगें और वह किस रुप में होगी, भविष्य के गर्त में है। जल्द से जल्द, इसका समाधान किसी वैक्सीन की खोज के रूप में भी आ सकता है, जिसकी आहट सुनाई भी देने लगी है। हाँ! हमें अपने, बचाव का प्रयास तो जारी रखना ही है। सरकार इस मामले में यथा संभव प्रयास कर रही है। अधिकांश जनता इस बात को समझ भी रही है।

हम 'ईश्वर इच्छा' की बात करते रहे हैं। लेकिन हमारी इच्छा, ईश्वर इच्छा हो जाये (जो हो रहा है, सहर्ष स्वीकार्य हो), यह भी भगवान / गुरु कृपा से ही होता है, पता भी नहीं चलता कि कैसे हो गया। यह अपने आध्यात्मिक अनुभवों (गृहस्थ में सहज ध्यान साधना के प्रभाव) का, विश्लेषण करने का प्रयास करता है। इस विश्लेषण में अपने दो 'आनंदयोग' के साधक मित्रों के अनुभवों को शामिल करेंगे। एक साथी वैज्ञानिक तथा दूसरे इंजीनियर हैं। हम लोग अपने गुरुदेव महात्मा यशपाल जी के निष्काम कर्म भाव से प्रभावित हो, उनके द्वारा किये जा रहे आध्यात्मिक साधना प्रयोग के उपक्रम में, हाउस बिल्डिंग सोसायटी की सदस्यता तथा प्लाट लिये। सेवा निवृत्ति के बाद बुढ़ापा अच्छा बीतेगा की इच्छा से मकान बना कर पूरी निष्ठा के साथ सतसंग का कार्य करते हुए रहने लगे। तीनों का अनुभव यही रहा कि जीवन यात्रा के प्रवाह में आने वाले दिन अच्छे से अच्छे होते जा रहे थे। हमारे गुरुदेव ने वर्ष 2003 में पर्दा ले लिया। इसके 5-7 वर्ष बाद विकसित होती स्वाभाविक विकास प्रणाली (ईश्वर इच्छा तथा आवश्यकतानुसार विकास) में परिवर्तनों का ऐसा दौर प्रारम्भ हुआ कि हमें अपना-अपना मकान छोड़ कर वर्ष 2015 में सोसायटी से भागना पड़ा। इस प्रक्रिया में यह अपने गृह नगर सुलतानपुर आकर आवश्यकतानुसार घर बना कर रहने लगा। वे दोनों मित्र फरीदाबाद में किराये के मकान में रह रहे हैं। गुरुदेव की शिक्षा का जो प्रभाव इसे दिखता है, हम तीनों की सोच आपके मूल भाव 'परमात्मा तू ही है, तेरी इच्छा पूरी हो' के तहत, ईश्वर की लीला देखने पर अवस्थित है (न हर्ष, न गम)। हाँ, हमारे इंजीनयर मित्र ऐसी मन की अवस्था के साथ महाभारत की शिक्षा के अनुरूप कि गलत को गलत कहने को 'अध्यात्म' मानते हुए, निष्काम भाव से कुछ साथियों के साथ संघर्षरत हैं, जिससे हम सब सहमत हैं।

हमारा अपना मानना है कि अध्यात्म के साधक को, शिक्षा पूरी होने के साथ ऐसी संस्थाओं से विदा हो जाना चाहिए, जैसे डिग्री पूरी होने पर शैक्षिक संस्थाऐं छोड़ते जाते हैं। हाँ! यदि वहीं शिक्षक बन जाते हैं, तो बात और है। आध्यात्म साधना में हाँ जी– हाँ जी ही अंधविश्वासिता को बढ़ावा देते हुए तत्कालीन महात्मा जी को भी भ्रष्ट कर देती है। यही आज हमारे धार्मिक संस्थानों की बिडम्बना है। ईश्वर हम सबका भला करें।

17–07–2020

प्रतिक्रिया: सही कथन– डॉ. आर0पी0 शुक्ला; Doing well. May God help you- DR. B.B. Singh; अध्यात्मिकता से भरपूर लेख पढ़ा। इस सेवक का अनुभव है कि परमात्मा का प्रत्येक विधान जीव मात्र के लिए मंगलमय होता है। भले ही हम अज्ञानी जीव इसको नहीं समझते हैं। Man proposes God disposes. But why.... for better Future- Dukh Haran Chaudhary.

---

18. सकारात्मकता ही अध्यात्म है

पिछले चार महीनों में बहुत कुछ आन लाइन हो गया है। कितने प्रिय जनों से सम्पर्क का माध्यम फोन या वाट्सअप ही रह गया है। हमारे एक सहपाठी साथी तथा रिश्तेदार भाई राम सिंह जी हैं। आपके भी संस्कार ऐसे रहे कि महात्मा यशपाल जी (भाई साहब) के सम्पर्क में आये और एक अच्छे साधक/सत्संगी बने। आप सेवा निवृत्त शिक्षक हैं, शास्त्रों की अच्छी समझ है, विद्वान हैं और देशाटन करते रहने से, देश के समाज की विविधता से भी परिचित हैं। इस सीरीज के हमारे पत्रों को पढ़ते भी हैं, लेकिन कोई प्रतिक्रिया इनसे नहीं मिलती। आध्यात्मिक मार्ग दर्शक (गुरुदेव) के पर्दा लेने के बाद के अनुभवों से इतने आहत हैं कि अध्यात्म के बारे में इनकी सोच ऐसी भ्रमित (हमारा दृष्टिकोण) हो गई है, सब कुछ बेकार सा लगता है। आज फोन पर बात होते–होते बोल पड़े कि मैं आपके पत्रों को पढ़ता जरूर हूँ, लेकिन यह अध्यात्म की बातें ऐसे ही हैं। कहने लगे कि हमारे गाँव में, एक बूढ़े सज्जन हैं, कोई पूजा–पाठ या भगवान की बात नहीं करते, लेकिन उनका जीवन किसी भी महात्मा से बढ़कर है। हमारा उत्तर था कि उनका जीवन अध्यात्मिक

है, यही तो इन पत्रों के माध्यम से समझने की कोशिश कर अनुभव ज्ञान का संकलन करने का प्रयास है।

'अध्यात्म' को आज के धर्माचार्यों ने इतना उलझा दिया है कि इस शब्द को सुन कर साधारण जन डर से जाते हैं कि यह कोई बहुत बड़ी साधना की बात है अपने बस की बात नहीं है। हिम्मत नहीं कर पाते इसे समझने की, जबकि असलियत यह है कि सबका जीवन अध्यात्मिक ही होता है, आखिर कुछ न कुछ सकारात्मक सोच सब में होती ही है। बात उसको और समझने व निखारने की है। आचार्य श्री राम शर्मा जी ने नारा दिया कि 'हम सुधरेंगें, तो जग सुधरेगा'। अपने सुधार का सरल तरीका आपने 'गायत्री' जाप का बताया, जिसके पीछे मन की एकाग्रता प्राप्त करने का मुख्य उद्देश्य है। यही बात महात्मा यशपाल जी ने जीवन में 'राम-नाम' (परमात्मा का नाम) जोड़ने की पद्धति की बताई। चित्त की एकाग्रता से ही, विचारों में शुद्धि और इससे सकारात्मक भावों का विकास होता है। यही अध्यात्म है, यही तरीका है अपने को सुधारने का। अपने काम में तल्लीनता, सत्संग, भजन-कीर्तन, जन सेवा जैसी गतिविधियाँ, आध्यात्मिक जीवन को सम्बल प्रदान करती हैं, मनुष्य इंसान बनता जाता है, परिष्कृत होता जाता है।

कबीर का जीवन आध्यात्मिक था। आज हमारे देश के लगभग 60% लोग कबीर का जीवन जीने को बाध्य है (hand to mouth)। यदि किसी तरह उनमें आध्यात्मिक जागृति हो जाये, तो इस बड़े वर्ग का जीवन आज से ज्यादा खुशहाल हो जाय। गाँव के एक किसान का या मजदूर का आध्यात्मिक जीवन किसी बड़े महात्मा से जो कई आश्रमों के स्वामी हैं, से कही ज्यादा ऊँचा हो सकता है। यह बात समझने की है।

इस 'अध्यात्म' ऐसे शब्द की समझ में यदि स्प्ष्टता बनाई जा सके तो कितनों का जीवन इस कहावत 'गो धन, गज धन, बाजि धन और रतन धन खानि, जब आवे संतोष धन सब धन धूरि समान' के भाव में बढ़त के साथ, समाज का बड़ा उपकार हो सकता है। भाई राम सिंह ऐसे विद्वानों की प्रतिक्रिया अनुभव ज्ञान के रुप में आपेक्षित है।

18-07-2020

प्रतिक्रिया: बहुत सही- डॉ. आर0पी0 शुक्ला; Retd, teacher Sri Ram Singh should share his authentic experience with you. How simple is to under line the historical facts- 1. Kabir das, Tulasi das, Sur das and Jayasi had lived spiritual ilfe. When they got the experience of yogic Trans. They were compelled to compose poems of very high quality 2. Kabir had earned his livelihood by weaving good cloths. Spinoza had earned his livelihood by making spectacles 4. Ravi das was making only four pairs of shoes every day to save time to pursue his spiritual pursuits. Please elaborate this point in your next dispatch- Prof. Manendra Singh, आपका लेख दिन प्रतिदिन शानदार, धारदार एवं ओरजदार होता जा रहा है। पूज्यपाद गुरुदेव जी का प्रसंग इसे और भी वजनदार बना रहा है। इस प्रसंग में पीयूषवाणी की दो पंक्तियँ आपकी सेवा में। तरीकत वजूद खिमते नेसत- इबादत वजूद खिमते खलका नेसत। भगवान की पूजा और पूजा करने का तरीका यही है कि हम प्राणी मात्र की सेवा में रत हों। हमेशा लगे रहें मनसा वाचा कर्मणा। - दुःख हरण चौधरी

---

19. अध्यात्म साधना

कोरोना समस्या और अध्यात्म के परिपेक्ष्य में, NBT पेपर में आये सुधीर मिश्र जी के लेख 'महसूस कीजिए ईश्वर, खुदा और गाडॅ को' ने हमारा ध्यान आकृष्ट किया। किसी परेशान बाप की मदद करने पर उसके बच्चे की तकलीफ कम होने से, जो मुस्कराहट और संतुष्टि के भाव उसके चेहरे पर दिखे, वही एहसास हमारी नजर में, ईश्वर गॉड या खुदा है, यह सुधीर जी ने कहा है। एक परेशान आदमी की पीड़ा कम करने में, होने वाली खुशी ही ईश्वर के होने का एहसास है। आगे लिखते हैं कि विवेकानन्द ने कहा है- "जब तक आप खुद पर विश्वास नहीं करते तब तक आप भगवान पर विश्वास नहीं कर सकते।" जितना ही दूसरों का भला करेंगे, हमारा हृदय उतना ही निर्मल और शुद्ध होता जायेगा और फिर ईश्वर वहीं रहने लगेगा। इस समय लोगों की परेशानियाँ बहुत बढ़ गई हैं, कोई समाधान भी नजर नहीं आता। ऐसे में समस्याओं को दूर करने का सिर्फ एक ही उपाय है। अपनी जरुरतें कम करते जाये। दूसरों की जरूरतों को पूरा करने का ख्याल करें। यकीन मानिए, अगर मदद की ऐसी श्रृंखलाएँ बनने लगीं तो नौकरियां जाने के बावजूद भी कोई भूखा नहीं रहेगा। पैसा न होने के बावजूद किसी को इलाज की दिक्कत नहीं होगी। महामारी हो या परेशानी हो उसका एक वक्त होता है। समय बीतते ही वे भी गुजर जाते हैं। यह सारी बातें ही आध्यात्मिक सोच

की हैं। ऐसी सोच के बहुत लोग हैं, कर भी रहे हैं। ऐसा करना ही अध्यात्म साधना है। ऐसे भाव मनुष्य में संस्कार बस जन्मजात होते हैं, या फिर सत्संगों में, मिलती प्रेरणा से मानव मन में उभरते हैं।

यह लेख पढ़कर याद आ गई अपने शास्त्रों की बात और हमारे सत्संगी मित्र, श्री जे0पी0 आग्रवाल जी का बताया उनका अनुभव। शास्त्रों में आया है कि हर गृहस्थ को चाहिए कि वह अपनी कमाई का 2.5–10%, निकाल कर अलग रख दे और उसे परमार्थ के काम में खर्च करे। उस पैसे को भगवान का समझे। अग्रवाल साहब अपनी कमाई का 3%, इस उद्देश्य के लिए निकालते रहते हैं, ऐसा उन्होंने बताया। ऐसे मौके आते हैं कि कोई निःसहाय या जरूरत मंद हो तो उसकी मदद इस पैसे से करें। एक परिवार कुछ दूध के जानवर पाल कर और टैक्सी चला कर जीवन यापन कर रहा था। उसी से यह दूध लेने लगे। कुछ दिन से परिवार में तनाव दिखा। पता करने पर मालूम हुआ कि उसे कुछ रुपये का कर्ज चाहिए, टैक्सी बड़ा रिपेयर मांगती है, घर चलाना मुश्किल हो रहा है। इन्होंने अपने उस धमार्थ के पूल में से ब्याज रहित कर्ज देकर परिवार का तनाव दूर कर दिया और धीरे-धीरे पैसे भी दूध के हिसाब से काटते रहे। यह व्यक्ति विशेष (यहाँ अग्रवाल साहब) का आध्यात्मिक चरित्र है। एक अंश आमदनी का नियमित निकालते रहना और ऐसा करना आध्यात्मिक साधना है। इन्होंने यह गुण अपने गुरुदेव यशपाल जी से सीखा, जो नियमित हर माह पेंशन मिलते ही उसका कुछ अंश सत्संग संस्था को देते थे। यह बात उनके और संस्था के कैशियर के अलावा कोई नहीं जानता था। यह बात अग्रवाल साहब को मालूम हो गई थी। अग्रवाल जी का साधना जनित आध्यात्मिक जीवन आज 70 वर्ष की उमर में अन्याय के खिलाफ लड़ते हुए, महाभारत काल की याद दिलाता है। गीता में वर्णित योगी या स्थिति प्रज्ञ के मन की अवस्था कुछ ऐसे ही वर्णित है। विचारों में स्पष्टता साफ दिखती है, वह भी गृहस्थ में रहते हुए।

19-07-2020

प्रतिक्रिया: बहुत सही- डॉ. आर0पी0 शुक्ला; अति सुंदर एस0एन0 खन्ना; Good but needs to be incerted in your spiritual inovations- DR. B.B. Singh; अच्छा प्रेरणास्पद-दुःख हरण चौधरी; कितनी संवेदनशील अभिव्यक्ति अध्यात्म की धारा करूणा, दया ममता, अपरिग्रह, परोपकार ही तो है- टी0पी0सिंह

20. अध्यात्मिक उर्जा भाव

आज कोरोना बीमारी से लड़ने की प्रक्रिया में अनलॉक-2 का यह बीसवाँ दिन है। कोरोना समस्या की क्या बात की जाये, पूरे विश्व का मानव समुदाय असहाय है, कुछ सूझ नहीं रहा है। इन सबके बावजूद एक वर्ग अपनी नकारात्मक सोच (भौतिक स्वार्थ का ख्याल रखते हुए), के साथ समस्या समाधान प्रयास में मनोवैज्ञानिक दबाव बनाने से बाज नहीं आ रहा वर्तमान परिस्थिति हर स्तर पर धैर्य माँगती है, ईश्वर कृपा है कि हमारे भारतीय समाज में, अतीत के मानव समाज की आध्यात्मिक जीवन साधना के प्रभाव आज भी हैं, तभी जन समुदाय के बड़े वर्ग में धैर्य की बात स्पष्ट दिखती है। अध्यात्म ही वह शक्ति है, जिससे कोरोना जैसी समस्या का सामना किया जा सकता है 'मन के हारे हार है, मन के जीते जीत'। अतीत में पूरा भारतीय समाज ही आध्यात्मिक था और यह देश, विश्व में हर क्षेत्र में अग्रणी था। इस यथार्थ को हम मैकाले के एक नोट में देख सकते है, जिसके आधार पर ब्रिटिश शासन ने हमारी उस सामूहिक विकसित होती अध्यात्मिक शक्ति के प्रवाह को समूल नष्ट करने का षणयंत्र रचा, सफल हुए और आज हम दयनीय, वर्तमान स्थिति में हैं। षणयंत्र का प्लान देखिए

"I have travelled across the length and breadth of India and I have not seen one person who is a beggar, who is a thief, Such wealth I have seen in this country, such high moral values, people of such caliber, that I do not think, we would ever conquer this country unless we break the very backbone of this nation which is her spiritual and cultural heritage and therefore, I propose that we replace her old and ancient education system, her culture for if the Indian think that all that is foreign and English is good and greater than their own, they will loose their self-esteem, their native culture and they will become what we want them, a truly domination" - Lord Macaulay's Address to the British Parliament on 2nd Feb, 1835.

अंग्रेज, इस थ्योरी के यथार्थ की परिणिति करने में सफल हुए और भारतीय समाज की प्राकृतिक व स्वाभाविक मानव विकास प्रक्रिया पर विराम लग गया। 'आज धोबी का कुत्ता न घर का है न घाट का' की कहावत चरितार्थ हो रही है। न हम भारतीय रह गये न यूरोपीय ही बन पाये। मेरे

दशकों के चिन्तन में, यह आश्चर्य बना हुआ है कि हमारे देश का प्रबुद्ध वर्ग जो शिक्षा से जुड़ा है, विशेष कर जो शोध व नीति निर्धारक के रोल में हैं, वे मैकाले दादा के प्लान के प्रभाव को क्यों नहीं समझ सके और यह देखते हुए कि हमारे लोगों का मोरल (चरित्र) ध्वस्त होता जा रहा है। भौतिकता के जाल में सब फँसते चले गये, भले ही वे भी जो आध्यात्मवादी भी हैं। यह सारा खेल 130 करोड़ की जनता का आध्यात्मिक ऊर्जा भाव है, जो दिख रहा है। कोरोना वायरस हमें चेता रहा है कि मनुष्यों अपने को जानने की ओर मुड़ो, हल वहीं मिलेगा। अध्यात्म ही आगे का रास्ता दिखाता है, जो हमारे देश के अतीत में था। विचार करने की आवश्यकता है।

20-07-2020

प्रतिक्रिया: बिल्कुल सत्य कथन- डॉ. आर0पी0 शुक्ला; आपकी सोच, दर्शन, विचार सराहनीय है। लेकिन मैकाले की दुःखद एवं गहरी जड़ की मानसिकता से ऊपर हम लोग कहाँ उठ सके हैं। पाश्चात्य सुविधा भोगी समाज की तरफ हम आज भी ललचाई दृष्टि से देख रहे हैं। अपनी गौरवशाली परम्पराओं को भरपूर मान्यता नहीं दे रहे हैं। तब कैसे होगा? ठीक ही कहा है, हम सुधरेंगें जग सुधरेगा- दुःख हरण चौधरी

---

21. डिकोडिंग कबीर

18 जुलाई के पत्र पर प्रो. मानेन्द्र प्रताप सिंह ने यह टिप्पणी की, "Retd. Teacher Sri Ram Singh should share his authentic experiences with you. How simple it is to underline the historical facts:

- Kabir Das, Tulsi Das, Sur Das, and jyasi had lived spiritual lives. When they got the experience of Yogik Trans they were compelled to compose poems of very high quality.
- Kabir had earned his livelihood by weaving good clothes.
- Spinoza had earned his livelihood by making spectacles.
- Ravi Das was making only four pairs of shoes every day to save time to pursue his spiritual pursuits.

Please elaborate this point in your next dispatch".

उपरोक्त संदर्भ में, ए.पी. जे. अब्दुल कलाम साहब की कही इस बात को यह मानता है "प्रत्येक को कुछ न कुछ करने के लिए परवर दिगार ने बनाया

है। उन्हीं में मैं भी हूँ। उसकी मदद से मैंने जो कुछ भी हासिल किया है, वह उसकी इच्छा की अभिव्यक्ति ही तो है।" इन संतों से परमात्मा ने प्रकृति के कुछ रहस्यों को मानव हितार्थ 'कोड' शब्दों/पदों में प्रकट किया। एक अवसर पर कबीर साहब ने कहा था कि "न कुछ किया न कर सका न कुछ किया कबीर, जो कुछ किया सो हरि किया कहत कबीर कबीर", लोग लांछन लगाते हैं कि कबीर ने किया। कहते हैं कि यह बात उन्होंने रो-रो कर कही थी। निष्काम कर्म की स्वाभाविक अभिव्यक्ति।

अब आते हैं कबीर की बातों की 'डि-कोडिंग' पर कि उन्हें कैसे जीवन में उतारा जाये, व्यवहारिक बनाया जाय। हमारे अनुभव में आया है कि इस काम को किया है हमारे गुरुदेव गृहस्थ संत महात्मा यशपाल जी ने और कबीर शान्ति मिशन के संस्थापक महात्मा राकेश कुमार मित्तल जी ने, जिन्होंने स्वधर्म पालन करते हुए कबीर को जिया।। यशपाल जी की जीवन यात्रा का माध्यम बना 'ध्यान' (हर वक्त ईश्वर की याद) और मित्तल साहब का माध्यम था 'सकारात्मक सोच'। दोनों ने बहुत ही सफल व अनुकरणीय दुनियावी जीवन भी जिया जैसे उपरोक्त सन्तों का था। लेकिन ऐसे व्यक्तियों व उनके अनुभवों को प्रकाश में आने में समय लगता है। उस काल में मात्र कुछ मुट्ठी भर लोग ही कबीर जैसे सन्तों को जान पाये थे। हमारे मात्र कह देने से कोई नहीं मानने वाला। यह तो उनके द्वारा अनुभव आधारित उद्भित साहित्य ही धीरे-धीरे समय के साथ साबित करेगा।

इस युग में अधिकतर सन्त जो सामने प्रदृश्य में हैं भौतिक प्रलोभनों में फंसकर, प्रवृत्ति की स्वाभाविक व्यवस्था में नकारात्मक भाव की बाहुल्यता की वजह से, मास्टर रामसिंह जैसे सीधे-साधे साधकों की ईश्वर की तरफ बनती आस्था को ठेस पहुँचा रहे हैं। आईए अपनी जीवन यात्रा के शिक्षा प्रद सार्थक आध्यात्मिक अनुभवों का जन जागरण हेतु संकलन करने में सहयोग करें।

21-07-2020

प्रतिक्रिया: बहुत सही भाई साहब- डॉ. आर0पी0 शुक्ला; सराहनीय अति उत्तम-दु:ख हरण चौधरी

---

22. स्वाभाविक जीवन यात्रा

हम आध्यात्मिक जीवन के विविध पहलुओं तथा इसके बहुआयामों की चर्चा कर रहे हैं। इस विषय पर अपनी रिसर्च में हमने पाया है कि बिना लाग-लपेट या प्लानिंग के स्वाभाविक जीवन यात्रा ईश्वर इच्छा की अभिव्यक्ति होती है, जो स्पष्ट रूप से महापुरुषों की जीवन यात्राओं में दिखती है। संघर्षपूर्ण जीवन यात्रा करते हुए ऐसे लोगों से ईश्वर इच्छा से ऐसा काम हुआ कि समाज में वे महापुरूष के रुप में जाने गये, उनका अनुसरण करने की वकालत की जाती है। समाज में इस कैटेगरी के हजारों- हजारों लोग ऐसी जीवन यात्रा हर वर्ग में करते हुए मिलते हैं। गाँव, गली, मुहल्लों में इनकी पहचान 'भले आदमी या अच्छा आदमी हैं' की संज्ञा से जब तक रहते हैं बनी रहती है और स्वयं में संतुष्ट जीवन जीते हैं। उनकी जीवन यात्रा आध्यात्मिक होती है।

हमारे 11-12वीं कक्षा (1962-63) में एक सहपाठी रहे डॉ. राम लखन मिश्रा जी हैं। हमारी इनकी मुलाकात पूसा इंस्टीट्यूट दिल्ली में जब यह आया, 30 वर्ष के बाद हुई और अब तक सम्पर्क बना हुआ है। मुझे मिश्रा जी की जीवन यात्रा स्वाभाविक व ईश्वर इच्छा की अभिव्यक्ति तथा आध्यात्मिक लगती है। एक दिन सुबह टहलते समय विचार आया कि उनसे उनकी जीवन यात्रा पर एक 'शार्ट नोट' लिखने को कहूँ। उन्होंने नोट लिखा "Due to step mother, since childhood I spent my life in great misery- no food for days and sometimes my school bag and new clothes were deliberately put to fire, but such many hurdles gave me strength- In this process pugnacious (झगड़ालू) habit, ingressed me, but gave me strength. For my studies I had to work hard in Allahabad, where I did even tution to support my studies. I am a strong God believer, but do not go to any temple, though daily in the morning I perform yoga cum meditation for 1 hour. I never perform any God worshipping nor I am aware of the procedure of doing this.

I joined ICAR (IARI) service as research Assistant in June 1968 and retired in May 2008 as Principal Scientist cum Coordinator (Floriculture). From my entry into IARI to my all the promotions upto Project Coordinator, always it was through selections and not by assesmaent except for S-2 post. My work was always praised by selection committee members. After my retirement, I wrote 4 books of International repute, 3 published from England and these are best books world wide- I am well satisfied with my service and retired life.'

हमारे दृष्टिकोण से मिश्रा जी का जीवन आध्यात्मिक, ईश्वर इच्छा की अभिव्यक्ति और स्वधर्म पालन का अनुपम उदाहरण है। मिश्रा जी के तीन बेटे हैं, well settled और ज्यादा पढ़ी-लिखी नहीं लेकिन पतिव्रता पत्नी। किसी के जीवन यात्रा में मुख्य है स्वधर्म के प्रति गहरी निष्ठा एवं सत्य पर आरूढ़ता। यही सच्ची पूजा है। परमात्मा इसी से प्रसन्न होते हैं। हमारी समझ में यही आध्यात्मिक जीवन जीने का निचोड़ है। संघर्षमय जीवन यात्रा, सुखद बन जाती है। सारे दुनियावी काम भी परमात्मा पूरे करा ही देता है। यह बातें अनुभव गम्य हैं।

22-07-2020

प्रतिक्रिया: स्वधर्म का एक सच्चा उदाहरण- डॉ. आर0पी0 शुक्ला; ईश्वर के प्रति अटल विश्वास का अनुपम उदाहरण- दुःख हरण चौधरी

---

23. ईष्ट व गुरु का महत्व

इन दिनों जीवन की रहनी-सहनी में बदलाओं को लेकर तरह-तरह के सुझाव, अनुमान तथा आध्यात्म की व्याख्या पढ़ने को मिल रही है। कल के NBT पेपर में हफीज किदवई ने लिखा था कि– "दुनिया एक तय गति से बदलती जा रही है और यह बदलाव सामाजिक, धार्मिक या आर्थिक तो है ही, आध्यात्मिक भी है। आप लिखते हैं कि अध्यात्म के तमाम वर्गों से एतर जो हमें अब दिखाई पड़ता है वह स्वाद का अध्यात्म हो सकता है।" इस बात को आपने तर्क से समझाने का प्रयास किया है। विचार आया कि 'सुने सबकी, करे अपनी'। 'आनंदयोग' साधना में तो हम 'स्वाद निग्रह' की बात करते हैं, जीवन को ईश्वर मय बना कर। हमें अध्यात्म को स्वयं के परिपेक्ष्य में देखना होगा। स्वाभाविक प्रक्रिया के तहत हर व्यक्ति कोई न कोई जीवन जीने की कला (तरीकत) पर होता ही है, जीवन में परमात्मा को उचित स्थान दिये हुए होता है। हमारे गुरुदेव गृहस्थी थे, उनका कहना था कि जीवन में परमात्मा

को 'प्रथम' स्थान देना चाहिए। जो बातें अच्छी लगें, आत्मा स्वीकारे, अपनाने का प्रयास करना चाहिए।

पिछले पत्र में मिश्रा जी ने कहा है कि 'I am strong believer of God, but, do not do and know any pooja method.' ऐसी सफल जीवन यात्रा में 'कर्मणेवाधिकारस्ते मा फलेषु कदाचना' की बात हो सकती है, लेकिन निष्काम कर्म का भाव बने, जरुरी नहीं जो अध्यात्म साधना में अंतिम लक्ष्य है। आध्यात्म साधना के मामले में उन्नाव निवासी श्री प्रेम शंकर मिश्र, प्रशासनिक अधिकारी का अनुभव सुन्दर मार्ग दर्शन करता है। मिश्र जी कहते हैं कि हमारी आस्था व विश्वास कर्म में थी, न की ईश्वर प्रार्थना में। 1975 से मेरी विचार धारा में परिवर्तन आया और मेरे बारे में भविष्यवाणी थी कि आपको शीघ्र हनुमान सिद्धी प्राप्त होगी, जिससे हनुमान में आस्था बढ़ती गई और बराबर हमारी इच्छाएँ पूरी होने लगीं। 29 मार्च 1978 के प्रात:काल 4 बजे मैंने स्वप्न देखा कि हनुमान जी अपने पूर्ण (खड़े) रुप में मेरे घर पधारे और मुझे आवाज देकर बोले, "बेटा मैं तुमसे प्रसन्न हूँ, तुम जो भी वरदान चाहो माँग लो।" मैंने स्वप्न में ही उठकर उनके चरण स्पर्श किये और कहा "यदि आप मुझसे वास्तव में प्रसन्न है तो मुझे बतायें कि आप मेरे किस कर्म से प्रसन्न हुए ताकि मैं उन कर्मों को और अधिक से अधिक कर सकूँ।" इस पर हनुमान जी ने मेरे पिछले जन्म के सम्बन्ध में कुछ बता कर आदेश दिया कि मुझे इस जन्म में योग साधना में कहाँ से प्रारम्भ करना है। हनुमान जी ने मुझे आदेश के रुप में कहा- "और तो सब ठीक है, किन्तु तुमने कोई गुरु नहीं बनाया।" संसार में मनुष्य चाहे कितना ज्ञानी हो, केवल अपने दम पर अपने समस्त सांसारिक कार्यों को पूर्ण रुप से संपादित नहीं कर सकता। यह गुरु की महिमा है कि शिष्य जो कार्य अपनी क्षमता से न पूरा कर सके, उसे शिष्य के लिये पूर्ण कराने में सहायता करे। गुरु के होते शिष्य अपनी समस्त उपलब्धियों का श्रेय पूर्ण रूप से गुरु कृपा को ही देकर, समस्त प्रकार के अहं एवं अन्य विकारों से स्वयं को अछूता रख सकता है और सब प्रकार से कल्याण को प्राप्त होता है।" (बाबा नीब करौरी जी महाराज की पुस्तक 'आलौकिक यर्थाथ' से उद्धृत)।

23-07-2020

प्रतिक्रिया: अति सुंदर-एस0एन0 खन्ना; गुरु के महत्व के बारे में बिल्कुल सत्य है- डॉ. आर0पी0 शुक्ला; गुरु बिनु भव निधि तरे न कोई- जो विरंचि शंकर सम होई- दु:ख हरण चौधरी; अध्यात्म में गुरु किया जाना अनिवार्य कहा गया है। क्योंकि गुरु ही मानवीय त्रुटियों को सुधारता है एवं विचारों का परिष्कार कराता है। गुरु न करने वाले को निगुरा कहा गया है- हरिभान सिंह; मेरे विचार से, सद्‌गुरू की प्राप्ति न होने से, आत्मा की आवाज ही, सद्‌गुरु का मागदर्शन है। अन्ततोगत्वा, ईश्वर याद में शरीर छूटे ही, अध्यात्म की मुख्य बात है। कहा भी है 'कोटि-कोटि मुनि जतन कराहीं अन्त रान कहि आवत नाही'! -डॉ. अक्षयबर सिंह

---

24. कर्ता-धर्ता परमात्मा

आज की तारीख में विश्व जन समूह के नेताओं के एक वर्ग ने 'मेरा-तेरा और मैं (अहं) ऐसी भावनाओं के साथ काम करते रहने से ऐसी समस्या पैदा हो गई हैं कि कोरोना ऐसी महामारी की बातें गौड़ सी होती दिख रही हैं। जब की असलियत यह है कि किसी वैक्सीन के न होने से यह बीमारी विकराल रूप लेती जा रही है, बढ़ती ही जा रही है। आज तक के मानव विकास की प्रक्रिया में यही, मनुष्य की सबसे बड़ी हार रही है। कैसी बिडम्बना है कि वह 'स्वयं' क्या है? से कितना अनजान है। यदि यही जान ले, तो सारे झगड़े ही समाप्त हो जायें। सभी तो हमीं हैं "जड़ चेतन जग जीव जत, सकल राम मय जानि।" सन्तों ने इसीलिए कहा कि मानव जीवन की यात्रा का अंतिम लक्ष्य है, आत्म ज्ञान (Self-realization) प्राप्त करना।

अभी तक के पत्रों में अध्यात्म विज्ञान (Spiritual Science) तथा अध्यात्म की बात बार-बार आई है और बातें तो इसके विकास के उपकरण सरीखे ही हैं। गत दो पत्रों में अनुभव ज्ञान से सम्बन्धित दो बातें मुख्य रूप से दिखती हैं। (1) डॉ. राम लखन मिश्रा जी की जीवन यात्रा जाने-अनजाने सकारात्मक रुप से आध्यात्मिक विकास के लक्ष्य की ओर अग्रसर है। इसके पीछे आपके अपने संचित संस्कार तथा ईश्वर कृपा है। परमात्मा में उनका अटूट विश्वास है। (2) कहीं न कहीं कर्त्तापन के भाव का आभास सूक्ष्म रुप से उनकी व्यक्त भावनाओं में झलकता है। इसका उन्मूलन गुरु के माध्यम से हो सकता है। साहित्य में उपलब्ध आध्यात्म विज्ञान के अनुभव ज्ञान से यह

बातें समझ में आती हैं। गुरु के विषय में भी हम काफी चर्चा कर चुके हैं। भले काम का भला नतीजा और अच्छे कर्म फलों का संग्रह (संस्कार/भाग्य)। संतों ने इसे सोने की जंजीर कहा है। इन्हें भोग कर समाप्त करना है, नये बनने से बचना है। शास्त्र कहते हैं यह सिल-सिला, जन्म जन्मांतर चलता रहता है। बचाव निष्काम कर्म की भावना 'कर्ता धर्ता परमात्मा और हम उसके हाथ में यंत्र से' से होती है, जिसके लिए गुरु का मार्ग दर्शन व स्वयं का पुरुषार्थ दोनों आवश्यक है।

हमारा अपना अनुभव है कि स्वधर्म और आत्मा की आवाज पर चलने से प्रकृति की अद्‌भुत व्यवस्था में आगे का मार्ग स्वतः मिलता जाता है। गत पत्र में आये प्रेम शंकर मिश्र जी का अनुभव इस बात का सुन्दर खुलासा करता है। हाँ! सद्‌गुरु से साक्षात्कार होने के बाद तो जीवन यात्रा में यदि हम सजग रहें तो कल्याण ही कल्याण है, यह अनुभव गम्य है। आजकल दूर दर्शन पर 'कृष्णा' सीरियल दिखाया जा रहा है। शास्त्रों के गहरे अध्ययन के बाद ही दुनियादारी व आध्यात्मिक मूल्यों व इसमें निहित शक्तियों का बड़ा सुन्दर खुलासा ऐसे सीरियलों में मिलता है, समझ में स्पष्टता आती है, हमारे अध्यात्म के प्रति बनते विश्वास को दृढ़ता मिलती है। अध्यात्म साधना में यही ईश्वर कृपा है कि धार्मिक सीरियलस दूरदर्शन पर प्रसारित हो रहे हैं, लोग देख रहे हैं। स्वाध्याय को यदि हम अपने दिनचर्या में शामिल कर सकें, तो आध्यात्मिक दृष्टिकोण बनने में बड़ी मदद मिलती है।। ईश्वर हम सबको जीवन के अध्यात्म पक्ष को और मजबूत करने की प्रेरणा करें।

24-07-2020

प्रतिक्रिया: आपके आलेख सराहनीय हैं। वस्तुतः हमारी जीवन यात्रा तीन आयामों में होती है.... तमसो मा ज्योतिर्गमया: आस्तो मा सद् गमय मृत्योमी अमृतंगमय अंधकार से प्रकाश की ओर, असत्य से सत्य की ओर। इसी उद्देश्य के मार्ग में सद्‌गुरु हमारी सहायता करते हैं। हम अमरत्व की संतान हैं, अंश हैं.... अमरत्व हमारा जन्म सिद्ध अधिकार है... फिर कभी.. दु:ख हरण चौधरी; सुन्दर निरूपण है अध्यात्म का- डॉ. आर0पी0 शुक्ला

25. जाब सैटिस्फैक्शन

मानव समाज में व्याप्त तमाम विविध बीमारियों में यह कोरोना भी जुड़ गया है। जीवन में इतनी समस्यायें हैं कि इंसान सुख की चाह में उलझा रहता है और जीवन यात्रा पूरी हो जाती है। कोई-कोई ही जीवन का आनंद लेते हुए सच्चा मकसद पूरा कर पाते है। मकसद है क्या और किसने पूरा किया, यह भी एक ऐसा प्रश्न है कि जिस पर अभी तक एक राय नहीं बन पाई है। सबकी अपनी-अपनी सोच और लक्ष्य हैं। एक माँ है, ईश्वर कृपा से बच्चे का जन्म हुआ, उसका मकसद और लक्ष्य उस बच्चे को पालना है। अपनी पूरी सामर्थ्य उसे पालने में लगा देती है। यही उसका स्वधर्म हुआ। बच्चे के जीवन यात्रा की प्रक्रिया आगे बढ़ती है। बच्चा स्कूल जाने लगता है, उसका स्वधर्म शिक्षा ग्रहण करना है। समय के साथ-साथ एक के बाद एक काम स्वतः आते जाते हैं। इंसान आगे बढ़ता जाता है। यही हमने अपने जीवन में एक स्वाभाविक प्रक्रिया के तहत देखने का प्रयास किया। बहुतों को औरों की देखा - देखी, रह-रह कर स्वत्तः प्राप्त स्वाभाविक कर्मों में, बदलाओं के साथ भी जीवन यात्रा करते देखा। ऐसे बदलाओं में अधिक पैसा, नाम या शोहरत प्राप्ति की चाह होती है। बहुत कम लोग ही जीवन के अंत तक इस सिद्धांत पर चल पाते हैं की स्वाभाविक जीवन यात्रा करें। प्रशासनिक सेवा में राजनीतिक कारणों से जल्द - जल्द होते बदलाओं को यह ईश्वर की लीला के रुप में देखता है। आध्यात्मिक दृष्टिकोण से सारा खेल भावनाओं तथा नीयत का है। यह अलग अध्ययन व शोध का विषय है। बदलावों में नियत के अनुसार विकृतियाँ व समस्यायें आती हैं। जीवन यात्रा में ऐसी एक असमंजस की स्थिति में हमारे गुरुदेव महात्मा यशपाल जी ने मार्ग दर्शन में बताया कि- "जो काम स्वतः आते हैं, वे परमात्मा के भेजे हुए होते हैं, कर सकें तो करना चाहिए, मजबूरी की बात और है।"

स्व-विवेक का जीवन यात्रा में बड़ा रोल है। आत्मा की आवाज तथा 'सुने सबकी, करे अपनी' की बातें बहुत महत्वपूर्ण रोल निभाती हैं। ऐसा लगता है कि ये बातें किसी में भी कर्त्तव्य निष्ठ होने की भावना का भी विकास करती हैं। जीवन में हमें कोई न कोई मापदन्ड या गोल अपनाना ही होता है। आजकल तो लक्ष्य अधिक से अधिक धन कमाने की ओर ही होता

है। हमें तो अपने गुरुदेव महात्मा यशपाल जी की बात 'ईश्वर इच्छा' और स्वधर्म पालन की बात जीवन यात्रा को सुगम बनाती दिखी। जॉब सैटिस्फैक्शन ही एक अच्छा मापदण्ड है कि हमारी यात्रा सही या सार्थक है कि नहीं। इससे हमेशा कार्य के प्रति उत्साह बना रहता है। 'अध्यात्म' को जीवन जीने की कला कहा गया है। इस कला पर 'आनंदयोग' एक समग्र पद्धति प्रस्तुत करता है। स्वयं व साथियों के अनुभवों का संज्ञान लेते हुए इसका अध्ययन करता रहा। बड़ा अजीब सा हमारा स्वभाव रहा है। जो काम सामने आया, करने की तरफ पूरी क्षमता के साथ लग जाना, फल की तरफ ध्यान न जाना, अनुभवों के साथ आगे बढ़ना। विवाद की बात आयी तो पूरे तर्क के साथ भिड़ जाना, ब्रेक डाउन प्वाइंट पर पहुँचने के पहले ईश्वर इच्छा मान कर surrender कर जाना। बड़ी सुखद स्थिति बनती और वही सही होता। मानव जीवन यात्रा कितनी विचित्र है, चर्चा होती रहेगी।

25-07-2020

प्रतिक्रिया: पूज्यपाद सत्गुरुदेव कहा करते थे कि कोई सन्त या महात्मा किसी का भाग्य नहीं बदल सकता, बल्कि उसके बेतरतीब जीवन को तरतीब कर सकता है, ताकि भविष्य का जीवन अच्छे से गुजरे। तो अध्यात्म का जीवन, बेतरतीब, मन मुखी, बर्हिमुखी, अनियमित अशांत जीवन को तरतीब गुरूमुखी, अन्तर्मुखी, निरुपित एवं शांत प्रदान कराने वाला है- दु:ख हरण चौधरी

---

26. एक घण्टा परमात्मा को दें

वर्तमान परिस्थितियों में मानव मन के मनमतापन पर प्रकृति ने ऐसा ब्रेक लगा कर चाहे-अनचाहे सबों को सकारात्मक सोच पर आने को मजबूर कर दिया है। बीमारी की जटिलता व प्रभाव तो है ही, लेकिन दूसरी ओर सबसे बड़ा सकारात्मक प्रभाव प्रकृति की व्यवस्था में स्वत: होते हवा व जल की शुद्धि पर पड़ा है। समाज में नकारात्मकता से उपजे झगड़े, चोरी, बीमारी, दुर्घटनायें.. सब में अप्रत्याशित रूप से कमी आई है। भले ही ये बातें एक दबाव के तहत हैं लेकिन सकारात्मक सोच को तो बढ़ावा दी ही हैं। इनमें स्थायित्व आना चाहिए, यही विचार में आते बदलाओं की बात से जमीनी हालत में परिवर्तिन लाया जा सकता है। इन तीन-चार महीनों में तमाम मानव

मन में सकारात्मक आते विचारों में हमें रामायणी संत मोरारी बापू की दी गई बच्चों को सलाह की बात बार-बार याद आती है। उन्होंने कहा है कि बच्चे अपने जीवन में दिन का एक घन्टा परमात्मा को दें। यही तो हमारे देश की मूल विरासत में रहा है। इसी से तो इंसान, इंसान बनता रहा है। क्या करें, कैसे करे यह माता-पिता से ज्यादा अच्छा और कोई नहीं सोच व बता सकता हैं। आखिर परिवार की कुछ न कुछ आध्यात्मिक (पूजा-पाठ) परंपरा तो रही ही है। अतीत से चली आ रही, आज उस धूमिल होती परंपरा को पुनर्जीवित किया जा सकता है। इससे बच्चों में न केवल नैतिक पक्ष के विकास की नींत्र पड़ेगी बल्कि आध्यात्मिक विकास को शिक्षा में दिशा भी मिलेगी।

हमारी यह सोच कोई ख्याली पुलाव नहीं, बल्कि बचपन में परिवार स्तर पर प्रचलित प्रथा की याद है जो आज लुप्त सी होती जा रही है। आज की शिक्षा से इंसान की एकपक्षीय विकास (भौतिक) के दुष्परिणाम समाज नें दिखने लगे हैं। प्रकृति की व्यवस्था में चेतावनी स्वरूप इंसानी भूलों की प्रतिक्रिया, कोरोना की तरह होती भी रही हैं। इनसे आने वाली परेशानियों से, इंसान भौतिक संसाधानों को सुधारने या सम्भालने का प्रयास तो करता रहा है, लेकिन मूल मानव के आध्यात्मिक पक्ष की बात भी सोचे कि बात नहीं हो होती है। हम अपने गृहस्थ जीवन में अध्यात्म के अनुभव के आधार पर यह निश्चित रूप से कह सकते हैं कि यदि कोई भी इंसान दिन में एक घण्टा परमात्मा को दे, तो जीवन में सकारात्मक बदलाव का अनुभव कर सकता है। जो ऐसा करते हैं इसके लाभ से परिचित हैं। मोरारी बापू जी की सलाह में बहुत बड़ी मानव विकास की सम्भावना छिपी है।

परमात्मा की लीला देखते बनती है। हमें अप्रत्याशित रूप से जिसकी हमने जीवन में कल्पना न की थी, अपने स्वप्नों की सुन्दर व्यवस्था छोड़कर (भगना पड़ा), 75 साल की उम्र में अपने होम टाउन सुल्तानपुर में आकर बसना पड़ा। जीवन के अधिकांश समय सत्संग व्यवस्था से कट आफ हो गया। ईश्वर इच्छा, हमारी बेटी सरिता सिंह व स्थानीय एक सत्संग संचालक श्री दिनेश प्रताप सिंह ने पारिवारिक स्तर पर 'आध्यात्मिक जागृति सेवा केन्द्र' बना कर मुहल्ले के बच्चों के लिए सप्ताह में एक दिन एक घण्टे का रामायणी सत्संग प्रारम्भ किया है। आज घर-घर, गली-गली, मुहल्लों में, इसकी आवश्यकता

है, किया भी जा सकता है। काश हमारे सेवा निवृत्त सीनियर सिटीजन भाई आज के समय में अधिकांश जो उपेक्षित भाव का जीवन जीने को मजबूर हैं, संगठित हो ऐसे यहाँ आध्यात्मिक शिक्षा का यह अनूठा प्रयोग करने की हिम्मत करें तो मानव विकास का बड़ा काम हो सकता है।

26-07-2020

प्रतिक्रिया: बहुत सुंदर प्रयास- डॉ. आर0पी0 शुक्ला; Good views- Sangam Singh; I fully agree with you. Before taking our children to this task, we the senior citizens must spare one hour for our own spiritual upliftment during the pandemic Covid 19. Prof Manaendra Singh. Sir, it hurts me a lot. Whenever I read that you were compelled to quit your own house. You sacrificed your life for satasang and ultimately that is the result. I am disappointed as materialistic forces overpowered spiritualism– Ajeet Vashistha

---

27. श्रद्धा

समस्या बढ़ती ही जा रही है। रिकवरी रेट भी बढ़ रहा है जो विचार के स्तर पर एक तरह से धैर्य बनाये रखने में बड़ी राहत दे रहा है। जल्द ही वैक्सीन बन जाने की आशा भी बनी हुई है। जो भी है, अधिकतर लोग तो अपनी रोजमर्रा की समस्या के हल में ही उलझे हुए रह रहे हैं। प्रधान मंत्री मोदी जी ने फिर जनता को सचेत किया है कि कोरोना का खतरा बना हुआ है, बचाव (मास्क, डिस्टैन्सिंग, बार-बार हाथ धोना) ही एक मात्र उपाय है। इस समस्या की वजह से समाज की रहनी-सहनी में बदलाव तो होने ही होने हैं, क्या बदलाव होंगे - कुछ तो शिक्षा व्यवस्था तथा आर्थिक प्रबन्धन में दिखने भी लगे हैं। ऐसे परिवर्तन तो व्यवहारिक स्तर पर प्रशासनिक पहल से हो रहे हैं। आवश्यकता है मानव की अपनी प्रकृति प्रदत्त अंदरूनी व्यवस्था में बदलाव की, आध्यात्मिक जीवन शैली अपनाने की। यह कठिन नहीं होगा क्योंकि यह अपने देश के अतीत में जन-जन, घर-घर में ऐसा रहा है, आज भी है भले ही इसमें कमी आती गई है। ब्रिटिश राज आने पर मैकाले प्लान थोपे जाने से हमारी पारम्परिक मानव के समग्र विकास की व्यवस्था ध्वस्त हो गई। हाँ, इसके लिए जनता से ज्यादा हमारे शासकों को सोचना होगा। किसी न किसी तरह वैसी ही व्यवस्था बनानी होगी जो हमारे अतीत के

शासकों में थी। अभी तो आध्यात्मिक शिक्षा अनियंत्रित है, मन- मानी है, व्यवसायिक दायरे में जा चुकी है।

ईश्वर की लीला बड़ी विचित्र है, अयोध्या में भगवान राम का मंदिर बनने वह भी जनता की भागीदारी से, सरकार से कोई आर्थिक सहायता न लेना, बड़ी बात है। ऐसे उपकरण इंसान में भगवान में श्रद्धा / आस्था बनाने में बहुत महत्व पूर्ण भूमिका निभाते हैं। श्रद्धा उन मामलों में काम देती है जो बुद्धि क्षेत्र के बाहर हैं। उन विषयों में जहाँ बुद्धि हमें दूर तक नहीं ले जा सकती, श्रद्धा बुद्धि का अतिक्रमण कर हमें तूफानी समुद्रों से पार ले जाती है। श्रद्धा तो पर्वतों को हिला देती है और श्रद्धा ही महासागरों को पार करा देती है (गाँधी जी)। इस मामले में चुनी हुई सरकारों का रोल मात्र इतना होना चाहिए कि ऐसी व्यवस्था को सभी धर्मों के ऐसे उपकरणों को निष्पक्ष भाव से संरक्षण दें और कोरोना ऐसी विपदा में उनके गुरुओं / धर्माचार्यो से सलाह मशविरा कर जनता का मार्ग दर्शन लें। इस अध्यात्मिक विषय को स्वतंत्र रूप से विकसित होने दें।

हम यहाँ गृहस्थ में अध्यात्म को समझने का प्रयास कर रहे हैं। सूफी संतों ने मानव के समग्र विकास के लिए गृहस्थ जीवन को सबसे उत्तम माना है। इन संतों ने भारतीय आध्यात्मिक परम्परा के बड़ा व्यवहारिक सरली करण करने का प्रयास किया है। साधना के मूल में है 'प्रेम' It is not concerned with knowledge. Its whole concern is love, intense, passionate love. How to fall in love with the whole, how to bridge the distance between the creation and the creator, "दस्त बकार-दिल व यार," हाथ काम में, दिल परमात्मा की याद में हो। गीता शास्त्र भी हर वक्त 'कृष्णभावामृत' में रहने की बात करता है, जो ध्यान की पराकाष्ठा है। इन्हीं बातों को ध्यान में रख कर, अभी तक चर्चा केन्द्रित रही है। अब व्यवहारिक पक्ष पर आते हैं।

27-07-2020

प्रतिक्रिया: सुंदर- डॉ. आर0पी0 शुक्ला; बीमारी की भयावह स्थिति में भी लोग ढिठाई कर रहे हैं। पुलिस को आम लोगों को सावधान रहने के लिए सजा देनी पड़ रही है, जो दुर्भाग्यपूर्ण है। राम मंदिर एक आध्यात्मिक जुड़ाव बनायेगा। भारत सरकार ने शिक्षा में परिवर्तन करने का निर्णय किया है। परिणाम स्वरूप शिक्षा में सुधार हो ही जाना है। वैसे मोदी जी भारत देश की सभी कमियों के सुधारने का बीड़ा उठा ही लिये हैं। बस जनता

का समर्थन चाहिए- हरिभान सिंह; प्रेम अमूल्य है। प्रेम ईश्वर का रूप है। सारे ईश्वरीय गुणों का तत्व प्रेम ही है। सच्चे प्रेम की कीमत है। प्रेम न बाड़ी ऊपजै, प्रेम न हाट बिकाय। राज प्रजा जैसे जचौ, शीश दै लै जाय- दु:ख हरण चौधरी

---

28. आध्यात्म विकास एक शतत् प्रक्रिया

हम ऐसे अधिकतर सीनियर सिटीजन, प्रशासन की बताई सावधानी बरत रहे हैं। घर में रह कर अखबार, टी0वी0, स्वाध्याय तथा जीवन यात्रा के अनुभवों/संस्मरणों के सहारे, समय बिता रहे हैं। ईश्वर इच्छा ही है कि यह स्वाध्याय तथा आध्यात्मिक जीवन यात्रा के अनुभव पत्र के माध्यम से आपके साथ साझा हो रहे है। कुछ भाईयों की प्रतिक्रिया भी मिल रही है, जो विचारों में सकारात्मकता की वृद्धि तथा बहुत सी बातों का स्पष्टीकरण भी कर रही है। वैसे आपने अनुभव किया भी होगा कि अध्यात्म से सम्बन्धित बहुत सी सामग्री (ingridients), जो साधना के संदर्भ में उपयोगी तथा व्यवहारिक हैं, चर्चा में आ रही हैं। हमारा मानना है कि प्रत्येक इंसान जाने-अनजाने आध्यात्मिक जीवन यात्रा कर रहा है। दिखावे में कुछ लोग कोई पूजा या उपासना नहीं करते, लेकिन स्वधर्म पर उनकी आरूढ़ता देखते बनती है। स्वत: ही ऐसे लोग बिना उनकी कोई इच्छा के समाज या समूह में, एक आदर के भाव से देखे, जाने व माने जाते हैं। ऐसे लोग अध्यात्म वादी होते हैं जिनकी निष्काम कर्म भावना उन्हें आध्यात्म मार्ग पर अग्रसर किये होती है। शास्त्र कहते हैं कि इंसान का अध्यात्मिक विकास एक शतत् प्रक्रिया है जो जन्म मृत्यु के चक्र से तब तक चलती रहती है जब तक जीव अपने मूल स्त्रोत तक की यात्रा पूरी नहीं कर लेता (आत्मा परमात्मा का मिलन)।

हमने अपने कई मित्रों को जीवन यात्रा में उपरोक्त कैटेगरी में देखा व पाया है। उन्हें कभी गॉड, ईश्वर या अध्यात्म की बात करते नहीं देखा। एक पत्र में, डॉ. राम लखन मिश्रा जी की बात आई है कि- "I am strong believer of God, but do not go to any temple, though daily in the morning I perform yoga cum meditation for 1 hr. I never perform any God worshipping nor I am aware of the procedure of doing this." मिश्रा जी अपने काम में ही मस्त, संतुष्ट तथा प्रसिद्ध हैं।

एक और IIT Kharagpur में रहे हमारे सहपाठी तथा IARI, New Delhi में 14 वर्ष साथ काम करते साथ रहे, डॉ. असीम कुमार भट्टाचार्य, जी की कर्मनिष्ठा को बड़े करीब से देखा। आप भी डॉ. मिश्रा जी की तरह कर्मनिष्ठ रहे। अध्यात्मिक बातों पर पिछले 30 वर्षों में जब कोई चर्चा की बात उठी, तो यह सिर्फ मुस्करा कर टाल देते। हमारे इन पत्रों को, इस कोरोना काल में वह पढ़ लेते हैं। एक दिन, whatsapp पर हमने लिखा कि How you react to Dr Mishra's view on 'God'. उम्मीद नहीं थी कि कुछ जवाब देंगे, लेकिन बड़ी सारगर्भित रिप्लाई आयी। I do not hold any view of God. I do not disturb HIM by calling in the name of prayer. I believe that HE is all powerful and fulfills genuine needs of all creatures, humans, cattle, mosquito, flies, corona, whites, blacks, yellows and whatever you can name'

हमारे अनुभव तथा समझ के अनुसार ऐसे व्यक्ति अनजाने में आध्यात्निक विकास की साधना में होते हैं और जाने-अनजाने जीवन का ईश्वरीय पक्ष मजबूत होता रहता है। अन्ततः मानव जीवन की यात्रा का उद्देश्य स्वधर्म का पालन करते हुए, आत्मिक लाभ प्राप्त करना है। स्वधर्म के प्रति हनारी निष्ठा बने, के लिए ही पूजा-पाठ या उपासना पद्धतियाँ हैं, लेकिन पूजा-पाठ आवश्यक नहीं है। मूल चीज है, भावना।

28-07-2020

प्रतिक्रिया: बहुत सुन्दर- डॉ. आर0पी0 शुक्ला; पूज्यपाद कहा करते थे, ईश्वर हमारे पूजा, पाठ, ध्यान सत्संग का भूखा नहीं है। यह सारे कार्यक्रम हम अपनी आदतों को सुधारने के लिए करते हैं। ईश्वर एक अभूतपूर्व लक्ष्य है। उसी लक्ष्य की प्राप्ति ईश्त्ररीय गुणों को अपनाने के लिए हम साधना, उपासना, आराधना इत्यादि करते हैं-दुःख हरण चौधरी; पूजा-पाठ से कई वर्ष के बाद ही भावना सुदृढ़ होती है, जिससे अध्यात्मिक विकास की प्रगति रफ्तार पकड़ आगे बढ़ता है। हम सीढ़ी को भूल या ignore कैसे कर दें- सतीश गुप्ता।

आदरणीय डॉ. सिंह साहब। आपके दैनिक पत्र मिल रहे हैं। इसके लिए हार्दिक साधुवाद। अध्यात्म का मंत्र यदि व्यवहार में आ जाये तो जीवन सामान्य रूप से ईश्वर परायण होकर चलता रहता है। मंत्र साधारण शब्दों में है। जो व्यवहार हम अपने लिए अपेक्षा नहीं करते वैसा व्यवहार दूसरों के साथ न करने का प्रण लें। ईश्वर कृपा से समाज सुधार की ओर बढ़ेगा। गुरुदेव पं श्री राम शर्मा जी का "हम सुधरें तो युग सुधरेगा" का सूत्र मानव कल्याण

में सहायक रहेगा। आपका प्रयास सराहनीय है- लक्ष्मी कांत महेश्वरी, Lucknow, Ex. VC Birla Engineering Istitute Pilanai

---

29. अध्यात्म-रहस्यमय विज्ञान

इस कोरोना काल में, ईश्वर इच्छा से ही हम लोगों को अध्यात्म ऐसे विषय पर चर्चा करने का यह अवसर बना है। कभी सोचा भी नहीं था कि ऐसी चर्चा हो सकती है। यह तो आधुनिक तकनीकी का ही कमाल है कि वाट्सअप पर यह सम्भव हुआ। चिट्ठी-पत्री के माध्यम से ऐसा सम्भव नहीं होता। इसके साथ-साथ, पुरानी यादें भी ताजा हो रही है कि कभी साथ रहे मित्रों, साथियों व नय-नये भाईयों-बहनों से संपर्क भी बन रहा है। हम ऐसे बुद्धों को, बदलते युग में सुनना पड़ता था कि बैठ कर राम-राम करो, यह जनरेशन का गैप है। इस चर्चा में नयी-नयी जानकारी भी मिलने के साथ समय भी सार्थक बीत रहा है। शंकराचार्य जी ने, जिन्दगी का एक कडुवा सत्य बताते हुए कहा था- "जब तक आप में कमाने की क्षमता है, तब तक आपके सम्बन्धी आपसे जुड़े रहेंगे। बाद में जब आप जर्जर देह के साथ जियेंगे तो आपके घर में भी आपसे कोई बात नहीं करेगा।" यह सनातन सत्य है, जिसको आदमी समझ ले तो उसके जीवन में कभी दु:ख नहीं आयेगा। कमाने की क्षमता का मतलब सिर्फ पैसा ही नहीं है, गुणों से भी है। गुण भी खत्म हो जाते हैं। नेता को देखो, सिनेमा के कलाकार को देखो, खिलाड़ी को देखो। अध्यात्म का गुण सनातन है, हमेशा है।

एक शोध छात्र के नाते इसका प्रयास है कि मानव समुदाय में, जो व्यवहारिक 'अध्यात्मिक अनुभव ज्ञान' हर स्तर पर उपलब्ध है, उसे जितना हो सके संकलित किया जाय। इंसान जागो! तुम अध्यात्मिक हो, इसे समझो, इसे और विकसित करने का प्रयास करो। सच्चा सुख और शांति इसी से मिलेगी। बहुत अनुभव के बाद ही किसी ने कहा है कि- "घर ही में तीरथ बनाई, हम मंदिर काहे का जाई।" ईश्वर इच्छा से ही, हमारा जुड़ाव सूफी सन्त श्री यशपाल जी (भाई साहब जी) से हुआ। 'गृहस्थ जीवन में अध्यात्म' ऐसे विषय में रुचि बनी। जन्म भी ऐसे परिवार में हुआ, जिसका करीब 150 वर्ष का इतिहास आध्यात्मिक परिपेक्ष्य का रहा था। एक सिद्ध पुरुष बाबा

भोलादास परिवार के साथ आकर रह गये थे। गाँव में उनकी समाधि है। बचपन से ही चले आ रहे माहौल में देखा कि कैसे 'अध्यात्म' गाँव में किसानी जीवन में, जिसमें जीवन यापन कशमकश का होता है, रोते-गाते, हँसी-खुशी के साथ जीवन यात्रा कराने में सहायक है। समय के साथ-साथ ऐसी जीवन यात्रा की समझ बनी और पाया कि 'अध्यात्म' तो एक बहुत ही बड़ा रहस्यमय विज्ञान है। यह पत्रावली यही समझने का प्रयास है और कुछ नहीं तो 'स्वान्तः सुखाय' की बात तो बनती ही है।

'आनंदयोग' जीवन जीने की एक कला है और यही 'अध्यात्म' की परिभाषा भी है। जीवन जीने की बहुत सी कलायें हैं, लोग जी भी रहे हैं। विकास व सुधार की बड़ी गुन्जाइश रहती ही है, जो रिसर्च प्रोसेस से ही आगे बढ़ती है। यह बार-बार 'आनंदयोग' का जिकर कर रहा है, इसका मकसद किसी को भ्रमित या प्रभावित करना नहीं बल्कि जीवन जीने की एक 'समग्र पद्धति' को प्रकाश में लाना है, जिसमें 'ध्यान' मुख्य आधार है और वह भी जीवन यात्रा में, जीवन चर्या के साथ-साथ, साधा जा सकता है। हमारी गुजारिश है कि आप भी, अपने अनुभवों को mutual benefit के लिए साझा करें।

29-07-2020

प्रतिक्रिया: आपकी सेवा में कुछ अनुभव की बातें कविता के रूप में- मन को तरंग मार लो-बस हो जाये भजन। आदत बस सुधार लो -बस हो जाये भजन।। सबही प्रेम कर लो बस हो गया भजन-इनको बना लो नियम बस हो गया भजन।। सब ही से कर लो प्रेम - दुःख हरण चौधरी; बहुत सुंदर डॉ. आर0पी0 शुक्ला

---

30. तनाव मुक्त जीवन यात्रा

इस पत्र सीरीज के, 2 जुलाई के अंक में, सद्गुरु जग्गी जी की कोरोना के बारे में एक अध्यात्म विज्ञान से सम्बन्धित विचार का जिकर किया था। आपका कहना है, हम अपने विचारों में कोरोना के भय को आने से रोकें, नजर अंदाज करें "Take your attention away and it has no power on you. Ignore the things you don't want to participate in". It has deep spiritual meaning in it, but not easy to understand believe and follow." जब हम

अध्यात्म विज्ञान की बात करते हैं, तो जीवन के अध्यात्मिक विकास में जिन्हें सद्गुरु का साक्षात्कार हो गया है, इस तरह का मार्ग दर्शन मिलता है कि मन की सोच, मार्ग दर्शन के अनुरूप बनती जाती है जो अनुभव गम्य है। शास्त्रों में कहा गया है कि सद्गुरु का मिलना पूर्णतया ईश्वराधीन है और उन्हें ढूँढा नहीं जा सकता। जब साधक का पात्र तैयार हो जाता है तो जीवन में वह प्रकट हो जाते हैं और साधक को धीरे-धीरे इसका आभास होता है और वह उनसे जुड़ कर रह जाता है, उसके सारे प्रश्न समाप्त हो जाते हैं, सब कुछ आश्चर्य मय लगता है, कदम-कदम पर प्रकृति की सहायता मिलने का एहसास होता है। बाद में इसका भी पता नहीं चलता।

कुछ जिज्ञासु सत्गुरु की खोज में भी होते हैं। कहीं पढ़ा था कि स्वामी चिन्मया नन्द जी प्रोफेसर थे, तपोबन महाराज से शास्त्रार्थ करने के भाव में हिमाचल गये। ऐसे अनुभव रहे कि वहीं से त्याग पत्र भेज कर साधना में लग गये। इसी तरह शिलांग में हमारे एक साथी व मित्र डॉ. एस0एस0 ताम्हन जो वैज्ञानिक थे, स्वामी चिन्मयानन्द जी से प्रभावित हो त्यागपत्र देकर उनके साथ 'गीता ज्ञान-यज्ञ' में लग गये। आजकल वह अनुभवानन्द के नाम से जाने जाते हैं और विदेशों में सद्भावना ट्रस्ट के माध्यम से गीता ज्ञान यज्ञ से आध्यात्मिक सेवा कर रहे हैं।

हममें विचार आता है कि 'गृहस्थ जीवन में अध्यात्म' की समझ को आप विद्वित जनों के साथ साझा कर अध्यात्म साधन पद्धति का और सरली करण किया जाय। समाज में परिवारों के माध्यम से ही सकारात्मक सोच को बढ़ावा दिया जा सकता है। जिनसे हम कुछ सीखते हैं वे हमारे गुरु हैं, उनके प्रति हमें कृतज्ञता तथा श्रद्धा का भाव बनाना चाहिए। जीवन के 32 वर्ष तक तो यह अपने स्कूल के शिक्षकों को ही गुरु समझता व मानता था, क्योंकि अध्यात्म ऐसे शब्द का कोई ज्ञान ही नहीं था। जीवन के प्रति इसका भी स्वभाव, डॉ. आर0 एल0 मिश्रा जी तथा डा. ए0के0 भट्टाचार्य जी की ही तरह का था।। सद्गुरु से मिलने की घटना इसके लिए आज भी जीवन में तमाम चमत्कारिक अनुभवों, शिक्षाप्रद अनुभवों में एक है कि कैसे! जब गुरु शब्द और ज्ञान की कोई सोच दूर-दूर तक न हो और अचानक ऐसी परिस्थिति बने कि किसी को सद्गुरु मान ले और फिर उनके साथ सत्संग करते -करते, जीवन में दो ही काम रह जाँय, स्वधर्म

पालन तथा / सत्संग (ईश्वरोपासेना)। हमारे अनुभव तो यही कहते हैं कि स्वधर्म पालन के साथ परमात्मा के नाम (अपनी पसंद) जीवन में जोड़ने के प्रयास, इंसान हर परिस्थिति में तनाव मुक्त रहते हुए एक आनंददायी जीवन यात्रा कर सकता है।

30-07-2020

प्रतिक्रिया: बिल्कुल सत्य- डॉ. आर0पी0 शुक्ला; भइया जी आपने कहा कि जीवन में गुरु पात्रता के अनुसार मिल जाते हैं। मैं जब 12 वर्ष का था, तभी हमारे संस्कृत के अध्यापक श्रीवास्तव जी ने गायत्री के विषय में ज्ञान कराया था, 1967-68 में। तब से अब तक ध्यान धारणा गायत्री के प्रति बनी रही। 20 वर्ष बाद 1987 में दीक्षा लिया। तब से हमारे जीवन के हर क्षेत्र में आमूल चूल परिवर्तन आता चला गया और हर तरह का लाभ भी मिला- हरिभान सिंह।

---

31. सेवा ही अध्यात्म

चूँकि, कोरोना जनित समस्या में हम कुछ खास कर नहीं सकते, मात्र एहतियात, ईश्वर से प्रार्थना और राहत मिलने का इंतजार। अतः सार्थक समय बीते यह अध्यात्म चर्चा कर रहे हैं। आध्यात्म मार्ग में महात्मा गाँधी जी की एक बात समझने की है। आपने कहा है- "हिन्दू धर्म में जो स्थान गुरु को दिया गया है, उसे मैं मानता हूँ। गुरु बिना ज्ञान न होय यह वचन बहुत अंशों में सही है। अक्षर ज्ञान देने वाले अधकचरे शिक्षक से काम चलाया जा सकता है, पर आत्मदर्शन कराने वाले अपूर्ण शिक्षक से नहीं चलाया जा सकता। गुरुपद तो संपूर्ण ज्ञानी को ही दिया जा सकता है। गुरु की खोज में ही सफलता समाई हुई है: क्योंकि शिष्य की योग्यता के अनुसार ही गुरु मिलता है। इसका अर्थ यह कि योग्यता प्राप्ति के लिए पूर्ण प्रयत्न का प्रत्येक साधक को अधिकार है। इस प्रयत्न का फल ईश्वर के अधीन है।" इसे हम अध्यात्म साधना का निचोड़ कहें तो यह अतिशयोक्ति न होगी। गीता उपदेश 'कर्मणेवाधिकारस्ते मा फलेषु कदाचन' का पूरा भाव भी इस कथन में आ जाता है। अभी तक चर्चा में भी यही आया है कि हमें अपने जीवन को ईश्वरमय बनाना ही हमारी हर समस्या का हल है। सवाल सिर्फ, कैसे बनायें का है। इसके लिए भी अतीत के मानव प्रयासों ने अनन्तः उत्तर उपलब्ध कराये हैं। लोग अपनी अपनी रुचि के अनुसार कुछ न कुछ करते भी हैं। हाँ!

आज के समय में तमाम विकृतियों के चलते, गुरु किसे माने? की समस्या तो है। इस विषय पर हमने अपने विचार इन पत्रों के माध्यम से व्यक्त किये हैं। गाँधी जी की एक बात और इसे प्रायः याद आती है, "सत्य के शोधक को रज-कण से भी छोटा होकर रहना पड़ता है। सारा जगत रज-कण को कुचलता है, पर सत्य के पुजारी के लिए तो स्वतंत्र सत्य की झाँकी तब तक दुर्लभ है, जब तक वह इतना अल्प न बन जाये कि रज-कण उसे कुचल सकें।" यह 'मैं' (अहम) से सम्बन्धित भाव और अध्यात्म साधना का अन्तिम लक्ष्य है।

सूफी सिलसिले के हिन्दुओं में हुए प्रथम सद्गुरु महात्मा रामचन्द्र जी (लाला जी) महाराज ने लिखा है "समग्र क्रान्ति और समाज के प्रत्येक इकाई के आमूल परिवर्तन कर देने के उतावलेपन की आग मेरे सीने में धधक रही है। मुझे प्रतीक्षा है कतिपय उन हाथों की जिन्हें यह धधकती हुई ज्वाला सौंप कर ऐसी खामोशी से पर्दा कर जाऊँ कि आने वाले युग को इसकी भनक भी न हो कि रामचन्द्र नाम का व्यक्ति दुनिया में आया भी था।" इसी सिलसिले में हमारे गुरुदेव यशपाल जी (भाई साहब) ने लिखा है "तारीख 16-10-1952 को सेवक ने स्वप्न में सत्गुरुदेव महाराज के दर्शन किए। आप उदास थे और कह रहे थे हमें तुमसे बड़ी उम्मीद है। साधना पूरी करो हिम्मत से काम लो। कहीं यह सुन्दर विद्या लोप न हो जाय। कोशिश करो भगवान मदद करेगा (बृजमोहन बचनामृत भाग-4।" ऐसे सन्त साधना में रत रहते हुए अपने को साधक ही मानते है, गृहस्थ में ही पाये जाते है, कम लोग ही उन्हें जान पाते हैं।

महात्मा यशपाल जी के सानिध्य में आने के बाद, हमें उनकी दो बातें खटती या अजीब सी लगती थीं, जिसे समझने तथा मानने में बहुत समय लगा। वह अपने को 'सेवक' कहते और 'दासानुदास' लिखते थे। धीरे-धीरे आभास हुआ कि इंसान का सबसे बड़ा धर्म 'सेवा' ही है और यही अध्यात्म है।

31-07-2020

प्रतिक्रिया: सेवा ही परमोधर्म- डॉ. आर0पी0 शुक्ला; सेवक सेवय भाव बिनु मव ना तारिये अगारी। भजहु राम पद पंकज, असि सिद्धांत विचारी। सो अनन्य काके आसे मति न टरै हनुमन्त। मैं सेवक सचराचर रुप स्वामी भगवंत।। - दु:ख हरण चौधरी

7

सोच की धारा बदलें

स्थगित आर्थिक गतिविधियों के अनलॉक की प्रक्रिया जारी है। रेल, स्कूल, कालेज, सिनेमा, होटल अभी लॉकडाउन में ही रहेंगे। प्रदेश प्रशासन स्थिति को देखते हुए, लाक डाउन या अनलॉक की प्रक्रिया की व्यवस्था देखेगा। बीमारी की बढ़त तो जारी है। रिकवरी रेट भी बढ़ रहा है। वैक्सीन आने में अभी समय लगेगा। प्रधान मंत्री जी ने ऐतिहात (मास्क, 2 गज की दूरी और आवश्यक हो तभी घर से बाहर निकलें) बरतने की अपील की है। विश्व स्तर पर समस्या बनी हुई है, अपने देश की हालत समस्या के समाधान प्रबन्धन में बेहतर है, खतरा टला नहीं है कि स्थिति है। हम इस समस्या को आध्यात्मिक दृष्टिकोण से देख व चर्चा कर रहे हैं। विश्व व्यवस्था के होते इस बड़े बदलाव में अनुभव आधारित यह संकलन एक विशेष संस्कारी वर्ग के लिए उपयोगी साबित हो सकता है। इस परिच्छेद में अध्यात्म साधना की चर्चा का सिलसिला पहले जैसा जारी रहा, लेकिन, एक अध्यात्म साधक की प्रतिक्रिया स्वरूप 12 अगस्त, 2020 से विराम लग गया, जैसी प्रभु इच्छा। इस परिच्छेद में संकलित विषय आनंदयोग, पात्रता, सभी सही, स्टार्ट अप, निष्काम कर्म का अभ्यास, राम-नाम की दौलत, राम नाम, आत्म साक्षात्कार, बच्चे एक घण्टा परमात्मा को दें, गुरु के साथ होने का यकीन, खाली समय परमात्मा को दें, सोच की दिशा बदल दिए गये हैं-

बिबसहु जासु नाम नर कहहीं. जनम अनेक रचित अघ दहहीं।
सादर सुमिरन जे नर करहीं, भव बारिधि गोपद इव तरहीं ॥

1. आनंदयोग

कोरोना बीमारी की स्थिति यह है कि हर दिन देश में मरीजों की संख्या का रिकार्ड (आज 52000 के ऊपर) बन रहा है। खैर, बन्द आर्थिक गतिविधियों को धीरे-धीरे खोला जा रहा है, और कोई विकल्प भी नहीं है। रेल व अर्न्तराष्ट्रीय वायु सेवा इस माह के अन्त तक बन्द रहेंगी। आवश्यकतानुसार, कर्फ्यू तथा लॉकडाउन भी, होता रहेगा। प्रशासन का प्रयास और जन मानस का धैर्य, ईश्वर कृपा से संतोषजनक दिखता है।

हम आध्यात्मिक दृष्टिकोण से गृहस्थ जीवन में अध्यात्म के संदर्भ में 'आनंदयोग' की साधन पद्धति को समझने का प्रयास कर रहे हैं। हमारे गुरुदेव इसके और सरलीकरण करने की बात करते थे। इस संदर्भ में हमारे गुरु भाई दु:ख हरण चौधरी जी ने बड़ी समीचीन टिप्पड़ी की है। आप लिखते हैं 'आनंद योग', आनंद पूर्वक जीवन जीने की शिक्षा देता है। हमारा जीवन योग युक्त होकर कैसे दिनचर्याओं के सभी कामों में आनंद का अनुभव करे तथा कर्म बोझ न बन सके, इसी जीवन पद्धति का नाम 'आनंद योग' है। जीवन में विषय वासनाओं के आनंद को कैसे शुद्ध आनंद में बदला जाये, इसी सुलभ, सरल, सहज, सरस पद्धति का नाम है 'आनंद योग'। आप जो स्वांत: सुखाय के लिए पत्रावली लिखने का कार्य कर रहे है, वह भी 'आनंद योग' ही है। इसके बहुत आयाम है, आवश्यकता है शोध एवं चिन्तन की।

'आनंद योग' पद्धति को महात्मा यशपाल जी (भाई साहाब) ने गृहस्थ में रहते हुए, आध्यात्मिक जीवन यात्रा में साधना करते हुए, जीवनचर्या के खाली समय का सदुपयोग करते हुए, सिलसिले के सूफी संतो की शिक्षाओं तथा अनुभवों को अमली जामा पहना कर, एक सरल साधन पद्धति, मानव विकास के हित में प्रस्तुत की। चौधरी साहब ने उपरोक्त टिप्पड़ी में सम्पूर्ण पद्धति की एक संक्षिप्त परिभाषा देकर, इस योग के मुख्य उद्देश्यों को रेखांकित कर दिया है। इसकी अभिव्यक्ति जो इस समय हमारे विचार में आ रही है वह यह है कि इस पत्र को पढ़ने में यदि किसी भी प्रकार की जिज्ञासा या आनंद आपको हो रहा है, तो वह ही 'आनंदयोग' की एक झलक है। मन का ऐसा हो जाना कि कर्त्तापन का भाव ऐसा बदल जाये कि ईश्वर की ही याद रह जाय। ऐसे में जो कर्म होते है स्वयं तथा दुनिया को हैरत करने वाले होते है। महात्माओं

के काम को देखकर दुनिया के लोग हैरत करते है तथा पास-पड़ोस वाले पहचान भी नहीं पाते। यह सम्भव है, परमात्मा ऐसे गृहस्थी संत 'आइकन', समय-समय पर समाज में पैदा करते रहे हैं जो अधिकतर गृहस्थ में ही पाये जाते हैं। आज के तमाम संत जो समाज में धर्म या अध्यात्म का प्रचार कर रहे हैं वे सब महात्मा बनने की राह के राही हैं, साधक हैं और जाने अनजाने-सत्य की खोज में ही लगे हैं तथा साथ-साथ जन मानस को अध्यात्म साधना हेतु प्रेरित कर रहे हैं।

आम इंसान को महात्मा नहीं बनना है, लेकिन वह सही माने में इंसान बने, इससे हम सभी सहमत होंगे ही। जीवन में एक सफल गृहस्थ होना तथा सुख-शान्ति तो चाहिए ही। हमारे साथी दुःख हरण चौधरी जी ऐसे ही गृहस्थ हैं जो समाज में एक अच्छे/भले इंसान की पहचान से जाने जाते हैं, जो इसी 'आनंद योग' की उपज हैं, आत्मिक विकास में अग्रसर हैं।

01-08-2020

प्रतिक्रियाः बहुत बहुत धन्यवाद। यह सेवक इस लायक नहीं है जो पोस्ट में आया है, फिर भी आपने जगह दिया है यह आपकी महानता है। जहाँ तक कोरोना बीमारी का सम्बन्ध है, इस सेवक के मन में राम चरित मानस की चौपाई 'होइहैं वही जो राम रचि राखा, को करि तरक बढ़ावै शाखा' और 'परमात्मा तू ही है, तेरी इच्छा पूरी हो' का मूल भाव भी तो यही है। सारे मानवीय प्रयास, प्रयोग, परिश्रम व्यर्थ असफल सिद्ध हो रहे हैं। आखिर इसका अर्थ क्या है, समझने की बात है-दुःख हरण चौधरी

---

2. पात्रता

मानव समाज का वर्तमान परिदृश्य ऐसा बन गया है कि रहनी-रहनी में परिवर्तन करने ही होंगे। कुछ परिवर्तन तो दिखने भी लगे हैं। हमें अपने जीवन को और अनुशासित करना होगा। स्वयं के आध्यात्मिक पक्ष पर ध्यान देना एक सकारात्मक पहल हो सकती है, जो दीन व दुनिया दोनों सँवारने में सहायक होगी। अध्यात्म अनुभव ज्ञान की बातें शिक्षाप्रद व प्रेरणादायी होती है, साधना प्रयास करने की प्रेरणा देती है। इन पत्रों को पढ़ने वाले एक साधक श्री हरिभान सिंह ने अपना अनुभव साझा किया है। उन्होंने लिखा है 'भईया जी जैसे आपने लिखा है कि जीवन में पात्रता के आधार पर गुरु मिल जाते

हैं। जब मैं 12 वर्ष का था, तभी हमारे संस्कृत के अध्यापक श्रीवास्तव जी ने गायत्री के विषय में 1967-68 में ज्ञान कराया था। तब से अब तक ध्यान-धारणा गायत्री के प्रति बनी रही। 20 वर्ष बाद 1987 में दीक्षा ली। तब से हमारे जीवन के हर क्षेत्र में आमूल-चूल परिवर्तन होता चला गया और तरह-तरह का लाभ भी मिला। धन्यवाद! भईया जी'।

यह एक स्वाभाविक ईश्वर प्रेरित हरिभान जी की अभिव्यक्ति है, जो उन्होंने साझा किया है। इसमें आध्यात्मिक दृष्टिकोण से छिपा संदेश यह है कि हमें साधना में निरंतरता बनाये रखना आवश्यक है। ऐसे में कदम-कदम पर ईश्वर की मदद का एहसास करते हुए साधक साधना में लगा रहता है। अच्छे लोगों का साथ, स्वाध्याय, सत्संग-पात्रता बनाने में सहायक होते हैं। हम आनंद योग पद्धति समझने का प्रयास करते हुए इसके व्यवहारिक पक्ष का और सरलीकरण करने की सम्भावना भी तलाश रहे हैं। इसी संदर्भ में अनुभव ज्ञान साझा करने को आप जैसे मित्रों से प्रार्थना भी करते रहे हैं। आनंदयोग साधन पद्धति का लक्ष्य है गृहस्थ जीवन को ईश्वर मय बनाना, हर वक्त परमात्मा की याद बनी रहे और हमारे काम भी होते रहें। महात्मा यशपाल जी का कहना था कि परमात्मा ने हमारे ऊपर बड़ी दया व कृपा करके मनुष्य योनि प्रदान की है जो मोक्ष का दरवाजा है। हमें उसकी याद आधा घन्टा सुबह तथा आधा घन्टा साँय अवश्य करना चाहिए। अधिकांश लोग ईश्वर की याद अपने-अपने तरीके से पूजा के माध्यम से करते भी हैं।

आनंद योग में इस पूजा को ध्यान (Meditation) कहा गया है। वास्तव में निरंतर काम करते रहने से हम सभी का मन बीमार (काम, क्रोध, लोभ, ईर्ष्या....) रहता है। ऐसी 100 बीमारियों को यशपाल जी ने चिन्हित किया है। ध्यान करने से मन को रेस्ट मिलता है, विचारों में सकारात्मकता आती है। एक साधक का मार्ग दर्शन करते हुए आपको इसने कहते सुना था कि सुबह -शाम की पूजा आप नियमित जरूर किया करें, चाहे मन कहे या न कहे, ध्यान बने या न बने, आनंद आये या न आये, यह अभ्यास कभी न छोड़ें। आनंदयोग के साधक को कुछ छोड़ने को नहीं कहा गया है, सिर्फ परमात्मा के नाम को जीवन में बढ़ाने को है और वह भी अपनी पसंद का नाम या परमात्मा का रूप। सुबह-शाम आधे-आधे, घण्टे के ध्यान (Meditation) से इस पद्धति

की शुरुआत होती है। इसके बाद ध्यान की प्रक्रिया, जीवन चर्या में जो समय खाली हो उसे ध्यान साधना में लगा कर, मन को धीरे-धीरे ईश्वर (अपने ईष्ट) की याद की ओर मोड़ना होता है। इस तरीकत के व्यवहारिक पक्ष तथा साधना को प्रोत्साहित करने वाले साधकों के अनुभव ज्ञान से समझने का प्रयास करेंगें। परमात्मा तू ही है तेरी इच्छा पूरी हो।

02-08-2020

प्रतिक्रिया: प्रशंसनीय पोस्ट। आनंदयोग साधन पद्धति के प्रचार-प्रसार का सराहनीय प्रयास – दु:ख हरण चौधरी

---

3. सभी सही

कोरोना महामारी का बढ़ना जारी है, रिकवरी रेट बढ़कर अब 65.44% हो गया है। समाज में एक वर्ग ऐसा भी है जो कोरोना समस्या को बढ़ा-चढ़ा कर बताये जाने की बात मानता है। आज सुबह टहलते समय बगल से निकलती हुई एक ग्रामीण महिला ने हम लोगों की कोरोना पर होती बात सुन कर प्रतिक्रिया देते हुए तेजी से आगे निकल गई 'भागा, कोरोना-कोरोना कह कर सबका डरवावत अहैं (कोरोना की बात बहुत बढ़ा-चढ़ा कर डराया जा रहा है)। विचार आया कि भगवान ने क्या खूब इंसानों की रचना की है लगता है मानव समाज लाल बुझक्कड़ों का एक जमघट है, जिसके मन में जो बात बैठ गई वही सही है और अपनी-अपनी समझ के अनुसार सभी सही हैं। कुछ लोग ऐसे हैं जो अपनी बात को ही सही मान कर चाहते हैं कि सब उनकी बात माने। यह नहीं सोचते कि जैसे मैं अपने को सही मानता हूँ वैसे दूसरा भी है। समाज में सारे झगड़ों का कारण यही लगता है। वैसे जनता जनार्दन की राय (अधिकांश जिसे सही कहें) वही मानने योग्य है। हमारे गुरुदेव महात्मा यशपाल जी तो यदि एक की भी असहमति होती तो संस्थागत मामलों में तब तक आगे न बढ़ते जब तक सर्व सहमति न बन जाय। मानव जीवन की लम्बी यात्रा के अनुभवों से जो बात उभरी है वह है कि- "देश में राजा, समाज में गुरु और परिवार में बड़े भाई कभी साधारण नहीं होते। निर्माण और प्रलय इन्हीं के हाथों होता है।"

यह बात उस समय कही गई होगी जब हिन्दुस्तान में अध्यात्म विकास के चरम पर था। आज यह तीनों संस्थायें किस स्तर पर हैं कहने की आवश्यकता नहीं है। कोरोना महामारी के इस काल में मानव का व्यवहार एक जुट होकर बीमारी से सामूहिक रुप से जूझने का था, लेकिन हम देख रहे हैं कि कुछ राष्ट्राध्यक्ष स्वार्थ बस विश्व स्तर पर तनाव बनने व बढ़ने को प्रोत्साहित करने में लगे हैं। बात मानव धर्म में अध्यात्म पक्ष की है। भगवान राम तथा कृष्ण ने समाज की बिगड़ती दशा को सुधारने के लिए ही अवतारी पुरूष के रुप में आकार मानव धर्म की शिक्षा दे गये।

आते हैं अध्यात्म चर्चा पर, जो हम स्वान्तः सुखाय के लिए कर रहे हैं। आनंद योग में ध्यान साधना सुबह-शाम, परमात्मा की याद के साथ, आधा-आधा घण्टा करते हैं। तरीका-आराम से बैठ कर, आँख बन्द करके ऐसा भाव बनाते हैं कि हमारे ईष्ट (भगवान) सशरीर सामने विद्यमान है उनकी छवि मन में बनाते हैं। छवि बन जाती है तो उसे अपने हृदय में बैठाने का प्रयास करते हैं। जो निराकार भगवान के उपासक हैं, किसी नाम (राम, कृष्ण, गाड, अल्लाह....) को ईष्ट मान कर, दिल की हर धड़कन के साथ उस नाम को निकलते हुए सुनने का प्रयास करते हैं। यह है ध्यान करने का तरीका, जो गृहस्थियों के लिए बताया गया है। प्रयास होता है मन को विचारों से खाली करना, विचार शून्यता प्राप्त करना। इस अभ्यास से धीर-धीरे सुषुप्ति, शान्ति, विचारों में सकारात्मकता, अपनी कमियों का नजर आना ऐसे अनुभव होने लगते हैं। आनंद योग में इसे पूजा कहा गया है और यहीं से इस योग साधना की शुरुआत होती है। मन को रेस्ट देना मुख्य लक्ष्य है। इसके बाद सहज-सहज में दिनचर्या के खाली समय का उपयोग कर ध्यान की अवस्था को बढ़ाते हुऐ हर वक्त ईश्वर की याद बनी रहे की ओर प्रयास किया जाता है, दस्त बकार, दिल ब यार (हाथ काम में, दिल परमात्मा की याद में) की स्थिति बने कैसे? यह ध्यान की साधना को आगे बढ़ाते हैं, आगे चर्चा करेंगे। राजा जनक या कबीर का सा गृहस्थ जीवन महात्मा यशपाल जी ने जिया और यह तरीका गृहस्थियों के लिए बताया।

03-08-2020

प्रतिक्रिया: आनंद योग प्रैक्टिकल साधना है- डॉ0 आर0पी0 शुक्ल

4. स्टार्ट अप

कोरोना बीमारी के इस फेज में आज यह चौथा दिन है और यथा स्थिति बनी हुई है। जिन्दगी की जरूरतें स्थगित की गई कि बढ़ती हुई गतिविधियाँ बीमारी की तरफ से ध्यान हटा रही हैं। अलावा इसके, कि जिधर देखो मास्क पहने हुए लोग दिखते हैं, एक नये तरह का दृश्य, पहले की तरह लोगों को पहचानना भी मुश्किल। खतरा भी नहीं टला है, ऐतिहात बरती जा रही है, किंकर्त्तव्यविमूढ़ की सी हालत है।

कल के पत्र में गृहस्थ जीवन में ध्यान की बात आई है। सुबह-शाम की पूजा एक तरह से अध्यात्मिक जीवन साधना का 'स्टार्ट-अप' है। इसमें जो खास बात देखने की है वह 'एक ईष्ट निश्चित करना', जिसे कभी बदलें न और यह स्वयं को ही निर्धारित करना है। ध्यान के माध्यम से हमें चित्त की एकाग्रता प्राप्त करना है। आनंदयोग साधना में यह प्रथम स्टेप है। ध्यान में हम क्या करते हैं? किसी एक बिन्दु पर मन को केन्द्रित करने का अभ्यास करते हैं, जिससे वह ही वह रह जाये और कोई दूसरा विचार न आये।

सूफी सन्तों ने मन के एक और विशेष गुण को पहचाना और ध्यान के लिए इसका लाभ उठाया। मन जिन विचारों में डूब कर सोता है, उसी में पड़ा रहता है। सन्तों ने कहा कि रात को सोने से पहले 15-20 मिनट परमात्मा को दें। आत्म निरीक्षण करें कि आज दिन में क्या-क्या काम आपसे हुए। जितने कार्य अच्छे सकारात्मक हुए, परमात्मा को अपर्ण करें कि हे प्रभो! यह सब आपकी दया कृपा से ही सम्भव हुआ, आपने किया, सेवक की क्या बिसात की कर सके। यह आपने किया आपको अर्पण है। यदि कोई गलत काम हो गया हो, किसी का दिल दु:ख गया हो तो पश्चाताप करें, परमात्मा से क्षमा माँगे कि प्रभो ऐसी शक्ति दो कि इससे ऐसा गलत काम न हो और कोशिश करें कि ऐसा कोई काम न हो। इसके बाद परमात्मा की याद करते-करते सो जाये। अच्छी नींद आयेगी और यह सोने के 6 घण्टे की पूजा हो जायेगी। पूजा में हम ईश्वर की याद ही तो करते हैं। सुबह जब नींद खुलेगी तो ईष्ट की याद होगी। इस अभ्यास से ध्यान के समय में बढ़ोत्तरी के साथ-साथ निष्काम कर्म होने की भावना को बल मिलेगा। 'कर्ता-धर्ता भगवान' हम उसके हाथ

में यन्त्र जैसे हैं का भाव बनने लगेगा जो धीरे-धीरे अंहकार से उबरने में सहायक होगा।

यह रात्रि में सोने के समय का अभ्यास, नींद आने में सहायक, ऊटपटांग स्वप्नों से छुटकारा तथा गुरु तत्व से साधना में मार्गदर्शन के लाभ का अनुभव देगा। महात्मा यशपाल जी ने अपने साधना के अनुभवों में एक स्वप्न का जिकर किया है "…. 18-10-52 को स्वप्न में सतगुरुदेव के पवित्र दर्शन प्राप्त हुए। …. इस दास से बोले जब तक अपने को और अपनी सारी चीजों को अपना समझते रहोगे तब तक काम -क्रोध और उसके असर से नहीं बच सकते और यही दु:ख का कारण है। अपने में मुझको देखो और सबको मेरा समझो, सब दु:ख मिट जायेगा और परम कल्याण को प्राप्त होओगे (श्री बृजमोहन बचनामृत भाग-4)।

04-08-2020

प्रतिक्रिया: बहुत सही- डॉ. आर0पी0 शुक्ला; बहुत सुंदर प्रेरणा स्वरूप स्वप्न। साधना का सार तत्व यही है।…. सार तत्व को गहि रहे…. थोथा देहि उड़ाय। संत ऐसा चाहिए जैसे सूप समान- दु:ख हरण चौधरी; आपके द्वारा बताये गये सोने के समय की साधना मैं प्रति दिन करता हूँ तथा जहाँ भी उद्बोधन का मौका मिलता है पब्लिकली बताता भी हूँ। कई विद्यालयों में बच्चों को भी यह करने की सलाह दी तथा अध्यापकों से बच्चों से अभ्यास कराने का सुझाव दिया है- हरिभान सिंह; Surrendering yourself completely to God after doing your best as human is the thing we must do- Versha Singh, USA.

---

5. निष्काम कर्म का अभ्यास

आज का दिन भारतीय समुदाय के लिए विशेष व ऐतिहासिक रहा। गत 500 वर्ष के राम जन्म स्थान की सत्यता को स्थापित करने के लम्बे संघर्ष का अंत हुआ। अयोध्या में भव्य राम मंदिर बनने का शुभारंभ भारत के प्रधान मंत्री श्री नरेन्द्र मोदी जी ने भूमि पूजा व नींव में ईट रख कर की। सामाजिक स्तर पर यह एक बड़ा आधात्मिक उत्सव रहा जिसमें लगभग सबकी भागीदारी बड़े अनुशासित रुप में रही। हम अध्यात्म की चर्चा कर रहे हैं जो स्वयं के विकास की अनुशासनात्मक प्रक्रिया है। गृहस्थ में 'ध्यान' साधना की बात हम

कर रहे हैं। इससे सम्बन्धित दो स्टेपस पर चर्चा कर चुके हैं। अब आते हैं तीसरे और अन्तिम स्टेप पर।

आनंद योग के ध्यान के तरीके की तीसरी मुख्य बात है निष्काम कर्म का अभ्यास। निरंतर ईश्वर की याद बनी रहे और दुनिया के काम भी जैसे आज हैं इससे अच्छे और सुन्दर बनते जाये। यह साधना सरल है और इसे वह करे जिसको ईश्वर की याद बनी रहने की आदत पड़ गई है। मन, लौट-लौट कर ईष्ट पर आता रहता है (उलट धार-मन का बर्हिमुखी से अर्न्तमुखी होना)। जब बुद्धि का काम सामने आये तो उसे भगवान को अपर्ण कर दें और मन में धारणा बनायें कि 'हे प्रभो! आप कीजिए, मैं नहीं करता' उसके बाद पूरी लगन से (with all sincerity) उसमें लग जाये और ऐसा समझें की वही कर रहा है। I am a tool in his hand, मैं केवल उसके हाथ का यन्त्र हूँ। वह करता है ऐसी धारणा बना कर काम को कीजिए। जब वह काम समाप्त हो जाये, तो उसे भगवान के अर्पण कर दीजिए कि हे प्रभो आपने किया, मैंने नहीं किया। यह अभ्यास करते जाये। साल-दो साल बाद धीर-धीरे दो तरह के अनुभव होने शुरु हो जायेंगे। बुद्धि के काम के साथ-साथ भगवान की याद की तंरग दिल और दिमाग के बीच बहती रहती है और काम भी होता रहता है। दूसरा जो काम हम करते हैं, वह ईश्वर का है समझ कर करते हैं, काम तो बड़ा मामूली सा था, लेकिन परिणाम जो आया वह बहुत बड़ा हुआ, जो हम सोच नहीं सकते थे। यशपाल महाराज जी ने लिखा है कि मैं तो रिसर्च स्कालर था, जब गुरुदेव कहते तो यह बात हमारे समझ में न आती, बड़ी अजीब लगती। अनुभव के बाद ही विश्वास हुआ। वह वही बात कहते थे जो अनुभव किये होते थे।

परमात्मा की यह 'मानव' कृति बड़ी अद्‌भुत है। तरह-तरह के अनुभव लोगों को होते रहते हैं जिन्हें अधिकतर मिरेकिल समझ कर आनंद/ आश्चर्य के स्तर तक ही लोग सीमित कर देते हैं। आनंदयोग की साधना में सद्‌गुरुओं की कृपा से यदि ऐसे कोई अनुभव होते है उन्हें नजर अंदाज कर मात्र साधना में उत्साहवर्धक के रुप में लिये जाते हैं। इच्छाओं से जेब खाली, या कोई इच्छा है भी तो "तुझी से माँगता हूँ मैं तुझी को माँगता हूँ मैं।"

आनंदयोग में यह तीन मुख्य स्टेप साधना के है, सुबह शाम का ध्यान, सोते समय आत्मनिरीक्षण और जो काम सामने आया परमात्मा का समझ उसे अर्पण करके उसमें लग जाना। इस साधना की व्यवहारिकता तथा साधकों के अनुभवों के माध्यम से इसको और समझने का प्रयास करेंगे।

05-08-2020

प्रतिक्रिया: I know through Dr. K.K. Nathan. I am trying to know adhyatma in family life. Dr Nathan communicates every day to me. They are very useful and thought provking. I would be grateful if send them on my whatsapp. Dr. T.N. Upadhyay; आनंद योग को सुंदर प्रैक्टिकल रुप में समझाने की कोशिश- डॉ. आर0 पी0 शुक्ला; करता धर्ता आप रब और कौन करतार। वह जल, थल, आकाश में नानक मैं बलिहार। नानक कुल मखलूक का सबमें तेरा नूर।नानक दुई न देखिए फैला एक का नूर। –दु:ख हरण चौधरी

---

6. राम-नाम की दौलत

बढ़ते हुए संक्रमण काल में हम जीवन शैली में बदलाओं के दौर से गुजर रहे हैं। हम देख रहे हैं कि बदलाओं में परिस्थितियाँ स्वत: मार्ग दर्शन कर रही हैं, लोग बदल भी रहे हैं। इस बदलाव में जीवन को आध्यात्मिक बनाने का एक अवसर भी है। इसी परिपेक्ष्य में हम गृहस्थ जीवन में 'ध्यान' पर चर्चा कर रहे हैं। आनंद योग की 'ध्यान पद्धति' ऐसी है कि ध्यान प्रक्रिया जीवन चर्या का एक हिस्सा सा बन जाता है, पता नहीं चलता कि हम कुछ खास (स्पेशल) कर रहे हैं। गाय को चारा डालने का काम कर रहे हैं, बरतन धो रहे है, सब्जी लेने जा रहे हैं...., अपने ईष्ट की याद में ये काम कर सकते हैं। इस प्रक्रिया में मन की एकाग्रता बनने की बात होती रहती है। यही ध्यान 'साधना' है गृहस्थ में।

कहीं पढ़ा था कि विवेकानन्द जी अमेरिका में कोई व्याख्यान दे रहे थे। श्रोताओं में एक चित्रकार बैठा था। उसने इनकी जगह किसी और को बोलते हुए देखा। अपनी डायरी में चित्र बना लिया। बाद में जब व्याख्यान समाप्त हुआ तो उसने विवेकानन्द जी को चित्र दिखाकर इसका रहस्य पूछा। विवेकानन्द जी के आँखों में आँसू आ गये और कहा कि तुम बहुत भाग्यशाली

हो कि हमारे गुरुदेव के दर्शन किये। करने-कराने वाले वही है, मैं तो उनके हाथ में यंत्र हूँ। ईष्ट को अपर्ण करके काम करने की साधना का अनुभव साधकों के स्वभाव, आस्था व नियत के अनुरुप होता ही है और निष्काम कर्म करने की भावना को प्रोत्साहित करता तथा बढ़ाता रहता है। अन्ततः गुरु और साधक की आत्मा एक हो जाती है, इसका एहसास होने लगता है। यशपाल जी कहते कि यह जो आप देख रहे हैं, यह तो खोल है, अंदर महाराज जी विराजते हैं, वही सब कर रहे है, सेवक तो यंत्र है। विवेकानन्द में यही बात उस चित्रकार ने देखी। परमात्मा इस तरह अपने रहस्य जन हितार्थ खोलता है।

इस 'ध्यान' साधना की एक खास बात जो समझनी है वह है दिनचर्या में जो भी खाली समय हो वह परमात्मा को दें, उसकी याद करें। यशपाल जी ने बड़े विस्तार से समाज के हर वर्ग (किसान, बुद्धिजीवी, बिजनेस, कारखानों के श्रमिक और गृहणियाँ) के लिए तरीका बताया है कि कैसे करें। उदाहरण के लिए हमारी नित्य क्रिया का सारा समय खाली है, उसे ईश्वर याद में किया जा सकता है। बहुत लोग करते भी है, भजन की कोई लाइन गाते हुए कितनों को हम स्नान करते सुनते भी हैं। इस अभ्यास से विचारों में कमी आती जाती है, मन का एकाग्र होने का स्वभाव बनता जाता है और जीवन यात्रा आनन्दित होती जाती है।

दुनिया में दो प्रकार की दौलत होती है। एक राम-नाम की और दूसरी पैसे की। पैसे के मामले में इंसान चाहता है कि सबसे ज्यादा उसी के पास हो। राम-नाम की जिसे मिलने लगती है, वह चाहता है कि यह सबको मिले। दोनो प्रयास करते हैं। अन्ततः, राम-नाम वाला ही सकून की जिन्दगी जीता है। 4 अगस्त के पत्र पर श्री हरिभान सिंह ने अपना अनुभव साझा करते हुए लिखा है "आपके द्वारा बताये गये सोने के समय की साधना मैं प्रतिदिन करता हूँ। जहाँ भी उद्बोधन का मौका मिलता है, वहाँ भी यह बताता हूँ। कई विद्यालय के बच्चों में भी यह करने की सलाह दिया तथा अध्यापकों को भी अभ्यास कराने के लिए भी सुझाव दिया है।" निःसंदेह आप राम-नाम से लाभान्वित हैं। यही तरीका है स्वयं को तथा औरों को एक अच्छा इंसान बनने के लिए प्रेरित करना।

06-08-2020

प्रतिक्रिया: अच्छा लगा। सारद दारु नारि सम स्वामी। राम, सूत्रधर अंतरयामी। जेहि पर कृपा करीहं जनु जानी। कवि वर अजिर न चावींह बानी।। - दु:ख हरण चौधरी

---

7. राम-नाम

हम बदलाओं के दौर से गुजर रहे हैं, तथा अध्यात्म की सोच इस प्रक्रिया में हमारी कैसे मदद कर सकता है पर चर्चा है। एक पत्र लिखते समय विचार आया था कि लिखने का मकसद क्या है, क्यों लिख रहा हूँ?, कोई स्पष्ट उत्तर न मिला था, 'ईश्वर इच्छा' का उत्तर ही समझ में आया। लाकडाउन करने की बात करते समय मोदी जी ने अपने सम्बोधन में कहा था कि यह कर्फ्यू से भी कड़ा है। यह बात सुनकर विचार में आया था, कि हमारे सेवा काल के समय वर्षों शिलांग में कर्फ्यू तथा बंद के दौरान हम रहे हैं, आसानी से समय बीत गया था। उसी समय इसका जुड़ाव भी महात्मा यशपाल जी से हुआ था। मन में आ गया कि 'कुछ न बिगड़ेगा तेरा सद्गुरु- शरण आने के बाद' और पहला पत्र 23 मार्च को जिस दिन लाकडाउन लागू हुआ, लिखा कि घबड़ाने की कोई बात नहीं है, हमें प्रशासन की बातें माननी होंगी, अनुशासन बरतना होगा, सब ठीक ही गुजरेगा। यशपाल जी, वर्तमान में उपलब्ध संसाधन व सुविधायें, परमात्मा की तरफ से बनाई हुई व्यवस्था मानते थे और कड़ाई से अनुशासित रहने के पैरोकार थे। यही हम लोग वहाँ करते और हर तरह के झंझटों व परेशानियों से बचते रहे थे और अभी तक की जीवन यात्रा में भी यह सिद्धांत सही पाया है।

यशपाल जी महाराज एक बात और कहते, हमारी परेशानियों का कारण जीवन में 'राम-नाम' की कमी हो जाना है। जीवन में हमें एक चीज बढ़ाना चाहिए और वह है, 'राम-नाम' (परमात्मा का नाम)। हम कुछ छोड़ने को नहीं कहते, बस 'राम-नाम' जोड़ने को कहते हैं। इसके लिए यह सरल साधन पद्धति 'आनंद योग' की सुझाई। 'आनंद योग', योग के क्षेत्र में कोई नयी खोज नहीं है। यह जीवन क्रम में ईश्वर के नाम को और जोड़ लेने का मार्ग है जिसकी साधना अनंत काल से की जाती रही है। आपने तो यहाँ तक कहा है कि ईश्वर को माने या न मानें, कोई फर्क नहीं पड़ता, अपने को तो मानेंगे।

अपना विकास करना तो हमारा धर्म है। इसी बात को केंद्रित कर आपने 'ध्यान' तत्व को पकड़ा और दिन के 24 घण्टे ध्यान में रहने की युक्ति निकाली। अन्ततोगत्वा, स्वधर्म पालन में, दिन-चर्या के खाली समय का उपयोग करते हुए आनंद योग साधना से गीता उपदेश की बात 'कृष्णभावमृत' में रहने का लक्ष्य सहज-सहज में प्राप्त किया जा सकता है, 'हाथ काम में-दिल परमात्मा की याद में हो'। यही जीवन था- राजा जनक का, कबीर का, या होता है उन संतो का जो अधिकांश गृहस्थ में पाये जाते हैं, जिन्हें बहुत कम लोग ही जान पाते हैं। ऐसे गृहस्थ सन्त की बात, यशपाल जी ने अपने गुरुदेव के साथ हुए एक अनुभव में लिखा है "…. शिष्य शब्द को सुनकर महाराज बड़े उदास से हो गये और रुलासे से होकर फरमाया कि आपने इस सेवक को गुरु कैसे समझा और यशपाल जी या अन्य भाइयों को शिष्य। आपका इस सेवक में गुरुपने की कौन-सी बात नजर आई जो आपने इसे गुरु कहा। न कोई गुरु है न कोई शिष्य। यशपाल तो मेरा सबसे बड़ा लड़का है। इस पर श्री के0एन0 चौधरी सकुचाये से हो गये और कहने लगे- आइन्दा ऐसी गलती नहीं होगी।" ऐसे सन्त अमूमन घरेलू नाम से लाला जी, चच्चा जी, दद्दा जी, भाई साहब ऐसे संबोधनों से जाने जाने जाते हैं और शोहरत से दूर होते हैं (श्री बृजमोहन वचनामृत भाग-5)।

8. आत्म-साक्षात्कार

'आनंदयोग' दर्शन को यशपाल जी महाराज के शब्दों में समझने का प्रयास करते हैं। "उन्नीसवीं शताब्दी में पतंजली योग के तत्वों का राजयोग में समायोजन करके साधना का भार सद्गुरु के कंधों पर रख दिया गया। और समग्र साधना 'कामिनी और कांचन' के त्याग पर केन्द्रीभूत कर दी गई। पुनः राजयोग की साधना में बाल-ब्रह्मचर्य एक अपरिहार्य आवश्यकता अनुभव की जाने लगी। यहाँ भी शारीरिक स्तर की अपेक्षा मानसिक स्तर पर अत्यधिक मात्रा में विशेष बल दिया गया। बीसवीं शताब्दी में पाश्चात्य संस्कृति के प्रभाव से मनुष्य भौतिकवादी होता गया। आज समग्र वातावरण घृणा, अविश्वास और स्वार्थपरता से परिपूर्ण है। सूफी सन्त परम्परा में अध्यात्म वेत्ताओं ने अपनी दूरदर्शिता से भविष्य में आने वाली परिस्थितियों को

भाँप कर ऐसे तौर तरीकों का निर्माण किया कि योग का यह महान विज्ञान अपना अस्तित्व बनाये रख सके तथा विकास को भी प्राप्त कर सके। 'आनंदयोग' में शारीरिक साधनाओं को पूर्णतः छोड़ दिया गया है और मन की एकाग्रता की शीघ्रातिशीघ्र उपलब्धि के द्वारा ही योग के अभ्यास का प्रारम्भ किया जाता है। मन की साधना पर ही यहाँ पूरा जोर दिया गया है तथा सम-सामयिक सन्तों अथवा गुरुओं ने साधना का भार अपने ऊपर ही धारण कर लिया है। गुरु अपनी आत्मिक शक्ति से साधक के संस्कारों का परिष्कार करता है और बहुत थोड़े समय में ही हृदय की पवित्रता उपलब्ध कराने में साधक की सहायता करता है। साधक जहाँ एक बार आत्मिक आनंद का रसास्वादन किया नहीं कि वह सांसारिक सुखों से विमुख होने लगता है तथा इस शाश्वत आनंद की ओर दौड़ने लगता है।"

साधना की डगर प्रायः दुष्कर होती है। यशपाल जी ने, इसे सरलतम 'आनंदयोग' के रुप में प्रस्तुत किया। गीता के दूसरे अध्याय के 72वें श्लोक की आपने अनुभव आधारित विवेचना की है-

लाभस्तेषा जयस्तेषां कुतस्तेषां पराजयः।
येषामिन्दी वर श्यामो हृदयास्थो जनार्दनः।।।

"…. इस स्थिति को प्राप्त होकर योगी फिर सांसारिक विषय वासनाओं के मोह जाल में नहीं फँसता। वह इस संसार में रहते हुए, सब काम धर्मानुकूल करते हुए निरंतर सहज समाधि में मग्न रहता हुआ जीवन मुक्त होकर विचरता है। अन्तकाल में शरीर छोड़ते समय भी स्थिति प्रज्ञ की यह अवस्था अटल बनी रहती है और वह जनम-मरण के बंधन से मुक्त हो जाता है। ज्योति से ज्योति एकाकार हो जाती है। कभी-कभी, ऐसा भी होता है कि सारे जीवन भर साधक परमात्मा और सद्गुरु में सच्चे विश्वास के साथ साधना में तत्पर रहता है। निरंतर परमात्मा के चिन्तन में अपने मन को लगाये रहता है पर आत्मा का अनुभव ज्ञान (आत्मसाक्षात्कार) प्राप्त नहीं होता। परमात्मा की विशेष कृपा ऐसे जीव पर जब होती है तो अन्तकाल में उसके सारे चक्र ज्वालामुखी की तरह एक साथ जागृत हो जाते हैं और आत्मसाक्षात्कार के साथ-साथ उसकी आत्मा अपने सच्चे स्वरूप में विलीन हो जाती है। फिर उसे जन्म नहीं लेना पड़ता।" (गीता सुधा भाग-2) आनंद योग के साधकों के

लिए, यशपाल जी की यह विवेचना, हम बहुत ही महत्व पूर्ण और उत्साह वर्धक पाता हूँ। झूठल खेलल- सच्चल होय।

07-08-2020

प्रतिक्रिया: बहुत सही- डॉ. आर0पी0 शुक्ला; Good views- Sangama Singh; Beautiful expression- Dr. Chandan Rajkhowa; हर एक समस्या का समाधान सूत्र 'परमात्मा तू ही है तेरी इच्छा पूरी हो', साधना का मूल मंत्र 'जय सतगुरुदेव जय पद्शरणम्'। एक साधक शिष्य इसी मंत्र के प्रकाश में अपनी सभी मंजिल पार करता है- दु:ख हरण चौधरी

---

9. बच्चे एक घण्टा परमात्मा को दें

अध्यात्म पर ही चर्चा जारी रखते हैं। ईश्वरोपासना में बहुधा इंसान सकाम प्रार्थना या साधना करता है। उसे कुछ चाहिए होता है, इच्छा पूर्ति की कामना होती है। एक इच्छा पूरी हुई, दूसरी पैदा हो जाती है। जीवन बीत जाता है, इच्छाओं का सिलसिला समाप्त नहीं होता। शास्त्र कहते हैं कि इस तरह जनम-मरण का चक चलता रहता है।

जीवन यात्रा के प्रारम्भिक दिनों में हमारे मन में कभी किसी प्रकार की इच्छा या चिन्तन की बात न थी। गाँव के घर में 150 वर्ष (पाँच पुस्त) से चला आ रहा आध्यात्मिक माहौल था। आज जीवन यात्रा के अनुभवों और चिन्तन के फलस्वरूप देखता हूँ कि परिवार के लोग सात्विक विचारों के धनी थे और अधिकांश तो सन्त स्वभाव के ही थे। स्वाभाविक जीवन यात्रा में घर के प्रांगण में हनुमान जी के मंदिर तथा आम के बाग में परिवार के साथ रहे 'सिद्ध पुरुष' बाबा भोला दास (साधु) की समाधि के प्रभाव से ईश्वर के प्रति अनजानी रुझान हममें बनी, लेकिन आभास न था। गत पत्रों में चर्चित डॉ. आर.यल. मिश्रा जी तथा डॉ. ऐ.के. भट्टाचार्य जी के जैसे विचारों का मुरीद यह भी रहा। बिना किसी ज्ञान या आभास के, स्वधर्म पालन ही जीवन यात्रा की मुख्य बात रही। ईश्वर कृपा से वर्ष 1979 में महात्मा यशपाल जी से सम्पर्क बना और जीवन यात्रा में अच्छे लोग ही मिलते गये। स्थानीय स्तर पर कुछ असामाजिक तत्वों से भी पहचान हुई और बहुत बाद में पता चलता कि ये लोग ऐसे हैं। आश्चर्य होता कि वे ऐसे क्यों हैं। पूँछता तो वे हँसते कि देखो

साहब क्या बतायें! बस लोग डरते हैं हमसें। हमें उनकी अच्छाईयाँ ही दिखती हैं। मानस में आई बात 'जाकी रही भावना जैसी, प्रभु मूरति देखी तिन तैसी' के अनुभव।

हमारी जीवन यात्रा वैज्ञानिकों या शिक्षकों के बीच व साथ की रही है। ईश्वर कृपा से आध्यात्मिक चिन्तन का स्वभाव बन गया था। मनुष्य जीवन के तमाम परिभाषित उद्देश्यों में से, हमें तो 'तनाव रहित जीवन यात्रा ही' प्राप्त करना मनुष्य जीवन का मुख्य उद्देश्य लगा। ईश्वर इच्छा पर चलना तथा स्वधर्म पालन पर चिन्तन, ऐसी जीवन यात्रा प्राप्त कराने में सहायक लगे। यदि यह सध जाये तो अंतिम लक्ष्य जो हमें नहीं पता, परमात्मा अवश्य प्राप्त करा देगा। इससे सम्बन्धित काफी अनुभव आधारित सामग्री पिछले पत्रों में आ चुकी हैं। अध्यात्म विज्ञान को समाज हित में विकसित करने के लिए पाठक बन्धु/बहनें दो बातों पर विचार करें।

(1) इस कोरोना काल में मोरारी बापू की बात पढ़ था कि बच्चे रोज एक घण्टे का समय परमात्मा को दें। मानव विकास में इसे यह बात मिलियन डालर के कहावत वाली लगती है, और यदि हर माता-पिता, इस बात को बच्चे में खेल-खेल में विकसित करा सकें और उन्हें पता भी न चले तो दोनों लाभान्वित होंगे। पारिवारिक वातावरण आध्यात्मिक होता जायेगा।

(2) अपने जीवन के अनुभवों व घटना क्रम को यथा सम्भव लिपिबद्ध अवश्य कर लेना चाहिए। यह संकलन समाज के लिए उपयोगी हो सकता है, और यदि ऐसा न भी हो तो अपनी भावी पीढ़ियों को उपयोगी सूचना देता है। (ज्ञानी जैल सिंह, भू.पू. राष्ट्रपति))

यह प्रयास आध्यात्मिक साधना होगी, लाभ अनुभव गम्य है।

09-08-2020

---

10. गुरु के साथ होने का यकीन

'आनंदयोग' पर ही चर्चा करते हैं। 'आनंदयोग' का आधार प्राचीन आध्यात्मिक विद्या है, जिसे अष्ट्रावक जी ने राजा जनक को आत्म दर्शन

कराते समय प्रदान की थी। यह तरीका हिन्दुओं तक ही सीम्ति नहीं रहा, बल्कि इसका प्रसार अन्य धर्मों में भी हुआ। हजरत बाकेबिल्ला साहब कुद्दुसुरुह नक्शबन्दिया पहले मुस्लिम सन्त हुए जो भारत में आये और इस तरीके को अपनाया और प्रचार किया। इसके बाद मुस्लिम सन्तों की लम्बी श्रृंखला रही जिन्होंने बड़े त्याग और बलिदान के साथ इस ज्योति को जलाये रक्खा। वह मौलाना फजल अहमद खाँ साहब कुदुसुरुह थे, जिन्होंने रामचन्द्र जी (लाला जी महाराज) को एक अधिकारी जिज्ञासु के रुप में अपने मिशन को आगे बढ़ाने के लिए पाया। आज यह मिशन, विभिन्न रुपों व साधकों के माध्यम से विश्व के 140 देशों में पहुँच चुका है (डॉ. आर0पी0एस0 यादव, RC M)। महात्मा यशपाल जी को यह विद्या, महात्मा बृजमोहन लाल जी (दद्दा जी) से प्राप्त हुई, जो लाला जी महाराज के अनुयायी थे। आपने आनंदयोग के बारे में कहा है–

"अव्वले माँ आखिरे मुस्तहीस्त। आखिरे माँ जेबे तमन्ना तिहीस्त।।"

जहाँ लोग अन्त समझते हैं, वहाँ से 'आनंदयोग' का सफर शुरु होता है। जिस स्थान को वहाँ पर शान्तिपद माना जाता है। उस पर यहाँ साधक की जेबें सारी आशाओं और तमन्नाओं से खाली होती हैं (संरक्षक का संदेश 1997)।

आनंद योग के बारे में दद्दा जी महाराज कहते थे कि–

"अजब यह सिलसिला है सलारे हक का कि ले जाते हैं परदे में हरम तक"

गुरु के शरण व फजल से अभ्यासी के जजबात में चढ़ाव–उतार में सहूलियत आती है, अहंकार नहीं होने पाता, क्योंकि गुरू उसको अपने मुकामों (आध्यात्मिक विकास) से बेखबर रखता है। चमत्कार या अजूबी बातें जो साधकों को स्वाभावानुसार होती हैं, उन्हें नजर अंदाज करने को कहते हैं। उन्हें साधना में उत्साहवर्धन के रूप में लिया जाता है। परमात्मा सर्वशक्तिमान है, वह क्या नहीं कर सकता।

10–08–2020

प्रतिक्रिया: बहुत सुंदर अनुभव– डॉ. आर0पी0 शुक्ला; आलेख अच्छा है– दुःख हरण चौधरी

11. खाली समय परमात्मा को दें

हम 'आनंदयोग' साधना को समझने का प्रयास कर रहे थे। यह अपने (स्वयं) को परिष्कृत करने की साधना है। इस साधना में. मन की एकाग्रता की शीघ्रातिशीघ्र उपलब्धि के साथ योग के अभ्यास का प्रारम्भ होता है और यह एकाग्रता धीरे-धीरे दिन के 24 घन्टे ईश्वर की याद बनी रहे की ओर बढ़ती है। इसका प्रतिफल, विचारों की शुद्धता तथा सकारात्मक सोच, जीवन यात्रा को सुखद बनाने में मदद करती है। गृहस्थ में ध्यान की साधना को आदत बनाने की बात है, जो एक स्वाभाविक प्रक्रिया बन जाती है, मन की बीमारियों (ईर्ष्या, द्वेष, क्रोध, झूठ, गप्प, कामचोरी, ...) से निजात मिलने लगती है। ऐसा नहीं लगता कि हम कुछ अलग से साधना कर रहे हैं। प्रक्रिया को समझने की बात है। इस लिए इस साधन के प्रचार-प्रसार में महात्मा यशपाल जी जहाँ भी जाते, उनके प्रवचन साधन के तीन स्टेप्स की साधन पद्धति पर ही होते कि कैसे आठ-आठ घन्टे की ध्यान साधना करके हम 24 घन्टे ईश्वर याद में रह सकते है, अपना जीवन ईश्वरमय बना सकते हैं। आप कहते कि मैं तो इन प्रवचनों के माध्यम से अपना पाठ दोहराता रहता हूँ, देखता जाता हूँ कि कहाँ कमी रह गई है, जिससे उसे दूर कर सकूँ। यदि यह बातें किसी को अच्छी लगें, तो वह भी अपना सकता है। सूफी सन्तों की यह विशेषता रही है कि वे अपने को गुरु कहलवाने से बचते और नाम या प्रसिद्धी से दूर रहे। सच्चे साधक व सद्गुरु, जिन्हें अध्यात्म शिक्षक बनना है, वे ही एक दूसरे को जान पाते हैं। हम जैसे लोग तो उनके सानिध्य में सार्थक, सफल व शान्ति पूर्ण जीवन यात्रा करने तथा आत्मिक विकास का अवसर पाते हैं। महात्मा यशपाल जी के सम्पर्क में आने के बाद हमारे दो ही काम रह गय थे, स्वधर्म पालन या खाली समय में आध्यात्मिक (सतसंग, चिन्तन, लेखन...) कार्य। इससे जीवन यात्रा सुखद होती गई। जीवन में सुख-दुःख तो आते ही रहते हैं, कर्म फल तो भोगना ही भोगना है। हाँ, सब सहूलियत से पार होते गये और आज तो कुछ याद भी नहीं है। हम निःसंदेह इसे 'आनंदयोग' पर चलने के प्रयास का प्रतिफल मानते हैं। ऐसी स्थिति में होना ही हमारी समझ में अध्यात्म या अध्यात्मिक जीवन यात्रा है। इससे ज्यादा और किसी साधारण गृहस्थी को चाहिए क्या? यशपाल जी कहते थे कि राम-नाम

के सहारे चलने वाला घाटे में नहीं रहता। परमात्मा उसके सारे काम करा ही देता है। हमारा ही नहीं, जीवन यात्रा में मिले हमने अपने दर्जनो साथियों को जाने-अनजाने ऐसी ही जीवन यात्रा करते पाया है, जिसे गीता के अनुसार 'योगी' का जीवन कहा गया है।

हमारे एक सत्संगी भाई हैं श्री के0एल0 मलहोत्रा जी, एक अच्छे व्यापारी हैं, कई सालों कालेज में प्रिन्सिपल व स्वाध्यायी रहे हैं। 86 वर्ष की आयु में हैं, मन्डी हिमांचल में रहते हैं। किसी स्टेज में योगानन्द जी की पुस्तक 'योगी कथामृत' से बहुत प्रभावित रहे हैं। पुस्तक में दिये गये सूत्रों के आधार पर कुन्डलनी जागृत करने का प्रयास किया और ऐसे फँसे कि जीवन के लाले पड़ गये। कह रहे थे कि यदि मेरी मुलाकात यशपाल जी से न हुई होती तो प्राणांत अवश्यम्भावी था। पहली ही मुलाकात में मामला सुलझ गया। अब वे अध्यात्म क्या विज्ञान है? ध्यान क्या है? पर चिन्तन में रहते हैं। इस बात का जिकर यहाँ करने का हमारा मकसद यह है कि हम ऐसे चक्करों में क्यों फँसे। यदि कुण्डलनी जागृत हो ही गई तो क्या करेंगे गृहस्थ में रहते हुए। यह तो मन मत की बात हुई। यह बातें गहरे शोध की हैं, काम अधिकृत लोग ही करते होंगे। परमात्मा दया करें।

11-08-2020

प्रतिक्रिया: बहुत सुंदर- डॉ. आर0पी0 शुक्ला; परमात्मा तू ही है, तेरी इच्छा पूरी हो- दु:ख हरण चौधरी

---

12. सोच की धारा बदलें

कोरोना बीमारी से लड़ाई में, अनलॉक-3 का आज बारहवाँ दिन है। इस समस्या के चलते लॉकडाउन के प्रथम दिन 25 मार्च, 2020 को हमने अपनी जीवन यात्रा में लम्बे समय के कर्फ्यू व बन्द की स्थितियों में रहने के अनुभव के आधार पर वर्तमान समस्या को देखने की बात को लेकर यह पत्र श्रृंखला प्रारम्भ की थी। इसे यह ईश्वरीय प्रेरणा माना था, जिसकी अभिव्यक्ति 'कुछ न बिगड़ेगा तेरा, सद्गुरु शरण मिलने के बाद' के विचार के रुप में स्वत: पत्र में लिख उठा था। कोरोना समस्या के बारे में कुछ न कुछ लगभग, हर पत्र

में आ जाता था। पिछले कुछ दिनों से हमारे साथी डा. बीरबल सिंह जो, 'आनंदयोग' के साधक व राही रहे हैं, फोन से कहते रहते थे कि इस कोरोना शब्द का इस्तेमाल करना आप बन्द कर दें। इस बात से हमारा ध्यान सतगुरु जग्गी जी के आध्यात्मिक स्टेटमेन्ट पर गया "अपने विचारों में कोरोना के भय को आने से रोकें, Take your attention away and it has no power on you, (letter, 30th July in this series). आज डॉ. साहब का कल के पत्र पर कमेंट था "Good! but still corona". वैसे भी विचार भी बन गया था कि आनंद योग पर जितना कहा जा सकता था गत 140 पत्रों में आ ही गया है, अतः यह 141 वें पत्र से इस पत्र श्रृंखला की इतिश्री करना चाहिए। ईश्वर इच्छा ही कहूँगा कि कल के पत्र में गुरु (सद्गुरु) पर इशारतन, अध्यात्म साधना परंपरा के महत्व की अभिव्यक्ति आ ही गई है। अध्यात्म एक महा विज्ञान है, इसका विकास जो अतीत में आक्रंताओं ने रोक दिया था फिर से संयोजित करने की आवश्यकता है, ऐसा विचार हमारे मन में आता रहा है। वैसे आज भौतिक विज्ञान का विकास तो मानव के खिलाफ ही जाता दिख रहा है।

हम आप ऐसे बुद्धिजीवी तो स्वाभाविक रूप से आध्यात्म पथ पर ही जाने अनजाने जीवन यात्रा कर रहे हैं और अनुभव ज्ञान संपदा से धनी भी हैं, लेकिन अनभिज्ञ हैं। आवश्यकता है अपनी सोच की धारा को इस विषय की ओर मोड़ने की, अनुभवों को लिपिबद्ध करने की। परमात्मा ने यशपाल जी को इस काम को कर दिखाने के लिए चुना और यह सरल पद्धति जन कल्याण हेतु प्रकाश में आई। आपका कार्य अपने को जानने की ओर था, जिसके लिए गृहस्थियों के लिए 'ध्यान' की यह सरल पद्धति उभरी, वह भी गृहस्थ जीवन में जो खाली समय होता है, उसका सार्थक उपयोग करके। साधना के इच्छुक यशपाल जी को जब वे गृहस्थ सन्त बृजमोहन लाल जी (दद्दा जी) से मिलने गये तो महात्मा जी के शब्द थे- "कि बेटा तुम आ गये, खुश रहो। तुम्हारा इंतजार था।" बातचीत में आपने फरमाया- "बेटा अधिक चक्कर में नहीं पड़ना चाहिए। सबसे सरल तरीका है उसके नाम को पकड़ लो। उसका नाम दिल से लो। खाली किताबें पढ़ने से कुछ काम न बनेगा। चक्कर और भ्रम में पड़ जाओगे। राम नाम लिए जाओ वह सामने अनुभवों में आता जायेगा।" यही आपने किया और यह नाम कैसे 24 घन्टे लें की पद्धति (आनंद योग) समाज को दी।

यह हमारा सौभाग्य रहा कि जब इस पद्धति का स्वरूप अन्तिम आकार ले रहा था, आपके साथ 20 वर्ष काम करने का अवसर परमात्मा ने दिया। आप कहते थे कि दुनियाँ में इस मुकाबले की चीज आज की तारीख में नहीं है, जो हमारे गुरुदेव ने समाज को दी है। इस कथन से यह अपनी तुच्छ बुद्धि व अनुभव के आधार पर शत प्रतिशत सहमति रखता है।

12-08-2020

प्रतिक्रिया: यह बिल्कुल सत्य है- डॉ. आर0पी0 शुक्ला; पत्रावली रुपी महायज्ञ की पूर्णाहुति का संवाद जानकर मायूस हुआ। पुनः महामंत्र याद आ गई। परमात्मा तू ही है तेरी इच्छा पूरी हो-दुःख हरण चौधरी।

आप सबों को इन पत्रों को धैर्य पूर्वक पढ़ने के लिए बहुत-बहुत धन्यबाद।

"परमात्मा तू ही है, तेरी इच्छा पूरी हो।"

8

समझें व अपनायें

अनलॉक की प्रक्रिया जारी है, आवश्यकतानुसार जगह–जगह, अनलॉक किया भी जा रहा है। कोरोना बीमारी का रुकाव नहीं हो पा रहा है, नियन्त्रण में प्रबन्ध में लगे लोग संतोष अवश्य महसूस कर रहे हैं। सामाजिक व्यवस्था में बदलाव हो रहा है, जो कठिन है लेकिन आवश्यक है। अभी भी इस बीमारी के लिये, वैक्सीन आने का इंतजार है, जिसके वर्ष के अन्त तक आने की बात कही जा रही है। पत्र में आध्यात्मिक चर्चा की बात 12 अगस्त, 2020 के बाद स्थगित कर दिया था। लेकिन कुछ बन्धुओं का आग्रह रहा कि इसे चालू रखें। अभी तक चर्चा की मुख्य बातें, अधिकतर अध्यात्म साधना का थ्योरिटकल तथा बौद्धिक पक्ष रहा है। अब साधना में अनुभव ज्ञान की चर्चा की बातों व संकलन का लक्ष्य होगा। इस परिच्छेद में ऐसे 51 पत्रों का संकलन किया गया है।

बिबसहु जासु नाम नर कहहीं, जनम अनेक रचित अघ दहहीं।
सादर सुमिरन जे नर करहीं, भव बारिधि गोपद इव तरहीं ।।

1. परिश्रम वाली चाभी

समाज में जन समुदाय के बीच कुछ लोगों के व्यवहार व आचरण ऐसे होते हैं जिनमें आध्यात्मिक 'अनुभव-ज्ञान' की झलक स्पष्ट रुप से दिखती है, जिसे संस्कारी साधक जन आसानी से पहचान जाते हैं। हमारे मन में बार–बार आता है कि ऐसे 'अनुभव-ज्ञान' का संकलन मानव विकास में

सहायक हो सकता है और यह प्रयास 'अध्यात्म विज्ञान' के शोध का होगा। वाट्स-अप पर आनंदयोग पीठ के एक साधक बन्धु ने अपना ऐसा अनुभव साझा किया था, हमें अच्छा लगाा हमने भी इसे अपने एक धीर-गंभीर कर्त्तव्यनिष्ठ रहे साथी को फारवर्ड कर दिया। उनकी बड़ी सकारात्मक व सार-गर्भित प्रतिक्रिया मिली-

'Wonderful explanation. WTC में एक सफाइ वाला था। उसका नाम था चंदन। एक दिन जब मेरा कमरा साफ करने आया तो उसके साथ कुछ आध्यात्मिक बातें छिड़ गईं। दुनिया, इंसान, अन्य और जीव एवं भगवान के अस्तित्व के बारे में और उनके कर्तव्य के बारे में। चंदन की गहरी knowledge देखकर मैं दंग रह गया। अब आते हैं मूल बात पर जो साधक बन्धु ने साझा किया है-

एक चाट वाला था। जब भी उसके पास चाट खाने जाता तो ऐसा लगता कि वह हमारा ही रास्ता देख रहा हो। हर विषय पर बात करने में उसे बड़ा मजा आता था। कई बार उससे कहता कि भाई देर हो जाती है, जल्दी चाट लगा दिया करो पर उसकी बात खत्म ही नहीं होती।

एक दिन अचानक उसके साथ मेरी 'कर्म और भाग्य' पर बात शुरु हो गई। 'तकदीर और तदबीर' की बात सुन मैंने सोचा, चलो आज उसकी फिलासफी देख ही लेते हैं। मैंने उससे एक सवाल पूँछ लिया। मेरा सवाल उस चाट वाले से था कि आदमी मेहनत से आगे बढ़ता है या भाग्य से, और उसने जो जबाब दिया सुनकर मेरे दिमाग के सारे जाले ही साफ हो गये।

वह चाट वाला मेरे से कहने लगा कि आपका किसी बैंक में लॉकर तो होगा? मैंने कहा कि हाँ, तो उसने कहा कि उस लॉकर की चाभियाँ ही इस सवाल का जबाब हैं। हर लॉकर की दो चाभियाँ होती हैं। एक आपके पास होती है, एक मैनेजर के पास। आपके पास जो चाभी है वह है परिश्रम और मैनेजर के पास वाली भाग्य। जब तक दोनों चाभियाँ नहीं लगतीं, लाकर नहीं खुलता। आप कर्मयोगी पुरुष हैं और मैनेजर, भगवान। आपको भी अपनी चाभी लगाते रहना चाहिए। पता नहीं ऊपर वाला कब अपनी चाभी लगा दे। कहीं ऐसा न हो कि भगवान अपनी भाग्यवाली चाभी लगा रहा हो और हम परिश्रम वाली चाभी न लगा पायें और ताला खुलने से रह जाय।

ऐसी प्रेरणा हुई कि यदा-कदा इस विषय पर उपलब्ध ऐसे अनुभव ज्ञान साझा करें। कई लाभ हैं जैसे स्वान्तः सुखाय, सकारात्मक सोच को बल मिलना तथा यथार्थ पूर्ण उपयोगी सामग्री का संकलन। आप भी अपने ऐसे अनुभव साझा करें। अध्यात्म-पढ़ाई लिखाई, विद्धता से नहीं, इंसानियत से ताल्लुक रखता है और सुख का मार्ग है।

18-08-2020

प्रतिक्रिया: बहुत सुन्दर अनुभव- डॉ. आर0पी0 शुक्ला; बहुत अच्छी बात बताई चाट वाले ने। सफल जीवन के दो रास्ते हैं। परिश्रम और पुरुषार्थ। भाग्य निर्माण में ये दो नियामक तत्व हैं। एक ही चाभी से ताला बन्द भी होता है और खुलता भी है। सिर्फ बायें-दायें का अंतर होता है। पुरुषार्थ में चार तत्व- अर्थ, धर्म, काम. मोक्ष और एक ही चाभी से दोनो तरफ खुलने की बात। तो मन रूपी चाभी एक ही है। दायें परमात्मा की तरफ, बायें अपनी तरफ। एक मन गुरुमत होकर परमात्मा की तरफ, मनमत होकर संसार की तरफ - दुःख हरण चौधरी; very good message ful story- Sangan Singh.

---

2. आध्यात्मिक शोषण

NBT पेपर में THE SPEAKING TREE के अतंर्गत महेश भारद्वाज का लेख 'मार्गदर्शन पर निर्भर न रहकर एकलव्य बनना चाहिए' पढ़ा। आकर्षण की बात रही "सीखने के लिए सलाह या मार्गदर्शन लेना कोई खराब बात नहीं, लेकिन यहाँ समझने वाली बात यह है कि सीखने के बाद, सीखे हुए के बारे में सलाह लेने से बचना चाहिए। मार्ग दर्शन लेने के मामले में आत्मनिर्भर बनने के लिए यह जरूरी है और इसके फायदे ही फायदे हैं। इसके लिए व्यक्ति को स्वयं आगे बढ़कर नई-नई चीजें सीखने की कोशिश करनी होती है, न की अटकते ही गुहार लगाने की।"

यह बात वर्तमान में प्रचलित, हमारी समझ के अनुसार 'गुरु और शिष्य' के सम्बन्ध में कही गई है। एक कहावत है कि 'गुरु-गुरु रह गया, चेला शक्कर हो गया'। यह कहावत ज्ञान के प्रगति का प्रतीक लगता है और अध्यात्म जैसे सरल व गूढ़ विषय के परिपेक्ष्य में समझने की आवश्यकता है। ज्ञान की प्रगति में अहंकार सबसे बड़ी बाधा है और यह क्षेत्र स्वार्थपरता और भौतिकता के प्रभाव से इतना उलझ गया है कि साधारण जन मानस दिग्भ्रमित

हो उहापोह की स्थिति का सामना कर रहा है। करे तो क्या करे! नतीजा 'अंधविश्वासिता', जिसका अनुचित लाभ तथाकथित गुरुजन आसानी से ले रहे हैं।

इस समस्या का निदान सूफी सन्तों ने बखूबी निकाला है। गुरु स्तर के सन्त अपने को गुरु न कहला कर साधक कहते हैं, हमेशा शिष्य के ही भाव में रहते हैं। हमारे गुरुदेव महात्मा यशपाल जी ने अपने साधना के एक अनुभव का जिकर इस प्रकार किया है- "....शिष्य शब्द को सुनकर महाराज बड़े उदास से हो गये और रुलासे से होकर फरमाया कि आपने इस सेवक को गुरु कैसे समझा और यशपाल जी या अन्य भाइयों को शिष्य। आपको इस सेवक में गुरुपने की कौन-सी बात नजर आई जो आपने इसे गुरु कहा। न कोई गुरु है, न कोई शिष्य। यशपाल तो मेरा सबसे बड़ा लड़का है। इस पर श्री के0यन0 चौधरी सकुचाये से हो गये और कहने लगे- आइन्दा ऐसी गलती नहीं होगी" (श्री बृजमोहन वचनामृत भाग-5)। ऐसे सन्त अमूमन गृहस्थ में पाये जाते हैं, अतः घरेलू नाम से ही पुकारे जाते हैं जैसे- लाला जी, चच्चा जी, दद्दा जी, भाई साहब....।

उपरोक्त परिदृश्य पर यह भ्रमात्मक स्थिति क्यों? का बड़ा सार गर्भित कथन, महात्मा रामचन्द्र जी महाराज (लाला जी) का लगता है, जिसे आपने 'आध्यात्मिक शोषण' कहा है। आप कहते हैं कि आज सारा संसार आध्यात्मिक व मानसिक रुप से गुलामी की जंजीरों में जकड़ा हुआ है, जिसका मूल कारण है कि आज का व्यक्ति मानसिक आलस्य अथवा मेंटल लेथार्जी से बुरी तरह घिरा हुआ है। आप कहते हैं कि यदि आपने हमारी बात मान ली, तो आपने हमारा शोषण किया और यदि हमने अपनी बात जबरन आपको मनवा दी तो हमने आपका शोषण किया। कहने का तात्पर्य यह है कि अध्यात्म में जो भी मानना है वह अपने स्वयं के अनुभव के आधार पर होना है। ऐसी स्थिति बने, एकलव्य वाला पुरूषार्थ मांगती है। सन्तों ने परमात्म ज्ञान को नेति-नेति कहा है, और आगे और आगे....। आगे का स्वयं का आध्यात्मिक विकास पुरूषार्थ से ही होना है। गुरु तत्व का साया निरंतर उपलब्ध रहता है। हमारे गुरुदेव कहते थे कि विश्वास अनुभव के आधार पर ही बनना चाहिए।

21-08-2020

प्रतिक्रिया: Thanks for good information- Sangam Singh; बिल्कुल सही- डॉ. आर0पी0 शुक्ला; बहुत बहुत धन्यवाद। सिलसिले के महान सन्तों का पवित्र स्मरण से ही पत्रावली धन्यता एवं इस सेवक को प्रसन्नता प्राप्त हुई है- दु:ख हरण चौधरी; Our self imtrospection is important but important is analyzing historical events of life.- Arun Varma.

---

3. प्रार्थना का संस्कार

आज वाट्सअप पर एक सच्ची घटना का जिकर था। पढ़ा, विचार बना कि इसे अनुभव ज्ञान के तहत संकलित करें। यह घटना बड़ौदा के एक वरिष्ठ डाक्टर की आप बीती है जिसने उनका जीवन बदल दिया। वह heart-specialist हैं। उनके अनुसार:

एक दिन मेरे पास एक दंपति अपनी छ: साल की बच्ची को लेकर आए। निरीक्षण के बाद पता चला कि उसके heart में पूर्ण रुप से clogging हो चुकी है। मैंने अपनी पूरी team से discuss करने के बाद उस दंपति से कहा कि 30% chance है survival का open heart surgery के बाद, नहीं तो बच्ची के पास तीन महीने का समय है। माता-पिता भावुक होकर बोले कि वह surgery का chance लेगें। Surgery के पाँच दिन पहले बच्ची को admit कर लिया गया। उसकी माँ को प्रार्थना में अटूट विश्वास था। वह सुबह शाम बच्ची को यही कहती कि God lives in your heart, वह तुम्हें कुछ नहीं होने देंगे।

सर्जरी के दिन हमने उस बच्ची से कहा; don't worry you will be all right after surgery.... उसने कहा डाक्टर I am not worried because God is in my heart पर सर्जरी में जब आप हमारा हार्ट ओपेन करोगे तो देख कर बताना कि God कैसे दिखते हैं।

आपरेशन के दौरान पता चल गया कि कुछ नहीं हो सकता। बच्ची को बचाना असंभव है। हार्ट में blood का एक बूंद भी नहीं आ रहा था। निराश होकर हमने अपनी टीम से वापिस stich करने का आदेश दिया। तभी बच्ची की आखिरी बात हमें याद आई और मैं अपने रक्त भरे हाथों को जोड़ कर

प्रार्थना करने लगा कि हे ईश्वर! मेरा सारा अनुभव तो इस बच्ची को बचाने में असमर्थ है पर यदि आप इसके हृदय में विराजमान हो तो आप ही कुछ कीजिए। यह मेरी पहली अश्रुपूर्ण प्रार्थना थी। इसी बीच मेरे junior doctor ने मुझे कोहनी मारी। मैं miracle में विश्वास नहीं करता था। पर मैं स्तब्ध हो गया यह देखकर कि heart में blood supply शुरु हो गई। मेरे 60 yrs के career में यह पहली बार हुआ था।

आपरेशन सफल तो हो गया पर मेरा जीवन बदल गया। मैंने बच्ची से कहा कि don't make effort to see God... He can not be seen, He can be experienced... इस घटना के बाद मैंने अपने आपरेशन थियेटर में प्रार्थना का नियम निभाना शुरु कर दिया। मैं यह अनुरोध करता हूँ कि सभी को अपने बच्चों में प्रार्थना का संस्कार डालना ही चाहिए।

प्रार्थना, जन समुदाय में प्रचलित प्रथा है, निःसंदेह अनुभवों से ही इसे मान्यता प्राप्त है। ऐसे अनुभव ज्ञान का संकलन, मानव जीवन में, ईश्वरमय जीवन बनाने तथा आध्यात्मिक जीवन यात्रा हेतु प्रेरक का काम करते हैं। आइए हम अपने अनुभव साझा करें। हमारे गुरुदेव ने प्रर्थना के बारे में बहुत सुन्दर बात बताई। आप जो भी भगवान से कहना चाहते हैं, कह लीजिए। बाद में कहें कि यह मैं एक इंसानी समझ के अनुसार आपसे कह रहा हूँ। हे प्रभो! हमारे लिए जो आप ठीक समझें वह करें। ऐसे ही शास्त्रों व सन्तों के अनुभव ज्ञान में आया है कि यदि भगवान किसी से प्रसन्न हो जाते हैं, तो उसे वह दे देते हैं, जो भक्त माँगता है। ऐसे में भक्त उस प्राप्ति के नफे नुकसान का जिम्मेदार स्वयं होता है। गुरू भक्त को वह देता है, जो उसके लिए तप साधना में आवश्यक या सहायक होता है। इसीलिए, शास्त्रों में आया है कि "गुरु गोविन्द दोऊ खड़े काके लागूं पाय, बलिहारी गुरु आपने गोविन्द दियो मिलाय।"

26-08-2020

प्रतिक्रियाः Wonderful experience- Dr. R.P. Singh; बहुत सुन्दर अनुभव- डॉ. आर0पी0 शुक्ला; बहुत सराहनीय व सच्चाईपूर्ण घटना सुनाने हेतु आभार। God is not seen but HE is realized and experienced. HE dwels in our अटल-अटूट faith- दुःखहरण चौधरी; बहुत सार गर्भित सर जी - टी0पी0सिंह; Thanks for sharing wonderful incident- Nandlal; प्रार्थना की शक्ति का अनुभव कभी न कभी सभी को होता है। आपके पोस्ट अनुभव आधारित होने की वजह से काफी हद तक सामान्य जन के लिए भी उपयोगी होते हैं। To me it appears, if one is performing his duties sincerely, he is following Dharma in totality. There is no difference in sincerely following his duties and following the Dharma डॉ. टी0एन0 उपाध्याय।

---

4. जीवन का उद्देश्य

बेटी सरिता सिंह ने कल शाम पूछा कि पापा मनुष्य जीवन का उद्देश्य क्या है? यह प्रश्न, हमारे चिन्तन में बहुत दिनों से आ रहा है। शास्त्रों में इसका उत्तर उपलब्ध है, लेकिन विज्ञान के दृष्टिकोण से कोई भी उत्तर अंतिम नहीं होता। शास्त्रों में भी नेति, नेति.... की बात आई है। शोध का मार्ग हमेशा खुला रहता है और नहीं तो ऐसे प्रयास लक्ष्य प्राप्ति के मार्ग को सुलभ तो बनाते ही हैं। उपरोक्त प्रश्न का मान्य उत्तर है 'मोक्ष' पाने के लिए प्रयास करना (जन्म-मरण के बन्धन से मुक्ति)। इसके लिए तमाम धर्म तथा सम्प्रदाय बनते-बिगड़ते रहे हैं और यह प्रक्रिया आज भी जारी है। लेकिन इस प्रश्न पर मानव प्रयास व समझ इतनी उलझ गई है कि आम जन समुदाय अपनी रोजमर्रा की समस्याओं से ही नहीं उबर पाता कि मोक्ष जैसी बातों पर विचार करे। यह बातें, इसके विचारों में बनी ही रही हैं। पारिवारिक परिपेक्ष्य तथा गृहस्थ संत महात्मा यशपाल जी (भाई साहब) के सानिध्य ने, इस पर चिन्तन के लिए अवश्य एक मजबूत आधार प्रदान किया, अतः यह चर्चा।

अब स्पष्ट लगता है कि गीता की शिक्षा 'स्वधर्म पालन' ही मानव जीवन का एक मात्र उददेश्य है। इसका सही पालन हो के लिए कबीर दास जी की सुझाई प्रार्थना 'सांई इतना दीजिए जामे कुटुम्ब समाय - दास भी भूखा न रहे साधु न भूखा जाय' के सार में निहित है। यह बात मान कर यदि हम जीवन यात्रा करें तो मुख्य उद्देश्य 'मोक्ष' प्राप्ति की ओर स्वतः अग्रसरित होंगे। 'स्वधर्म' का अर्थ है जो काम सहज में प्राप्त होते हैं। हमारे गुरुदेव ने बताया था कि जो काम स्वतः आते हैं, वे परमात्मा के भेजे हुए होते हैं, कर सकें तो करना चाहिए, मजबूरी की बात और है।

परमात्मा की बनाई इस सृष्टि में, सरिता के प्रश्न के उत्तर के लिए एक वृक्ष (पेड़) को उदाहरण स्वरूप लेते हैं। अपने पूरे जीवन काल में वृक्ष का व्यवहार उपलब्ध संसाधानों में स्वयं को पोषित करते हुए प्रकृति की व्यवस्था (पर्यावरण) को बनाये रखने में योगदान देते व तमाम झंझावतों को झेलते हुए, हँसते-झूमते बीतता है।

संभवतः इसी पहलू को ध्यान में रख कर हमारे मनीषियों ने 'स्वधर्म पालन' को बड़ा महत्व दिया है। स्वाभाविक प्रक्रिया के तहत (ईश्वर इच्छा) यदि इंसान चले तो बिना किसी विशेष प्रयास के जीवन यात्रा के सच्चे उद्देश्य की ओर ही वह बढ़ेगा। समाज में ऐसे लोगों की अच्छी खासी संख्या है जो भीड़ के बीच, स्वांतः सुखाय का जीवन जीते हुए जीवन यात्रा कर रहे हैं। ऐसे लोगों को बिना किसी चाह के प्रकृति की मदद कदम-कदम पर मिलती रहती है। ऐसे अनुभवों को इंसान नजर अंदाज करता रहता है।

इन्हीं बातों पर हम लोगों ने इस कोरोना काल में खूब चर्चा की है और ईश्वर कृपा से, काफी व्यवहारिक सामग्री भी गत पत्रों के माध्यम से संग्रहित हुई। काश, हम इसे अपने स्वाध्याय का हिस्सा बना सकें तो सरिता सिंह के प्रश्न का उत्तर ही नहीं मिलेगा, बल्कि हमारा जीवन भी समाजोपयोगी "हम सुधरें, जग सुधरेगा" की भावना के अनुरुप बनता जायेगा। ईश्वर ने चाहा तो मोक्ष भी सुलभ होगा।

27-08-2020

प्रतिक्रियाः सही सलाह- डॉ. आर0पी0 शुक्ला; Self interest should be secondary, then only one gets real peace- Arun Verma; प्रश्न प्रासांगिक और मानव जीवन की उपादेयता और सार्थकता से सम्बन्धित है। इसका उत्तर संक्षिप्त टिप्पड़ी में देने में उचित नहीं, फिर कभी! दुःख हरण चौधरी; Good views- Sangam Singh; झीनी-झीनी बीनी चदरिया। ज्यों की त्यों धरि दीनी चदरिया। जीवन का उद्देश्य इसी में समाया है। जितना निष्कपट, निष्पाप, निर्विरोध और अध्यात्मपूर्वक जीवन जिया जाये तो मोक्ष की प्राप्ति होती है। जीवन निष्कलंक हो जाता है- हरिभान सिंह।

5. तीसरे व्यक्ति

आज के NBT पेपर में हफीज किदवई का लेख 'अपने अनुभवों का विश्लेषण करना हमें श्रेष्ठ बनाता है' पढ़ा। लेख आध्यात्मिक दृष्टिकोण से सारगर्भित था। इसके समापन में कही गई बात कि 'मानव सभ्यता का विकास इसी प्रक्रिया के तहत हुआ' ने उत्सुकता और बढ़ा दी। आप कहते हैं कि 'अध्यात्म' संपूर्ण डेटा (अनुभव) का तेजी से एनालिसिस करके एक ऐसे मार्ग पर पहुँचने का नाम है, जहाँ शान्ति हो। अभी तक हम लोगों की चर्चा का मुख्य विषय भी 'अध्यात्म' ही रहा है, क्योंकि इसी के माध्यम से इंसान को सुख व शांति मिल सकती है।

किदवई साहब कहते हैं कि "हमारे इर्द-गिर्द तीन तरह के लोग रहते हैं। एक वे हैं जो जीवन जीते चले जाते हैं, दूसरे जीवन जीने में जितनी भी चीजें महसूस करते हैं, उसका डेटा इकट्ठा करते रहते हैं। तीसरे वे, जो इस डेटा की एनालिसस करके अपने को नया रास्ता देते रहते हैं। तीसरे व्यक्ति ही श्रेष्ठ होते हैं। पहले-ऋषी, मुनि, सूफी, संत.... इसलिए घूमते रहते थे कि अधिक से अधिक डेटा कलेक्ट हो जाय। फिर उसका एनालिसस करके मनुष्य को कुछ ऐसा सुझाया जाए कि जिससे उसका जीवन आसान हो जाय। इसी से मानव सभ्यता का विकास हुआ।"

वैसे, हिन्दुस्तान इस विधा में अग्रणी रहते हुए विश्वगुरु की हैसियत से, मानव सभ्यता के विकास में महत्वपूर्ण योगदान करता रहा, यह सर्वविदित व मान्य भी है। आज भी दुनिया इसकी कायल होती दिख रही है। विश्व स्तर पर योग की स्वीकारिता इस बात का प्रमाण है। लेकिन इस प्रक्रिया में हमारी जो छवि बनी वह ऐसे देश की, कि जिसे सपेरों, जादूगरों, भूत-प्रेत, तन्त्र-मंत्रों के लोगों का देश भी कहा गया। खैर, इससे अब हम बाहर आते दिख रहे हैं और हमारे लोग भौतिक विज्ञान के क्षेत्र में अपना दम दिखा रहे हैं। चिन्ता की बात है अध्यात्म जगत की समस्या 'अंधविश्वासिता' तथा आध्यात्मिक शोषण। इसका कारण मनुष्य का स्वभाव है कि वह पुरुषार्थ से बचना चाहता है और पाना सब कुछ चाहता है, गुरु जी ही सब कर देंगे। जब की यथार्थ यह है कि किदवई साहब के बताये तीसरी तरह के लोग (ऋषि, मुनि, सूफी

संत) साधक होने के साथ मार्गदर्शक ही होते हैं। पुरुषार्थ तो स्वयं को ही करना होगा। स्वार्थ के चलते इस शिक्षा का भारी अभाव है और भ्रमित है!

उपरोक्त बातों के परिपेक्ष्य में 70 वर्ष पूर्व जब गाँव की कृषि अर्थव्यवस्था बहुत ही कमजोर थी कि खाने के जुगाड़ की बात ही बहुत कठिन हुआ करती थी, तो इसके पिता श्री रामबोध सिंह जी की कार्य विधि की याद हो आई। आप तीसरे कटेगरी के लोगों में थे। ऐसे ही और पड़ोस के दो किसान थे (श्री भगौती यादव तथा श्री राम वर्मा)। हमने इन लोगों को अपने-अपने अनुभवों (डेटा) की एनालिसिस से सीख लेते व साझा करते देखा था। उस क्षेत्र में अलग पहचान थी इन सबकी। नई-नई बातों का जुगाड़ करके अपनी कृषि को अनुकरणीय बनाने का प्रयास करते थे ये लोग। किदवई जी के लेख ने उन महापुरुषों (मेरी दृष्टि में) की यादें ताज करा दीं। ऐसे हजारों-हजारों महापुरूष मानव सभ्यता के विकास में योगदान करके चले गये और आज भी हमारे बीच में सकारात्मक योग दान कर रहे हैं। ऐसे लोगों का मकसद सिर्फ और सिर्फ जन कल्याण होता है, कोई उन्हें जाने या न जाने। ऐसा जीवन ही आध्यात्मिक जीवन है।

28-08-2020

प्रतिक्रिया: you have mentioned the names of two farmers of your village in your writeup and spiritualism. How was their work and conduct is one thing and spiritual upliftment is quite different. Please enlighten us in your next dispatch on spiritualism. Prof. Manendra Singh; परिश्रम एवं पुरुषार्थ का एक सुन्दर विवेचन का कलेक्शन के रुप में श्री राहुल साँकृतयायन का अथातो घुमक्कड़ जिज्ञासा उसमें भी इसी प्रकार का भाव व्यक्त किया गया था। सुन्दर विवेचना हेतु धन्यवाद- दुःख हरण चौधरी; पिता जी एक बहुत बड़े आध्यात्मिक पुरुष थे- डॉ. आर0पी0 शुक्ला; Good Views - Sangam Singh.

---

6. Spiritual Upliftment

आध्यात्मिक चर्चा के दि. 28-08-2020, के पत्र पर एक प्रोफेसर की प्रतिक्रिया है- "you have mentioned the names of two farmers of your village in your write up on spiritualism. How was their work and conduct in daily life. To my mind Professional conduct is one thing and Spiritual

Upliftment is quite different. Please enlighten us in your next dispatch on spiritualism." यह कट अच्छा लगा, यही तो बार-बार पत्रों में आ रहा है और हम अध्यात्म की बात को समझने और सरलीकरण करने का प्रयास कर रहे हैं। हमारा व्यवहार ही तो अध्यात्म का द्योतक है। व्यवहार की शुद्धता ही तो spiritual upliftment है। आवश्यकता है कि हम जितनी बातें अपने इर्द-गिर्द समाज में देखते हैं या पढ़ते हैं, जो अच्छी लगें, उसका कुछ न कुछ अंश अपने में समावेश करने का प्रयास करें, श्रेष्ठता का वरण स्वयं होता जायेगा। यही बात हमने उन किसानों में देखी थी, जिनकी याद आ गई और उन्हें, लेख में स्थान मिल गया। This exercise (साधना) is highly personalized and can not be enforced on any one. Literature attributes it to one's sanskar or to family background. Satsang, do play positive and miraculous role.

स्वभावतः हम इन बातों पर चिंतक रहे हैं। रिसर्च स्कॉलर होने की वजह से, जो बातें ग्राह्य लगीं, इन पत्रों के माध्यम से चर्चा में उन्हें लाकर, इस विषय पर 'अनुभव ज्ञान' संकलन करने का प्रयास है। बिडम्बना है कि, आज के समय में इस आर्थिक युग की कार्य प्रणाली ने, अध्यात्म विषय को इतना जटिल बना दिया है कि लोग चाहते हुए भी इस पर सोचने से भी डरते हैं, अपनाने की बात तो बहुत दूर है। हमारा अध्ययन व तथाकथित साधना 'सूफी पद्धति' के साथ रही है, जिसे यशपाल महाराज (भाई साहब) जी ने 'आनंदयोग' का नाम दिया और गृहस्थ को अध्यात्म साधना के लिए सर्वोत्तम माना। विचार कीजिए कि इससे सरल और क्या हो सकता है? आपके (भाई साहब) मार्ग दर्शक, गृहस्थ संत महात्मा बृजमोहन लाल (दद्दाजी) ने प्रथम मुलाकात में इनसे कहा कि "बेटा! अधिक चक्कर में नहीं पड़ना चाहिए। सबसे सरल तरीका है, उसके नाम को पकड़ लो। उसका नाम दिल से लो। खाली किताबें पढ़ने से कुछ काम न बनेगा। चक्कर और भ्रम में पड़ जाओगे। राम-नाम लिए जाओ जैसा वह है, सामने अनुभव में आता जायेगा।"

यही थी आपकी साधना, वह भी गृहस्थ में उपलब्ध खाली समय को लगा कर, दीन व दुनिया दोनों सँवारी। टेलीग्रफिस्ट की नौकरी करते हुए, उसी विभाग में निदेशक (रिसर्च) के पद से सेवा निवृत्त हुए और अध्यात्म साधना के माध्यम से गृहस्थियों के लिए हर वक्त ईश्वर की याद में रहने की

24 घण्टे ध्यान की साधन पद्धति (आनंदयोग) का अनुपम संकलन समाज हित में कर सके। Professionalism and Spiritualism are two sides of same coin. इसीलिए बार-बार हमारे मन में आता है कि 'अध्यात्म विज्ञान' मान्यता व रिसर्च माँगता है। हर व्यक्ति का जीवन अध्यात्मिक होता है, सवाल इसे विकसित करते जाने का है। आज ही पेपर में पढ़ा 'एक आध्यात्मिक साधक को नियमित साधना के साथ-साथ नैतिकता में ज्यादा से ज्यादा प्रतिष्ठित होना चाहिए। ऐसा करने पर वे परम पुरुष (ईश्वर) की कृपा का अनुभव करेंगे- श्री श्री आनंदमूर्ति'। पाठक बन्धु अपने अनुभवों को साझा कर इस विषय को जन-हित में बढ़ावा दें।

31-08-2020

प्रतिक्रिया: परोपकार, नेक नियति, कर्तव्यनिष्ठ और मेहनत से अपने ईष्ट की याद करते हुए जीवन जिया जाये ही अध्यात्म है। इसके लिये अतिरिक्त कुछ करने की आवश्यकता नहीं है, और बन पड़े तो सोने में सुहागा है। बीच में आपका लेख बन्द होने से अभाव खटक रहा था। आता रहे तो संयम बना रहेगा - हरिभान सिंह। Thank a lot for sharing this information- M.K. Dinbandhu.

---

7. हम कहाँ जा रहे

वाट्स-अप पर एक पोस्ट 'विज्ञान और अध्यात्म का एक अनोख संगम' पढ़कर उपरोक्त शीर्षक अपने भारतीय समाज के परिपेक्ष्य में विचारों में आ गया। कारण कि आजकल अध्यात्म विज्ञान की उपेक्षिता की बात इसके चिन्तन में आती रहती है। देख रहे हैं, इस कोरोना महाकाल में भी, अधिकांश दूरदर्शन मीडिया एक वालीवुड ऐक्टर के सुसाइड या मर्डर को लेकर समाचारों में छाया हुआ है और समाज को विकृत कर देने वाली कृत्य की कोई बात ही नहीं कर रहा है। पूरे भारतीय समाज के दर्शन को विकृत करने वाली मान्यता यह 'Live in relation' कानून क्या मानव समाज की समस्याओं में आग में घी डालने के समान नहीं साबित हो रहा? यदि यह कहा जाये कि हमारे ऐसे देश का शासन (तथा कथित चारों स्तंभ) भारतीय दर्शन के परिपेक्ष्य में ध्वस्त हो चुका है, गलत नहीं होगा? आज मानव विकास के

परिपेक्ष्य में, यह बहुत बड़ा ईशू होना चाहिए। यह लेख जो भी पढ़ें, कृपया 'Food for Thought' के रुप में लें।

उपरोक्त संदर्भित लेख में एक पति (वेदांती) तथा पत्नी (वैज्ञानिक) का सकारात्मक तथा यर्थाथपूर्ण वार्तालाप है, जिसके कुछ मुख्य अंश उद्धृत हैं। पति वेद पढ़ते है, पत्नी जीवन में उन बातों का पालन करती हैं, जिससे उनकी आध्यात्मिक शक्तियाँ कई गुना ज्यादा हैं, अधिक सहन शक्ति है। वार्तालाप बड़ा रुचिकर है, अध्यात्म व विज्ञान से भरपूर है। लेकिन वैज्ञान्किी पक्ष को लेता हूँ।

"पत्नी: आपको थोड़ा विज्ञान पढ़ना चाहिए। दुनिया मात्र दो वस्तुओं से निर्मित है (उर्जा और पदार्थ)। पुरुष उर्जा का प्रतीक है और पुरूष पदार्थ का। जब स्त्री पुरूष का आह्वान करती है तो शक्ति स्वरूप हो जाती है और आने वाली पीढ़ियों के लिए प्रथम पूज्य हो जाती है क्योंकि वह पदार्थ व ऊर्जा, दोनों की स्वामिनी हो जाती है। पुरूष मात्र ऊर्जा का ही अंश रह जाता है।

पति: तुम तो ऊर्जा और पदार्थ दोनों की स्वामिनी हो।

पत्नी: हाँ! आपका ही अंश ग्रहण कर मैं शक्तिशाली हो गई, तो क्या असल प्रयोग आप पर करूँ? यह तो कृतघ्नता होगी। आपके संगम मात्र से मुझमें जीवन उत्पन्न करने की क्षमता आ गई, ईश्वर से ऊँचा पद मिल गया, जिसे माता कहते हैं। आपके साथ कैसे विद्रोह कर सकती हूँ? फिर भी यदि शक्ति का प्रयोग करना ही होगा तो माता सीता की भाँति लव-कुश तैयार कर दूँगी, जो आपसे हिसाब-किताब कर लेंगे। लेख के अंत में दिया गया है "नमन है सभी मातृ शक्तियों को जिन्होंने अपने प्रेम और मर्यादा में समस्त शक्तियों को बाँध रखा है।"

विचार आता है कि राइट ब्रदर्स की कल्पना, एविएशन इंडस्ट्री को कहाँ ले गई और हमारे शास्त्रों की बातों को नजर अंदाज कर हम उनकी (पश्चिम) नकल करने में लगे हैं, जो हमें न इंसान रहने देगी न बनने देगी। प्रबुद्ध वर्ग, अध्यात्म विज्ञान को सही परिपेक्ष्य में लें और स्वार्थ से ऊपर उठकर मानव कल्याण की सोंचे! की गुजारिश है।

02-09-2020

प्रतिक्रिया: सुन्दर उदाहरण- डॉ. आर0पी0 शुक्ला: उपरोक्त पत्रावलियों का विवेचन सामायिक है। आध्यात्मिकता के मूल में.... जड़ में भौतिकता होती है। आज का मानव घोर सामाजिक बिडम्बनाओं से ग्रसित है। नैतिकता भूल गया है। फिर आध्यात्मिकता की बातें समझना उसके लिए मुश्किल है। अपनी आत्मा को समझने के लिए, मन के भौतिक धरातल से ऊपर उठना ही आध्यात्मिकता है। चाहे जिस मार्ग से उठकर हो। बहुत-बहुत धन्यबाद- दु:ख हरण चौधरी; Thanks. It's reality in present situation. We must do which is better.– M K Dinbandhu. Good Views – Sangam Singh

---

8. Turning Point

NBT, 3 सितम्बर के पेपर में एडीटोरियल कालम का शीर्षक था 'हौसले से हारा कोरोना'। यूरोपीय देशों का उदाहरण देते हुए लिखा गया था कि अभी पूरी तरह इस पर कहीं काबू नहीं पाया जा सका है, नये केस के खाते में, शून्य अभी कहीं नहीं लिखा जा रहा। लेकिन अब कहीं-कहीं स्कूल खोले जाने लगे हैं। कोरोना चाहे कितनी भी खतरनाक बीमारी हो, लेकिन हम उस पर काबू पाने की ओर बढ़ रहे हैं और आने वाले कुछ दिनों व महीनों में हम उसे परास्त कर देंगे। दुनिया में सबसे ज्यादा नये केस भारत में ही आ रहे हैं और मौतों की संख्या भी काफी चिन्ताजनक है, लेकिन बीमारी के खिलाफ हम बाकी देशों जैसी ही रणनीति अपना कर बढ़ रहे हैं। स्कूल खोलने की स्थिति में हम अभी नहीं हैं, पर मैट्रो तो शुरू ही कर रहे हैं। इस लम्बी लड़ाई के दौरान यह भरोसा हमें हर पल बनाये रखना होगा कि कदम-कदम पर हम जीत की ओर बढ़ रहे हैं और इस यात्रा में धैर्य ही हमारा अकेला मित्र है। यह सोच 'सकारात्मक है, आत्मबल और धैर्य बल' बढ़ाने वाली है। वैसे यह संदेश अब तक पूरे कोरोना परिपेक्ष्य में सब के लिए है, लेकिन उनके लिए तो खास कर है जिन्हें किसी न किसी वजह से जीवन साधना में आध्यात्म की बात अपनाने व समझ में रुचि बनी है। ऐसी परेशानियाँ ही जीवन यात्रा में turning point (बदलावों का कारण) बनती हैं।

हमारे जीवन में कई ऐसे turning point आये, न चाहते हुए भी बदलाव स्वीकार करना पड़ा और सारे के सारे 'जो होता है, अच्छा होता है' की कहावत में ईश्वर/गुरु कृपा की बात में आस्था बढ़ाने में सहायक रहे। ऐसे

अनुभव, लगभग सबों के साथ होते हैं, लेकिन अधिकांश लोग इनका आध्यात्मिक लाभ लेने से वंचित रह जाते हैं। लाभ लेने के लिए पैसे की तरह अपने स्वयं के अनुभवों का भी हिसाब-किताब रखना व एनालिसिस आवश्यक है। इसी लिए यह बार-बार पत्रों में आपसे अनुभव ज्ञान साझा करने का अनुरोध करता रहा है, जो औरों के लिए प्रेरणात्मक साबित हो सकता है। यह हमारी जीवन साधना को मजबूती प्रदान करेगा।

हमारे एक सत्संगी प्रिय बन्धु हैं श्री दिनेश प्रताप सिंह जी, जिन्होंने अपने जीवन के एक turning point वाला अनुभव साझा किया। महात्मा यशपाल जी के प्रवचन का अंश "जीवन में राम-नाम जोड़ कर, हमें अपना जीवन ईश्वर मय बनाने का प्रयास करना चाहिए और इसके लिए कोई चीज आपको छोड़ना नहीं है" इनके लिए जीवन यात्रा को सुखद बना दिया। जीवन यात्रा शनैः शनैः स्वतः धर्मानुकूल के ढर्रे पर आती गई, सकारात्मक सोच व धैर्य में बढ़ोतरी ही मुख्य कारक बने। हालाँकि फिर दो ही काम रह गये, जीवन यापन का उपलब्ध धंधा या राम-नाम, औरों की तरह ही भीड़ को एक इकाई की तरह (सामान्य जीवन)। हमारे किसी मित्र ने वाट्सएप पर गीता सार का एक अंश भेजा है, जो सामयिक लगा, साझा करता हूँ।

"जो हुआ वह अच्छा हुआ। जो हो रहा है, वह अच्छा हो रहा है। जो भी होगा, वह भी अच्छा होगा। तुम्हारा क्या गया जो तुम रोते हो। तुम क्या लाये थे जो तुमने खो दिया। तुमने क्या पैदा किया था, जो नष्ट हो गया। तूने जो लिया यहीं से लिया, जो दिया यहीं पर दिया। जो आज तुम्हारा है, कल किसी और का था। परसों किसी और का हो जायेगा। परिवर्तन संसार का नियम है।"

05-09-2020

प्रतिक्रिया: सत्य है- डॉ. आर0पी0 शुक्ला; बहुत बहुत धन्यवाद सर। सम सामायिक घटनाओं महामारी के संदर्भ में गीता जी का संदेश उल्लेखनीय है। इसी से सम्बन्धित एक मेसेज Life is a circle of happiness, sadness, hard times and good times. If you are going through hard time, know good times are in the way.- Dukh Haran chaudhary

9. एकाग्रता

आज के NBT पेपर में आचार्य नन्दकिशोर श्रीमाली जी का लेख 'एकाग्रता सफलता के सभी द्वार खोलने की मूल कुंजी है' पढ़कर कई दशक पहले स्वामी चिन्मयानन्द जी के एक प्रवचन की याद आ गई, जिसमें एकग्रता की बात के महत्व की बात समझ में आई थी, लेकिन कैसे मन को एकाग्र करें का प्रश्न अवश्य मन में उठ गया था। इस लेख की प्रस्तुत-कत्री, अर्चना झा जी ने वैसे ही प्रश्न उठाया है और उत्तर भी दिया है कि विद्यालय या कोई यूनिवर्सिटी यह नहीं बताती कि एकाग्र कैसे हुआ जाय। सौभाग्य से उस समय कुछ वर्षों में, हमें इस प्रश्न का convincing उत्तर गृहस्थ संत यशपाल जी (भाई साहब) के प्रवचन 'पूजा क्यों और कैसे करें?' में मिल गया था। वह तरीका, इस आध्यात्मिक पत्र सीरीज के माध्यम से चर्चा में भी रहा है। जो मुख्य बात इस संदर्भित लेख में है वह रहीम दास जी का दोहा है 'एक को साधे सब सधे, सब साधे सब जाय'। यानी 'ध्यान' के लिए हमें एक ईष्ट में निष्ठा बनानी होगी। वह ईष्ट, ईश्वर का कोई रूप (साकार साधकों के लिए) या नाम (निराकार साधकों के लिए), निश्चित करना होगा। यदि ऐसा कर लें तो, संकल्प की बात आती है कि हम अपने मन को एकाग्र करने का प्रयास करेंगे, बिल्कुल वैसे, जैसे रोज स्वस्थ रहने के लिए सोना आवश्यक है। एकाग्रता (ध्यान), वास्तव में मन को रेस्ट देने की विधा है। हमारा मन भी तो निरंतर काम में लगा रहता है। अध्यात्म की भाषा में 'मन' हमारा सूक्ष्म शरीर है। चूँकि हम इसे शरीर (जो स्थूल शरीर है) की तरह रेस्ट नहीं देते, यह बीमार रहता है। काम, क्रोध, लोभ, मोह, अंहकार, ईर्ष्या, हठधर्मिता.... ऐसे 100 बीमारियाँ है जिससे मन ग्रसित रहता है। मन की एकाग्रता प्राप्त करना, ध्यान के माध्यम से ही संभव है। एकाग्रता का मतलब है विचारों में कमी आना और जो बात उपरोक्त संदर्भित लेख के शीर्षक में आई है कि 'एकाग्रता सफलता की मूल कुंजी है' बहुत सही कहा गया है। बल्कि, यह तो जीवन यात्रा के मुख्य उद्देश्य को प्राप्त करने का मानव प्रयास का केवल और केवल एक मात्र साधन है। इसी से मन की बीमारियाँ भी दूर होती हैं।

गृहस्थियों के लिए ध्यान करने की बात आसान है। कोशिश होनी चाहिए की सुबह-शाम, आधे-आधे घन्टे आराम से बैठ कर अपने ईष्ट की याद करें या हृदय की हर धड़कन के साथ प्रभु नाम को निकलते हुए भाव का अभ्यास करें। क्या होगा की चिन्ता न करें। यदि, इस आदत को अपना लें, तो अनुभव ही आपको आगे का मार्ग दर्शन करने लगेंगे और जीवन यात्रा आनंदित होती चली जायेगी। यह अनुभवगम्य है। सबके अनुभव अलग अलग होंगें, करके ही देखना होगा। शर्त यही है कि नागा न होने पाये। हाँ, हमारे गुरुदेव का कहना था कि मजबूरी की बात और है। लेकिन ऐसी परिस्थिति में भी, एक मिनट ही सही, अपने ईष्ट की याद कर लें। होशियार रहना होगा कि कहीं मन इस 'मजबूरी' की व्यवस्था की बात को लेकर धोखा न देने पाये। यदि ऐसी कोई बात दिखने लगे तो मन को प्यार से समझाना चाहिए की भाई आधे घण्टे की ही तो बात है। धीरे-धीरे मन इसकी आदत बना लेगा और उसे भी आनंद आने लगेगा।

हमारा तो उपरोक्त बातों का अनुभव रहा है। तरीका इतना सरल लगा कि प्रचार-प्रसार के लिए 'ध्यान (Meditation)' पर एक लघु पुस्तिका लिखकर लोगों में बाँटता रहा। यदि किसी भाई को चाहिए तो निःसंकोच अपना पता भेज कर प्राप्त कर सकता है।

प्रतिक्रिया: सही। डॉ. आर0पी0 शुक्ला: Perfect timing. Kids are starting New School year/grade from tomorrow. Concentration is the key to success in whatever we do - doing and during it meditation and giving rest to our mind through that makes a lot of sense. I will try to share this with kids and practice that myself. Bless all of us and our kids starting new school year – Versha Singh USA. सुमिरन की सुधि यों करें, ज्यों गागर पनिहारी।.... सुमिरन सुरति लगाई कै मुँह से कछु नहिं बोल। बाहर कै पट डारि दे अंदर के यह खोल।- दुःख हरण चौधरी।

---

10. एक घण्टा

दिनांक 7 सितम्बर, 2020 के पत्र में, मन की एकाग्रता पर व्यवहारिक साधना की बात की थी। NRI, वर्षा सिंह का USA से एक सकारात्मक कमेंट मिला "Perfect timing. Kids are starting new school year/new classes/grade from tomorrow. Concentration is the key to success in whatever we do - and doing it by meditation and giving rest to our 'mann' (mind) through that, makes a lot of sense. I will try to share this with kids and practice that myself. Bless all of us and our kids starting the new school year". यह कमेंट अच्छा लगा क्योंकि बच्चों के साथ प्रयास करने के साथ-साथ, वह स्वयं भी एकाग्रता की साधना करेंगी। वैसे भी कहते हैं कि ऐसी शिक्षा तभी प्रभावी होती है, जब देने वाला भी उसे करता हो।

हमारा भारतीय दर्शन मानव विज्ञान के बारे में (अध्यात्म सम्बन्धित), नि:संदेह विश्व में आज भी अग्रणी है, लेकिन उपेक्षित होते हुए, स्वार्थपरता तथा भ्रष्टता की चपेट में भी है। इससे सही व वांछित सूचना, साधारण जन मानस नहीं पा रहे हैं। अध्यात्म शिक्षा की पारम्परिक व्यवस्था बच्चों के लिए जो परिवार के बड़े-बूढ़ों के माध्यम से कुछ दशक पहले तक उपलब्ध थी वह बदलावों के भेंट चढ़ चुकी है या समाप्तप्राय सी है। जो भाई-बहन इस समय 70-80 वर्ष की आयु में हैं, इस बात से भली भाँति परिचित हैं, असहाय से हैं, करें तो क्या करें? शिक्षा क्षेत्र से जुड़े रहने व अध्यात्मिक पारिवारिक परिपेक्ष्य के कारण, रामायण कथा वाचक मोरारी बापू की बच्चों को दी गई सलाह ने इसका ध्यान आकृष्ट किया। आपका कहना है कि बच्चे, दिन के 24 घण्टों में से एक घन्टा परमात्मा को दें। इसके गुरुदेव महात्मा यशपाल जी (भाई साहब) की सलाह थी कि बड़े लोगों को सुबह-शाम, आधे-आधे घण्टे की पूजा (ध्यान) अवश्य करनी चाहिए। बच्चों/विद्यार्थियों के लिए पूजा का समय आप 5 मिनट का बताते थे। हमारा अनुभव यह कहता है कि इन दोनों महापुरूषों की सलाह मानने लायक है, परिवारों तथा समाज के लिए भी कल्याणकारी है। इस संदर्भ में वर्षा जी की बात इसे बड़ी अच्छी व सार्थक लगी।

7 सितम्बर, 2020 के पत्र पर गायत्री के साधक श्री हरिभान सिंह जी ने भी अच्छा सुझाव दिया है कि बच्चे, जवान, बूढ़े कैसे दिनचर्या के विभिन्न काम प्रार्थना के साथ प्रारम्भ करें कि इन संतों की सलाह स्वाभाविक व्यवहार में लाई जा सके। एक घन्टा ईश्वर को देने का मतलब है कि सहज- सहज में ही 'ध्यान' मार्ग पर आरूढ़ होने का स्टार्ट अप। जीवन में संस्कारानुसार (कर्मफल भोग) हमारे जीवन में सकारात्मक बदलाव स्वत: होने लगेगा। एक

घण्टा कैसे दें का कोई एक माडल नहीं हो सकता। अनुभवों के आधार पर इसे संयोजित किया जा सकता है। देखते हैं कि वर्षा जी कैसे करती हैं, हरिभान जी का फाइनल सुझाव क्या आता है या और कोई भाई/बहन किसी अनुभव के साथ यदि सामने आ सकें, उनका स्वागत है।

इसी विचार को आज की व्यस्त दिनचर्या में व्यवहारिक रुप देने हेतु, यह अनुभव ज्ञान को साझा करने की बात करता रहा है। हमारे जैसे सीनियर सिटीजन लोगों के पास अनुभव ज्ञान की अपार सम्पदा है जिसका सदुपयोग-गली, मुहल्ले, पड़ोस के बच्चों की मदद के लिए संयोजित किया जा सकता है। इसकी आज के परिपेक्ष्य में बड़ी आवश्यकता हैं।

09-09-2020

प्रतिक्रिया: अच्छा अनुभव- डॉ. आर0पी0 शुक्ला; सामयिक, समीचीन, उत्साह वर्धक, समाज सेवा का कार्यक्रम सराहनीय है। इनकी सफलता के लिए शुभ कामनायें। दु:ख हरण चौधरी

---

11. Satisfied Life (संतुष्ट जीवन)

इस पत्र श्रृंखला का सकारात्मक पक्ष है मानव जीवन के आध्यात्मिक मूल्यों पर अनुभव आधारित ज्ञान का सृजन होना। जैसा कि हमने बार-बार विचार व्यक्त किया है कि इसके इस कृत्य में कोई विशेष सोच या उद्देश्च नहीं रहा है। इसे यह ईश्वर इच्छा मानता है। हाँ, सार्थक समय pass और स्वान्त: सुखाय की बात तो अपरोक्ष रूप से जुड़ी ही हुई है, को यह नकार नहीं सकता। कुछ भाईयों से मिलती, प्रतिक्रियायें, इस लेखन को बनाये रखने में उत्साहवर्धन तो करती ही हैं। हमारे गुरुदेव महात्मा यशपाल जी, जो एक शोधार्थी थे, अपने गुरुदेव के मार्ग दर्शन में स्वयं के अनुभवों के अध्ययन से ही जनोपयोगी अध्यात्म का बहुत बड़ा काम कर गये। आप कहते थे कि समाज में बहुत अच्छे लोग होते हैं, बिखरे हुए होते हैं। कुछ मुट्ठी भर लोग असमाजिक काम करते हैं और पूरा समाज प्रभावित होता है। अच्छे लोग यदि संगठित हो सकें तो उनका सकारात्मक प्रभाव समाज पर अवश्य पड़ेगा। इसका प्रयास करना चाहिए। इस परिपेक्ष्य में भी इस अध्यात्मिक चर्चा में अच्छी सम्भावनायें, भले ही यह साहित्यिक सहभागिता के माध्यम से हो, है

ही। हर व्यक्ति सकारात्मक अनुभव ज्ञान रखता है, इसे साझा करने से भ्रम दूर होते हैं, सार्थक बातों की समझ (clarity) बनती है।

कितनी बड़ी बिडम्बना है कि इंसान आज तक अपने को जानने की बात पर विचार ही नहीं करता। कुछ महापुरूष अवश्य मानव समुदाय को इस बाबत जगाने की कोशिश करते रहे हैं, लेकिन उनकी बातें साहित्य के पन्नों तक ही सीमित रहती गई हैं। इस सम्बन्ध में लार्ड बुद्धा की यह बात बड़ी सारगर्भित लगती है। "Satisfied life is better than successful life. Our success is measured by others. But our satisfaction is measured by our own soul, mind and heart." Satisfied life वाला इंसान Job satisfaction का आनंद लेते हुए, जीवन यात्रा करता है। कुछ न कुछ तो उसकी समझ अपने बारे में साफ तो होती ही जाती है। ऐसा व्यक्ति गीता के मुख्य उपदेश 'कर्मणेवाधिकारस्ते मा फलेषु कदाचन' की भावना पर अनजाने में ही आरूढ़ होने लगता है, वह निष्काम कर्म करता होता है, आध्यात्मिक स्थिति सुदृढ़ होती जाती है। हाल में ही हुए अब्दुल कलाम साहब, इसे ऐसे ही महापुरूष लगते हैं। इसे कोई शक नहीं कि हमारे इस आध्यात्मिक चर्चा वाले ग्रुप में ऐसे महानुभावों की संख्या भी अच्छी खासी है, लेकिन झिझक और स्वाध्याय के अभाव में अपने स्वयं के सार्थक अनुभवों के आध्यात्मिक लाभ से वंचित हैं।

बचपन में, अपनी सत्संगिनी दादी (दाई) के प्रभाव से इसमें स्वतः रोपित भाव "जो होता है, अच्छा होता है," जीवन यात्रा में आते स्वाभाविक बदलाओं में परखने तथा सत्यापित होते अनुभवों का सुखद अनुभव रहा है। भले ही ऐसे बदलाव तत्कालिक स्वीकार्य न रहे हों। यही अध्ययन यदि हम अपने अनुभवों का कर सकें तो एक विशेष आध्यात्मिक बदलाव के साथ, ईश्वर ने चाहा तो बढ़ती चित्त की एकाग्रता का अनुभव होगा, जो जीवन के मुख्य उद्देश्य की ओर बढ़ने में सहायक ही होगी, ऐसा यह मानता है। ऐसे अनुभव संकलन में आकर सेवा की सामग्री बन समाजोपयोगी बन जायेंगे। हमारे गुरुदेव का कहना था कि सत्य बिखरा पड़ा है, सेवा करो, सत्य बटोर लो। यह है गृहस्थ का अध्यात्म व दिन के 24 घण्टे ईश्वर की याद में रहने का आनंदयोग साधन पद्धति की बातें। ईश्वर हम सबका भला करें।

11-09-2020

12. फेल हो गया

आध्यात्मिक चर्चा में हम लोग अब जीवन यात्रा के स्वानुभवों की बातें कर रहे हैं। आईए, गीता शास्त्र में आई बात 'जो हुआ, वह अच्छा हुआ। जो हो रहा है वह अच्छा हो रहा है। जो भी होगा वह भी अच्छा होगा तथा स्वधर्म का पालन करते चलो' पर अनुभव साझा किया जाय। बहुत सीमित लोग ही इस बात पर (अध्ययन, गहन चिन्तन या स्वाभाविक उपलब्ध संस्कार बस), कर्म फल सिद्धांत की समझ बनने के बाद अपने को परिष्कृत करने की प्राथमिकता के साथ जीवन यात्रा कर पाते हैं। आध्यात्मिक साहित्य से विदित होता है कि चित्त (मन) की एकाग्रता तथा सत्यानुसरण मानव जीवन को सुखद बनाने में अहम भूमिका निभाते हैं। गाँधी जी ने लिखा है 'मैंने अनुभव में यह बहुत बार देखा है कि हमने चाहा कुछ, हुआ कुछ और ही। पर साथ-साथ मैंने यह भी अनुभव किया है कि जहाँ सत्य की साधना और उपासना हो, वहाँ हमारा सोचा-चाहा हुआ परिणाम भले ही न हो, पर जो अनसोचा परिणाम होता है, वह भी अनिष्ट नहीं होता और कितनी ही बार तो सोचे हुए परिणाम से अधिक अच्छा होता है।" 'अच्छा हुआ' का पैनाना क्या हो सकता है? हम तो, यही कहेंगे कि जो तनाव रहित जीवन यात्रा दे। भौतिक आधार पर न देखकर इसकी परख आध्यात्मिक स्केल पर करनी होगी।

अपनी जीवन यात्रा में हमने 'जो होता है अच्छा होता है' की यथार्थता का अनुभव किया है। जाने-अनजाने, आध्यात्मिक जीवन यात्रा होने के कारण, अधिकांश समय तनाव मुक्त ही बीता। विचार में आता है, काश! गीता उपदेश व गाँधी जी के अनुभवों को आधार बना कर हम औरों के अनुभव ज्ञान का संकलन कर प्रकाश में ला सकें तो समाज में सकारात्मक सोच को बढ़ाने में सहायक होने के साथ आध्यात्मिक जागृति के लिये भी उपयोगी हो सकता है। इस विषय में 'कबीर शान्ति मिशन', लखनऊ के संस्थापक महात्मा राकेश कुमार मित्तल जी की अपने अनुभवों पर लिखी पुस्तक 'Think positive, things will go right' इसे प्रेरणात्मक लगी, जो मानव जीवन यात्रा के विभिन्न पहलुओं पर समकालिक समस्याओं के बीच जीवन यात्रा करते हुए प्रकाश में आई है। यह मिशन समाज में सकारात्मक सोच को बढ़ावा देने के उद्देश्य से काम कर रहा है। विद्यार्थियों के लिए यह पुस्तक हमें उपयोगी लगी।

हम अपना अनुभव साझा करते हैं। ग्यारहवीं दर्जे में यह पाँच में से तीन विषयों में फेल हो गया (1962)। कारण, गाँव से निकल कर शहर में रहने की स्वतंत्रता का मिलना तथा साथ के असर से भटकाव। पिता चिंतित हो उठे कि नहीं पढ़ पायेंगे। फिर ईश्वर कृपा! कि गाँव के ही पटीदार, बाबा रणजीत सिंह जो इलाहाबाद कालेज में सेना से सेवा निवृत्ति के बाद NCC कराते थे साथ ले गये, साथ रक्खा और उन्हीं के संरक्षण में रहते हुए इंजीनयरिंग की डिग्री (प्रथम श्रेणी) कर सका। आई0आई0टी0 खड़गपुर से एम0टेक0, सर्विस में रहते हुए पी0एच0डी0, वैज्ञानिक के पद से सेवानिवृत्ति (2003) और आज यह चर्चा। फेल होना अच्छा ही रहा, वह ऐसा मोड़ बना कि सही मार्ग मिल गया। ऐसे बहुत उदाहरण मिलते हैं कि जहाँ असफलता के निहित अर्थ होते हैं। आज तो ऐसे हालत में कितने बच्चे आत्म-हत्या कर लेते हैं। गीता की उपरोक्त शिक्षा की सकारात्मक विवेचना व विश्लेषण उपयोगी हो सकती है। आईए अपने ऐसे शिक्षाप्रद व सकारात्मक अनुभवों को साझा करें।

14-09-2020

प्रतिक्रिया: Practical Experience - Dr. R.P. Shukla; बहुत ही सकारात्मक सोच है, साथ ही सबके लिए उपयोगी- दु:ख हरण चौधरी; आध्यात्म एक ऐसा सम्बल है कि जो जीवन की तमाम समस्यायें, ऐसे सुलझा देता है जैसे समस्या थी ही नहीं। जीवन में चमत्कार परिवर्तन का रास्ता निकल आता है। बस अपने आराध्य को पकड़े रहिए, हरिभान सिंह

---

13. कटु सत्य

NBT, 14 सितम्बर, 2020 के पेपर में विकेश कुमार बड़ोला का लेख था- 'ईश्वर से नजदीकी हमें अपने वजूद का एहसास कराती है'। लेख, विद्वतापूर्ण व सारगर्भित था। 'मानव की मानव के लिए एक नैसर्गिक आवश्यकता क्षीण होती जा रही है' की बात ने इसका ध्यान आकृष्ट किया। वर्तमान समय में (कलयुग), ईश्वर के व्यवहार की अवस्थाएँ- प्रेम, मैत्री भाव, बंधुत्व, आदर्श, संतोष, सादगी, सज्जनता और प्रकृति को मनुष्य भूलता जा रहा है, की बात आपने कही है, जिसका अनुभव हम सभी अपनी जीवन यात्रा में कर भी रहे हैं। यह बातें मानव के मानवीय मूल्यों की हैं और अध्यात्म विज्ञान से सरोकार रखती हैं। भारतीय दर्शन में शिक्षा का मुख्य

उद्देश्य था, प्रकृति की व्यवस्था के अनुरुप आध्यात्मिक जीवन यात्रा करते हुए स्वयं को जानने का प्रयास करना और जीवन यात्रा समाप्त कर अपने मूल स्त्रोत परमात्मा से एकाकार हो जाना, जिसे शास्त्रों में 'मोक्ष' कहा गया है। इसी प्रक्रिया में, भौतिक विज्ञान का जन्म हुआ जो ऐसा पनपा (विकसित हुआ) कि आज अध्यात्म विज्ञान की बात होती ही नहीं। जो लोग धर्म के नाम पर कुछ करने का प्रयास कर रहे हैं वे भी जाने-अनजाने, भौतिकता की बीमारी की लपेट में हैं।

Enjoy (खाओ पियो मौज करो)! की पाश्चात्य सोच, हम पर हावी होती गई है, जिसके प्रभाव ने हमारी विरासत के आध्यात्मिक मूल्यों को न केवल प्रभावित ही किया है बल्कि इसके लगातार क्षीण होने की प्रक्रिया को भी स्थापित कर दिया है। वाट्सअप पर वाइरल हुई यह बातें, इस बात की पुष्टि करती हैं - Hard facts of today's life

- **40 YEARS AGO:** everyone wanted to have children, Today many people are afraid of having children.
- **40 YEARS AGO:** Children respected their parents. Now parents have to respect their children.
- **40 YEARS AGO:** Marriage was easy but divorce was difficult. Nowadays it is difficult to get married but divorce is so easy.
- **40 YEARS AGO:** We got to know all the neighbors. Now we are strangers to our neighbors.
- **40 YEARS AGO:** Villagers were flocking to the city to find jobs. Now the town people are fleeting from the city to find peace.
- **40 YEARS AGO:** only one person worked to support the whole family, Now all have to work to support one child.
- **40 YEARS AGO:** People loved to study and read books. Now people love to update face books and read their whatsapp messages.
- It concludes, 40 YEARS was 1980- which seems just yesterday.

मानव विकास प्रक्रिया में यह बातें नकारात्मकता की प्रतीक हैं, जो निःसंदेह भौतिक सोच व अनुपालन की देन है। जीवन में आध्यात्मिक सोच को प्राथमिकता देना ही होगा यदि मानव को इंसान बनना या बने रहना है।

यथार्थ पूर्ण इस कहावत पर विचार करें If you can see the positive sides of everything, you will be able to live a much better life than others.

15-09-2020

प्रतिक्रिया: बहुत अच्छा लगा- डॉ. मान सिंह; A real observation and analysis of human nature. God dwells in HIS super attribute. दिव्य सात्विक गुण Not in physical attributes. Dukh Haran Chaudhary; आज अयोध्या में एक श्राद्ध कार्यक्रम कराया। उसमें ऊपर लिखी बातों पर ही चर्चा हुई। विगत 40 साल अंतराल की बातें एक दम सही चल रही हैं। हरिभान सिंह; Thanks for this sharing valuable thoughts- M K Dinbandhu; समाज तो पतन की ओर जा रहा है। पर आपके विचारों से प्रेरणा तो मिलती रही है -डॉ. आर. एल. मिश्रा

---

14. अध्यात्म एक सम्बल

हम 'अनुभव ज्ञान' पर चर्चा कर रहे हैं। भौतिक विज्ञान के विकास में तर्क (logic) व अध्यात्म विज्ञान में भावनाओं का मुख्य आधार होता है। अध्यात्म, व्यवहार की अभिव्यक्ति से प्रदर्शित होता है और भौतिक विज्ञान स्थूल रूपों द्वारा। प्रकृति में हो रही अजूबी घटनाओं को प्रायः मिराकिल की संज्ञा दी जाती है, लेकिन किसी मनुष्य द्वारा प्रदर्शित की गई अजूबी घटना को आध्यात्मिक विकास मानने लगते हैं। ऐसी बातें आध्यात्मिक साधना से प्राप्त की गई उर्जा का दुरुपयोग व स्वयं को धोखा देने वाले हैं, ऐसा संत साधकों ने कहा है। इस बात को मानव के स्वभाव 'माया तजना सरल है और त्रिया का नेह, मान बड़ाई ईष्या तजे सो बिरला कोय' में छिपे भाव से समझ सकते हैं। अनुभव ज्ञान प्रदर्शित नहीं किया जा सकता, इसके साथ अच्छी जिन्दगी जी जा सकती है। हाँ! पद्धति व तरीकत (technology) का वर्णन हो सकता है। 14 सितम्बर, 2020 के पत्र पर, प्रतिक्रिया देते हुए ऐसा आध्यात्मिक जीवन जी रहे हरिभान सिंह ने अध्यात्म का बड़ा सही चित्रण किया है। आप लिखते हैं "अध्यात्म एक ऐसा सम्बल है कि जीवन की तमाम समस्यायें ऐसे सुलझा देता है जैसे समस्या थी ही नहीं। जीवन में चमत्कारी परिवर्तन का रास्ता निकल आता है। बस अपने आराध्य को पकड़े रहिए।" इस अभिव्यक्ति पर यदि हम क्यों और कैसे का प्रश्न लें तो यही कहना पड़ेगा कि भाई, यह

गूंगे के गुड़ का सा है, जो अनुभव किया जा सकता है, जो वह अनुभव करता है लेकिन व्यक्त नहीं कर सकता। जीवन यात्रा में मुझे याद है जब अपने गुरुदेव यशपाल जी (भाई साहब जी) से, किसी समस्या के हल पर मार्ग दर्शन माँगता, तो जो वह बताते इतना सरल होता कि जैसे यह कोई समस्या ही नहीं है, बड़ा आश्चर्य होता। आज जब वह स्थूल शरीर में नहीं हैं, तो याद आती है हमारे सत्संगी भाई, चिरंजी लाल जी की गजल की एक लाइन कि "जिस्म में मौजूद थे तो फासले मुमकिन भी थे, अब तो लाहमदूद हैं तो रूबरू रहते हैं आप।" यह उस बात की पुष्टि है, जिसे हरिभान सिंह ने आराध्य को पकड़े रहने की बात कही है (एक ईष्ट में निष्ठा)। यह रही अध्यात्म में 'अनुभव ज्ञान' की बात।

जो हो रहा है अच्छा हो रहा है। सहपाठी रहे डॉ. राम लखन मिश्रा जी से वाट्सअप पर हमने पूछा इस बात पर आप अपने अनुभव के आधार पर क्या कहेंगे? उन्होंने उत्तर दिया कि- 'I lost my mother in child hood, that was very painful and tough going for me in early life. It so happened that by chance, I took admission in I. Sc. (Ag) in Allahabad. In the course of my career journey, I wanted to get M.Sc (Ag) in Entomology but God wished otherwise and had to study Horticulture (Floriculture). Got first job in temprate region of Shimla and served there for more than 16 years and later as a Scientist in Delhi for 24 years. This gave me good experience of temperate and tropical ornamentals. This shaped my life to the extent that my contribution on floriculture research in the country is superb, better than any other. I am well satisfied with my work and career. भगवान का किया सब ठीक होता है। But one should always be effortful.'

मिश्रा जी का स्वमूल्यांकन व self satisfaction गहरे आत्म विश्वास व स्वांत:सुखाय का द्योतक है। जाने-अनजाने यही दुनियावी झंझावतों में रहते हुए, आध्यात्मिक जीवन यात्रा है।

17-09-2020

प्रतिक्रिया: सुन्दर अनुभव एवं व्याख्या- डॉ0 आर0पी0 शुक्ला

15. पूर्वाग्रह

वाट्सअप पर पढ़ा 'जो काम करने के लिए पावर चाहते हैं, वे अवश्य कुछ गलत करना चाहते है।' जीवन यात्रा में हमने इसे बहुत कुछ सही होने का अनुभव किया है। यदि ऐसे व्यक्ति विशेष में, धैर्य और कर्म निष्ठा की भावना हो, तो आवश्यक पावर की सुविधा स्वतः उपलब्ध होती जाती है। पूर्वाग्रह न रखते हुए, आप काम कीजिए और प्रकृति की व्यवस्था का आनंद लीजिए। ऐसे ही सोच के साथ गीता में आई बात 'जो होना अच्छा होगा' पर विश्वास बनता जाता है और इसके अनुरूप अनुभव भी होते रहते हैं। मैं अपना एक अनुभव उपरोक्त कथन से सम्बन्धित साझा करता हूँ, दिल्ली, IARI के निदेशक महोदय, डॉ. ए0एम0 माईकल साहब हमारे संस्थान, शिलांग पधारे (1990)। जाते समय कहने लगे कि सिंह साहब, अब आप हमारे संस्थान में आ जाओ। चूँकि यह शिलांग में अपने कार्य से संतुष्ट था, कह बैठा कि, सर वहाँ क्या करूँगा? आप हँसते हुए बोले कि वह तो समुद्र है, जो चाहे वह कर सकते हो। इसका उत्तर था कि, सर सोचूँगा! आप फिर हँसे और कहा कि वहाँ लोग आने को लालाइत रहते हैं, मैं आपको आफर कर रहा हूँ, देख लो अभी हमें रिटायर होने में 6 महीने बाकी हैं, इस बीच यदि चाहें तो आ जाईये।

यह क्या निर्णय ले, पर अपने गुरुदेव महात्मा यशपाल जी से मार्ग दर्शन माँगा। आप तत्काल बोले कि जाओ हाँ करो, वह माइकल नहीं, उससे कोई और कहलवा रहा है, आ जाइए दिल्ली। इस सम्बन्ध में जब यह ICAR के महानिदेशक डॉ. एन0 यस0 रंधावा साहब से मिला, तो उन्होंने कहा कि तुम्हें IARI नहीं, Soil and Water Conservation Research, Institute Dehradun जाना चाहिए। देखो, मैं वहाँ के निदेशक से बात करूँगा। कुछ दिन बाद, किसी मीटिंग में जब उन निदेशक महोदय से मुलाकात हुई तो वे कहने लगे कि, देख अक्षयबर तुम्हें तो रंधावा साहब, यहाँ भेज देगें, हम अच्छे मित्र हैं, हमने यहाँ अच्छी व्यवस्था बनाई हुई है, उसमें गड़बड़ हो जायेगी। भाई तुम यहाँ न आओ। यह हमारे मित्र जब तक निदेशक नहीं बने थे, कहते रहते थे कि काम करने के लिए तो पावर चाहिए। खैर यह IARI दिल्ली आ गया।

यहाँ 14 वर्ष, सेवा निवृति तक रहा, साथियों का प्यार व सहयोग मिला। पारिवारिक, दुनियावी जिम्मेदारियों का समापन भी सेवा निवृत्ति के तीन वर्ष पहले पूरा हो गया। भरपूर Job satisfaction रहा। सबसे बड़ी वात जो हुई, वह थी दिल्ली में आध्यात्मिक मार्ग दर्शक महात्मा यशपाल जी का सानिध्य मिला। इससे जीवन में अध्यात्म ऐसे विषय की समझ बनी। संसर की समस्याओं का हल आध्यात्मिक जीवन में ही छिपा है, यदि समझ में आ जाये तो जीवन यात्रा सुखद हो जाती है, उतार चढ़ाव तो लगा ही रहता है। बार-बार यह अध्यात्म विज्ञान पर शोध की बात करता है। हर व्यक्ति इस प्रक्रिया से गुजर रहा है और अनुभव ज्ञान का भंडार संग्रहित करता जा रहा है, लेकिन लाभ से वंचित रह जाता है। आवश्यकता है अनुभवों के विश्लेषण करने व लाभ लेने की। इसके लिए किसी और संसाधन की आवश्यकता नहीं है। दिन -चर्या का खाली समय ही पर्याप्त है। आध्यात्मिक दृष्टिकोण से 'धोबिया जल बिच मरत पियासा' की हमारी हालत है। अपने स्वयं का अध्ययन ही आध्यात्मिक शोध है। आधुनिक समय के गृहस्थ सन्त, महात्मा यशपाल जी, संस्थापक ABSS, Delhi तथा महात्मा राकेश कुमार मित्तल, संस्थापक कबीर शान्ति मिशन लखनऊ ने, कबीर दर्शन पर सकारात्मक कार्य करते हुए व्यवहारिक व मौलिक साहित्य का अध्यात्म विज्ञान पर सार्थक योगदान करते हुए शोध पर अच्छा मार्ग दर्शन किया है।

19-09-2020

प्रतिक्रिया: बहुत सुन्दर अनुभव- डॉ0 आर0पी0 शुक्ला; आपने सही लिखा है कि अपनी खोज ही वास्तविक अध्यात्म की खोज है। ढूंढ़ता फिरता हूँ 'इकबाल' अपने आपको। आप ही गोया मुसाफिर आप ही मंजिल हूँ मैं। जिस दिन इस मैं का खोज कर लेंगे, उस दिन सारा अध्यात्म स्पष्ट हो जायेगा। - दु:ख हरण चौधरी

---

16. सच्चा मित्र

हम अध्यात्म पर चर्चा कर रहे हैं। स्वामी अग्निवेश जी का निधन अभी हाल ही में हुआ है, उन पर एक लेख पढ़ा। उनका कहना था कि 'आज विश्व में प्रचलित सारे धर्मों का मूल तत्व 'आध्यात्मिकता गायब' हो गई है और उसकी जगह पाखंड हावी हो गया है। लम्बे समय से धर्म, पुजारियों और

धर्मगुरुओं के कब्जे में है। यह तथाकथित धर्मगुरू आज के शासक वर्ग और पूँजीपतियों से मिलकर अंधविश्वास को धर्म का मूल तत्व बता रहे हैं (NBT, 14 Sept. 2020)'। इस कथन में, 'अंधविश्वास' शब्द ने हमारा ध्यान आकर्षित किया, जो अध्यात्म के क्षेत्र में यदि कहें कि यह पूरे जन समूह को ही प्रभावित कर रहा है, कहना गलत न होगा। यही मुख्य कारण है कि मानव के जीवन मूल्यों में हम निरंतर कई दशकों से भारी गिरावट देख रहे हैं। ऐसा तब है, जब आध्यात्मिक प्रचार-प्रसार का बाजार निरंतर प्रगति पर है। यह बात हम अपने स्वयं के जीवन यात्रा के, अनुभवों के आधार पर कहने की हिम्मत कर रहे हैं। अध्यात्म शिक्षा के, पूरे के पूरे तंत्र का, भौतिकता की चपेट में आने से यह स्थिति बनी है। अब यह विषय एक प्रोफेशन का रुप ले चुका है। पीड़ित जन मानस करे तो क्या करे, ठगा जा रहा है। हमारे गुरुदेव महात्मा यशपाल जी (भाई साहब) कहते थे- "जहाँ पैसे की बात है, वहाँ अध्यात्म नहीं है।"

हम जिस अध्यात्म की बात इस कारोना काल में करते रहे हैं, वह दुनियावी शिक्षा व्यवस्था की तरह ही है। इस मार्ग में गुरु का एक अहम स्थान है। गुरु/मार्ग दर्शक (Guide) तथा शिष्य (साधक) का सम्बन्ध सखा, मित्रवत, या सह-साधक का होता है। ईश्वर कृपा से हमने ऐसी दोनों (दुनियावी और आध्यात्मिक) परिस्थितियों का अनुभव किया है। अध्यात्म में यह स्थिति आचरण के मामले में बहुत उच्च स्तर की होती है जहाँ मार्ग दर्शक, शिष्य साधक का निःस्वार्थ भाव से सच्चा मित्र व शुभ चिंतक होता है। किसी से किसी को कुछ नहीं चाहिए, मतलब केवल और केवल ईश्वरीय इच्छा के अनुरूप स्वधर्म (जो काम सहज प्राप्त हैं) पर चलना ही होता है और साथ-साथ अनुभूतियाँ और आत्म विकास। यह तो यशपाल जी महाराज के कारवाँ का एक सदस्य था, शोधक स्वभाव का था, अतः ऐसी समझ बनी। हमारी समझ में, सारी की सारी शिक्षण व्यवस्थायें (दुनियावी / आध्यात्मिक), ईश्वर इच्छा की ही अभिव्यक्ति हैं, भावना (दोनों-गुरु तथा शिष्य) के अनुरूप जन समूह लाभान्वित होता रहा है। यह अपनी अल्प बुद्धि के अनुसार अपनी अध्यात्म की समझ बढ़ाने का प्रयास कर रहा हैं। पाठक बन्धुओं से मिलती प्रतिक्रियायें इस प्रयास में लाभप्रद साबित हो रही हैं।

अध्यात्म साधना में गुरु से सम्पर्क बन जाने के बाद साधक को स्वयं विकसित करने हेतु बताये मार्ग का अनुसरण करते रहने के अलावा किसी और के बहकावे से बचना चाहिए। यदि संस्थागत व्यवस्था से जुड़ाव होता है, तो गुलामी के भाव की वजह से, अंधविश्वासिता से बचना लगभग नामुमकिन है और वह पोषित होती रहती है। ऐसी स्थिति साधक के जीवन काल में, गुरु के पर्दा लेने के बाद आती है। महात्मा रामचन्द्र जी महाराज (लाला जी) का कहना था कि आज सारा संसार आध्यात्मिक व मानसिक रुप से गुलामी की जंजीरों से जकड़ा हुआ है, जिसका मूल कारण है कि आज का व्यक्ति मानसिक आलस्य अथवा मेंटल लेथार्जी से बुरी तरह घिरा हुआ है।

आईये अपने अनुभवों को साझा करें, अध्यात्म की समझ को स्वयं व समाज में सकारात्मकता के भाव की वृद्धि करने में सहभागी बनें।

22-09-2020

प्रतिक्रिया: बिल्कुल सही- डॉ0 आर0पी0 शुक्ला; परहित बस जिनके मन माही। तिनके जग दुर्लभ कछु नाहीं।। पर उपकार बचन मन काया। सन्त सहज सुभाव खगराया। बहुत सुन्दर विवेचना। - दुःख हरण चौधरी

---

17. कर्मयोगी

गीता में आई बात 'जो हुआ अच्छा हुआ' के अंतर्गत हम आध्यात्मिक (अनुभव-ज्ञान) चर्चा कर रहे हैं। लक्ष्य है गृहस्थ जीवन में अध्यात्म को समझना। कुछ रोज पहले हमारे एक साथी रामेन्द्र तिवारी ने वाट्सअप पर सम्पर्क किया। आपने एक कहानी 'सर्व-निंदक महाराज' की भेजी, जो हमेशा औरों के काम में टांग फंसाते थे। कहानी की कुछ लाइनें पढ़ते ही इन तिवारी महोदय के सर्विस लाइफ के बचपन (1983) की याद आ गई। यह हमारे ग्रुप में टेकनिल सर्विस में ज्वाइन करते ही हमारे लिए सिरदर्द बन गये थे। लेकिन पूरी घटना मुझे याद न रही। लिख कर पूँछ ही लिया, कि यदि आपको याद हो, तो बताओ। उनका उत्तर आया "Yes Sir, I remember, whatever work was assigned to me, I use to clear within no time. Lastly I was assigned to take data on water resources, compile and report. For that I had to go Barapani daily." यह अनुभव कुछ उस शैतान की कहानी जैसा

था, जिसे बिजी रखने के लिए खम्भे पर चढ़ने और उतरने का काम बता दिया गया था। लेकिन तिवारी जी एक सार्थक काम में लग गये, अच्छी ट्रैनिंग रही इनकी और एक समर्पित कार्यकर्ता के व्यक्तित्व के रुप में उभरे। बात आगे बढ़ी। अपने और अनुभव साझा किये। लिखा–

"आपका चिन्तन उचित है। लेकिन, मुझे जहाँ तक पहुँचना था वहाँ तक नहीं पहुँच सका, क्योंकि मैंने कभी भी गलत लोगों के साथ समझौता नहीं किया। काम के लिए मेरा उपयोग तो किया जाता था, जो मैं पूरे समर्पण के साथ करता था। इस 35 वर्ष के सर्विस जीवन काल में धन कमाने के कई अवसर मिले। मैं उसका समुचित उपयोग नहीं कर पाया, बात Conscience की थी। मेरे उद्देश्य में गुणवत्ता नियंत्रण और ईमानदारी थी। ऊपर के लोगों ने मेरे नाम से लाभ लिया और बदनाम मैं हुआ। मैं अपना बेस्ट देना चाहता था लेकिन दे नहीं पा रहा था। ऐसी परिस्थितियों में मैं सोचता था कि इतना वेतन मिल रहा है, पर्याप्त है। और जो वेतन मिल रहा है उसका कम से कम 80% तो कार्य के रूप में वापस करूँ। अपने सेवाकाल में 9 निदेशकों के साथ कार्य किया, जिनमें 6 तक सब कुछ सामान्य रहा। इससे पूर्व मेरा दो वर्ष के प्रमोशन काल का नुकसान रहा। कुछ अधिकारियों ने हमारा APAR खराब कर दिया। इसे हमने अपनी ही कमी समझी, दु:ख नहीं हुआ। फिर B. Tech किया। आपकी अनुशंसा से डॉ. आर.के. पाठक मुझे CISH लखनऊ ले गये। वहां विकास व संपदा कार्यों का प्रभारी रहा। लगभग 42 हे. भूमि का मृदा संरक्षण नियमों के तहत विकास कराया। आज वह क्षेत्र फलों से लदा रहता है। पाठक जी के सेवा निवृत्ति के बाद मेरा बुरा दौर आया, जैसे हमारी पहले की टीम कोई अपराधी रही हो। सत्यता को कौन झुठला सकता है, जिसका गवाह वहाँ एक अच्छा विकसित रिसर्च फार्म इन्फ्रास्टरक्चर है। आफिस से लोन लेकर घर बनाया, बच्चों को लोन लेकर पढ़ाया। बच्चे सफल रहे। बेटियों की शादी मकान का ओवरड्राफ्ट करके की। जनवरी 2019 में सेवा निवृत्त हो गया। सेवा निवृत्ति के लाभ से सारे लोन चुका दिये। पत्नी लड़कियों का PG हास्टल चलाती हैं, मकान में दो मोबाइल टॉवर लगे हैं। अब सब कुछ सामन्य लगता है, कोई चिन्ता नहीं। मैने भी समय काटने के लिए जेनरिक दवाओं के स्टोर की फ्रेन्चाइसी ले रक्खी है। CAT में प्रोमोशन (दो वर्ष) के लिए केस लगा रक्खा है। मैं अपनी अब तक की जीवन यात्रा से सन्तुष्ट हूँ।

Sir, me and my children are devoted to their work. More over I believe in God, he will see my commitments with family and towards society."

गीता ऐसी ही जीवन यात्रा का प्रतिवादन करती है। ऐसा ही कर्म योगी का जीवन होता है।

24-09-2020

प्रतिक्रिया: सुन्दर अनुभव - डॉ. आर0पी0 शुक्ला; परमात्मा का प्रत्येक विधान मनुष्य के लिए मंगलमय होता है, भले ही वह अज्ञान बस न समझे- दुःख हरण चौधरी; असली चीज पुरुषार्थ है; एस0एन0 खन्ना। Good views – Sangam Singh; मैंने आपन जीवन वृतांत एक आइने की तरह आपके सामने रख दिया। आपने थोड़ लिखा और बहुत समझा को चरितार्थ किया है। अगले पत्र के क्रम का इंतजार रहेगा रामेंन्द्र- तिवारी

---

18. कर्तव्य निष्ठ

अध्यात्मिक 'अनुभव ज्ञान' के कल की चर्चा में हमने पूर्व में रहे अपने एक साथी, रामेन्द्र तिवारी जी के कुछ अनुभवों को लिया था। इस चर्चा में हम मुख्य रूप से अध्यात्म साधना से सम्बन्धित गृहस्थ जीवन यात्रा की कशमकश की परिस्थितियों में, कैसे शान्ति पूर्ण हमारा जीवन बने पर चिन्तन करते हैं। हमारी भी जीवन यात्रा में तरह-तरह के अनुभव रहे, देखे और बातें सुनते रहे। तिवारी जी के अनुभवों का ही आधार लेते हुए अध्यात्म विज्ञान के दृष्टिकोण से इस विषय पर कुछ और विश्लेषण करते हैं।

हम सुनते आये हैं कि जिन्हें मौका नहीं मिलता, वह ही ईमानदार होते हैं। स्वयं तथा अपने तमाम साथियों के अनुभवों से हम इस बात को स्वीकार नहीं करते। अतीत में साधकों ने, ईश्वर प्राप्ति की साधना में कामिनी कांचन के त्याग को अनिवार्य बताया था। लेकिन समय के साथ-साथ, गृहस्थ जीवन ही अध्यात्म साधना के लिए सबसे उत्तम माना गया। हमारे ऋषि मुनी, राजा जनक, कबीर और बहुत सारे सन्त गृहस्थ जीवन में रहते हुए अध्यात्म विज्ञान को आगे बढ़ाने में ख्याति प्राप्त किये। आज भी ऐसे लोग हैं लेकिन यह विषय भौतिकता के प्रभाव में दब कर रह गया है। ईमानदारी का मतलब पैसा ही नहीं बल्कि 'कर्त्तव्य निष्ठा' से है।

अध्यात्मिक समझ के अनुसार, हम सब अपने कर्म फलों को (पूर्व के संचित तथा वर्तमान में बनते) भोगते हुए, निष्काम कर्म भाव के स्तर पर, जाने-अनजाने पहुँचने का प्रयास कर रहे हैं। इस प्रक्रिया मे गुरु का मार्ग दर्शन और स्वयं का पुरुषार्थ ही सहायक होता है, ऐसा शास्त्र कहते हैं। अमूमन हमारा मन बर्हिमुखी है, जिसे ध्यान के द्वारा अंर्तमुखी कर, उलटधार पर लाना होता है। गृहस्थ जीवन में, आनंदयोग साधना के माध्यम से, जब ईश्वर की याद 16 घण्टे की बनने लगती है, तब ऐसी अवस्था आती है। इस स्टेज पर परमात्मा ऐसे व्यक्ति का हाथ पकड़ लेता है और गलत काम करने से बचत होती रहने की प्रेरणा मिलने लगती है। कुछ लोग पूर्व कर्मो की वजह तथा अनुभव से (फल की इच्छा न होना, कर्ता-धर्ता परमात्मा, हम परमात्मा के हाथ में यंत्र के भाव) जाने अनजाने निष्काम कर्म पर आरूढ़ होते हैं। तिवारी जी के अनुभवों से इन बातों का एहसास होता है कि कैसे इंसान आध्यात्मिक प्रगति कर रहा है। आवश्यकतानुसार परिस्थितियाँ बनती जाती हैं। आपने वाट्सअप पर लिखा है- "सर आपने शुरु से ही मुझे इस तरह ढ़ाल दिया था कि मैं कर्म प्रधान हो गया। इन सबके पीछे मेरा कोई स्वार्थ निहित नहीं था। मैं अपना पूरा समय मिले हुए काम में लगाता और धर्मपत्नी ने घर को संभाला व सँवारा। जब एक स्टेज पर, मुझे नये आये निदेशक महोदय ने सभी जिम्मेदारियों से मुक्त कर दिया तो मैं अपने बच्चों पर ध्यान देने लगा, उन्हें कोचिंग देना शुरू किया, उनकी, कुछ विषयों की कमजोरियों को दूर किया। बड़ी बेटी ने एमटेक और छोटी बेटी ने एम फार्मा कर अपने परिवार के साथ वर्किंग लेडी होने के साथ खुश है। बेटा B.Tech (Mech.) करके मारूति में सहायक प्रबंधक है। Sir, after retirement I am in cool mood and working for betterment of society." यही समाज सेवा की भावना ही, व्यक्ति विशेष के आध्यात्मिक विकास का माध्यम बनती है। उसे पता भी नहीं होता।

अक्सर इंसान, तमाम छोटे मोटे अनुभवों को जो ईश्वरीय या प्रकृति की व्यवस्था के अंतर्गत होते हैं, बाई चांस कह कर, लाभ से वंचित रह जाता है। यदि जीवन यात्रा के अनुभवों की एनालिसिस करता रहे तो परमात्मा में विश्वास बढ़ता रहे। कहा भी गया है 'विश्वास फलदायकम्।'

25-09-2020

प्रतिक्रिया: अध्यात्म के अनुभव का सुन्दर वर्णन है- दुःख हरण चौधरी; बहुत अच्छा अनुभव - डॉ. आर0पी0 शुक्ला; आपके पत्रों ने हमें अनुत्तरित कर दिया। मैंने हमेशा काम को प्राथमिकता दी। कई बार इससे सुखद अनुभूति हुई। परन्तु आपके इस पत्र में भी, मेरे मूल प्रश्न का उत्तर नहीं मिला कि मैं कहां गलत था, जो अपनी मंजिल पर नहीं पहुँच सका, जबकि, अकर्मण्य साथी लोग, मुझे पीछे छोड़ते हुए आगे बढ़ गये - रामेन्द्र तिवारी।

---

19. राम नाम में लगाना

अध्यात्म में सारा खेल भावनाओं और अनुभव आधारित ज्ञान का है जो हमारी जीवन यात्रा में होता रहता है। अमूमन अनुभवों को इंसान भूलता जाता है, याद रह जाती हैं तो केवल प्रतिशोध तत्व के भाव वाली नकारात्मक बातें। अनुभवों का विश्लेषण (Analysis) करते रहने से स्वयं में सकारात्मक बदलाव आता है। हमारे विचार में आता है कि मनुष्य के जीवन में जब सारा खेल 'कर्म फल' भोग का है, तो इस बात का बीजारोपण स्कूलों में प्रारम्भिक स्तर पर क्यों नहीं करा दिया जाता? यह इतना महत्वपूर्ण विषय, अब तक मानव विकास प्रक्रिया में नजर अंदाज क्यों होता गया है?

ईश्वर कृपा से इसका जन्म (1943), 15 दशकों से आध्यात्मिक जीवन यात्रा करते हुए परिवार में हुआ। अच्छे संस्कार तो मिले, लेकिन 'कर्म फल या निष्काम कर्म' ऐसे शब्द, जब अध्यात्मिक मार्गदर्शक का साक्षात्कार हुआ (1979), तब सुना व समझ की बात बनी। काश, प्रारम्भिक दुनियावी पढ़ाई के साथ, 'कर्मफल की जटिलता की बात भी बताई गई होती, तो सम्भवतः व्यक्तित्व विकास का कुछ और ही रूप हुआ होता। कहावत है, 'बुड्ढा सुग्गा राम-राम बोलना, मुश्किल से सीख पाता है। हमारे मार्गदर्शक महात्मा यशपाल जी, हम जैसे लोगों को बताते थे कि भाई, अपनी पसंद का कोई नाम या रूप परमात्मा का पकड़ लो और आधा घण्टा सुबह तथा आधा घन्टा सांय आराम से बैठ के उसका जाप / याद किया करो, और जो कर रहे हो करते रहो, कोई बात छोड़ने की नहीं है। बाद की जीवन यात्रा में, हमने सत्संग में हजरों गृहस्थ भाईयों /बहनों को इस बात को अपनाते व लाभान्वित होते देखा। संस्था की त्रैमासिक संस्था, 'सन्त सुधा' (1976-2000), इस साधना के प्रतिफल (आध्यात्मिक अनुभव ज्ञान) को बखूबी दर्शाती है। इस छोटी सी बात को

अपने में ढ़ालना या किसी को करने के लिए प्रेरित करना भी, अध्यात्मिक दृष्टिकोण से, मानव / समाज सेवा है। यदि बात समझ में आ जाये, और कोई एक आदमी भी अपना ले तो बड़ा काम होगा, जो बिना किसी खास ताम-झाम के किया जा सकता है। महात्मा यशपाल जी कहते थे कि संसार में सबसे बड़ा काम है किसी को राम-नाम में लगाना।

इस समय कोरोना महामारी बीमारी के चलते विश्व में बौद्धिक विचारों का जो परिदृश्य है एक प्रकार से भयावह है। मानव कल्याण की भारत के प्रधान मंत्री मोदी जी की, आध्यात्मिक सोच व व्यवहार का प्रभाव, पश्चिम की भौतिकवादी सोच पर भारी पड़ता दिख रहा है – 'The rise of this man is threat to the world, as he has not only made enemy of each other's interests in India but also used them. It only shows the desire to make India a great country. His sole aim is to make India supreme. If this person is not blocked, then one day in future India will become powerful nation around the world and will surprise the United States – Joseph Hope Editor - in Chief, New York Times Feb. 6, 20-20' (Ref. Whatsapp)

ऐसी स्थिति 'आत्मनिर्भर भारत' व 'वसुधैव कुटुम्बकम्' की भावना के साथ बनना मुश्किल नहीं है जो अध्यात्म मार्ग से ही सम्भव है। अपना देश अतीत में अध्यात्म की ही वजह से सोने की चिड़िया कहलाता था, विश्व गुरू था। क्या पता ईश्वर की यही इच्छा हो! आईये आध्यात्मिक जीवन शैली अपनायें।

28-09-2020

प्रतिक्रिया: बहुत सुन्दर व्याख्या- डॉ. आर0पी0 शुक्ला; Excellent, marvelous description of practical practices of real motto and phenomenon of Ananad yog satsang- It is heart touching to listener. Many many thanks for this.- Dukh haran Chaudhary.

---

20. ईश्वर कृपा

अध्यात्म शब्द सुनते ही अमूमन कुछ इस तरह की प्रतिक्रियायें मन में उठती हैं। बड़ा कठिन है, बड़ा धोखा है इसमें, कौन झंझट में पड़े...। ऐसी स्थिति बनने में इसके प्रचार में लगे सुधी भाई बहन हैं, जो अपने को

भौतिकवाद की विभीषिका से बचा न पाये और जाने-अनजाने, अध्यात्म व्यवसायीकरण की चपेट में आ गया। अध्यात्म मार्ग से ही इंसान सुख व शान्ति पा सकता है, लेकिन यह क्षेत्र भी स्वार्थ तत्व से प्रदूषित है, अंधविश्वासिता को बढ़ावा मिल रहा है। अनुभव ज्ञान के माध्यम से अध्यात्म को मानव विज्ञान मानते हुए, हम इस स्थिति को समझने तथा सम्भव उपचार खोजने का प्रयास कर रहे हैं।

आध्यामिक जीवन में किसी न किसी रुप में 'ध्यान' (चित्त की एकाग्रता) का महत्वपूर्ण रोल होता है। हमारे गुरुदेव, दुनियावी प्रोफेशन में रिसर्च स्कालर (scientist) थे, गृहस्थ जीवन में अध्यात्म पर चिन्तन करके गृहस्थियों के लिए 'आनंदयोग' पद्धति का संकलन किया। लक्ष्य रक्खा, हर वक्त की ईश्वर याद का, साथ- साथ दुनियावी कार्य भी अच्छे से होते रहें। आपकी बताई ध्यान पद्धति से ही प्रभावित हो यह आपके साथ रहा और यथासंभव, अध्यात्म मार्ग का अनुसरण किया।

आप गृहस्थ में रहते हुए, कैसे 24 घण्टे का ध्यान करें की पद्धति पर प्रवचन करते। जहाँ भी जाते, जितनी बार भी जाते, वही तीन प्रवचन (आठ, आठ घण्टे के ध्यान करने का तरीका) दोहराते रहते। साथ-साथ, एक-एक घण्टे का ध्यानाभ्यास भी कराते। कहते कि भाई मैं तो अपना पाठ दोहराता रहता हूँ, साथ-साथ देखता जाता हूँ कि कहीं कोई कमी तो नहीं रह गई है, जिसे दूर करने का प्रयास करूँ। जिसे यह अच्छा लगे और चाहे वह भी अपना सकता है। पहली बार इसने आपके प्रवचन शिलांग में सुने (1979)। उसके कुछ माह बाद इलाहाबाद में सत्संग था, शामिल हुआ, प्रवचन तो सुन ही रक्खा था, विशेष ध्यान न दिया। प्रवचन समाप्ति के बाद आपने मुझे बुलाया, पूछा कि सिंह साहब आप प्रवचन में थे? इसने कहा कि हाँ, लेकिन यह प्रवचन तो हमने शिलांग में ही सुन लिया था। आपने कहा कि नहीं, जब भी प्रवचन हो तो उसमें बैठा करें, इसमें प्रवचन के अलावा कुछ और भी होता है। यह चुप रहा, कुछ और होता है कि बात मन में आ ही गई, जो रह गई।

कुछ वर्षों के बाद (April 1983) हमारे चार वैज्ञानिक बन्धु (डॉ. आर0पी0 सिंह, डॉ. एन0डी0 वर्मा, डॉ. बल्देव सिंह और डॉ. आर0एन0 वर्मा) अध्यात्म की जाँच पड़ताल के दृष्टिकोण से, शिलांग से हम लोगों के साथ दिल्ली

(फरीदाबाद) वार्षिक भण्डारे में गये। बहुत सारे सवाल थे, इन सबके मन में। पहले प्रवचन, गृहस्थ में आठ घण्टे का ध्यान कैसे करें के सुनने के बाद, कोई प्रश्न नहीं बचा, सबके उत्तर मिल चुके थे, आश्चर्य! यही हाल दूसरे और तीसरे प्रवचन के बाद भी रहा। सभी लोग प्रश्न शून्य हो गये। अन्ततोगत्वा पूजा (initiation) लेकर वापस आये, जिसके बारे में सोचा भी नहीं था। जीवन यात्रा में अच्छे साधक रहे, इन सबकी दोनों, दीन व दुनियाँ सँवरते इसने देखा। इलाहाबाद में इसके मन में आई बात का उत्तर भी इसे मिल गया कि प्रवचन के अलावा 'कुछ और भी होता है'। यह संस्कार की बात है, जो जहाँ ईश्वर लाभ साधना के लिए जुड़ा है, सही है। बात इस काम को जीवन में प्राथमिकता देने की है। अनुभव एक से ही होते हैं। ऐसे ही अनुभवों को हम अध्यात्म विज्ञान के परिपेक्ष्य में समझने के लिए, साझा करने की बात करते रहे हैं। आइये अपने अनुभव साझा करिये। आवश्यक नहीं कि सद्गुरु का साक्षात्कार हुआ ही हो। मान कर चलिये कि वह तत्व अदृश्य रूप से आत्मा की आवाज के माध्यम से आपका मार्ग दर्शन कर रहा है।

29-09-2020

प्रतिक्रिया: Right Adhyatm is not understood by majority including me. You and your group is strong. But in corona period shops of Adhyatma should be changed. – Dr. Arun Varma. बिल्कुल सत्य- डॉ. आर0पी0 शुक्ला; It is absolutely true. M.K. Dinbandhu

---

21. ध्यान को समझें

कल के NBT पेपर में सीताराम गुप्ता जी का लेख था 'खुद को बदल लें तो दूसरों में भी बदलाव आ सकता है'। लेख में आपने ध्यान' की एक सुन्दर विवेचना की है। "... अपने में सकारात्मक परिवर्तन का अर्थ है, बुराइयों या कमियों का दूर होना। इससे हमारे व्यवहार में कुछ अतिरिक्त परिवर्तन भी सहज ही में दिखाई पड़ने लगते हैं। इसके कारण हम बातचीत करते समय भी बहुत सहज रहते और आराम से धीरे-धीरे बातें करते हैं। कई बार हमारा स्वर इतना धीमा हो जाता है कि सामने वाले को बात सुनने और समझने के लिए थोड़ा अधिक परिश्रम करना पड़ता है। उसकी बातों को ध्यानपूर्वक सुनना

पड़ता है, और इस ध्यान पूर्वक सुनने का प्रभाव बहुत महत्वपूर्ण होता है, यह क्रिया 'ध्यान' के समकक्ष ही ठहरती है। ध्यान की अवस्था में शरीर में खुद ही महत्वपूर्ण सकारात्मक परिवर्तन होने लगते हैं। जब हम किसी की बात को ध्यान पूर्वक सुनते हैं तो हमारी एकाग्रता बढ़ जाती है। मस्तिष्क की इस अवस्था में व्यक्ति की सकारात्मकता इतनी बढ़ जाती है कि वह न तो गलत बात सोच सकता है और न बोल ही सकता है। इस प्रक्रिया में हम सबकी प्रसन्नता के स्तर में भी निरंतर वृद्धि होती जाती है।"

उपरोक्त बातों से यह स्पष्ट हो जाता है कि इंसान जो भी कार्य करता है, उसमें मन की एकाग्रता बने या विकसित होती रहे का प्रावधान एक नैसर्गिक देन है। हमारे गुरुदेव महात्मा यशपाल जी ने विज्ञानी होने के नाते मनुष्य के इस स्वभाव का भरपूर लाभ लेते हुए, गृहस्थ जीवन की दिनचर्या के खाली समय का उपयोग करते हुए, दिन के 24 घण्टे ध्यान में रहने के तरीके का विकास किया और प्रचारित किया। इसे आपने 'आनंदयोग' नाम दिया। अभी तक की इस चर्चा श्रृखंला का मूल आधार 'आनंदयोग' ही रहा है। इसी चर्चा में प्रतिक्रिया स्वरूप इस पद्धति के साधक दु:ख हरण चौधरी जी ने बहुत ही सरल भाषा में इस योग की व्याख्या की है। "आनंदयोग आनंद पूर्वक जीवन जीने की शिक्षा देता है। हमारा जीवन योग युक्त होकर कैसे दिनचर्याओं के सभी कामों में आनंद का अनुभव करे तथा कर्म, बोझ न बन सके, इसी जीवन पद्धति का नाम 'आनंदयोग' है। जीवन में विषय वासनाओं के आनंद को कैसे शुद्ध आनंद में बदला जाये, इसी सुलभ, सरल, सहज, सरस पद्धति का नाम है 'आनंद योग'। आप जो स्वात: सुखाय के लिए पत्रावली लिखने का कार्य कर रहे है, वह भी 'आनंदयोग' ही है। इसके बहुत आयाम है, आवश्यकता है शोध एवं चिन्तन की।"

यह लिखते समय नाम तो नहीं याद आ रहा, लेकिन वर्षों पहले बातचीत होते समय किसी मित्र की प्रतिक्रिया याद आ रही है। बोले कि आपको क्या कहें, बहुत ही सकारात्मक विचार वाले आदमी हैं वह बेचारा विभागाध्यक्ष न बन पाया, दु:खी हो रहा था और आप उसे समझा रहे थे कि अच्छा हुआ, तमाम झंझटों से बच गये, ईश्वर कृपा है, रिसर्च पर ध्यान दो! उसे बहुत बुरा लगा है, कह रहे थे कि डॉ. साहब हमारे शुभचिन्तक हैं और क्या राय दे रहे थे। हमारी सोच और ऐसी मन: स्थिति आनंदयोग साधना का ही प्रतिफल है यह

कहेगा। दिन के 24 घण्टे का ध्यान तथा ईश्वर इच्छा की भावना हमारी जीवन यात्रा को सुखद बनाने का सहज तरीका है, जो गृहस्थ जीवन में रहते हुए सम्भव है। विचार करें और अपने अनुभव ज्ञान को अध्यात्म विज्ञान को समझने के लिए आगे आयें, साझा करें।

30-09-2020

प्रतिक्रिया: हम लोगों का आनंदयोग उत्तम है- डॉ. आर0पी0 शुक्ला; Thanks for your contribution in simplifying Ananad yoga principles in practical human life. PP Maharaj ji firstly practiced in his own life, then he begin to write the book Ananad yaga. So its more practical than theory. Your work in this respect is appreciable Dukh Harna chaudhary; Very useful- K. K. Hazarika; Good views- Sangam Singh; It is absolutely true – M.K. Dinbandhu; Absolutely true- Dr. Chandan Rajkhowa

---

22. प्रभु स्मरण

कल के NBT पेपर में, निर्मल जैन का लेख था 'सकारात्मक सोच से उत्सुकता बढ़ती है, यही आनंद है'। नि:संदेह यह जैन साहब का अनुभव ज्ञान ही है, जो ऐसे शीर्षक पर लिखने की प्रेरणा बनी। देखते हैं लेख की खास-खास बातें- "प्रभु स्मरण आवश्यक है, लेकिन यह कोई जादुई छड़ी नहीं है। कुछ करने और बनने के लिए, पुरुषार्थ तो हमें करना ही होगा। प्रभु के सामीप्य से हमें जो सकारात्मक सोच का उपहार मिलेगा उससे जीवन अवश्य ही बेहतर बन जायेगा। इसके लिए आचार और विचार दोनों को ही बेहतर बनाना पहली शर्त है। सकारात्मक सोच से, सबसे मिल-जुल कर काम करने की उत्सुकता हमारे भीतर पनपने लगती है। हमारे रिश्तों में मधुरता आने लगती है। एक बात भी सच है कि गीता और रामायण हमें केवल अपने बूते पर श्रेष्ठ नहीं बना सकते। इसलिए जिन्दगी का अनुभव ही जीवन का पहला शास्त्र है।" गीता की शिक्षा है, प्रभु की याद में, सारे कार्य करें। यह कैसे सम्भव हो या क्या तरीका हो कि ऐसा किया जा सके। साधक जन इसके लिए शोधरत रहे हैं और लगे हुए हैं। जैन साहब ने, स्वयं के पुरुषार्थ की बात कही है। अध्यात्म मार्ग में, एक कहावत प्रचलित है कि 'झूठल खेलल सच्चल होय'। गृहस्थ जीवन यात्रा में, आनंदयोग साधन में जहाँ जीवन चर्या

के खाली समय का सदुपयोग, प्रभु स्मरण के लिए करना है, हमने उपरोक्त कहावत को यथार्थ पूर्ण पाया। 'झूठल खेलल' ही पुरूषार्थ है। प्रभु स्मरण ही बदलाव लाता है, स्मरण करना ही शर्त है और कुछ विशेष करना नहीं होता।

प्रभु स्मरण कैसे करें, उनका सामीप्य कैसे प्राप्त करें? भगवान कृष्ण ने इसके लिए अर्जुन को निरन्तर अभ्यास और वैराग्य का रास्ता बताया था। 'आनंदयोग' में इसका हल एक ईष्ट के माध्यम से बताया गया है। केवल ईष्ट को स्मरण करने की साधना और कुछ छोड़ने को नहीं कहा गया है। यह है अभ्यास। वैराग्य को यशपाल जी महाराज ने बताया कि हम लोग, जो घर बार छोड़ दें, बीबी बच्चे छोड़ दें, नौकरी व्यवसाय छोड़ दें, जंगल में जाकर बैठ जाये उसे वैरागी कहते हैं। वह त्यागी है, वैरागी नहीं। सच्चा वैरागी वह है जिसके हृदय में परमात्मा की गहरी याद है। सिवा उसके, उसका मन इधर-उधर नहीं जाता। जब आप पूजा में बैठते हैं, और अगर सच्ची पूजा बनती है, चित्त परमात्मा में एकाग्र हो जाता है, दूसरे विचार नहीं आते, तो जितने समय आपकी ऐसी अवस्था है, उतने समय आपसे ऊँचा कोई वैरागी नहीं है। परमात्मा के समीप हैं, माया व संसार आप से दूर है। यही अवस्था बढ़ती चली जाये, निरन्तर प्रभु की याद में आपका हृदय डूबा रहे। कोई काम आया तो वह उस प्रभु का कार्य है, प्रभु की याद में किया जा रहा है, काम खत्म हुआ, उसको अर्पण है, प्रभु की याद बनी हुई है, आज्ञाचक्र पर स्पंदन चल रहा है, प्रभु याद का एहसास है तो आपसे बड़ा कोई वैरागी नहीं है। दुनिया की कोई वस्तु आपको छुऐगी नहीं। वैराग्य आता है अभ्यास से। रहते हैं इसी दुनिया में, इसी संसार में, बच्चों के बीच, दफ्तर में, लेकिन आपके वैराग्य की अवस्था बढ़ती चली जाती है। आप सच्चे वैरागी बन जाते हैं। ऐसा साधक एक ही चीज चाहता है कि हे प्रभो! आपका निरन्तर ध्यान बना रहे, इच्छाओं से जेब खाली। सुख-दुःख में ऐसी अवस्था बनती है कि विश्वास हो जाता है कि जब आखिरी समय आयेगा तो जरूर उस परमात्मा की याद बनी रहेगी। ऐसा उसका जीवन बन जाता है कि चलते-फिरते, खाते-पीते, सोते-जागते दुनिया का हर व्यवहार करते निरन्तर प्रभु स्मरण बना रहता है। 24 घण्टे का ध्यान।

01-10-2020

प्रतिक्रिया: साहब ने हर चीज की सरल व्याख्या की है - डॉ. आर0पी0 शुक्ला; Marvelous practical description of Ananad yoga. It is away of our routine life. In this practice there is no a tension. चलत, फिरत, उठत, बैठत, लगना ज्यों सुरति संभव। खाते-पीते, सोते जागते, every work is done in प्रभु याद- धन्य संयमी पुरुष वाले पावे जग करतार- दु:ख हरण चौधरी

---

23. विचार व ईश्वर कृपा

हमारे साथी व शुभचिन्तक रहे डॉ. अरूण वर्मा जो कभी-कभी अध्यात्म चर्चा की विषय वस्तु पर बड़ी सारगर्भित टिप्पड़ी करते हैं, जो एक अच्छा food for thought का मसाला बन जाता है। कुछ दिन पहले इन्होंने लिखा "Right Adhyatm is not understood by majority including me. You and your group is strong." यही तो इस विषय की विडम्बना है। इस टिप्पड़ी के पहले वाक्य से हम पूरी सहमति जताते हैं। दूसरा वाक्य तो 'दूर के ढ़ोल सुहावने' की कहावत के तहत है। हम तो अध्यात्म को गृहस्थ जीवन के परिपेक्ष्य में, एक व्यवहारिक रूप में समझने का प्रयास कर रहे हैं। वह भी लोगों की जीवन यात्रा के अनुभव ज्ञान के माध्यम तथा 'गृहस्थ जीवन में अध्यात्म तथा आनंदयोग' के दायरे में। वर्मा जी की जीवन यात्रा से वाकिफ रहा है, जिसे यह अध्यात्मिक मानता है। ऐसी यात्रा के लिए आवश्यक होती है- कर्त्तव्य निष्ठा, सत्यानुसरण व दूसरों के साथ सहयोग की भावना, जिसके वर्मा जी धनी रहे हैं।

ऐसे ही हमारे एक साथी रहे हैं, श्री रामेन्द्र तिवारी जी। उनका पछतावा यह है कि अपने जीवन में वे प्रोफेशनल कैरियर में फेल हो गये। अपने दो अनुभव आपने साझा किये हैं। कैरियर के शुरुआती दौर में महीने की आखिरी तारीख पर जब निदेशक के कार्यालय, वेतन लेने आते तो वहाँ श्री जे0के0 भराली (T-6) मैनेजर आपरेशन एंड मेंटिनेंस सेल की रौनक देखकर यह इच्छा होती की काश इस जगह मैं होता। ईश्वर की इच्छा से चार वर्ष बाद उस पद का प्रभार इन्हें मिल गया, फिर भी यह भाई कैरियर में अपने को फेल मानते हैं। सेवा निवृत्ति के बाद अभी हाल में जेनरिक मेडिसिन का स्टोर शुरू किया कि सस्ती दवा से गरीब लोगों की मदद हो जायेगी। इसमें अपनी

पेंशन का काफी हिस्सा लगाना पड़ रहा था। इच्छा हुई कि अगर बगल की दुकान में कोई डाक्टर आ जाये तो मेरे मेडिकल स्टोर के खर्चे निकलने में मदद हो जायेगी। कुछ लोगों से संपर्क किया, हमारे स्ट्रगल को देख कर कोई तैयार नहीं हुआ। ईश्वर इच्छा देखिए, एक डाक्टर पति-पत्नी आये, दुकान देखा, क्लिनिक खोलने का निर्णय कर लिया। एक तरह से देखें तो ईश्वर ने मेरी दिल की इच्छा पूरी की।

हमारे जीजा हैं श्री दिनेश प्रताप सिंह। उनकी बगल की दुकान कपड़े की थी। चल नहीं पा रही थी। दुकानदार ने कहा कि मैं इसे बंद करने जा रहा हूँ, आपके मौके पर है, पहली आफर आपको है, चाहें तो खरीद लें। इन्होंने उन्हें समझा बुझाकर निर्णय बदलवा कर मदद की और अपनी ही तरह का मशीनरी स्टोर खुलवा दिया। पड़ोस वाले कहने लगे कि आपने अपने पैर पर कुल्हाड़ी मार ली। इनका उत्तर रहा कि ऐसा कुछ नहीं, हमने कोई कुल्हाड़ी नहीं मारी, वह अपने भाग्य का खायेंगे मैं अपने। कालान्तर में वह दुकान बढ़ती गई, कई और दुकानें उनकी हो गई। इन पर भी कोई प्रभाव न पड़ा, दोनों खुश, आपसी सहयोग से जीविकोपार्जन कर रहे हैं।

उपरोक्त अनुभवों के व्यक्तिगत स्तर पर विश्लेषण करते रहने से जीवन यात्रा में ऐसे बदलाव होते हैं कि ईश्वर व प्रकृति की प्रबन्ध व्यवस्था के आनंद का अनुभव किया जा सकता है। यदि अपनी इच्छा छोड़, ईश्वर इच्छा व आत्मा की आवाज पर चलने का अभ्यास करें तो जीवन यात्रा सकारात्मक व सुखद होती जाये। यही अध्यात्म है। अपनी इच्छाओं की जगह ईश्वर इच्छा पर आरूढ़ता ही अध्यात्म है।

23-10-2020

प्रतिक्रिया: Very good conclusion. O'God Almighty. Let your will be fulfilled – Dukh haran Chaudhary; आपसे काफी कुछ अंतराल के बाद काफी कुछ सीखने को मिलता रहा है। आपका आभार। मेरे काम में कोई स्वार्थ नहीं है। जो कान हाथों में लूँ, पूरी ईमानदारी से निभाऊँ। खाली बैठना हमारे लिये एक दण्ड होता है- रामेन्द्र तिवारी;

---

24. Destiny (भाग्य)

अध्यात्म विषय पर, हमारे एक बुद्धिजीवी मित्र (AKB) ने हमें लिखा- "Destiny के बारे में आपके क्या विचार हैं। इंसान अपना Destiny दुनिया में साथ लेकर आता है या दुनिया में आ के अपनी destiny बनाता है?" अध्यात्म पर एक अच्छा food for thought की बात दिखी।

Reply: भाई जो हमने समझा है, destiny is the task (स्वधर्म) for which we have been sent in this world and given free hand to do that. But our Bank balance of कर्मफल (प्रारब्ध) shapes the life's travel programme that one accumulates (good or bad) during the past travel through birth and death cycle. The period of journey is said to be of 10 lakh years. This is what Yoga Nand has said in his 'Autography of yogi' Book. This Bank balance can be made Zero through 'निष्काम कर्म' भावना and man can get मोक्ष, as is said in Shastra- Meditation is method for it and is easy in family life (grihasth) to get that status of mind- From my understanding I call it गृहस्थ जीवन में अध्यात्म। आनंद योग में, निष्काम कर्म की साधना 24 घण्टे ध्यान पद्धति में बड़ी सरलता से हो जाती है।

AKB: your reply implies that it is only the Indians (Hindus, to be more precise) were spiritual and all others were non spiritual. It is like the Islamic belief that all those who do not believe in Allah, are Kafirs. My question was much broad base and contained all lives of all religions, casts and creeds. The subjects of my hard to you includes all lives, i.e. human, cats, dogs and all creatures. Well, I guess that you have not thought of this broad perspective of my question. And also I am not a spiritual minded person. I am what I am and that is as per God's design and desire.

Reply: Bhai, I agree with you and Please read last few lines of my reply note. In this subject, all are correct in their understanding (depending on their stage of spiritual development). In spiritual matter, some how I am forced to believe from historical facts that India as on top acquiring Vishwa Guru status. Proved from scientific achievemets, that India contributed to world pool. This, I believe, was possible due to spiritual strength of the contributors. All sciences emerged from spiritual science only. In my thinking. note is taken of all the religion and creatures but as I said is based on conclusions of different thinkers, only what I came across in natural course and convinced me. Preferring लड्डू खाना, insteasd, exploring the process of its making.

On you, in my rating, you are a spiritual person. This rating is not what you say but characters of positivity, that you imbibe. Lastly this subject is not the matter of तर्क but of अनुभव that helps in developing belief /विश्वास In my perception every individual, possess characters of satwik, rajsik and tamsik virittis and depending on their strength, the spiritual level varies. In human beings the spiritual status continues to develop or deteriorate, depending on his/her deeds.

04-10-2020

प्रतिक्रिया: आपका Explanation उचित है- डॉ. आर0पी0 शुक्ला; your answer to AKB is very good based on real spiritual thinking and observation as a deep rooted sadhana- Dukh Haran Chaudhary;

---

25. इल्म और बर्दाश्त का स्कूल

हम 'गृहस्थ जीवन में अध्यात्म' को समझने का प्रयास कर रहे हैं। अध्यात्म मार्ग में 'साधना' की बात आती है। साधना एक कठिन कार्य कहा गया है और आदर्श स्वरूप इस सम्बन्ध में, राम चरित मानस में भरत के चरित्र की उपमा हम सुनते आये हैं। सूफी सन्तों ने अध्यात्म साधना के लिए गृहस्थ जीवन की यात्रा को ही साधना माना है जिसमें गृहस्थ जन, तपस्वी के रुप में होते हैं। अभाव है तो इस बात की स्पष्ट समझ न होने की, जिससे गृहस्थ जन अपने अनुभवों का पूरा आध्यात्मिक लाभ नहीं ले पाते। इसकी स्पष्ट समझ वही करा सकता है जिसने साधना या तपस्या के भाव से जीवन यात्रा की हो (जीवन चरित्र से) या कर रहा हो। सूफी सन्तों ने घर को 'इल्म और बर्दाश्त का स्कूल' माना है। इसमें आने वाली परेशानियों को साधना की दृष्टि से अच्छा कहा है, सब्र करने को तप कहा है। इसी पद्धति से निकले हमारे गुरुदेव यशपाल जी महाराज की, आध्यात्मिक शिक्षाएँ बड़ी व्यवहारिक होती थीं। आज सुबह टहलते समय, आनंदयोग के गृहस्थ साधक श्री दिनेश

प्रताप सिंह से चर्चा में याद आ गई महात्मा जी के साथ की अनुभव की बातें, उन्हें यह साझा कर रहा है।

आपके लगभग सभी अनुयायी गृहस्थ रहे, पैसे वाले भी थे, पैसे के अभाव वाले भी थे। साधना का मुख्य लक्ष्य गृहस्थ जीवन में 24 घण्टे के ध्यान का होता। इसी के अनुरूप सत्संग प्रोग्राम के कार्यक्रम आयोजित होते। सामाजिक व्यवस्था व व्यवहार में सत्संग शिविरों में अनुयायिओं की एक कलासलेस सोसायटी का सा वातावरण होता। जो पहले आया पंडाल में जहाँ बिस्तर लगा दिया, लगा दिया। कोई स्पेशल व्यवस्था नहीं, सभी एक समान। राम नवमी के दिनों में वार्षिक भण्डारा 4 दिनों का होता। पण्डाल ताजे गेहूँ के कटे खेत की एक दो बार जुताई के बाद, टेन्ट की दरिओं पर, चद्दर बिछा कर, साधकों का बिस्तर होता। प्रोग्राम के बाद व्यवस्था अनुभवों पर, रह गई कमियों पर सुझाव माँगे जाते। सुझाव आया कि कुछ फोम के गद्दे मंगाये जाँयें जो भाई चाहें किराये पर ले लिया करें। यह बात आपने नहीं मानी, क्योंकि क्लासलेस सोसायटी की बात बिगड़ जाती। बोले कि आप लोग चार दिन के लिये शिविर में साधना के लिए आते हैं, आश्रम के जीवन का अनुभव करें। जो गद्दा नहीं afford कर पायेगें, उनमें हीन भावना बन सकती है। साधना, तप है इसका भी अनुभव करें।

आप पैसे के मामले में स्वपोषी व्यक्ति थे। अपनी पेंशन का कुछ हिस्सा सत्संग संस्था को नियमित देते थे। गुरू पूर्णिमा के अवसर पर साधक जन पूजा करते समय गुरु दक्षिणा के रुप में कुछ पैसे बिना अपना नाम लिखे लिफाफे में रख कर देते, जो बाद में एक कमेटी हिसाब-किताब करती और वह पैसा महाराज जी आवश्यकतानुसार जैसा उचित समझते, सत्संग, स्कूल, अस्पताल.... ऐसे कामों के लिए देते रहते। कोई बात हुई होगी, एक बार कहा गया कि कोई लिफाफा वाला सिस्टम नहीं होगा, जो पैसा देना चाहें, काउन्टर पर जमा करा के रसीद प्राप्त कर लें। पैसे के मामले में आपके विश्वास पात्र थे श्री आशानन्द जी। प्रोग्राम के बाद आपने पूछा कि ये बताओ, जब लिफाफे लिए जाते थे, तो उसमें कम से कम कितना पैसा होता था और इस रसीद सिस्टम में कम से कम कितने की रसीद काटी, आपने। लिफाफे में कम से कम एक रुपया होता था। रसीद के सिस्टम में, छोटी से छोटी रकम ग्यारह

रूपये की है। सुन कर आप दु:खी हो गये और कहा कि वही लिफाफा वाला सिस्टम ही ठीक है। आपका कहना था, अध्यात्म का पैसे से कोई ताल्लुक नहीं है। जहाँ पैसे की बात होती है वहाँ अध्यात्म नहीं रह जाता। आप संस्था का विकास 'न चन्दा न निन्दा' के सिद्धांत पर कर रहे थे। आवश्यकतानुसार विकास व ईश्वर इच्छा ही संस्था की प्रगति के मुख्य निर्देशक थे। आध्यात्म ही प्राथमिकता थी।

06-10-2020

प्रतिक्रिया: साहब की यह सोच उनके समय तक अच्छी चली- डॉ. आर0पी0 शुक्ला; बहुत सुन्दर प्रस्तुती के लिए आभार व्यक्त करता हूँ।आपकी पोस्ट में विवेचनात्मक विषय सत्संग के मूल सिद्धांतों के अनुरुप हैं। सामान्यजन इससे लाभान्वित होंगे- दु:ख हरण चौधरी; This is absolutely Yash Roop darsahan. Why not make your darshan Shastra – Dr. B.B. Singh

---

26. इमानदारी वाला रास्ता

NBT पेपर में, रमेश भाई ओझा का एक लेख था 'सकारात्मक सोच' से संकट की घड़ियाँ स्वयं टल जाती हैं'। कहा गया था कि अध्यात्म से अपने मन को सकारात्मक बना सकते हैं, जिससे नकारात्मक परिस्थिति में भी सकारात्मकता का भाव बना रहे। यही हमारी चर्चा का विषय भी रहा है। लेकिन प्रश्न यह है कि अध्यात्म है क्या? कैसे अध्यात्मिक बनें। अभी तक इस चर्चा में जो समझ बनी है, कि हमें एक अच्छा इंसान बनना चाहिए, जिसके लिए आवश्यक है अपनी कमियों को जानने और उन्हें दूर करने का संकल्प लेना और दूर करने का प्रयास करना। इस प्रयास के लिए कोई एक तरीका नहीं हो सकता बल्कि एक तकनीक की आवश्यकता है, जो मानव जीवन के जटिल स्वभाव को, समग्र रूप से देख व संयोजित कर सके। 'आनंदयोग' साधना एक ऐसी ही तकनीक है जो 'ध्यान' प्रक्रिया को केन्द्र बिन्दु मानते हुए, अध्यात्म साधना की बात करती है। हमारे एक सत्संगी भाई श्री चिरंजी लाल शर्मा अपने अनुभव के आधार पर इस योग पद्धति को डिकोडिंग आफ गीता कहते हैं। इन्हीं विचारों के साथ, अध्यात्म साधना इस पद्धति में कैसे आगे बढ़ती है का अनुभव देखते हैं।

एक आनंदयोग साधक का अनुभवः सुलतानपुर के व्यापारी, श्री दिनेश प्रताप सिंह, बिजनेस के सिलसिले में पड़ोस के सूरापुर बाजार गये। इनकी मुलाकात एक बड़े व्यापारी, जिनके यहाँ 500 से ज्यादा लोग काम करते हैं, से हुई। बात-बात में ऐसी आत्मियता बनी कि व्यापार में सफलता के राज पर चर्चा हुई। वे सज्जन बोले कि देखो भाई सारा खेल सच्चाई व ईमानदारी का है। पैसा दो तरीके से कमाया जा सकता है- ईमानदारी से या बेईमानी से और उतना ही कमा पायेंगे जितना आपके भाग्य में है। यह बात हमारे पिता जी ने हमें बताया था। हमने तो ईमानदारी वाला रास्ता चुना, मजे ही मजे हैं। हाँ! उतार-चढ़ाव तो लगे रहते है, उनका समाधान स्वतः ही होता जाता है, तनाव से बचत रहती है, परोपकार की भावना बनती है, और क्या चहिए इंसान को। यह सज्जन कहने लगे कि भइया मुझे उस समय अपना एक अनुभव डुप्लीकेट सामान के बेचने की बात का याद आ रहा था। मैं निर्णय नहीं कर पा रहा था कि क्या करना चाहिए। अपने गुरु महाराज यशपाल जी को पत्र लिखा, जबाब आया कि जो आपकी आत्मा कहे वह करो। मेरी आत्मा ने डुप्लीकेट सामान बेचने से मना कर दिया। उन सज्जन की बात के यथार्थ को मैंने भी अपने जीवन के अनुभवों में सही पाया है। जहाँ तक परोपकार की भावना बनने की बात है, यह भी सही है। दुकान पर भिक्षा माँगने वाले आते ही रहते हैं, कुछ न कुछ हम लोग देते ही हैं, वे भी ग्राहक की ही तरह लगते है। एक दिन विचार बना कि उनकी कोई एक इच्छा हम वर्ष में पूरी करने की कोशिश करें। कब करें? के लिये हमने अपना जन्म दिन चुना। ऐसे लोग अपनी कोई भी एक खास आवश्यकता लिखा जाते है। जन्म दिन जब नजदीक आता है तो वह सामान मँगा कर रख लेते हैं और वे लोग ले जाते हैं। उनकी जरुरतें भी कोई बहुत बड़ी नहीं होती, वे आसानी से पूरी की जा सकती हैं। तो उन व्यवसायो जी की बात का अनुभव हमने भी किया है, ईश्वर की दया से कोई कमी नहीं मालूम पड़ती, जीवन में बड़ा सकून लगता है। भइया, उतार-चढ़ाव तो आते रहते हैं, कोई काम रुकता नहीं है, भगवान की कृपा लगती है। यही अध्यात्मिक जीवन है, ऐसे ही सकारात्मक सोच बनती है और दिन प्रतिदिन बढ़ती जाती है। यही अध्यात्म का मार्ग है। आप भी अपने ऐसे प्रेरणात्मक अनुभव साझा कर इस मुहिम को आगे बढ़ाने में सहयोगी बनें।

07-10-2020

प्रतिक्रिया: बहुत सुन्दर अनुभव- डॉ. आर0पी0 शुक्ला; Very good procedure for realization of Adhyatma in life. P.P. Maharaj ji was always saying that सत्य संसार में बिखरा हुआ है, सेवा करो और सत्य को बटोर लो। This is Adhyatm indeed. – Dukh Haran chaudhary.

---

27. आत्म निरीक्षण

अध्यात्म को जीवन जीने की कला कहा गया है, यह स्वयं को परिष्कृत (शुद्ध) करने का माध्यम है। अपनी कमियों का जैसे-जैसे पता चलता जाये, दूर करने का प्रयास करना है। शास्त्रों के अनुसार यह प्रक्रिया जन्म-जन्मान्तर चलती रहती है। इस में अच्छे लोगों का साथ तथा सत्संग कारगर उपाय हैं। प्रारब्ध (संचित कर्मों का फल) मानव की जीवन यात्रा को संचालित करता है। हम अपने आस-पास भले व बुरे लोगों को देखते हैं। सबों में अच्छे व बुरे गुण होते ही हैं। ईश्वर कृपा से कुछ लोगों को, कबीर दास जी की कही बात 'बुरा जो देखन मैं चला बुरा न मिलिया कोय, जो घट ढूँढ़ा आपना मुझसे से बुरा न कोय' की दृष्टि मिल जाती है और उनमें से कुछ, जाने अनजाने अपने सुधार में लग जाते है। यहीं से आध्यात्मिक जीवन का प्रारम्भ होता है।

जीवन यात्रा में हमें कुछ ऐसे साथी मिले जिनका स्वाभविक झुकाव दूसरों की मदद करने की ओर था, जैसे कि यह उनके जीवन की प्राथमिकता हो। यह आध्यात्मिक गुण है। ऐसे लोग दुनियावी काम के प्रति सकारात्मक तथा समर्पित होते हैं और उनसे अच्छा काम भी होता है। ईश्वर वादी होते हैं, उनकी कार्य के प्रति भावनात्मक सोच, सही अर्थ में गीता में आई बात 'काम ही पूजा है (work is worship)' के भाव की होती है, लेक्रिन वे इससे अनभिज्ञ होते हैं। यह भी कर्म को ही सब कुछ मानता था और पूजा पाठ की औपचारिकता से दूर ही रहता, लेकिन कर्म ही पूजा है के शाब्दिक अर्थ का हिमायती रहा। ऐसे व्यक्ति आध्यात्मिक दृष्टिकोण के होते हुए भी कर्मफल के बन्धन को मजबूत ही कर रहे होते हैं। निष्काम कर्म का concept यदि समझ में आ जाये (कर्ता-धर्ता परमात्मा हम उसके हाथ में यंत्र) तो वही कर्म, अकर्म हो जाँय, फल मिलते हुए, उसका आनंद लेते हुए भी, उससे मुक्त रहे। अध्यात्मिक जीवन में निखार/प्रगति होती रहे।

आनंदयोग साधना में गृहस्थियों के लिए महात्मा यशपाल जी ने निष्काम कर्म करने की भावना बने, का सरल उपाय, सोने के पहले आत्म निरीक्षण का बताया है। दिन के काम समाप्त होने के बाद जब हम सोने जाते हैं तो अपने बिस्तर पर बैठ, दिन में किये गये कामों का विश्लेषण करें कि कितने काम ऐसे हुए जिनसे किसी की आत्मा को प्रसन्नता मिली हो। ऐसे कामों को यह कहते हुए परमात्मा को अपर्ण करें कि हे प्रभो! यह काम आपकी दया कृपा से ही हुआ। आपने ऐसी परिस्थिति बनाई कि यह हो सका, इसमें कहाँ इतनी शक्ति यह कर सकता। यह आपने किया, यह तो आपके हाथ का यन्त्र है। ऐसे काम जिन्हें आपकी आत्मा कहे कि यह गलत हुआ, उसके लिए पश्चाताप करें, प्रार्थना करें कि प्रभो, ऐसे कामों से बचायें, दया करें, बुद्धि / विवेक दें कि ऐसी गलती न हो। फिर विचार करें, काम है, क्रोध है, बात-बात में झूठ बोल जाते हैं...., उनमें से किसी छोटी बात को छाँटे और उसे न करने की प्रतिज्ञा करें और उन्हें छोड़ने की कोशिश करें। इससे आपकी आत्मिक शक्ति में वृद्धि होगी। यदि न कर सकें तो इसे छोड़ दें, धीरे-धीरे ये कमियाँ स्वतः दूर होती दिखेंगी। यह करने के बाद 10-15 मिनट अपने ईष्ट की याद करें, ध्यान करें और जब ध्यान बनने लगे, तो उसी भाव में सो जायें। अच्छी नींद आयेगी। सुबह जब सो के उठेंगे तो उसी भाव में उठेंगे, जिसमें सोये थे। संक्षेप में यह है निष्काम भाव के बनाने का अभ्यास।

09-10-2020

प्रतिक्रियाः निष्काम कर्म की साहब ने कितनी अच्छी परिभाषा दी है- डॉ. आर0पी0 शुक्ला; Very good description of Anandyog sadhana– Dukh Haran cahudhary.

---

28. सोने व लोहे की जंजीर

अध्यात्म को अनुभव ज्ञान के माध्यम से समझने का प्रयास कर रहे हैं। इसके पहले के पत्र में (27 October, 2020), कर्म व अकर्म की संक्षिप्त विवेचना के साथ, निष्काम कर्म की साधना का सरलतम रुप, चर्चा का मुख्य विषय था। चूँकि निष्काम कर्मभाव ही अध्यात्म में प्रगति को गति प्रदान करता है, इसलिए इसकी थोड़ी और विवेचना करते हैं। यशपाल जी का कहना था

कि 'Every work is not worship, but every work can be changed into worship'। आप कहते थे कि जितने पाप कर्म हैं वे लोहे की जंजीर हैं। नरक भोगने के लिए जन्म लेना ही पड़ेगा। जितने अच्छे कर्म हैं वे सोने की जंजीरें हैं। अगर अंहकार है कि हमसे यह अच्छा काम हुआ तो स्वर्ग भोगने के लिए जन्म लेना ही पड़ेगा। जो सच्चा निष्काम प्रेमी भक्त है न वह लोहे की जंजीर में बंधता है और न वह सोने की जंजीर में बंधता है। न उससे अच्छा काम होता है न बुरा। वह तो परमात्मा के हाथ में एक यन्त्र है। करने-कराने वाला तो परमात्मा है। साधना में सायँ सोने के पहले आत्म निरीक्षण करते समय, अच्छे किये काम परमात्मा को अर्पण करते जाते हैं और वही करता है, ऐसा मानते हैं और बुरे काम एक-एक करके छोड़ते चले जाते हैं, फिर ऐसे स्टेज पर पहुँचते हैं जब सारे संस्कार नष्ट हो जाते हैं। यह है सच्ची निष्काम कर्मता। अध्यात्म साधना में निरंतर लगा ही होना होता है। साधकों ने अनुभव ज्ञान से परमात्मा को नेति-नेति कहा है और आगे और आगे....। अध्यात्म साधना में, गुरु का बहुत महत्व है। आवश्यक नहीं की गुरु का साक्षात्कार साधक को हुआ हो। अपने आत्मा की आवाज ही परमात्मा / गुरु की आवाज है/ मार्ग दर्शन है।

साधना के एक व्यवहारिक अनुभव से इस बात को समझने का प्रयास करते हैं। 29 मार्च 1978 के प्रातः काल 4 बजे मैंने (प्रेम प्रकाश मिश्र) स्वप्न देखा कि हनुमान जी अपने पूर्ण (खड़े) रुप में मेरे घर पधारे और मुझे आवाज देकर बोले, "बेटा मैं तुमसे प्रसन्न हूँ, तुम जो भी वरदान चहो माँग लो।" मैंने उठकर उनके चरण स्पर्श किये और कहा यदि आप मुझसे वास्तव में प्रसन्न हैं तो मुझे बतायें कि आप मेरे किस कर्म से प्रसन्न हुए ताकि मैं उन कर्मों को और अधिक से अधिक कर सकूँ। इस पर हनुमान जी ने मुझे इस जन्म में योग साधना में कहाँ से प्रारम्भ करना है की बात बता कर, अपनी प्रसन्नता का मुख्य कारण मेरी कर्म के प्रति आस्था एवं विश्वास है का बताया। यह भी कहा कि "संसार में मनुष्य चाहे कितना ज्ञानी हो, केवल अपने दम पर अपने समस्त सांसारिक कार्यों को पूर्ण रुप से संपादित नहीं कर सकता। यदि अपवाद में ऐसा सम्भव भी हो तो वह 'कार्य-संपादन' के अहं से नहीं बच सकता। वह अहं उसके पतन का कारण बन जायेगा। ईश्वर कर्म

से मुक्त है, अतः वह अपने प्रिय से प्रिय मनुष्य के लिये भी स्वयं कर्म नहीं कर सकता। यह गुरु की महिमा है कि शिष्य जो कार्य अपनी क्षमता से न पूरा कर सके, उसे शिष्य के लिये पूर्ण करने में सहायता करे। गुरु के होते शिष्य अपनी समस्त उपलब्धियों का श्रेय पूर्ण रूप से गुरु कृपा को ही देकर, समस्त प्रकार के अहं एवं अन्य विकारों से स्वयं को अछूता रख सकता है और सब प्रकार से कल्याण को प्राप्त होता है।" इसके बाद बाबा नीब करौरी जी महाराज को गुरु बनाने का आदेश दिया (बाबा करौरी जी की पुस्तक से उद्धृत)"।

साधना के दृष्टिकोण से कर्म फल से सम्बन्धित यह अनुभव, निष्काम कर्म व मोक्ष ऐसी बातों को समझने में सहायक हैं नियमित स्वाध्याय भी अध्यात्म साधना में बड़ा उपयोगी है।

10-10-2020

प्रतिक्रिया: Very good analysis of Adhyatm. If God is great, but greater is sadgurudeo, who acknowledges God to sadhak, गुरु गोविन्द दोऊ खड़े काके लागूं पाँय। बलिहारी गुरुदेव की, जो गोविन्द दियो दिखाय- दु:ख हरण चौधरी; Excellent- J.P. Agrawal; निष्काम कर्म का बहुत सुन्दर अनुभव- डॉ. आर0पी0 शुक्ला; Very good and beautiful experience of Adhyatma Sadhana satasang- DR. B. B. Singh

---

29. जिन्दा किताब

जब यह अपने आध्यात्मिक चिन्तन/गतिविधियों के पिछले 40 वर्षों का अवलोकन करता है तो सब कुछ ईश्वर इच्छा/कृपा लगती हैं। यह परिस्थिति जन्य स्वाभाविक स्वभाव का रहा है। अभी तक के अनुभव इस कहावत "घर हीं में तीरथ बनाई, मंदिर हम काहे का जाई" के यथार्थ से रूबरू कराते हैं, लेकिन इस प्रक्रिया में इंसान का कोई रोल नहीं है, प्रारब्ध की बात ही लगती है, इंसान यन्त्रवत है। गीता शास्त्र, इंसान को दृष्टा बने रहने की सलाह देते हुए, फल की इच्छा न रखते हुए, कर्म करने की बत कहता है। ऐसा नहीं कि फल नहीं मिलता, लेकिन उसे प्राप्त करने के तमाम दुष्कर्मों से बचत हो जाती है। हमारे गुरुदेव ने बताया था कि हमारे पास जो काम स्वतः आते हैं वे परमात्मा के भेजे हुए होते हैं, सारे काम उसी के हैं, कर सके तो करना

चाहिए, मजबूरी की बात और है। गीता शास्त्र में आई 'स्वधर्म' पालन की बात, हमें स्वाभाविक, सार्थक व इच्छा रहित, धर्मानुकूल जीवन यात्रा कराने में सहायक है। ऐसी समझ बने का आधार, स्वाध्याय, सत्संग, सद्गुरु का मार्ग दर्शन/या आत्मा की आवाज तथा स्वयं के अनुभव होते हैं। स्वधर्म पालन व स्वाभाविक जीवन यात्रा पर आरूढ़ता, जीवन में आनंद तथा सकारात्मकता का भाव बनाने में सहायक हैं। आध्यात्मिक जीवन के लिए उपरोक्त मुख्य बातों को ध्यान में रखते हुए, अपने स्वयं के अनुभवों की एनालिसिस/व्याख्या करते रहने से जीवन यात्रा का सही मार्ग प्रशस्त होता रहता है, ऐसा हमने अनुभव किया है। इसका मापदण्ड, स्वयं की हर परिस्थिति में तनाव रहित जीवन यात्रा के अनभुव होते हैं। गीता की ही बात 'जो हुआ अच्छा हुआ, जो हो रहा है अच्छा हो रहा है, जो होगा अच्छा होगा' की बात पर भी विश्वास बनता जाता है, और साधक के धैर्य में वृद्धि होती जाती है। यही अध्यात्म है।

सूफी सन्तों ने किताबों को पढ़ने के बजाय 'जिन्दा किताब' (गुरू को) पढ़ने की सलाह दी है, और खास कर तब जब भाग्यवश सद्गुरु का साक्षात्कार हो गया हो। जिन्दा किताब का अर्थ है कि उन महापुरूषों की रहनी-सहनी जिन से हम प्रभावित होते हैं या जिन्हें आदर्श मानते हैं। इस पढ़ाई में मन नहीं, बल्कि आत्मा (परमात्मा) की आवाज ही मार्गदर्शक होती हैं। अनजाने में ही साधक में बड़ा सकारात्मक बदलाव आता है।

साधारणतया, साधक जन शास्त्रों के अध्ययन व बातों को समझने में ही ज्यादा समय लगाते है या ध्यान पर ही महारथ हासिल करने का प्रयास करते हैं। यह एक तरह से एकांगी प्रयास है, जिनका गृहस्थ जीवन की व्यवहारिकता से सामंजस्य बनाने में दिक्कत आती है। उदाहरण के लिए राजा जनक, कबीर या तुलसी दास की जीवन यात्रा में ईश्वर की याद (ध्यान) की बात तो हर क्षण या हर कार्य के साथ पिरोई हुई थी। महात्मा यशपाल जी ऐसे जीवन को ईश्वरमय जीवन कहते थे। जहाँ ऐसा है, साधक को परमात्मा के हाथ का यंत्र होने का आभास होता है। चलते-फिरते, सोते-जागते, खाते-पीते, दुनिया का हर व्यवहार करते, ईश्वर की याद बनी रहती है। यह ध्यान की अवस्था होती है, याद रहता है तो कार्य जो सामने है या फिर परमात्मा। ऐसा इंसान साधारण ही दिखता है, पहचानना भी मुश्किल। यह है आध्यात्मिक जीवन यात्रा जहाँ

ऐसे लोगों की यह खूबी छिपी ही रहती है, निकटस्थ लोग भी नहीं जान पाते। 'आनंदयोग' अनुभव आधारित पद्धति ऐसे ही जीवन यात्रा करने का मार्ग बताती है कि कैसे हम निरन्तर. ईश्वर की याद में रह सकते हैं।

12-10-2020

प्रतिक्रिया: बिल्कुल सही- डॉ. आर0पी0 शुक्ला; ओमशान्ति: बहुत- बहुत धन्यवाद for sharing anmoal article. Actually man is tool in the hancs of God. Niyati .... as a tool in hands of his Gurudeva. If tool is egoless, it has nothing good or bad feelings. He has to do work as his Malik desires. This is Nishkaam karm Yog. So we have realized as a tool in the hands of sadguraudeva All aur duties are His- So as he wishes we have to do like that- Dukh Haran Chaudhary

---

30. दान

हम, 'अनुभव ज्ञान' के माध्यम से गृहस्थ के कशमकश की जीवन यात्रा के परिपेक्ष्य में 'अध्यात्म' पर चर्चा कर रहे हैं। डॉ. ओ0पी0 सिंह जी का एक प्रश्न है कि कई ग्रंथों और धर्मों में यह कहा गया है कि कमाई का 10% या कुछ % दान करना चाहिए। कई लोग कहते हैं कि नौकरी मिल जायेगी फिर दान करेंगे, फिर नौकरी मिल जाती है, तो कहते हैं कि रिटायर हो जायेंगे तब दान करेंगे। प्रश्न उठता है कि दान कब और कितना किया जाय। इस पर आपका क्या विचार है?

हम सूफी परम्परा में अध्यात्म की समझ के परिपेक्ष्य में चर्चा कर रहे हैं। सन्तों का कहना रहा है कि- "अपनी आमदनी का कुछ भाग, चाहिए तो दसवाँ नहीं तो रूपये में पैसा या छदाम कुछ भी हो, अलग करके रख दें। उसे अपना न समझें, उसे किसी शरीफ भाई की सेवा में खर्च करें। शरीफ का मतलब नहीं कि किसी ऊँची जाति का हो। नहीं, सफाई कर्मी ही सही वह गृहस्थ हो, उसे जरूरत हो परन्तु लज्जा के मारे माँगने से मजबूर हो। उसका हक है उस सेवा को पाने का। दिल में यह आने से रहे कि मैं देता हूँ। वह तो ईश्वर की थाती है, ईश्वर के बेटों को ही मिलना वाजिब है। फकीरों का कर्जा खुदा ही लेता है और खुदा ही देता है। उनके पास धन नहीं रहता, परन्तु उनका कोई हर्ज होने से भी रहा। सब कुछ पहले से ही इन्तजाम हो जाता है। फिक्र व चिन्ता के लिए जगह नहीं रहती।"

दान के बारे में हमारे गुरुदेव अपनी पेंशन का कुछ हिस्सा स्वयं द्वारा स्थापित सत्संग संस्था (ABSS, Delhi) को नियमित, प्रति माह देते थे। इसके अलावा, जरूरत मंद पीड़ित साधकों को भी चेक द्वारा, यदा-कदा पैसे भेजते थे। कितनी बार इसने पत्रों के उत्तर भेजते समय लिफाफे में ऐसे चेक रख कर रजिस्टरी की थी, जिससे आप की यह गुप्त बात जान सका। हम ऐसे कई लोग थे, जो पत्रों के जबाब लिखते और आपकी इस आदत से वाकिफ थे। यह व्यक्तिगत मामला है, और अध्यात्मिक गुण है। इस संदर्भ में यह अपना एक अनुभव गुरुदेव के साथ का साझा करता है।

एक साधक भाई के पत्र में जाड़े के दिनों में बच्चों के कपड़े, स्वेटर वगैरह के लिए पैसे की तंगी की बात लिखी थी। अमूमन ऐसे पत्रों को जबाब देने के लिए मार्क करते समय पत्र पर 'special/Pl speak' लिख देते थे, जिससे आप से बात करके जबाब में खास कोई निर्देश हो, लिखा जा सके। इस पत्र पर कुछ नहीं लिखा था। इन महोदय ने पढ़ाई में मेरी लड़की की बड़ी मदद की थी। विचार में आया कि भाई साहब से पूँछ कर हम ही कुछ पैसे भेज देंगे। जब आप से जिकर किया तो आप बोल पड़े कि आप क्यों भेज देंगे ? बोले, सिंह साहब! ये लोग आनाप-सनाप पैसे खर्च करते हैं, इनको ऐसी समस्या होनी नहीं चाहिए, खैर आप जानें! यह समझ गया, अध्यात्म का मतलब है जीवन के हर क्षेत्र में अनुशासन, भावनाओं व विवेक के सामन्जस्य से काम लेना है।

पिछले गत पत्रों में दो गृहस्थ साधकों के (जे0पी0 अग्रवाल तथा दिनेश प्रताप सिंह) दान देने के अपने innovative तरीके का उदाहरण किसी और परिपेक्ष्य में आया है, जिसमें अग्रवाल एक जरूरत मंद दूध वाले को बिना ब्याज के कर्ज देने और दिनेश प्रताप जी ने भिक्षा वृत्ति वालों को वर्ष में कोई एक और उनकी जरूरत की पूर्ति अपने जन्मदिन पर करने की। दान की भावना व तरीका व्यक्तिगत है, जो निःसंदेह व्यक्ति के आध्यात्मिक स्वास्थ्य से संचालित होता है।

13-10-2020

प्रतिक्रिया: आर0पी0 शुक्ला; Marvelous. Excellent description of Ananad yog percentage of income.- Dukh Haran Chaudhary

---

31. आर्थिक दर्शन

पिछले पत्र में अध्यात्म के परिपेक्ष्य में दान पर चर्चा की थी। दान! पैसे से सम्बन्धित है और पैसे की शुचिता ही अध्यात्म की जान है। ईश्वर प्राप्ति (Self-realization) के लिए परम हंस राम कृष्ण जी कामिनी और कांचन के त्याग की बात करते थे। सूफी सन्तों का कहना रहा है कि अध्यात्म/राम-नाम, 'हक व इमानदारी' की कमाई पर चलने से ही फलित होता है। आता है और साधना के लिए, गृहस्थ जीवन ही सबसे उत्तम क्षेत्र है। अतीत में हुए, अधिकांश सन्त, महात्मा, महापुरुष या अवतारी पुरुष, गृहस्थ जीवन में ही हुए हैं। अध्यात्म के मामले में कबीर दास जी ऐसे सन्त हुए, जिनकी प्रासंगिकता आज भी बनी हुई है, कबीर दर्शन पर शोध भी हो रहे हैं। इस पत्र में हम आध्यात्मिक जीवन में आर्थिक दर्शन की बात करेंगे। सार्वजनिक जीवन में गाँधी जी का अनुभव आधारित स्पष्ट संदेश है कि "if leadership have selfless motive and the working of organization is transparent, the resources will be made available by Nature perennially." इस सम्बन्ध में यह परिवार को भी एक संस्था के रुप में देखता है।

ईश्वर कृपा से हमें जीवन यात्रा में दो सेवा निवृत्त गृहस्थ सन्तों, महात्मा यशपाल जी (भाई साहब), संस्थापक 'अखिल भारतीय सन्त मत सत्संग, दिल्ली' तथा महात्मा राकेश कुमार मित्तल, संस्थापक 'कबीर शान्ति मिशन' लखनऊ से सार्थक सम्पर्क (क्रमशः 20 व 3 वर्ष) रहा। सार्वजनिक जीवन में आप दोनों, सरकार में उच्च अधिकारी रहे और कबीर सरीखा जीवन (साईं इतना दीजिए....) यात्रा की। दोनों सन्तों ने क्रमशः self realization and positivity पर अनुभव आधारित, मौलिक आध्यात्मिक साहित्य का सृजन भी किया। इन सन्तों के संस्थागत प्रयासों में गाँधी जी के उपरोक्त संदेश के प्रमाणिकता का आभास/अनुभव हमने किया। महात्मा यशपाल जी की संस्था का आर्थिक दर्शन 'न चन्दा-न निन्दा तथा आवश्यकतानुसार विकास' तथा मित्तल साहब का NO FIXED DEPOSIT का रहा। उदाहरण के लिए आर्थिक दर्शन व रहनी-सहनी पर भाई साहब जी के साथ का एक अनुभव जो हमें एक साधक अरबिन्द सिंह ने बताया, यहाँ साझा करता हूँ। आपने लिखा है-

“जब मेरी सर्विस लगी तो पहले वेतन को गुरुदेव को भेंट करने की भावना बनी। कपड़े खरीदे, बचे पैसे लिफाफे में रखे, पहुँच गये दिल्ली उनके निवास पर। आप बड़े प्रेम से मिले, पूछा कि सुलतानपुर से, दिल्ली कैसे आना हुआ। अपनी इच्छा व प्रयोजन बताते हुए, सामान (भेंट) आपके सामने रख दिया और स्वीकार करने की प्रार्थना की। कुछ देर चुप रहने के बाद आपने पूछा कि बताओ यह तुम हमें दे रहे हो या सत्संग को? आपको! सुन कर फिर प्रश्न किया कि यह बताइये कि इसकी आपको अधिक जरूरत है या हमको। हमने कहा कि हमको। बोले कि हमने इसे स्वीकार कर लिया, उसमें से थोड़े से पैसे लेकर (हमारा मान रखने के लिए) सारा वापस कर दिया। वापसी के टिकट के बारे में पूछा, चाय-नाश्ता कराया और आर्शीवाद देकर विदा किया। इसकी आँखों में आँसू थे अमूमन गुरु लोग सब रख लेते हैं, वापस आ गया। अब आप शरीर में नहीं हैं। उस दिन से मुझे जीवन की समस्यायें कोई समस्या ही नहीं लगतीं। मामा जी, आप गृहस्थ में अध्यात्म समझने का प्रयास कर रहे हैं, हमें तो भावना और व्यवहार की बात ही अध्यात्म लगता है। हमने आपके साथ लम्बे अनुभव (जिन्दा किताब पढ़ना) में पाया कि पूर्ण रुप से आपने प्रारब्ध बस स्वाभाविक रूप से प्राप्त संसाधनों पर ही जीवन यात्रा की। यही बात थोड़े ही समय के सम्पर्क में महात्मा मित्तल साहब के साथ भी देखा।

14-10-2020

प्रतिक्रिया: अरविन्द जी का अनुभव बहुत सही लग रहा है। डॉ. आर0पी0 शुक्ला: Very practical description of Ananad yoga. Actually principles and procedures of Ananad yoga are scattered every hook and corners of our lives. It covers all activity in life- Dukh Haran Chaudhary; It is absolutely realized and correct. M. K. Dinbandhu

---

32. तीन गहने

अध्यात्म जीवन जीने की कला है, जिसे हम समझने का प्रयास कर रहे हैं। इसके लिए माध्यम है स्वयं तथा अन्य गृहस्थी लोगों के अनुभव ज्ञान। जीवन जीने की कला के अनगिनत विभिन्न रुप / तरीके हो सकते हैं। मूल बात है कि हमारे अंदर आध्यात्मिक मूल्यों (आत्म निर्भरता, सकारात्मकता, सात्विक वृत्तियों का विकास, शुचिता, समानता की भावना....) का विकास

हो। अन्ततोगत्वा, लक्ष्य है हम अपने को जानें/समझें/समाज के लिए उपयोगी बनें। यह संसार त्रिगुणात्मक है और इंसान-सत, रज व तम गुणों (वृत्तियों) से संचालित होता है। अध्यात्मिक प्रवृत्ति के लोग सात्विक वृत्ति के धनी होते हैं, ऐसा प्रारब्ध (अच्छे कर्मफलों का संग्रह) की वजह से होता है। इस बात को अनुभव ज्ञान के माध्यम से समझने का प्रयास करते हैं।

पश्चिम बंगाल के गाँव, बीरसिंह में एक छोटे से नकान में, माँ और बेटा रहते थे। बेटा, माँ की खूब सेवा करता था। एक दिन बेटे ने माँ से कहा कि माँ मैं तुम्हारे लिए कुछ गहने बनवाना चाहता हूँ। माँ ने समझा बेटा मजाक कर रहा है। लेकिन जब बेटे ने जोर देकर पूछा तो, माँ ने कहा कि यदि तू गहने बनवाना ही चाहता है, तो मुझे तीन तरह के गहने पसंद हैं। इस गाँव में स्कूल नहीं हैं, स्कूल खुलवा दे। गाँव में कोई दवाखाना नहीं है, एक दवाखाना खुलवा दे, गरीबी है बहुत से बच्चे भूंखे सो जाते हैं, उनके खाने पीने रहने का कुछ प्रबन्ध करवा दे। अगर तू कर सके तो यह गहने बनवा दे। बेटा यह बातें सुनकर आश्चर्य में पड़ गया। उसकी आँखे भर आई और मन ही मन माँ की इच्छा पूरी करने का संकल्प लिया। आगे चलकर बेटे ने माँ की इच्छा पूरी की। यही बेटा महान आध्यात्मिक संत ईश्वर चंद्र विद्यासागर कहलाया। इस घटना में आध्यात्मिक जीवन यात्रा और अध्यात्म दोनों बातें हैं। जैसे इंसान, दुनियावी शिक्षा अर्जित करने का प्रयास करता है वैसे प्रत्येक मनुष्य, अपनी-अपनी आध्यात्मिक स्थिति सुधारने में ईश्वरोपासना के माध्यम से जाने-अनजाने लगा ही हैं। ऐसे एक अनुभव ज्ञान की बात देखते हैं।

हमारे दामाद श्री के0के0 सिंह व बेटी ममता सिंह अरूणांचल प्रदेश में रहते थे। ममता की रूचि अध्यात्म में हैं, गुरुमुख हैं। के0 के0 सिंह के आफिस में बिहार के रहने वाले एक यादव जी थे, छोटे पद पर थे अपने प्रतिभाशाली बेटे को पढ़ाने में असमर्थ थे। इनके मन में सात्विक वृत्ति आई और कहा कि यादव जी बच्चे को पढ़ाईये, पैसे की जो कमी होगी हम मदद करेंगे। ऐसा करने लगे, धीरे-धीरे यादव जी ढील देने लगे कि साहब ही पूरा खर्च वहन कर लें तो अच्छा रहेगा। जब इस बात का एहसास इनको हुआ तो इन्होंने कहा कि नहीं, पढ़ाई के खर्च की जिम्मेवारी तो आपकी है। हाँ! जहाँ कोई दिक्कत आयेगी, जो भी कमी होगी, हम मदद करने का प्रयास करेंगे, और ऐसा ही हुआ, आगे चल कर वह लड़का, **एयरफोर्स में पाइलट बना।**

इंसान को परमात्मा ने क्या गजब का बनाया है। अध्यात्म का मतलब है कि जीवन के हर पहलू पर सतर्क रहना। परमात्मा की राह में चलने वाले इंसान को कदम-कदम पर, प्रकृति की मदद मिलती रहती है। नेकी कर कुएँ में डाल की भावना अध्यात्मवादी में होनी चाहिए। ऐसे साधक परमात्मा का काम समझ कर ही सहयोग की भावना रखते हैं। वास्तव में जीवन का लक्ष्य ही यही है। क्या होगा? की चिन्ता नहीं करते, बेहतर परमात्मा जानें।

15-10-2020

प्रतिक्रिया: Very good description of Ananad yaga. It's also a way of practice of Ananad yoga. Dukh Haran Chaudhary; सही निर्णय- जे0पी0 अग्रवाल। वास्तविक अध्यात्म के0के0 सिंह द्वारा किया गया काम ही है। यदि ऐसा किया जा सके तो सबको करना चाहिए। यही निष्काम कर्म है। यही प्रारब्ध भी है। इसी तरह के काम में आत्म संतुष्टि भी मिलती है।- हरिभान सिंह। Thanks for good views- Sangam Singh. It is absolutely true. M K Dinbandhu

---

33. जीवन का उद्देश्य

NBT पेपर के 13 अक्तूबर 2020 के अंक में, नन्दकिशोर श्रीमाली जी का एक लेख था 'स्थाई प्रसन्नता की चाह हमें ले जाती है लक्ष्य की ओर'। लेख के प्रारम्भ ने हमारा ध्यान आकृष्ट किया। आप लिखते हैं 'साधक जन पूछते हैं कि जीवन का उद्देश्य क्या है? यह आत्म मंथन और शोध का विषय है। आपका कहना है कि जीवन का लक्ष्य प्रसन्नता की प्राप्ति को माना जा सकता है। आपने यह भी लिखा है कि समय-समय पर, रुक कर यह सोचना चाहिए कि क्या आपको अपने जीवन में आनंद की अनुभूति हो रही है? क्या आपके लक्ष्य आपके हैं? क्या इनकी पूर्ति से समाज और राष्ट्र लाभान्वित हो रहा है? अगर आप इन तीनों प्रश्नों का उत्तर हाँ में दे रहे हों तब आपके जीवन का लक्ष्य सार्थक है और आप सन्मार्ग पर बढ़ रहे हैं।

उपरोक्त प्रश्न हमारे भी चिन्तन में दशकों से रहा है, खास कर जीवन के उद्देश्य को लेकर। शास्त्रों की बात मानें तो जीवन का उद्देश्य मोक्ष प्राप्ति है (जनम-मरण के बंधन से छुटकारा) और वह भी जन्म-मृत्यु के चक्र से गुजरते हुए, निष्काम कर्म के माध्यम से। यह बात सन्तों के आध्यात्मिक

जीवन यात्रा के अनुभवों से कही गई है। हमारी अपनी शोध का अनुभव कहता है कि गीता शास्त्र में कही गई स्वधर्म की बात के गहरे अर्थ हैं और यदि इसका स्वाभाविक रूप से अनुकरण किया जाये (जिसमें स्वयं की इच्छा का कोई स्थान न हो) और कार्य में संतुष्टि (Job satisfaction) के मापदण्ड के साथ जीवन यात्रा हो, तो निःसंदेह वह लक्ष्य प्राप्ति के सही दिशा में होगी। इस प्रक्रिया में महात्मा यशपाल जी का मार्ग दर्शन की 'जो काम स्वतः हमारे पास आते हैं, परमात्मा के भेजे हुए होते हैं, कर सकें तो करना चाहिए, मजबूरी की बात और है' बड़ी सारगर्भित है। लक्ष्य, आनंद या मोक्ष की सोच में उलझना, इसे शक्ति (उर्जा) का अपव्यय लगता है। उपरोक्त स्थिति में, परमात्मा हाथ पकड़ लेता है। प्रकृति की मदद, कदम- कदम पर मिलने लगती है। ऐसे अनुभव, उत्साह वर्धन का काम करते हैं।

उपरोक्त प्रक्रिया में, परमात्मा की मदद, विभिन्न तरीकों से मिलती है 'न जाने किस भेष में बाबा मिल जाये भगवान रे'। परमात्मा, गुरू व ईष्ट की स्थिति का सुंदर खुलासा, बाबा किरौरी जी महाराज की पुस्तक में आया, प्रेम शंकर मिश्र जी का अनुभव करता है (पत्र 28 / 10-10-2020)। मानव की जीवन यात्रा में अपने उपलब्ध कार्य (स्वधर्म) के प्रति समर्पण, निष्ठा व संपादन ही हर तरह से कल्याणकारी है।

यदि हम अपने दिन प्रतिदिन के अनुभवों का लेखा-जोखा रखते हुए, साथ-साथ उसका विश्लेषण, ईश्वर इच्छा के परिपेक्ष्य में करते चलें, तो यह आदत आध्यात्मिक जीवन यात्रा में सहायक बनते हुए हमारे जीवन के आध्यात्मिक विकास को मजबूती प्रदान करती है। परमात्मा की बनाई इस सृष्टि में हम, हर एक का जीवन बहुत महत्वपूर्ण है और खासकर बुद्धिजीवी वर्ग का जो स्वाध्यायी प्रवृत्ति अपना कर अच्छा सार्थक काम कर सकते हैं। भूतपूर्व राष्ट्रपति ज्ञानी जेल सिंह जी का परामर्श कि "अपने जीवन के अनुभवों एवं घटनाक्रम को लिपिबद्ध अवश्य करना चाहिए। ऐसा संकलन समाज के लिए उपयोगी हो सकता है, और ऐसा न भी हो तो अपनी भावी पीढ़ियों को उपयोगी सूचना तो देता ही है।" जीवन के उद्देशय को, पिन-प्वाइन्ट करना कठिन है, लेकिन उपरोक्त एप्रोच सार्थक तथा सकारात्मक तो है ही।

16-10-2020

प्रतिक्रिया: आपका कार्य बहुत लाभदायक है।- डॉ. आर0पी0 शुक्ला। Very good description of Ananad Yoga. Practical experience of spiritual observation. Dukh Haran Chaudhary

---

34. It is beyond Anand

इसके पहले के पत्र में (33 / 17-10-2020), दो शब्द 'स्थाई प्रसन्नता तथा आनंद' आये हैं। हम अध्यात्म को अनुभव ज्ञान के माध्यम से समझने का प्रयास कर रहे हैं। गृहस्थियों के लिए 'आनंदयोग' साधना में दिनचर्या का प्रत्येक कार्य आनंदमय हो, का लक्ष्य है। यह सहज-सहज में ही प्राप्त किया जा सकता है, जिसमें आनंद का स्वरूप कुछ और होता है जो कर्म के साथ अनुभव तो किया जा सकता है, लेकिन बयान या लिपिबद्ध नहीं हो सकता। यह भी सच है कि जीवन यात्रा का कोई भी समय कर्म से खाली नहीं हो सकता और इंसान हर वक्त कर्मशील ही रहता है। इस बात पर हम अपना अनुभव साझा करते हैं।

गत किसी पत्र में यह बात आ चुकी है कि किसी साधक के पत्र को पढ़ते समय जिन्होंने ध्यान में आनंद आने की बात लिखी थी, पढ़ते समय यशपाल जी महाराज ने यह कहते हुए कि 'No stage, it is beyond आनंद', उस पत्र को जबाब लिखने के लिए हमें थमा दिया था। बात आई की गई हो गई। लेकिन 'मन की स्थिति beyond आनंद' की बात हमारे मन में रह ही गई थी। आज एक वरिष्ठ 87 वर्षीय बुद्धिजीवी साधक श्री चिरन्जी लाल शर्मा जी से लम्बी फोन पर चर्चा रही, और चर्चा कल के जीवन के उद्देश्य वाले पत्र व अध्यात्म साधना पर ही थी। आनंद के ऊपर वाली मन की स्थिति का कुछ खुलासा शर्मा जी के अनुभव ज्ञान से हुआ, जो इस पत्र में अध्यात्म विज्ञान के इस पक्ष पर प्रतिक्रिया स्वरुप प्रस्तुत है।

यशपाल जी महाराज ने शर्मा जी को जो उत्तर प्रदेश सरकार से सीनियर एडिटर (एकाउन्ट) के पद से सेवा निवृत्त हुए थे, सत्संग संस्था द्वारा प्रयोग स्वरूप प्रारम्भ किये गये स्वपोषित स्कूल की एकाउंट व्यवस्था के लिए, इस शर्त पर सेवा का अवसर दिया कि यहाँ रहने में उन्हें कुछ पारिश्रमिक लेना होगा, जिससे उनकी पेंशन जो परिवार जनों के लिए भी होती है उस पर असर

न पड़े। शर्मा जी 10 वर्ष तक यह सेवा देते रहे और यशपाल जी महाराज जी के निकटस्थ सहयोगियों में रहे। इस दरमियान, यह भी स्कूल का अध्यक्ष रहा, जो भाई साहब जी के जीवन काल के अंत तक बना रहा। आज शर्मा जी 'आनंद के ऊपर की अवस्था क्या होती होगी' पर बोले। यह अपने काम में इतना तल्लीन हो जाते थे कि समय का कोई भान ही न होता था और प्रायः दोपहर का भोजन मिस कर जाते, कभी कोई साझे मेस का साथी देर से (3-4 बजे) आफिस में दे भी जाता। काम में तल्लीनता और इस कदर की एकाग्रता, यही होगी आनंद के ऊपर मन की अवस्था, जिसमें सारे कार्य भी विधिवत होते रहते हैं। ऐसी स्थिति हम लोगों ने महात्माओं व वैज्ञानिकों के बारे में सुन या पढ़ रखी है। जो कर्म निष्ठ लोग हैं, यदा - कदा ऐसे अनुभव से अवश्य गुजरते हैं। शर्मा जी इसे संतुष्टी की संज्ञा देते हैं। हम इसे job satisfaction कहते हैं, जिसका अनुभव हमने अपने काम में हमेशा किया है। ऐसे अनुभव में आनंद का आभास नहीं होता। आनंद तो स्थाई होता ही नहीं, जबकि जीवन चर्या में संतुष्टी बनी रह सकती है। हम इसे आध्यात्मिक विज्ञान से सम्बन्धित बात मानते हैं और इस पर शोध की बात करते हैं। दुर्भाग्य है, आध्यात्म विज्ञान की मानव द्वारा उपेक्षिता, जिसके नतीजे का एहसास मार्टिन लूथर किंग जूनियर की कही इस बात से किया जा सकता है "our scientific power has outrun our spiritual power. We have guided missiles and misguided men." क्या है मानव विकास? का प्रश्न अनुत्तरित रह जाता है।

17-10-2020

प्रतिक्रिया: बहुत सुन्दर अनुभव- डॉ. आर0पी0 शुक्लाः Thank you. No comment on issues highlighted in the note– Dr Arun Varma

---

35. दोनों रास्ते

रमेन्दर तिवारी जी ने अपनी जीवन यात्रा का एक अनुभव साझा किया है। हम अनुभव ज्ञान के आधार पर जीवन में निष्काम कर्म, अध्यात्म तथा आध्यात्मिक जीवन यात्रा को 'आनंदयोग' साधना के परिपेक्ष्य में समझने का प्रयास कर रहे हैं। तिवारी जी ने लिखा है "मेरे पिता जी काशीपुर रेलवे में

स्टेशन मैनेजर थे। मैं पालिटेकनिक से डिप्लोमा कर रहा था। वहाँ स्टेशन पर जयनारायण नाम का एक सफाई कर्मचारी था। उसकी हैण्ड राइटिंग बहुत सुन्दर थी, ऐसा लगता था जैसे टाइप किया हुआ हो। कभी-कभी मैं उससे अपने प्रैक्टिकल के पोस्टर इत्यादि बनवा लेता था। वह आठवीं फेल था। उसकी लड़की व लड़का हाई स्कूल की परीक्षा देने वाले थे। मैंने कहा जयनारायण भाई आप भी अपने बच्चों के साथ ही हाई स्कूल की परीक्षा दे दो। उसकी समझ में बात आ गई, प्राइवेट फार्म भर दिया तथा परीक्षा की तैयारी करने लगा। गणित व इंगलिश में मुझसे मदद लेने लगा। ईश्वर की कृपा से जयनारायण ने परीक्षा द्वितीय श्रेणी में पास कर ली। बच्चे भी द्वितीय श्रेणी में पास हुए। बेटी ने नर्सिंग व बेटे ने पोलिटेकनिक में आटोमोबाइल डिप्लोमा के लिए एडमिशन ले लिया। मुझे भी नौकरी मिल गई, शिलांग चला गया, पिता जी का ट्रान्सफर काठगोदाम हो गया। करीब 10 वर्ष बाद मैं अपनी बहन के यहाँ बरेली गया। स्टेशन पर अपने जीजा जी का इंतजार कर रहा था कि अचानक जयनारायण भाई आये और हमारा पैर छूकर प्रणाम किया। बोले- "भैया! आपने हमारी जिन्दगी बदल दी, नहीं तो आज मैं यहीं झाडू लगा रहा होता। मैं यही रेलवे डिविजिनल आफिस में सुपरिनटेन्डेन्ट हूँ। बेटा लोको में पायलट हो गया है, बेटी रेलवे अस्पताल में नर्स है। हमारी तो जिंदगी बदल गई है।" अपने घर ले गया, होटल से नाश्ता मंगा कर कराया। यह जीवन का एक, मेरे लिए सुखद अनुभव था।"

अध्यात्म साधना की पूर्व में चर्चित तकनीकें व संकेतों के आधार पर, तिवारी जी का उपरोक्त अनुभव अध्यात्म विज्ञान के विश्लेषण का बड़ा उपयुक्त संसाधन लगा। हाई स्कूल की परिक्षा देने का सुझाव, परीक्षा की तैयारी कराना, तिवारी जी की सात्विक वृत्ति, सकारात्मक सोच तथा आध्यात्मिक जीवन यात्रा की ओर झुकाव तथा जयनारायण जी के प्रारब्ध की बात दर्शाता है। यह जानकर कि इनके द्वारा पूर्व में दिये सुझाव व मदद से जयनारायण जी अच्छी स्थिति में आ गये हैं, तिवारी जी के लिए. 'सुखद अनुभव' दोनों रास्ते खोलते हैं, चाहे तिवारी जी अपने इस अच्छे काम के फल से अपने को सोने की जंजीर में बाँध लें और स्वर्ग सरीखे भोग का संग्रह करें या आनंदयोग में बताये गये सोने के पहले आत्मा निरीक्षण के माध्यम से, इस फल को

परमात्मा के अपर्ण कर, कर्म फल लेने से मुक्त हो लें कि– "हे प्रभो! आपने ऐसी परिस्थिति बनाई कि यह सुझाव मुझसे हो सका। मैने नहीं दिया, तू ने किया, मैं तो तेरे हाथ का यन्त्र मात्र हूँ।" यह है निष्काम कर्म की साधना।

जयनारायण जी का इनको अपने घर लेजाकर होटल से नाश्ता मंगा कर कराना, उस जमाने में मर्यादा का परिचायक और एक आध्यात्मिक गुण है। सूफी सन्त, मौलाना फजल अहमद खाँ साहब जब उनके यहाँ हिन्दू भक्त आते, तो पास के हलवाई के यहाँ भोजन करवाते थे।

18–10–2020

प्रतिक्रिया: बहुत सुन्दर। डॉ. आर0पी0 शुक्ला; बहुत सुन्दर प्रस्तुति– दु:ख हरण चौधरी; Thanks for sharing this practical experience of Ananad Yoga practiced by Bhai sab ji – M K Dinbandhu

---

36. जो हुआ अच्छा हुआ

तिवारी जी की जीवन यात्रा के एक अनुभव का आध्यात्मिक विश्लेषण करते हुए मुझे अपनी जीवन यात्रा के अनुभव का विश्लेषण करने का मन बना। अध्यात्म साधना साहित्य से पता चलता है कि साधक जन स्वार्थ पूर्ति व अंहकार की भावना से उबर नहीं पाते, इसलिए भारतीय दर्शन की समय के साथ–साथ अतीत के ज्ञान स्तर में प्रगति धीमी पड़ती गई है। बढ़ते आर्थिक युग के प्रभाव ने किसी भी सन्त की अगली पीढ़ी को नहीं ही बख्शा है। अधिकांशत: ऐसे लोग भी – वंशवाद, धन व संपत्ति के फेर में फंस जाते हैं, अध्यात्म गौड़ हो जाता है। इसका प्रत्यक्ष अनुभव हमने अपनी जीवन यात्रा में किया। लगभग छ: वर्ष पहले, परिस्थिति जन्य कारणों से 35 वर्ष तक एक संस्था से जुड़ाव के बाद, अपने मकान को छोड़ कर लखनऊ आना पड़ा। ऐसा होगा, की बात कभी स्वप्न में भी न आई थी। इस अनुभव का आध्यात्मिक विश्लेषण गीता में आई बात 'जो हुआ अच्छा हुआ, जो हो रहा है अच्छा हो रहा है, जो होगा अच्छा होगा' तथा 'होइहैं वही जो राम रचि राखा, को करि तरक बढ़ावै शाखा' के परिपेक्ष्य में साझा करता हूँ। दूसरी बात मानस में महात्मा तुलसी दास द्वारा कही गई है, जिसमें यह 'राम रचि राखा' को प्रारब्ध /संस्कार (संचित कर्म फल) समझता है, जो इंसान स्वयं, निर्मित

करता है। राम रचि राखा परमात्मा द्वारा बनाया अपरिवर्तनीय नियम है।

लखनऊ यह तीन वर्ष रहा (अप्रैल, 2015 – मार्च 2018)। यहाँ आते ही बेटी सरिता सिंह के माध्यम से, जो अपनी अनुभव आधारित पुस्तक 'हर बच्चा है खास' को प्रकाशित कराने के उपयुक्त प्लेटफार्म की तलाश में थीं, के सिलसिले में इसकी मुलाकात गृहस्थ सन्त महात्मा राकेश कुमार मित्तल जी से हुई। मित्तल साहब, सेवा निवृत्त, आई.ए.एस. अधिकारी थे जिन्होंने कबीर सरीखी जीवन यात्रा करते हुए, समाज में सकारात्मक सोच बढ़े के लिए 'कबीर शान्ति मिशन' की स्थापना कर, जन सेवा में लगे हुए थे। तीन वर्ष का यह हमारा समय बड़ा सार्थक बीता। हमारे गुरुदेव यशपाल जी महाराज ने भी कबीर की सी ही जीवन यात्रा की थी, जिससे यह भी प्रभावित रहा। इस तीन वर्ष की अवधि में यह अपने आध्यात्मिक अनुभवों पर दो पुस्तकों का संकलन किया 'आओ कबीर को जिऐं' जो कबीर शान्ति मिशन से प्रकाशित हुई और दूसरी 'गृहस्थ जीवन में अध्यात्म – संत यशपाल कथनामृत' को gen NEXT publication, GYAN BOOKS PVT. LTD. NEW DELHI- 110052 ने प्रकाशित किया।

धर्मपत्नी शिवकुमारी सिंह की पहल पर, कई दशक पहले लिए गये प्लाट पर मकान बनवा कर हम लोग अपने गृह नगर जनपद सुल्तानपुर आ गये, जो पैत्रिक गाँव के पास है। मकान का भी निर्माण हमारे जीजा दिनेश प्रताप सिंह जी के सहयोग से ऐसे हुआ, जैसे हम कोई नया मकान खरीद कर शिफ्ट हुए हों। दिनेश जी भी पिछले 40 वर्षो से आनंदयोग के साधक रहे हैं लोगों की रुचि न होने से, इनके सत्संग केन्द्र में आने वालों की संख्या नगण्य होने से, यह भी साधना/सेवा का कुछ विकल्प तलाश रहे थे। हम लोगों के सुलतानपुर आ जाने से, दिनेश जी, सरिता के सहयोग से अपने मुहल्ले में बच्चों को संस्कारित करने के लिए 'रामायणी सत्संग' का प्रोग्राम 'आध्यात्मिक जागृति सेवा' के नाम से प्रारम्भ किया, जो दो वर्षों से चल रहा है। हम भी इसमें, यथासम्भव आनंदयोग साधन पद्धति का सरल व व्यवहारिक साहित्य विकसित करने में सहयोग कर रहे हैं। यह अनुभव, गीता व रामायण में आई बातों के परिपेक्ष्य में उत्साहवर्धक तथा फलस्वरूप, स्वान्तःसुखाय का है।

19-10-2020

प्रतिक्रिया: बहुत सुन्दर कार्य। मालिक की ही प्रेरणा लगती है। डॉ. आर0 पी0 शुक्ला; रामेन्द्र तिवारी का जीवन कायाकल्प में आपका योगदान अविस्मरणीय रहा, बधाई हो। – टी0पी0 सिंह; This is your own personal experience. In this regard I request you to see again Geeta Sudha Ch v, sloke 40, 41, 42, 43 etc. We at in present life, is output of past life and creating inputs that will be output for future life. So whatever we gain pleasure or pain in this life it is prarabdh, out put of past. You say Atma ki awaaj that is also output of previous life. Opportunity to join Sadguru is also prarbdh of past. - Dukh Haran Chaudhary

---

37. चैरिटी विगिन्स ऐट होम

जीवन यात्रा के साथ-साथ अपने अनुभवों का विश्लेषण करते हुए स्वयं को परिष्कृत करते रहने का प्रयास, जीवन जीने की कला (अध्यात्म) का एक हिस्सा है। स्वधर्म (जो काम स्वतः प्राप्त हैं, उसे करना) तथा पुरुषार्थ ही मात्र साधन हैं। ऐसा होने से प्रकृति मददगार होती है, जिसका अनुभव समर्पित साधकों को होता है। इस प्रक्रिया में 'परमात्मा तू ही है तेरी इच्छा पूरी हो' की भावना सोने में सुहागे का काम करती है। जैसे भी अनुभव हों, ईश्वर इच्छा मानकर चलने में सकारात्मक सोच को बढ़ावा मिलता है। जिन्दा किताब पढ़ने की सन्तों की सलाह हमने अनौपचारिक रूप में, महात्मा यशपाल जी (भाई साहाब) के सानिध्य में रहते हुए किया। आपकी कही बात कि- "जो काम स्वतः आते हैं परमात्मा के भेजे हुए होते हैं, कर सकें तो करना चाहिए, मजबूरी की बात और है," के यर्थाथ का भी अनुभव किया। एक कहावत है 'आ बैल मुझे मार'। इसका अर्थ यह है कि मन दूसरों को देख कर, तमाम प्लान बना कर तरह-तरह के काम करने का प्रयास करवाता है, और करने वाले अपने को फालतू संकट में डालते रहते हैं। यही हम अधिकांश इंसानों की जिन्दगी है। हमारे अनुभव व विचार से स्वधर्म का पालन ही जीवन का उद्देश्य है और इसमें धर्मानुकूलता बरतना सही लक्ष्य की ओर बढ़ने का ईंधन है। हमारे अनुभव में आया कि भाई साहब जी और कबीर शान्ति मिशन के संस्थापक महात्मा मित्तल साहब की कबीरी जीवन यात्रा ऐसी ही रही। आप लोगों के द्वारा अनुभव आधारित सृजित साहित्य, इस बात की पुष्टि करते हैं।

हमारे ग्रामीणीय कृषक परिवार का परिपेक्ष्य दशकों पुराना आध्यात्मिक रहा है। सम्भवतः यही कारण था कि महात्मा यशपाल जी जैसे सन्त का 1986 में हमारे गाँव बभनगँवा आना हुआ। महात्मा जी ने हमारे यहाँ गाँव में सत्संग कायम किया और इसके पिता जी को सत्संग कराने की इजाजत दी। सत्संग का स्वरूप आंतरिक (ध्यान) व स्वाध्याय का था। पिता जी के जीवन काल में तथा यशपाल जी के रहते यह प्रोग्राम 28 वर्ष तक चलता रहा। उसके बाद धीरे-धीरे इससे जुड़े लोग भी संसार से विदा होते गये। नई पीढ़ी की रुचि न रही, सत्संग बंद हो गया। सत्संग होता रहे का हमारा प्रयास सफल न हो सका। गाँव में रह रहे हमारे परिवार के लोगों के संस्कार ऐसे न बन सके कि 15-16 दशकों से चली आ रही परंपरा को बरकरार रख सकें। अपने गुरुदेव से संयुक्त परिवार की समस्या पर बात होती रहती थी। आपका कहना था कि, सिंह साहब 'चैरिटी बिगिन्स एट होम' तथा हिसाब पाई-पाई का, बख्शिश लाखों की। लखनऊ आया तो मित्तल साहब से भी गाँव में सुधार के प्रयास की असफलता पर चर्चा रही। आपका कहना था कि, यह तो आपकी समस्या है, उन लोगों की नहीं! हमारी क्यों और कैसे है? बोले कि आप अपने को ज्यादा होशियार और काबिल मानते हैं। यह आपका 'इगो' है। अरे भाई! वे लोग जिस भी हाल में हैं खुश हैं, आप क्यों परेशान होते हैं।

यही सच है, अध्यात्म व्यक्तिगत मामला है। सारा खेल प्रारब्ध का है, कर्मफल भोग का है। अच्छे लोगों का साथ, स्वाध्याय, सत्संग ही, क्या सही क्या गलत है का ज्ञान कराते हैं। हम जैसे लोग ईश्वर ईच्छा से ही ऐसे प्रयास करते हैं, इसमें निःस्वार्थ भाव बनाने का प्रयास करना चाहिए। सच ही कहा गया है कि 'कर्मणेवाधिकारस्ते मा फलेषु कदाचन'। परमात्मा हम सबका भला करें।

22-10-2020

प्रतिक्रिया: सही।- डॉ. आर0पी0 शुक्ला। In this letter opinion of Mittal sahib is much appreciable. In this context you are coming back to prarabdh, which is fundamental truth of human life in whole Universe. Dukh Haran Chaudhary

---

38. हमारी ड्यूटी

कबीर साहब ने कहा है कि 'बुरा जो देखन मैं चला बुरा न मिलिया कोय- जब घट ढूँढा आपना मुझसे बुरा न कोय' की बात का अनुभव हमने जीवन यात्रा में किया। यशपाल जी महाराज (भाई साहब) के संपर्क में आने के बाद, अपने सुधार हेतु 'टिक डायरी' बना कर प्रैक्टिस करने के साथ अनुभवों की डायरी भी लिखना प्रारम्भ किया। कुछ दिन के बाद ऐसी स्थिति बनी कि लगे सबसे बुरा आदमी यह ही है। नियमित पत्र लिख कर डायरी भी आपको मार्ग दर्शन के लिए भेजता था। इस समस्या का समाधान आपने यह लिख कर किया कि ईश्वर की बड़ी कृपा है कि आपको अपनी कमियाँ नजर आने लगीं, ईश्वर ने चाहा तो यह दूर हो जायेंगी, आप परमात्मा की याद में अपना काम करते रहें। यह 'टिक डायरी' 20 वर्षों तक, जब तक आपका सानिध्य रहा करता रहा। इस साधना का लाभ हुआ, यह यही कह सकता है।

आज सुबह टहलते समय विचार आया कि हर इंसान में अच्छाईयाँ / बुराईयाँ होती ही हैं। बुराईयों को दूर करने का प्रयास फलता ही है। मेरे विचार से यही प्रयास ही अध्यात्म साधना है। कुछ अच्छाईयाँ नैसर्गिक होती हैं, दूसरों के व्यवहारों को देख कर हम सीखते हैं। जीवन यात्रा के दो एक जैसे अनुभव साझा करता हूँ।

यह 1970-75 के दिनों गुजरात में सर्विस में रहा। वहाँ हमारे बास थे श्री राजबंस दयाल। बड़े नेक व सिस्टम में प्रताड़ित व्यक्ति थे, उन्हें आये दिन देखता कि कभी प्रधान मंत्री जी, कभी प्रेसीडेण्ट साहब को पत्र लिख कर अपनी शिकायत लिखते रहते और पत्र भेज कर तनाव मुक्त हो जाते। वर्षांत का दिन था, हम लोग कहीं से आ रहे थे, रेलवे लाइन के किनारे अचानक आपने जीप रुकवाई और रेलवे लाइन के तटबंद में भूमि कटाव की बात हमें दिखा कर कहा कि सिंह, फोटोग्राफर को लाकर इसकी फोटो खिंचवाओ। रेलवे बोर्ड के चेयर मैन को डी0ओ0 लिखता हूँ कि 'Life line of the country is in danger,' और ऐसा ही किया। हमारा प्रश्न था कि इससे क्या होगा। बोले कि हो न हो हमारी duty बनती है कि विभाग के उच्च अधिकारी

के संज्ञान में यह बात ला दी जाय। बात तो सही थी, निःसंदेह यह उनमें अच्छाई और एक अध्यात्मिक गुण था।

इसी तरह जब यह 1980-90 के दशक के दिनों शिलांग में था, एक बार गौहाटी से नई दिल्ली ट्रेन से यात्रा करते समय हमारे सह यात्री मिले सी0पी0डब्लू डी0 के एक सुपरिनटेन्डिंग इन्जीनियर। इस यात्रा में गौहाटी से न्यूबोगाई गाँव तक छोटी लाइन की ट्रेन और फिर वहाँ से आगे ब्राड गेज की होती थी। इस चेन्ज के समय, स्टेशन की लाइट बन्द होने से अंधेरे में ही यात्री लोग इधर से उधर गाड़ी बदलने में बड़ी अफरा-तफरी में परेशान हो रहे थे। खैर जब गाड़ी चली, उनसे बातचीत शुरु हुई तो उन्होंने बताया कि यह यहाँ रोज की कहानी है, जान बूझकर यह लोग लाइट बंद कर देते हैं। यात्रियों के सामान की चोरी करवाते हैं। हमने तो कई बार रेलवे बोर्ड के चेयर मैन को डी0ओ0 लिखा है। भाई, we are responsible citizen of this country and it is our duty to bring such problems in the notice of highest authority of the system. हमारे बीच ऐसे भी लोग है, भले ही उन्हें न पता हो कि यही अध्यात्मिक जीवन मूल्य हैं उनमें। हमें एक अच्छा इंसान बनना है, यही अध्यात्म है।

23-10-2020

प्रतिक्रिया: A very good description of Ananad yoga and practical experience of spiritual observation. Dukh Haran Chaudhary; We must try again anad again We will reach the goal. M K Dinbandhu

---

39. छोड़ने को कुछ नहीं

हम अध्यात्म पर चर्चा कर रहे हैं। परिपेक्ष है 'आनंदयोग', जो जीवन में परमात्मा के अपनी पसंद का नाम या रूप जोड़ने की साधना है। इस योग पद्धति में छोड़ने को कुछ नहीं और वह भी गृहस्थ की जीवन / दिनचर्या के खाली समय में साधना का प्राविधान। इस साधना में दो ही शर्त हमें नजर आई कि विश्वास अनुभव के ही आधार पर किया जाये और हर वक्त हर काम के साथ अपने ईष्ट (परमात्मा) की याद बनाये रखने का प्रयास करें, आदत बनायें। इस साधना में, साधक के दुनियावी काम में भी निखार आता है। पहले

जो 'हम की भावना रहती थी' वह धीरे धीरे 'पहले आप की भावना' में बदलने लगती है, सबके भले में अपना भला नजर आने लगता है। ऐसा हमने अपने कुछ साथियों में देखा और स्वयं भी अनुभव किया।

ऐसे ही हमारे साथी हैं श्री चिरंजी लाल शर्मा जी, जिनका जिकर 17 अक्तूबर, 2020 के पत्र में भी किया है। शर्मा जी का एक ताजा अनुभव साझा करता हूँ, जो हमें उनसे फोन वार्ता में मिला। शर्मा जी अपने 87वीं वर्ष की जीवन यात्रा में हैं। आजकल रेलवे में अति व्यस्त इंजीनियर बेटे के साथ वाराणसी में रह रहे हैं। बेटे का परिवार नोयडा रहता है। आप ऐसे बीमार पड़े कि 15-20 दिन तक संपर्क न हो सका। हालत काफी खराब रही, जान बची, ईश्वर की इच्छा कह रहे थे। बोले कि भाई साहब, अब समस्या यह है कि दिमाग पहले जैसा काम नहीं करता। रात दो बजे नींद खुल जाती है, तो सुबह तक मन उधेड़ बुन में लग कर बड़ी उलझन पैदा कर देता है। समझ में नहीं आता कि क्या करूँ!

ईश्वर कृपा से प्रतिक्रिया स्वरूप हमारे मन में जो बात आई, वह थी कि सोने के पहले निष्काम कर्म की साधना की याद उन्हें दिलाई, और कहा कि जब ऐसी स्थिति आये तो एक उदाहरण देते हुए बताया कि ऐसे में दो माला जप लिया करें। कल की बात में शर्मा जी ने बताया कि यह तरीका बड़ा कारगर सिद्ध हुआ और नींद पहले जैसे आने लगी, हल मिल गया। यह कोई नई बात नहीं थी। किसी वजह से साधना में ब्रेक आ गया, सत्संग का अभाव हो ही गया है। अध्यात्म साधना में महात्माओं का कहना रहा है कि निरन्तरता आवश्यक है और इतना आवश्यक है कि अन्तिम सांस तक, भले ही इसका कोई भी रूप हो। आजकल तो आन-लाइन का जमाना है। किसी भी सत्संगी भाई से 10-15 मिनट ईश्वर चर्चा हो सकती है, सुख -दु:ख भी साझा कर सकते हैं। नि:संदेह शर्मा जी का यह अनुभव गुरु कृपा व सत्संग लाभ का सुन्दर उदाहरण रहा। अब ऐसी किसी भी ईश्वर चर्चा को यह सत्संग मानता है। सही कहा है कि 'न जाने किस भेष में बाबा मिल जाये भगवान रे', वह किसी के द्वारा मदद कर सकता है। विषम परिस्थितियों में भी शर्मा जी की जीवन यात्रा के अनुभव ऐसे ही रहे हैं। आपका हमको लिखा एक पत्र अध्यात्म शिक्षा की दृष्टिकोण से अच्छा उदाहरण लगा था, जिसे हमने अपनी

संकलित पुस्तक 'गृहस्थ जीवन में अध्यात्म' में 'जीवन यात्रा का एक अनुभव' नाम से एक चैप्टर के रुप में शामिल भी किया है।

ईश्वरोपासना और ईश्वर मय जीवन ही हमें शान्ति से जीवन यात्रा करा सकता है। इसके लिए सरल उपाय है कि हम स्वाध्यायी बनें, अपने बच्चों को स्वाध्याय की आदत डलायें, इससे प्रेरणा मिलेगी। मोरारी बापू के इस बात से यह सहमत है कि बच्चों को एक घन्टा रोज परमात्मा को देना चाहिए। कैसे दें? की बात माता-पिता से बेहतर और कोई नहीं बता सकता। साथ-साथ उनकी भी साधना होती रहेगी।

24-10-2020

प्रतिक्रिया: शर्मा जी का अनुभाव बहुत सही है। - डॉ. आर0पी0 शुक्ला; आनंदयोग प्राप्त करना भी योग ही है। -डॉ. अरुण वर्मा; Many thanks for sharing the experience of Chirangee Lal Sharma ji. Much thanks for your *educative Mala jaap* - My sadgurudeo bless him. With Gods' grace. Much thanks for your experience with Ananad Yoga. Dukh Haran Chaudhary; Thanks and true. MK Dinbandhu

---

40. सोच की जकड़न

अध्यात्म में परमात्मा केन्द्र बिन्दु होता है। साधक जन अपने-अपने अनुभूति/अनुभव के अनुसार उसका वर्णन करते हैं। परमात्मा के बारे में नेति-नेति की बात कही गई है, जिसका तात्पर्य है कि इतना ही जाना जा सका है। महात्माओं/साधकों के अपने-अपने निष्कर्ष हैं। यही बात अध्यात्म के बारे में भी देखते हैं। एक ही बात पर सहमति दिखती है कि अध्यात्म अपने को परिष्कृत करते हुए एक अच्छा इंसान बनने व आत्म साक्षात्कार की ओर बढ़ने की प्रक्रिया है। हम इसको सरल भाषा में अनुभव ज्ञान के माध्यम से समझने का प्रयास कर रहे हैं।

हमारे देश में लगभग सभी परमात्मा को मानते हैं और अपने -अपने तरीके से उपासना/आराधना करते हैं। NBT पेपर के एकदा कालम के तहत 'सोच की जकड़न' शीर्षक के अंतर्गत, दो सन्तों का वार्तालाप अध्यात्म पर शोध के लिए प्रेरित करता है। सन्त यू.जी. कृष्णमूर्ति मनोविज्ञान और पश्चिम दर्शन का अध्ययन करके जीवन के हर पहलू पर प्रश्न करते रहते थे। सन्

1939 में बड़े अनमने मन से किसी मित्र के कहने पर वे भगवान रमन महर्षि से उनके आश्रम तिरुवन्नामलाई में मिले और उन्हें देख कर प्रभावित हुए। आपने उनसे तीन प्रश्न किये- (1) क्या ब्रह्मानंद जैसी कोई चीज है? हाँ है, महर्षि रमण बोले। (2) क्या इसका कोई स्तर होता है? यू.जी. ने पूछा। महर्षि बोले, नहीं, इसका स्तर संभव नहीं है। यह एक ही चीज है, या तो आप वहाँ हैं, नहीं तो नहीं हैं। (3) क्या आप ब्रह्मानंद मुझे दे सकते हैं? महर्षि रमण ने कहा हाँ मैं तुम्हे दे सकता हूँ। लेकिन क्या तुम इसे ले सकते हो? उसी क्षण से यू.जी. के मन में लगातार यह सवाल घुमड़ने लगा कि वह कौन सी चीज है, जिसे मैं धारण नहीं कर सकता? इसी सोच ने उनके अस्तित्व की स्वाभाविक स्थिति को जकड़ रखा था। सच तो यह है कि 'आध्यात्मिक या मनोवैज्ञानिक ब्रह्मानंद जैसी कोई चीज होती ही नहीं', जीवन के अंत में ब्रम्हानंद के बारे में वे इसी निकर्ष पर पहुँचे।'

हम गृहस्थियों के लिए तो व्यवहारिक अध्यात्म दर्शन ही उपादेय है। गृहस्थ जीवन में भी ध्यान के माध्यम से स्वज्ञान के उच्च लक्ष्य को पाया जा सकता है जिसके राजा जनक, तथा कबीर दास जी उदाहरण रहे हैं। आधुनिक सन्तों में आचार्य श्री राम शर्मा जी ने कहा है कि 'अध्यात्मिकता सर्वोन्मुखी संयम और अनुशासन से निभती है। अध्यात्म 100 फीसदी सच है, इसे हमने जीवन की प्रयोगशाला में कसा, परखा और खरा पाया है। इसके पीछे तीन तत्व हैं- गुरु के प्रति समर्पण, विश्व मानव के प्रति छलकती संवेदना और जीवन के प्रत्येक पक्ष को सर्वांग सुन्दर बनाने का अनवरत प्रयास। दृष्टा विद्वानों का मत है कि लोग सूर्य उर्जा को सीधे सूक्ष्म आहार के रूप में लेने की विधा सीख जायेंगे। वृक्ष-वनस्पति सूर्य किरणों द्वारा भोजन निर्माण करते हैं, उसी प्रकार अधिकांश मनुष्य सूर्य किरणों द्वारा अपनी आहार सम्बन्धी समस्या का हल ढूँढ़ लेंगे। किन्तु यह एक अति उच्च आध्यात्मिक प्रयोग होगा, जिसे आत्मबल सम्पन्न व्यक्ति ही संपादित कर सकेंगे। ऐसे लोगों को अरबिन्द ने 'नाष्टि बिंग', इकबाल ने 'नायब इलाही', और हरमन कान्ह ने 'सुपर नेचुरल विइंग' के नाम से पुकारा है।

अध्यात्म विज्ञान के शोध में मानव कल्याण की अपार सम्भावनायें हैं, जिसका उदाहरण दिनांक 18 मई, 2020 के पत्र में शंकराचार्य जी के अनुभव

ज्ञान के माध्यम से दिया था। बुद्धिजीवी बन्धु बहुत कुछ कर सकते हैं, यदि अपनी दिनचर्या का खाली समय अध्यात्म चिन्तन को दें। यही यशपाल जी ने सम्भव है करके दिखाया है।

25-10-2020

प्रतिक्रिया: बहुत सुन्दर व्याख्या। डॉ. आर0 पी0 शुक्ला; Many thanks for your very helpful comments on this subject. The points 1, 2, 3, are milestones in spiritualism, mainly in Ananad yoga Sadhna. Thanks more Dukh Haran Chaudhary. Good Views - Sangam Singh.; नये स्टाइल में पेश किया है डॉ. अशीम कुमार भटट्राचार्य। Thanks for sharing this experience full of truth and guidance. Pujya Bhaai Saheb ji some time preached like this. Sevak has also experienced– MK Dinbandhu

---

41. सहज समाधि

कल के पत्र में मानव विकास की उच्च अवस्थाओं की संभावना/ प्रक्रिया के आध्यात्मिक अनुभव ज्ञान की चर्चा की थी। हम गृहस्थियों के लिए तो व्यवहारिक अध्यात्म दर्शन ही उपादेय है की बात भी कही थी। हम यशपाल जी द्वारा प्रतिपादित 'आनंदयोग' साधना के विभिन्न पहलुओं पर अनुभव ज्ञान के विविध रुपों की चर्चा कर रहे हैं। इस साधना में भी अध्यात्म की उच्च अवस्था प्राप्त करने की पूरी क्षमता है की बात आपने अपने स्वयं के अनुभव से दर्शायी है। आपने गृहस्थ जीवन के खाली समय में दिन के 24 घण्टे ध्यान में रहने की साधन पद्धति बताई जिसमें खाते-पीते, सोते-जागते, दुनिया का हर व्यवहार करते परमात्मा की याद बनी रहे की अवस्था प्राप्त की जा सकती है। ऐसे स्थिति में एक साधक की जीवन यात्रा कैसे होती है का उदाहरण कबीर दास जी के जीवन यात्रा के वर्णन एक पद के उदाहरण से बताया गया है। आपने अपने अनुभव का विस्तृत संकलन अपने गुरुदेव के नाम पर 'बृजमोहन वचनामृत (पाँच भागों में)' में प्रस्तुत किया है। ऐसी स्थिति को 'सहज समाधि' कहा। निरंतर ईश्वर की याद है, पूरा ज्ञान है, ध्यान भी बना हुआ है और काम भी हो रहा है।

सन्तो सहज समाधि भली।
गुरु-कृपा जिस दिन से जागी,
निशि दिन अधिक चली।।

जहँ–जहँ डोलौं सो परिक्रमा, जो कुछ करौं सो सेवा।
जब सोवौं तो करौं दण्डवत, पूजौं और न देवा ।।

जहाँ–जहाँ ऐसा व्यक्ति चलता है, परिक्रमा कर रहा होता है, जो कुछ करता है वह सेवा होती है –

निशाते जिन्दगी है जिन्दगी का यों बसर होना।
निशाते जिन्दगी में जिन्दगी से बेखबर होना।।

दुनिया के सारे वैभव मौजूद हैं, लेकिन उसे इसका एहसास नहीं है, उसका हदय तो निरन्तर अपनी आत्मा के रस को ही चूसता रहता है। यह है सच्ची जिन्दगी। आगे कहते हैं

आँख न मूदौं कान न रूधौं तनिक कष्ट नहीं धारौं।
खुले नैन पहिचानौं हँसि–हँसि सुन्दर रूप निहारौं।।
शब्द निरन्तर से मन लागा मलिन वासना त्यागी।
ऊठत बैठत कबहूँ न छूटै ऐसी तारी लागी।।

निरन्तर उस परमात्मा का चिन्तन है। ऐसे हृदय से कभी किसी का बुरा चिन्तन नहीं होता। हर एक की भलाई चाहता है, सारे विश्व का कल्याण चाहता है। यह है दशा जब 24 घण्टे निरन्तर परमात्मा की याद बन जाती है। अब परमात्मा अपने भक्त का हाथ पकड़ लेता है। योग–क्षेम परमात्मा कराता है।

कहत कबीर यह उन मुनि रहनी सो प्रकट कर गाई।
दुःख–सुख से कोई परे परम पद तेहि पद रहा समाई–।।

यह सन्तों की गुप्त रहनी–सहनी हैं, सर्व साधारण मनुष्यों की तरह इसी दुनिया में रहते हैं। हर परिस्थिति मंजूर, परमात्मा जैसे चाहे रक्खे। जब आखिरी समय आता है तो उसकी याद बनी रहती है और ऐसा साधक फूल की तरह शरीर छोड़ता है। (साधन पद्धति से उद्धृत)

26–10–2020

प्रतिक्रिया: कबीर दास जी ने कितनी सुन्दर व्याख्या की है – डॉ. आर0पी0 शुक्ला; Very good description of Anand Yog Sadhna. Your deep experience in spiritualism is very much appreciable.- Dukh Haran Chaudhary; Thanks for good views. - Sangam Singh

42. चमत्कार

किसी भी साधना या हमारी जीवन यात्रा में कुछ ऐसे अनुभव होते हैं जो अजूबे या चमत्कार की श्रेणी में आते हैं। यह साधना के लक्ष्य नहीं होते, लेकिन साधक में उत्साहवर्धन या अवसर प्रदान करते हैं। मानव जीवन के विभिन्न व्यवसायों में (विद्यार्थी, खिलाड़ी, समाज सेवी, शिक्षक, वैज्ञानिक. कलाकार, किसानी....) भी तरह-तरह के अलंकार, इनाम, सर्टिफिकेट, मेडल के रुप में दिये जाने का प्रावधान है, जो साधक को उत्साहित तथा और अच्छा करने के लिए प्रेरित करते हैं। अध्यात्म में यही प्रक्रिया गुरु तत्व/प्रकृति की व्यवस्था के माध्यम से चमत्कार के रूप में घटती है। साधना व जीवन यात्रा के साथ-साथ ऐसी प्राप्तियों या अनुभवों का महत्व समय के साथ-साथ जीवन यात्रा में घटता जाता है। ऐसी प्राप्तियों के यथार्थ का अनुभव हम अब सेवानिवृत्ति के बाद बखूबी कर भी रहे हैं। जो अलंकार मिले थे वे आज के संदर्भ में अर्थहीन हैं। जो बीत गई वह बात गई।

ऐसे एक चमत्कार की बात उदाहरण स्वरूप देखते हैं। अध्यात्म साधना में रत हमारे एक दूर के रिश्तेदार, श्री कामता प्रसाद जी ने अपने अनुभव की बात बताई। आपके विशेष आग्रह पर हम लखनऊ से कानपुर उनके यहाँ गये, पहली मुलाकात थी, एक रात उनके यहाँ ठहरा। सम्भवतः उन्हें पता था कि हम अध्यात्म विज्ञान में दिलचस्पी रखते हैं। मुझे उनके बारे में कुछ ज्यादा मालूम न था, हमारे बड़े दामाद की उनके यहाँ नई-नई रिश्तेदारी हुई थी। हाँ, यह मालूम था कि आप शिक्षा क्षेत्र से जुड़े हैं, आपके दो Sr. Secondary School हैं। उनके यहाँ प्रवास के दरमियान अध्यात्म के विभिन्न पहलुओं व अनुभवों की चर्चा रही। स्वाभाविक था दोनों को यह मिलना सार्थक लगा।

सुबह जब वह हमें विदा करने अपनी धर्मपत्नी के साथ गाड़ी के पास खड़े थे तो बात-बात में अपना एक अनुभव बताया। बोले कि एक बार मैं इसी पोर्टिको में खड़ा था, विचार में फिजिक्स की एक पुस्तक देखने की इच्छा हुई। इच्छा होते ही, मैंने अपने को एक बड़ी परिचित बुक शाप में पाया। दुकान वाला बोला कि बहुत भीड़ है, आप अन्दर जाकर किताब इस सेल्फ से ले लें। फिर देखता हूँ कि वह पुस्तक हमारे हाथ में है और मैं उसी स्थान

पर हूँ, जहाँ अब हम खड़े हैं (जहाँ विचार आया था)। यह आईस्टीन की इनर्जी थ्योरी का, एक चमत्कारी अनुभव रहा। हमें इस बात को स्वाध्यायी होने के नाते, मानने में कोई दिक्कत नहीं हुई। हमारा तत्काल प्रश्न था कि इस बात का जिकर आपने कितनों से किया है। बोले कि आप तीसरे व्यक्ति है। आप ज्ञान मार्ग के साधक हैं।

एक दिन पहले इनके यहाँ कानपुर आने के लिए लखनऊ में जब हमारी गाड़ी शहीद पथ पर आई, अनायास हमारे मन में आईस्टीन की इनर्जी की थ्योरी की *इक्विेशन* ($E = mc^2$) हमारे मन में आ गई। क्यों का प्रश्न तो उठा, लेकिन ध्यान नहीं दिया। इनके अनुभव की बात बताना और हमारे मन में उठी इस थ्योरी का क्या कोई कनेक्सन था? अवश्य होगा, लेकिन उसके जानने में हमारी कोई रूचि नहीं है। यह विज्ञान की बात है, इसके लिए ईश्वर के विधान में कोई अवश्य होगा जो इस काम में लगा होगा, यह मानता है। इसके बाद हमारी मुलाकात आप से साल भर बाद लखनऊ के एक हॉस्पिटल में हुई। इस अनुभव की बात को रि-कर्न्फम किया और पूछा कि क्या कभी कुछ लिखते समय इसकी आवश्यकता पड़ी तो उसमें लिख सकता हूँ, आपने हामी भरी और वही यहाँ साझा कर रहा हूँ। हमारे बुद्धिजीवी बन्धु केवल यह विचार करें कि गृहस्थ जीवन में भी अध्यात्म साधना कितनी सहजता, सरलता व छिपाव के साथ की जा सकती है। अध्यात्म विज्ञान में शोध मानव विकास व कल्याण का एक आयाम स्व-विकास करते हुए बन सकता है। आनंदयोग साधना ऐसी ही पद्धति है।

27-10-2020

प्रतिक्रिया: बहुत सही। डॉ. आर0पी0 शुक्ला; Good views. - Sangam Singh; The content of this letter has influencely influenced my mind. The result is that I had to lift myself from the Quagmise of huge amount of bad tests engulfed my mind. Without realizing its effect I was travelling in a boat withouts rower- Your few words written to me (कम से कम बोलें, यह तर्क का विषय नहीं है, एक ईष्ट आवश्यक है is helpful in knowing self) written as advice has changed my mind and now I am on right path as desired by the Aimighty. I am sure your candid advice will be an oasis in the journry of my spiritual life. – Mansoor Ali Prodhani

43. अहंकार

मानव जीवन में अहंकार (ego) को आध्यात्मिक विकास के मार्ग में सबसे बड़ा रोड़ा (बाधा) माना गया है। रामचरित मानस में आया है कि 'नहीं कोउ अस जनमा जग माहीं, प्रभुता पाइ जाहि मद नाहीं'। NBT पेपर के 25 अक्तूबर, 2020 के अंक में, सुधीर मिश्र जी का रावण दहन के परिपेक्ष्य में अनुभव आधारित लेख में आई 'सामूहिक घमंड' की बात ने हमारा ध्यान आकृष्ट किया। आपका कहना है कि सारी मनुष्य जाति मिलकर एक सामूहिक घमंड रखती है कि मनुष्य सभी प्राणियों में सर्वश्रेष्ठ है। विचार करें तो इस बात को नकारा नहीं जा सकता। यह अंहकार ही है जो किसी न किसी रूप में हमारी तमाम समस्याओं को जन्म देता है। कलाम साहब ने लिखा है कि "ईश्वर की सृष्टि में प्रत्येक कण का अपना अस्तित्व होता है। प्रत्येक को कुछ-न-कुछ करने के लिए ही परवरदिगार ने बनाया है। उसकी मदद से मैंने जो कुछ भी हासिल किया है, वह उसकी इच्छा की ही अभिव्यक्ति ही तो है।" कलाम साहब की यह अभिव्यक्ति अहंकार न होने की सूचक है। इसके परिपेक्ष्य में मनुष्य का सभी प्राणियों में सर्वश्रेष्ठ होने का अंहकार, प्रश्न के दायरे में आ जाता है और मिश्र जी की पूरे मानव समाज की 'सामूहिक घमंड' वाली बात, आध्यात्मिक दृष्टिकोण से विचारणीय बन जाती है। आपका कहना है कि "सारी दुनिया के मनुष्य ऐसे ही मद में जी रहे हैं। हैदराबाद में हुई बेतहाशा बारिश से तबाही, ऐसे ही बेंगलुर, कुछ वर्ष पहले चेन्नै, तकरीबन हर वर्ष मुंबई में लोगों का बुरा हाल होता ही है और यह सम्पूर्ण मानव जाति के सामूहिक घमंड का नतीजा है। रावण के मद की तरह आत्मघाती। जैव विविधिता को लगातार खत्म करने की इनसानी फितरत ने क्लाइमेट चेंज को सारी दुनिया के लिए जानलेवा बना दिया है।"

गायत्री के एक साधक श्री बृजकिशोर जी से कोरोना की वजह से कई महीनों से न मिल पाने के बारे में फोन वार्ता में उनकी प्रतिक्रिया थी कि साहब यह पूरे विश्व की व्यवस्था में बदलाव के लिए भगवान का प्लान है। विचार आया कि क्या कोरोना वाईरस प्रकृति द्वारा मानव जाति के इस सामूहिक अंहकार की बात को चेताने की ही प्रतिक्यिा है? ऐसे ही एक आनंदयोग के गृहस्थ साधक दिनेश प्रताप सिंह से बात-बात में हमने कहा कि

भाई मैं तो यह ठेले या पटरी वाले, सब्जी/फल का जो दाम मांगते हैं, दे देता हूँ क्योंकि इनकी परिवार पालन पोषण में सहायता हो जाती है। आपकी प्रतिक्रिया रही कि भइया, उनका परिवार भगवान पालता है, हम आप कौन हैं सहायता करने वाले? हमें तो जहाँ सबसे अच्छा माल मिले, मोल- भाव करके ले लेना चाहिए, जो स्वाभाविक परम्परा है। फालतू में क्या अह्म पालना कि मैं ऐसा करता हूँ। आध्यात्मिक दृष्टिकोण से अहंकार इतना सूक्ष्म होता जाता है कि इससे बचत सत्संग/गुरुतत्व के माध्यम से ही संभव है, जैसा कि पहले (28 / 10-10-2020) चर्चा में आया है।

इस कोरोना काल में यदि हम विचार करें, तो विश्व परिदृश्य में भारत के प्रधान मंत्री मोदी जी सबसे अग्रणी नेता होकर उभरे हैं। निःसंदेह यह भारत की दार्शनिक विरासत का प्रभाव है। मोदी जी की स्वयं की आध्यात्मिक साधना तथा तथा पूरे भारतीय जन समुदाय के 'सामूहिक आध्यात्मिक बल' का ही प्रभाव है। यह शोध का विषय है और हमें तो आश्चर्य होता है कि यह इतना महत्वपूर्ण विषय मानव जाति के संज्ञान में अभी तक क्यों नहीं आया? जो कुछ प्रयास हो भी रहा है वह तथाकथित विकास प्रकिया में भ्रष्टाचार से प्रभावित होता गया है और आध्यात्मिक संपदा के विकास की गति धीमी होती गई है। ईश्वर दया करें।

29-10-2020

प्रतिक्रिया: बहुत सही- डॉ. आर0पी0 शुक्ला; Its really a matter of self introspection and among others. M K Dinbandhu; वैचारिक क्रान्ति की एक नई मशाल आप जला रहे हैं। ईश्वर दया करें- टी0पी0 सिंह।

---

44. जो हुआ अच्छा हुआ

अध्यात्म को समझने का प्रयास हम कर रहे हैं। यह ऐसा शब्द है जो सुनने पर तरह-तरह के विचारों को जन्म देता है और अधिकांश को इसमें उलझना एक झंझट सा लगता है। वैसे चर्चा की लम्बी पत्रावली में इस पर आध्यात्मिक अनुभवों की बात होती रही है और ईश्वर कृपा से इस शब्द को समझने से सरल से सरल बातें संज्ञान में भी आ रही हैं। इसके पहले के पत्र

में (43 / 29-10-2020), सामूहिक अहंकार तथा प्रकृति की प्रतिक्रिया को दैवी विपदाओं (कोरोना जैसी बीमारी) के प्रकोप के परिपेक्ष्य में भी देखा गया।। प्रकृति की इस चेतावनी (कोरोना बीमारी) का लाभ मानव समाज लेने को बाध्य हुआ है। हमारे साथी रामेन्द्र तिवारी ने एक वाट्सअप मेसेज में हमें इसका ज्ञान कराया। यह अध्यात्म की सबसे सरलतम अभिव्यक्ति है जो इस कोरोना काल में सामने आई है। इसका लाभ लेना हम पर निर्भर करता है। वर्ष 2020 ने मानव समुदाय को क्या दिया?

- हमें संघर्ष करना सिखाया।
- देश में स्वच्छता, सफाई कितनी जरूरी है, ये सिखाय।
- सावधानी बरतना, एक दूसरों की मदद करना, प्रकृति को सहेजना, अन्न की कीमत, मानसिक सन्तुलन, यह बताया कि कम खर्च में शादी और कम लोगों में भी अंतिम संस्कार हो सकता है।
- मेकअप के बिना रहना सिखाया।
- घर में रहने के लिए आवश्यक संयम दिया और घर के काम में हाथ बटाना सिखाया।
- भविष्य में आने वाली बड़ी विपदा से निपटने की मानसिक तैयारी कराई।
- अमीरी-गरीबी का भेद मिटाया।
- अब तक जिन्हें हम पूजा स्थलों पर देखते थे, उस परम शक्ति ईश्वर का घर-घर दर्शन कराया है।
- आध्यात्मिक चिन्तन करना सिखाया।
- जीवन का सही मूल्य समझा है हमने।
- हमारे जीवन में सोच, चिन्तन, व्यवहार में बदलाव आया हैं।

यह सारी बातें अध्यात्म को ही परिभाषित करती है। समाज में, जिन व्यक्तियों की पहचान अच्छा आदमी है के भाव से प्रतिष्ठित होतो हैं, ये तमाम गुण उनमें देखे जा सकते हैं। यही हम अपने में ला लें तो हमारा जीवन आध्यात्मिक होगा। सकारात्मक संदेश देते हुए समाज को बेहतर बनायेगा। इन्ही बातों को स्वयं में सुदृढ़ करते जाना, आध्यात्मिक साधना का हिस्सा है।

सकारात्मक सोच का ही होना आध्यात्मिकता है। गीता में आई बात कि 'जो हो रहा है अच्छा हो रहा है' की पुष्टि है।

कबीर शान्ति मिशन के संस्थापक गृहस्थ सन्त राकेश कुमार मित्तल को आयोजक ने सिंगापुर की एक सभा में आध्यात्मिकता पर न बोलने की सलाह दी, लोग पसंद नहीं करेंगे। लेकिन पहले से तैयार आपने अध्यात्म पर ही व्याख्यान दिया। बोले और शुरुआत की "मुझे यहाँ सभी जगह उत्कृष्टता, अनुशासन, दक्षता, सफाई, विनम्रता, और अनेक गुण देखने को मिले। मेरा मत है कि इन गुणों के समूह को ही आध्यात्मिकता कहते हैं। अन्तर सिर्फ इतना है कि आप इन गुणों को आध्यात्मिकता नहीं मानते हैं क्योंकि ये आपके जीवन के अंग बन चुके हैं। कबीर ज्योति, अंक 123। इन शब्दों का स्वागत हुआ और लोग बड़ी उत्सुकाता से व्याख्यान का आनंद लिए।

30-10-2020

प्रतिक्रिया: बहुत सही- डॉ. आर0पी0 शुक्ला; Many many thanks for sharing. This is adhayatmikta to serve the society, Nation and oneself– Dukh Haran Chaudhary

---

45. हृदय चक्र पर ध्यान

अध्यात्म साधना में 'ध्यान' का बड़ा महत्व है। स्वामी चिन्मयानन्द जी के एक सत्संग प्रवचन में, 'ध्यान' शब्द से हम परिचित हुए (1979)। लेकिन, कैसे ध्यान करें की बात तब समझ में आई जब कुछ दिनों के बाद उसी शहर में (शिलांग) गृहस्थ सन्त महात्मा यशपाल जी के सत्संग में प्रवचन तथा योगाभ्यास में शामिल हुआ। आप दिन के 24 घण्टे ध्यान में रहने की पद्धति 'आनंदयोग' का प्रचार कर रहे थे। आप एक रिसर्च स्कालर थे, यह भी शोध के क्षेत्र में था, अन्ततोगत्वा, आप से जुड़ाव हो गया। तब से आज तक हमारे चिन्तन का दायरा 'गृहस्थ जीवन में अध्यात्म व ध्यान' का रहा। इसी बात की चर्चा इस पत्रावली के माध्यम से हम कर रहे हैं। परमात्मा के बारे में कहा गया है 'हरि अनन्त हरि कथा अनन्ता'। किसी ने यह भी कहा है कि- "जो जानता है बताता नहीं, जो बताता है वह जानता नहीं।" हम शोधकों के लिए चाहे जिस भी क्षेत्र में हैं अपने अनुभव ज्ञान को साझा करना ही होता हैं जो

विज्ञान की प्रगति का मार्ग रहा है। हाँ! "सुनो सबकी, करो अपनी" की कहावत भी है, जिसे हमने अपने अनुभव में यथार्थ पूर्ण पाया है।

इस पत्र का आधार बना गायत्री पत्रिका 'युग निर्माण योजना पत्रिका में आया लेख 'आज्ञाचक्र की ध्यान साधना' (वर्ष 56 अंक 10)। पढ़ते समय ध्यान का तरीका हमें क्लिष्ट लगा और याद आ गया गृहस्थियों के लिए महात्मा यशपाल जी द्वारा बताई गई 'हृदय चक्र' पर ध्यान करने की बात। 'आज्ञा चक्र के स्थान पर हृदय चक्र' पर ध्यान क्यों? आपने समझाया- "अक्सर प्रश्न यह होता है कि आप हृदय पर ध्यान लगाने को क्यों बताते हैं? इससे साधक भ्रम में पड़ जाते हैं। बात ऐसी है जहाँ पतंजलि महाराज ने आज्ञा चक्र पर ध्यान करने को बताया, कि इसे कौन कर सकता है? जो बाल ब्रह्मचारी हो। ब्रम्हचर्य पर बड़ा जोर दिया, यम नियम, ब्रम्हचर्य। भगवान कृष्ण ने भी बताया कि कौन अधिकारी है इस ध्यान को करने का, कि जो ब्रम्हचारी है और जिसके माता-पिता का गृहस्थ ब्रम्हचर्य काफी ऊँचा रहा है, ऐसा व्यक्ति इस ध्यान को करे। लोग इस प्रारम्भिक आवश्यकता पर ध्यान नहीं देते और बड़ी-बड़ी परेशानियों में पड़ जाते हैं। ऐसे बहुत से वाकयात इसके सामने आये। आप सिद्ध आसन से बैठे, नासिका के अग्रभाग को देखें, भौं (आज्ञाचक्र पर) के बीच ध्यान लगायें, तो आपके आँखों की जो काली पुतलियाँ हैं, उनकी दिशा ऊपर को हो जाती हैं और मस्तिष्क की नसों पर दबाव पड़ता है। जो ब्रम्हचारी हैं, उनकी नसें तो इस दबाव को बर्दाश्त कर लेगी, लेकिन जो ब्रह्मचारी नहीं हैं, उनकी नसों में यह लोच (flexibility) नहीं रह जाती। ऐसे लोगों को nervous- break - down (स्नायु-रोग) हो जाता है। क्योंकि हम गृहस्थी हैं, इसलिए हमारे सद्गुरुओं ने हृदय-चक्र पर ध्यान करने को बताया। हृदय वह स्थान है जहाँ से खून का दौरा हमारे शरीर में होता है। यदि हृदय राम-नाम से रंग जाये तो शरीर की हर नस परमात्मा की याद में रंग जायेगी। हृदय भावनाओं का केन्द्र है, यदि यह राम-नाम से रंग जाये तो ऊँचे-ऊँचे भाव (परोपकार, यूनिवर्सल लव) पैदा होंगे, जिनकी हमें इस दुनिया में जरूरत है। तो हम शुरु हृदय चक्र से करते हैं, लेकिन धीरे-धीरे बड़ी सरलता के साथ हम पहुँच वहीं जाते हैं 'आज्ञा चक्र' पर। साल दो साल में साधक इसका अनुभव आज्ञाचक्र पर स्पन्दन के रूप में करता है। आफिस

में काम कर रहे होते हैं, आज्ञा चक्र पर स्पन्दन होता रहता है। अब कोई खतरा नहीं। (साधन-पद्धति से उद्धृत)। आनंदयोग में हृदय चक्र पर ध्यान करते हैं।

31-10-2020

प्रतिक्रिया: सही ध्यान की विधि। - डॉ. आर0पी0 शुक्ला; Last para is miraculous. Dr B. B. Singh

---

46. ध्यान - क्यों और कैसे?

कल के पत्र में अध्यात्म साधना में 'ध्यान' सम्बन्धित चर्चा थी, जिसमें गृहस्थियों के लिए 'हृदय चक्र' पर ध्यान करने की बात कही गई है। 'ध्यान' से सम्बन्धित दो प्रश्न और मन में आते है, क्यों और कैसे? महात्मा यशपाल जी ने अपने प्रवचनों में इन प्रश्नों पर बड़ा व्यवहारिक उत्तर दिया है। इस पत्र में 'ध्यान क्यों' की बात समझते हैं। आपके ही शब्दों में - "जबलपुर में एक डॉ. ने प्रश्न किया कि साहब पूजा से क्या फायदा है? यह तो Idler's (बेकार लोगों) का काम है। जिनके पास कोई काम नहीं है, माला लेकर बैठे, सुबह-शाम, आधा-आधा घण्टा बर्बाद करें। हम लोग तो डॉ. हैं, आधे घण्टे में एक दो मरीज बच सकते हैं, अगर पूजा में बैठे तो गया। ईश्वर को किसने देखा है? इस चक्कर में क्यों फँसा जाय। अपना काम किया जाये, सीधा-सीधा। ऐसा प्रश्न उस डॉ. ने किया। इस सेवक ने काउन्टर प्रश्न किया कि आप सोते क्यों हैं? दो ड्यूटी लगायें, रात को भी काम करें, दुगुना कमायें, समय क्यों बर्बाद किया जाय? वह चकरा गये, बोले कि आप क्या कह रहे हैं? अगर हम सोयेंगे नहीं तो बीमार पड़ जायेंगे। ज्यादा से ज्यादा दो तीन माह ऐसा चल सकता है और अधिक चलेगा नहीं। जिन्हे नींद नहीं आती, हम उन्हें नींद की गोली देकर सुलाते हैं। सोना क्यों जरुरी है?

सेवक ने कहा कि देखिए, आपकी जो साइंस है वह अभी शरीर तक ही सीमित है, you have not gone beyond body. हम यह शरीर ही नहीं हैं। हमारे तीन शरीर हैं। एक तो 'स्थूल शरीर' जो दिखाई दे रहा है नाक, कान, हाथ पैर। दूसरा शरीर जो मन, बुद्धि, चित्त और अहंकार से मिलकर बना है,

वह 'सूक्ष्म शरीर' है। सोच विचार का काम इससे लिया जाता है तीसरा 'कारण शरीर' हमारी आत्मा है। चेतन और आनंद आत्मा में है, और जहाँ आत्मा नहीं है, वह शरीर बेकार हो जाता है। आप सब कुछ इस स्थूल शरीर को ही समझ बैठे हैं। जब हम सोते हैं, हिलते-डुलते नहीं, शरीर को आराम मिल जाता है। जब इन्द्रियाँ निष्क्रिय हो गईं तो इनका आधार है मन, ये मन में सिमट गईं। इनको ताकत मन से मिलती है। जब सुबह उठते हैं, तो बिल्कुल प्रफुल्लित। शरीर को रेस्ट देना बहुत आवश्यक है।

ऐसे ही सूक्ष्म शरीर जिससे हम सोच विचार का काम लेते हैं, उसे भी रेस्ट देना आवश्यक है। इसको भी नींद देना बहुत आवश्यक है। इस बात को ऋषियों महर्षियों ने जाना और कहा कि आधा घण्टा सुबह, आधा घण्टा साँय भगवान की आराधना करो पूजा करो। परमात्मा की पूजा करोगे तो चित्त एकाग्र होगा, विचार शून्य होगा, मन को निष्क्रिय करिये, उसे रेस्ट मिलेगा। भगवान को मानिए न मानिए कोई फर्क नहीं पड़ता, लेकिन आप अपनी हस्ती को तो मानेंगें, you exist और इसका विकास आपकी ड्यूटी है। यह जो पूजा है, मन को रेस्ट देना है। मन को एक तरफ लगा देते हैं, उसे एक जगह लगा दिया, विचार शून्यता आ गई। उसे रेस्ट मिलने लगा। जब रेस्ट मिलने लगा तो उसका सीधा सम्बन्ध आत्मा से हो गया। आत्मा में है आनंद चैतन्यता। आनंद और चैतन्यता मन में आ गई। इसके बाद हल्का-फुल्का महसूस करेंगे। सुन्दर-सुन्दर सकारात्मक विचार आते हैं। वह समस्यायें हल होती हैं जो सारी जिन्दगी में न हल हो सकीं। सच्चे मनुष्य के भाव पैदा होते हैं। अपना सच्चा ज्ञान पैदा होने लगता है। Gradually you know, what you are. सब हमीं हैं। जितने ऊँचे सन्त हुए, उनका अंतिम निष्कर्ष यही रहा। पूजा (ध्यान) इसलिए आवश्यक है।

01-11-2020

प्रतिक्रिया: भाई साहब ने कितनी सुन्दर व्याख्या की है- डॉ. आर0पी0 शुक्ला; Thanks for your kind contribution in this respect for Ananad Yog – Dukh haran Chaudhary; Thanks for good information- Sangam Singh; Great information. Thanks Singh Saheb for your daily message to humanity is unique. Take care, love and regards– Dr. R.K. Samanta

47. ध्यान कैसे करें ?

कल का पत्र गृहस्थ जीवन में अध्यात्म साधना के ध्यान विषय पर क्यों के प्रश्न? पर चर्चित था। आज इस विषय के दूसरे प्रश्न 'ध्यान कैसे करें?' की चर्चा करते हैं। महात्मा यशपाल जी ने बताया– "हमारे महर्षियों ने कहा है कि चाहे आप गृहस्थी हैं या सन्यासी, आधा घण्टा प्रातःकाल संध्या वंदना अवश्य करना चाहिए और आधा घण्टा सायँकाल। इन सन्तों ने तरीका बताया, यदि आप इस तरह से पूजा (ध्यान) करेंगे तो आपको विशेष लाभ होगा। जो तरीका बताया वह Universal है, जिसे हर कोई अपना सकता है, चाहे किसी मजहब का मानने वाला हो, किसी भी धर्म का अनुयायी हो। वह तरीका मैं आपके सामने रखूंगा।

हर मजहब में दो तरह के व्यक्ति हैं। एक साकार पुजारी, दूसरे निराकार पुजारी। जो साकार पुजारी हैं, उनका प्रथम कर्त्तव्य है एक ईष्ट निश्चित करना और इसके लिए किसी गुरु की आवश्यकता नहीं है, आपकी आत्मा सबसे बड़ा गुरु है। भगवान की वह मूर्ति अपनाइये, जो आपको सबसे प्यारी लगती हो और उसमें आप भगवान की सबसे ऊँची भावना डाल सकते हों। उसे अपना ईष्ट मानें, उसी की पूजा करें, फिर उसे कभी बदलें नहीं। असल में पूजा का मकसद है चित्त की एकाग्रता प्राप्त करना और उससे ऊपर उठे तो मैं यह कहूँगा कि विचार शून्यता प्राप्त करना। पूजा करने के लिए कुशा या कम्बल का आसन हो, धूप या अगर बत्ती जलायें, साफ–सुथरी चादर बिछी हो सफाई के साथ। रात्रि के वस्त्र बदल दें, तब बैठें। यदि स्नान न कर सकें तो कोई बात नहीं, मुँह हाथ धोकर सुख आसन से बैठे (पलौथी लगा कर)। फिर अपने ईष्ट को सामने देखें कि वह सशरीर आपके सामने विद्यमान है। भक्ति भरा कोई भजन गाइये। क्या होगा कि जितने आपके बर्हिमुखी विचार हैं दुनिया के उनसे हटकर मन ईश्वर की तरफ लग जायेगा और इसके बाद जब ध्यान करेंगे तो ध्यान बनेगा। पहले बाहर देखिये। जब ध्यान बाहर की तरफ बन जाये तो उस पवित्र मूर्ति को हृदय में उतारिये, बैठाइये। प्यार से बैठाइये, इतने प्यार से कि न कोई दूसरा विचार रह जाये न कोई ख्याल रह जाय। जब मन हट जाये तो फिर प्यार से उस पवित्र मूर्ति पर जमायें। फिर न कोई विचार रहेगा न ख्याल और जब चेतन अवस्था में लौटेंगे तो उसी ध्यान में

लौटेंगें और उस समय आपको बड़ी सुन्दर अनुभूति होगी कि आपका हृदय मस्तिष्क आनंद से भर गया। जितना मस्तिष्क पर भार था वह हल्का हो गया। यह पूजा का तरीका इन महात्माओं ने बताया साकार भक्तों के लिए। ऐसे पूजा करेंगे तो चित्त की एकाग्रता प्राप्त होगी, सुषुप्ति की आवस्था प्राप्त होगी। फिर धीरे-धीरे सहज समाधी में प्रवेश कर जायेंगे।

दूसरे वे भाई हैं जो निराकर भगवान के उपासक हैं, परमात्मा की मूर्ति नहीं मानते। वे क्या करें? वे भगवान के नाम को छाँटे और उस नाम को चुनें जो उनकी आत्मा को सबसे प्यारा लगता है। हिन्दू भाई 'ओउम' नाम, मुसलमान भाई 'अल्लाह', सिक्ख भाई 'वाहेगुरु', क्रिश्चियन भाई 'Christ या God'. आसन तो वही है, सुख आसन से बैठें और हृदय की तरफ निगाह रहे। आनंदमयी अवस्था बनायें और ख्याल करें कि जब आपका हृदय धुक- धुक करता है जो Beat होती है, उसमें से वह चुना हुआ नाम निकल रहा है। हृदय "ओउम-ओउम" कह रहा है। Not by tongue but by thought. शुरु-शुरु में दिक्कत होती है तब आप मानसिक जाप कर सकते हैं। धीरे-धीरे ऐसी अवस्था बनती है कि स्पष्ट सुनाई देने लगता है कि हृदय से 'ओउम' की आवाज निकल रही है। वैसी ही स्थिति बनती है जैसे साकार मानने वाले साधकों की होती है। यह है तरीका कि कैसे पूजा करें।

02-11-2020

प्रतिक्रिया: Many thanks for your kind contribution to Ananad Yog sadhna. Its useful for common people who wants to get spiritual life– Dukh Haran Chaudhary; बहुत उत्तम विधि- डॉ. आर0पी0 शुक्ला।

---

48. चौबीस घण्टे का ध्यान

गत तीन पत्रों में गृहस्थ जीवन की अध्यात्म साधना से सम्बन्धित 'ध्यान' साधना के 'हृदय केन्द्र पर ध्यान, ध्यान क्यों? और ध्यान कैसे?' की चर्चा क्रमशः की गई है। इस साधना के साथ, कैसे इसे (ध्यान की अवस्था), 24 घण्टे तक का विस्तार मिले, का तरीका 'आनंदयोग' में आया है। आनंदयोग में लक्ष्य है हर वक्त परमात्मा की याद बनी रहे और हमारे काम आज से और अच्छे होते जाये।

गृहस्थ में रहते हुए यशपाल जी महाराज ने दुनियावी काम सर्व साधारण जन की तरह करते हुए दिनचर्या का खाली समय अध्यात्म साधना में लगाया और आनंदयोग के प्रवर्तक गृहस्थ सन्त बृजमोहन लाल जी की शिक्षाओं को अपने अनुभव से अमली जामा पहनाते हुए, पद्धति को सर्व सुलभ कराया। आप Post and Telegraph Departmaent में Telegraphist के पद से सेवा प्रारम्भ कर Tele-communication Research Centre के Director के पद से दिसम्बर 1976 में सेवा निवृत्त हुए। आप Institution of Elctronics and Tele-communication Engineers के Fellow भी रहे। यह आपके सम्पर्क में दिसम्बर 1979 में आया जब आनंदयोग पद्धति को लिपिबद्ध करने के काम अन्तिम चरण में था। आपके सानिध्य में 20 वर्षों तक रहते हुए कथनी और करनी की कहावत के यथार्थ का अनुभव किया व लाभान्वित हुआ। पत्रावली के माध्यम से इस योग पद्धति के व्यवहारिक पक्ष के नानव जीवन यात्रा में आध्यात्मिक अनुभव ज्ञान का संकलन करते हुए, साधना के सरलीकरण का प्रयास है जो ईश्वर इच्छा से ही हो रहा है।

03-11-2020

प्रतिक्रिया: बहुत सुन्दर ढंग से आपने प्रस्तुत किया है– डॉ. आर0पी0 शुक्ला; Many many thanks for your kind contribution and helpful suggestions for input in Anand Yog sadhna. I am very happy and pleased to you that real prachar prasaar of Ananad Yog sadhna is being done by you. Actually it is real contribution of Guru Mukh sadhak to his mother satsang as spiritual child, we all are spiritual child of our satguru dev ji Maharaj– Dukh Haran Chaudhary.: Good information– Sangam Singh.

---

49. अहम तथा नम्रता

हम आध्यात्मिक जीवन में अनुभव ज्ञान पर चर्चा कर रहे हैं। डॉ. मंसूर अली प्रोधानी ने, 28 अक्तूबर, 2020 के पत्र पर यह प्रतिक्रिया दी है। 'The content of the letter is thought provoking and its primary points have added knowledge to my spiritual base. You have mentioned about Sudhir Mishra's view point on 'Human Ego' in totality. He said human being is the greatest creation of the Almighty in all respect. It is true and it is mentioned in Quran by Allah Himself many times. It expresses a flavour of ego in this context. If, I write my name as Mansur Ali Prodhani, it does not express my egoistic attitude. But if I write Dr. Mansur Ali Prodhani, it reflects education. It is nothing but ego. Writing name without mentioning Dr., it reflects that I am like other common people in the society. It happened many times with me, in different groups. In a group of unknown people, when in introduction I introduce as Dr. Prodhani, they show respect for me. How can we detach our ego from our livilihood in life's journey. This is experienced in my life. Same is the case with designation of a person in office too."

प्रधानी जी का प्रश्न अध्यात्म विज्ञान के शोध से जुड़ा है और अध्यात्मिक जीवन यात्रा की साधना में ego (अहम) को humility (नम्रता) में बदलना होता है। आध्यात्मिक साहित्य ऐसे बदलाव में पुरुषार्थ तथा 'गुरु- तत्व' की मुख्य भूमिका मानता है। सत्संग तथा स्वाध्याय से प्रधानी जी के प्रश्न का उत्तर जो हमारी समझ में आता है, उसकी चर्चा हम इस पत्र में कर रहे हैं।

यह मानव निर्मित दुनियावी उपाधियाँ (डॉक्टर, इन्जीनियर, ठेकेदार, दादा, दादी ....) एक आवरण हैं, जो इंसान के जन्म लेने के बाद जीवन यात्रा में हमसे प्रारब्ध के अनुसार जुड़ते जाते हैं और मन में पैठ बना लेते हैं। हमारा मन इस मायावी संसार में इसका, प्रारब्धानुसार उपयोग करते हुए कर्मफल भुगतवाता और नये फल बनवाता भी रहता है। इंसान का मूल स्वरूप ब्रम्ह (परमात्मा का अंश-आत्मा) का है। इसका अनुभव ज्ञान 'चित्त की एकाग्रता' के माध्यम से किया जा सकता है, ऐसा शास्त्रों में कहा व सन्तों के अनुभव में आया है। उपाय ध्यान साधना' ही है या फिर ईश्वर कृपा, जहाँ कुछ भी हो सकता है। परम हंस रामकृष्ण कहते थे कि परमात्मा चाहे तो सुई के नकुए से ऊँट निकाल दे। शायद यही विवेकानन्द जी के साथ तथा बहुत से और सन्तों के साथ हुआ है।

प्रधानी जी के प्रश्न का उत्तर पाने के लिए अब्दुल कलाम साहब की कही बात में है "ईश्वर की सृष्टि में प्रत्येक कण का अपना अस्तित्व होता है। प्रत्येक को कुछ-न-कुछ करने के लिए ही परवरदिगार ने बनाया है। प्रधानी जी से जो काम लेना था, उसमें डॉ. पदवी का कुछ रोल आवश्यक रहा है। इस डिग्री का आवरण जो ईश्वर के विधान के तहत मिली थी का

ही प्रभाव है, जिस महत्व का जिकर प्रधानी जी ने किया है। ऐसा ही हम सबके साथ भी है, और अनुभव भी रहे हैं। नाटक में गोविल जी राम का रोल निभाये, गलतफहमी से वे अपने को राम मान बैठें तो सही नहीं होगा। यही सोच मानव की समझ, महत्व बनने का कारण बनती है जो मन की तमाम बीमारियों में से एक है। इसका उपचार स्वाध्याय, सत्संग तथा 'गुरु तत्व' के माध्यम से ही सम्भव है। प्रारब्ध की भी बड़ी भूमिका है, "यहि सर आवत अति कठिनाई, राम कृपा बिनु आई न जाई।" कोई संदेह नहीं हम सब पर ईश्वर कृपा है कि हम यह चर्चा कर रहे हैं।

04-11-2020

प्रतिक्रिया; प्रधानी जी का अनुभव व कमेंट बहुत सही है- डॉ. आर0पी0 शुक्ला; सब कुछ संभव है, आप अपने पर विश्वास रखें- दुःख हरण चौधरी; You have so nicely written it to eliminate my confusion related to human ego, by giving examples. I am now clear about it and my mind is full of joy. M. A. Prodahni

---

50. सूक्ष्म अंहकार

अध्यात्म साधना में 4 अक्तूबर के पत्र में अहंकार (ego) पर चर्चा की थी। साधक जैसे-जैसे आगे बढ़ता है, अंहकार सूक्ष्म से सूक्ष्म होता जाता है, जिसका आभास भी नहीं होता कि हमारा मन इस बीमारी से पीड़ित है। ईश्वर कृपा से जब आध्यात्म साधना, साधक के जीवन की प्राथमिकता बन जाती है, तो वह सहजता से ऐसी बीमारियों से परिचित होने लगता है और उनसे निवृत्त होने का उपाय करता है। इसे समझने के लिए यशपाल जी महाराज के एक अनुभव ज्ञान का उदाहरण लेते हैं, जिसे आपने भंयकर रोग बताते हुए लिखा है-

"यह तो ठीक है, प्रभु की असीम कृपा से जब कोई इस दास की बुराई करता है तो इसे दुःख नहीं होता परन्तु यह उसको हृदय से धन्यवाद देता है कि उसने कृपा कर इसकी त्रुटियों को इसके सामने रख दिया। यदि कोई इसका मजाक बनाता है तो यह हँसता है और प्रभु से उसके उद्धार के लिए प्रार्थना करता है, परन्तु इसके हृदय में उसके प्रति घृणा का अंकुर मात्र भी नहीं पैदा होता। हे सद्गुरुदेव! अभी यह एक भयंकर रोग से ग्रसित है। जब

कोई इसकी तारीफ करता है तो इसे खुशी होती है यद्यपि उसके बाद ही अपनी इस कमी पर शर्मिन्दा होता है। यह कैसा भंयकर रोग है, यह उस खुशी को काफी दबाने की कोशिश करता है, परन्तु इसे यह महसूस हो ही जाता है कि इसे खुशी हुई है। हे सत्गुरुदेव! यह तो इस पतित दास को पूर्ण विश्वास है कि आपकी परम पावन चरण धूलि का सहारा लेकर संसार की कोई भी चीज असम्भव नहीं। अगर कमी है तो इस दास के शरणागति की।

दूसरा महारोग है जिससे यह पतित दास ग्रसित है वह है 'मान की इच्छा'। हे सत्गुरुदेव, यह तो सत्य है कि जब इसका कोई अपमान करता है तो इसे दु:ख नहीं होता। अपमान करने वाले के प्रति इसके हृदय में घृणा के बदले प्रेम होता है, और दूसरे ही क्षण अपमान करने वाला अपनी भूल स्वीकार करता सा मालूम होता है। लेकिन सबसे बड़ी कमी दास को तब मालूम होती है जब कोई इसका मान करता है। बाहर से तो यह दिखाता है कि इसे मान की इच्छा नहीं। परन्तु अन्दर ही अन्दर इसका मन खुश होता है। यह कितना भयंकर रोग है। हे सद्गुरुदेव! आपकी चरण धूलि की कृपा से ही इसका उपचार हो सकता है, नहीं तो यह पतित न मालूम कब अंधकार के कूप में गिर जाय।.... यह पतित इस रोग से सबसे ज्यादा घबड़ाता है। यह रोग तो क्षय रोग से भी भयंकर रोग है। हे सत्गुरुदेव! आपको अख्तियार है, इस मिट्टी की कोई भी शकल बनायें। परन्तु ऐसी कृपा करें कि यह दास अपनी असलियत को बराबर पहचानता रहे और दुनिया के कहने से भुलावे में न पड़ जाये। अगर दुनिया कुछ कहे तो यह श्रद्धा पूर्वक समझे कि इसके ईष्ट देव की ही तारीफ हो रही है, इसकी नहीं और यह अपनी असलियत को याद करके रोता रहे ताकि भ्रम में न पड़ जाये।" (बृजमोहन वचनामृत से)

इस उदाहरण पर डॉ. मंसूर अली प्रोधानी जी का कहना है कि– "It is possible only for Aulia, Fakir, Darbesh etc. But I do not belong to this category of super human being. So how can I tame my mind to reach that state of mind at which it remains tranquil in all situations good and bad." यह बिल्कुल सही कहा है प्रोधानी जी ने। यही संदेश यशपाल जी महाराज ने अपने अनुभव ज्ञान से आनंदयोग साधना के माध्यम से गृहस्थियों को सरलता से 24 घन्टे ध्यान साधना का दिया है। चित्त की एकाग्रता प्राप्त करने का प्रयास, चाहे वह जिस तरीके या पद्धति से हो और निष्ठा पूर्वक जो काम

मिला है उसे करते रहना, जीवन यात्रा के अनुभवों से सबक लेते हुए आगे बढ़ना, आत्मा की आवाज पर चलने का प्रयास ही सफल व आध्यात्मिक जीवन है, और यही प्रक्रिया ही अध्यात्म है,यह समझने वाली बात है।

05-11-2020

प्रतिक्रिया: साहब ने कैसी पद्धति का निर्माण किया है। प्रधानी जी का कथन सही, क्योंकि साहब तो वही हैं- डॉ. आर0पी0 शुक्ला। Marvellous excellent. Many many thanks for sharing this– Dukh Haran Chaudhhary

---

51. आध्यात्म शोध का विषय

अध्यात्म पर यह चर्चा का सिलसिला कोरोना वाईरस की बीमारी के चलते, प्रधान मंत्री जी द्वारा पूरे देश में किये गये लॉकडाउन के दिन (25-03-2020) से प्रारम्भ किया था। ऐसा करना एक ईश्वरीय प्रेरणा थी। इस श्रृंखला में 191 पत्र आ चुके हैं। बीच में एक सप्ताह का ब्रेक रहा। इसमें से 141 पत्र, अध्यात्म साधना के थ्योरी व बौधिक ज्ञान से तथा अगले 50 पत्र अध्यात्म के अनुभव ज्ञान से सम्बन्धित रहे। वर्ष 1979 में हमारा जुड़ाव गृहस्थ सन्त महात्मा यशपाल जी (भाई साहब) से हुआ जो Telecommunication Research Centre दिल्ली के डाइरेक्टर पद से सेवा निवृत होने के बाद 'आनंदयोग' के प्रचार-प्रसार में लगे थे। उनका यह प्रयास अपने पर किये गये प्रयोग के आधार पर रहा। रिसर्च स्कालर होने की वजह से 'गृहस्थ में अध्यात्म' हमारे लिए भी शोध का विषय बन गया जो आज भी कायम है। भाई साहब जी ने अपनी जीवन यात्रा में कबीर दर्शन की जीवन पद्धति अपनाई और गृहस्थ में अध्यात्म साधना को एक व्यवहारिक (Practical) स्वरूप दिया।

हमने अपनी जीवन यात्रा में गीता शास्त्र में आई बात कि- "जो हुआ अच्छा हुआ, जो हो रहा है अच्छा हो रहा है, जो होगा अच्छा होगा" के यथार्थ का अनुभव किया। कर्ता-धर्ता परमात्मा है, इंसान उसके हाथ का यन्त्र है कि कहावत के यथार्थ का भी आभास रहा। प्रत्येक इंसान में अच्छे व बुरे गुण होते हैं। अच्छे गुणों की वृद्धि हो, के प्रयास ही अध्यात्मिक विकास की

प्रक्रिया हैं। अच्छे लोगों का साथ, स्वाध्याय तथा सत्संग से ही आध्यात्मिक विकास संभव होता है। इस पर शोध वैसे ही है जैसे कोई छात्र किसी विषय पर पी0एच0डी0 कर रहा हो। यह पी0एच0डी0 गाइड रहा है। एक स्टेज पर शोध के काम का समापन करना ही होता है। कल के पत्र को डिस्पैच करते समय विचार में आया कि इसे इस प्रयास में अन्तिम पत्र मान लूँ। हमारे साथी रहे डॉ. उत्तम चन्द्र शर्मा जी ने, पत्रों पर प्रतिक्रिया देते हुए महीनों पहले सुझाव दिया था कि इनको संकलित कर एक पुस्तक का रूप दे दीजिए, बहुतों के लिए उपयोगी होगा। इस बात का भी प्रभाव है कि इस श्रृखंला को विराम देकर अब तक के पत्रों का विश्लेषण कर संकलित किया जाय। ऐसी चर्चाओं का कोई अंत नहीं 'हरि अनन्त हरि कथा अनन्ता।"

अपने अनुभव के आधार पर हमने पाया है कि जन मानस में आध्यात्मिक विकास के काम अधिकतर शास्त्रों की व्याख्या तथा बौद्धिक ज्ञान पर आधारित होते हैं। इनसे उतनी प्रेरणा कुछ करने की नहीं मिल पाती जितनी अनुभव ज्ञान की बातों को जानने से। हर व्यक्ति के पास उपयोगी/ शिक्षाप्रद, आध्यात्मिक 'अनुभव ज्ञान' होते हैं। उनका संकलन मानव विकास के लिए उपयोगी साहित्य के रुप में किया जा सकता है। आप लोग अपने अनुभवों को लिखें, साझा करें की प्रार्थना यह करता है। भूतपूर्व राष्ट्रपति, ज्ञानी जैल सिंह जी का सुझाव बुद्धिजीवी बन्धुओं के सार्थक समय का उपयोग के लिए महत्व पूर्ण लगा। आपने कहा है–

"व्यक्ति को अधिक से अधिक अच्छे लोगों के साथ व्यतीत करना चाहिए और बुरे लोगों के साथ से बचना चाहिए। अपने जीवन के अनुभवों एवं घटनाक्रम को यथा सम्भव लिपिबद्ध अवश्य कर लेना चाहिए, क्योंकि कोई कभी भी बड़ा आदमी बन सकता है (आपने अपना स्वयं का उदाहरण दिया)। उस दिशा में यह संकलन समाज के लिए उपयोगी हो सकता हैं और यदि ऐसा न भी हो तो अपनी भावी पीढ़ियों को उपयोगी सूचना देता है।"

अंत में यह, आप सभी भाई बहनों के सकारात्मक सहयोग के लिए धन्यवाद देते हुए आगामी आते हुए नये वर्ष की बहुत–बहुत शुभ कामना करता है।

06–11–2020

प्रतिक्रिया: बहुत सही सुझाव- डॉ. आर0पी0 शुक्ला; Good luck with your kind consideration for Adhyatmic letter writing in a long process. Many people who are interested in this must have been benefitted as like this sewak. Dukh Haran Chaudhary

---

आध्यात्मिक निष्कर्ष

'गुरु तत्व' प्रत्येक व्यक्ति के अंदर विद्यमान है। इसे आंतरिक गुरु भी कहते हैं। यह संपूर्ण जीवन के समस्त क्रियाकलापों का साक्षी है तथा अव्यक्त रुप से उच्चतर आत्म ज्ञान की ओर व्यक्ति का मार्ग दर्शन करता है। अधिकांश लोग अपनी उलझनों व समस्याओं से घिरे रहने के कारण उसकी आवाज को सुन समझ नहीं पाते। जो सुनते हैं, इस अव्यक्त तत्व से परिचित न होने के कारण उसकी आवाज को समझ नहीं पाते और उसके निर्देशों की उपेक्षा करते रहते हैं। ऐसी स्थिति में गुरु ही व्यक्ति को सचेष्ट व जागरूक बनाता है। मृत्यु के साथ इस तत्व का अंत नहीं होता वह जन्म जन्मांतर तक साथ चलता है। अंर्तदृष्टि वाले ही इस अंर्तध्वनि को सुन, ग्रहण और उसका परिपालन करते हैं। स्थूल गुरु, इस गुरुतत्व का मूर्तिमान प्रतीक है। यदि मन की गहराईयों से हम मूर्तिमान गुरु के प्रति सच्चे व ईमानदार बन सकें तो फिर कर्त्तव्यनिष्ठा ही हमारी साधना बन जायेगी। फिर किसी भी प्रकार के जप-अनुष्ठान, ध्यान-धारणा अथवा योगाभ्यास की कोई जरूरत नहीं रह जाती।

अध्यात्म में पवित्रता सर्वोपरि है। यदि साधक उसे अपने अन्तःकरण में धारण कर सके और गुरु के निर्देशानुसार चले, तो इतने भर से ही तो वह अध्यात्म तत्व ज्ञान के उस चरम सत्य को उपलब्ध कर सकता है, जिसे पाने के लिए जन्मों- जन्मों तक परिश्रम करना पड़ता है। पर साधक को इसे अपना निजी उपार्जन मानने की भूल नहीं करनी चाहिए। इसके पीछे भी गुरु की प्रच्छन्न भूमिका होती है। यदि गुरु से साधक का सम्बन्ध वास्तविक और गहरा है तो इसके साथ ही साधक का आंतरिक गुरुतत्व से संबंध स्वतः

विकसित होता जाता है, जो स्पष्ट भी होता जाता है। ऐसा समझा जाता है कि स्थूल गुरु अपनी उपार्जित शक्ति का एक अंश साधक को देकर, उसे समर्थ बना देने में सक्षम होते हैं, लेकिन आधार समर्थ होने पर ही यह संभव है। साधक के लिए सबसे सरल तरीका है कि वे गुरु चरणों में आत्मसमर्पण कर दें और उनकी इच्छा में ही अपनी इच्छा मानें और उनके संतोष में ही अपना संतोष।

साधक जब अपने आपको संपूर्ण रुप से गुरु में विसर्जित कर देता है तो वह महसूस करता है कि एक अज्ञात शक्ति निरंतर उसका सहयोग कर रही है, न सिर्फ भौतिक क्षेत्र में बल्कि आत्मिक प्रगति में भी समान रूप से। यह स्थिति गुरु के स्थूल शरीर में न होने पर भी बनी रहती है। जो निष्ठावान साधक हैं, उनके लिए लिए गुरु कार्य ही सर्वोपरि है। ऐसे साधकों के प्रति गुरु भी अहैतुकी कृपा करते हैं, इसमें कोई फरक नहीं पड़ता कि वे इस संसार में अब हैं या नहीं। आत्म ज्ञान प्राप्त गुरु कभी मरते नहीं, उनका सिर्फ परमात्मा में विलय होता है और अभिन्न हृदय साधकों की आत्मिक प्रगति तक वे प्रतीक्षा करते रहते है। उनकी दृष्टि में वह शिष्य महान है, जो उनके आदर्शों पर चलकर, निरंतर उनके कार्यो को अग्रगामी बनाने में संलग्न रहता है, उन्हीं पर उनका विशेष अनुग्रह बरसता है। गुरु इस प्रक्रिया को नियंत्रित करते हैं।

गुरु कार्य पर आचार्य श्री राम शर्मा जी ने कहा है "आप हमारा काम कीजिए, हम आपका काम करेंगे। माँ के पेट में जब बच्चा आता है, तब उसका हक पिता की जायदाद में हो जाता है। इसी तरह हमारी कमाई में आपका हक है। आप कहिए हम आपका काम करते हैं और आपको हमारा हक चुकाना पड़ेगा। आप बीमार रहते हैं तो हम आपकी बीमारी को अच्छा करेंगें। आप पैसे की तंगी में आ गये हैं तो हम उस तंगी को दूर भी करेंगे। आप लड़ाई –झगड़े में फँस गये हैं तो हम उसमें भी आपकी मदद करेंगे। आप पर मुसीबत आ गई है तो ढ़ाल बनकर उस मुसीबत को भी हम रोंकेंगे। श्री कृष्ण ने अर्जुन का रथ चलाया था, आपका रथ हम चलायेंगें। आपके कारोबार का रथ, आपके व्यापार का रथ, आपके धन्धे का रथ, आपके शरीर का रथ, आपकी गृहस्थी का रथ, ये सब हम चलायेंगें, इसका हम वादा करते

हैं। क्या है गुरू कार्य? यह 'उनका मिशन' ही है। यह समझने वाली बात है। उपरोक्त बातें इसी गुरु कार्य के संदर्भ में ही हैं।

लेखक स्वाध्यायी रहा है, जिसका चस्का इसे पारिवारिक परम्परा से मिला था। इसी प्रवृत्ति की धर्मपत्नी भी मिलीं। गुरुतत्व का यह यथार्थ ज्ञान गायत्री पत्रिका 'युग निर्माण योजना' वर्ष 57, अंक 1, जुलाई 2020 के लेखों से हुई, जो लेखक के मन में वर्षों से चले आ रहे प्रश्न का उत्तर भी देता है कि क्या आत्मा की आवाज सबको सुनाई नहीं देती? आवाज का सुनना व उस पर ध्यान देकर लाभ उठाना दोनों अलग-अलग बातें हैं, जो संस्कारों और गुरु कृपा पर निर्भर करती हैं। इन बातों पर पूर्ण विश्वास बने, के लिए सतत् स्वाध्याय तथा स्वयं/और साधकों के अनुभव ज्ञान से ही संभव है, जो सत्संग या आध्यात्मिक चर्चा से मिलता है। अध्यात्म साधना में अभिरुचि रखने वाले साधकों को नीचे लिखे शोध आधारित अनुभव ज्ञान संकलित पुस्तकें, साधना व गुरुतत्व की यथार्थ पूर्ण गहरी समझ बनाने में सहायक हो सकती हैं-

1. श्री बृजमोहन वचनामृत (भाग 1 से 5); लेखक, गृहस्थ हिन्दू सूफी सन्त यशपाल (भाई साहब), अखिल भारतीय सन्तमत सत्संग, दिल्ली-110007
2. आओ कबीर को जिएं: लेखक डॉ. अक्षयबर सिंह। प्रकाशक, कबीर शान्ति मिशन, लखनऊ (उ.प्र) Ph. 9415215859
3. गृहस्थ जीवन में अध्यात्म - सन्त यशपाल कथनामृत: लेखक डॉ. अक्षयबर सिंह। genNEXT, Publication, Delhi-52, Ph. 9212142040

अध्यात्म विज्ञान, अनुभव आधारित डाटा बेस माँगता है। इस मामले में लेखक दो गृहस्थ संन्तों-यशपाल जी महाराज और कबीर मिशन के संस्थापक, राकेश कुमार मित्तल साहब के अनुभव आधारित सृजित साहित्य को बहुमूल्य आध्यात्मिक संपदा मानता है। दोनों सन्तों ने कबीर की सी जीवन यात्रा की है। आवश्यकता है, इन पर शोध व जनोपयोगी साधना तकनीक विकसित करने की। व्यक्ति का आध्यात्मिक विकास, साधना पुरूषार्थ से ही होगा। शास्त्र, पाठन तो मात्र प्रेरणा देते हैं, लेकिन करें कैसे का अभाव शोध से ही पूरा होगा।

गुरु कार्य क्या है का सरल रूप यह उदाहरण है जो परिवार आधारित व्यवस्था "आध्यात्मिक जागृति सेवा केंद्र" बना कर (Un registered) श्री दिनेश प्रताप सिंह व शिक्षिका सरिता सिंह सुलतानपुर (उ0प्र0) में साप्ताहिक स्वाध्यायी सत्संग के माध्यम से कर रहे हैं। जिस मुहल्ले में रहते है, अपने निवास पर ही सप्ताह में एक दिन शाम को एक घण्टे का बच्चों व सेवा निवृत्त बुजुर्गों के साथ नियमित स्वाध्यायी सत्संग करते हैं अपनी स्वयं की तो साधना के साथ-साथ, घर व पड़ोस के बच्चों में संस्कार बनते हैं।

13-12-2020

प्रतिक्रिया: गुरुतत्व की आप द्वारा व्याख्या इतनी अच्छी लगी कि शब्दों में बयान के बाहर है। आपने तो सब कुछ लिख दिया, अब कुछ बाकी नहीं है- डॉ. आर0पी0 शुक्ला; Om Namao Bhagwate Yashroopay, Many thanks for your maervelous thinking and understanding what you have produced in your writeup. You are totally right in your opinion- Dukh Haran Chudhary; आत्मतत्व/गुरुतत्व एक सिक्के के दो पहलू हैं, जो आपके कथनानुसार प्रत्येक मानव में विराजमान हैं। उसे परिष्कृत करके अपने आत्म बल को बढ़ाया जा सकता है। गुरु के प्रति पूर्ण समर्पण से ही गुरु तत्व का लाभ जीवन में मिलता है। आप द्वारा श्री राम शर्मा की टिप्पड़ी का उल्लेख किया गया है। हिन्दू धर्म में इसलिए गुरु दीक्षा को अनिवार्य कहा गया है। जो इंसान गुरु दीक्षा नहीं लेता, उसे निगुड़ा कहा जाता है, जो अशोभनीय है। इससे पूर्व आपने यह भी लिखा है कि गुरु अपने शिष्य को ढूँढ लेता है, केवल मन में गुरु के प्रति उत्कंठा होना चाहिए हरिभान सिंह; मेरी समझ व अनुभव में, उत्कंठा होना आवश्यक नहीं है। किसी भी व्यक्ति की स्वधर्म में निष्ठा बनते ही, गुरु की उपलब्धता हो जाती है।

परमात्मा तू ही है तेरी इच्छा पूरी हो।

आध्यात्मिक जागृति सेवा केन्द्र, सुलतानपुर में साप्ताहिक स्वाध्याय का दृश्य

आध्यात्मिक जागृति सेवा केन्द्र, सुलतानपुर में मुहल्ले के बच्चों का साप्ताहिक रामायणी सत्संग

उपसंहार

वैश्विक महामारी का यह दौर (वर्ष 2020), आध्यात्मिकता के मानवीय संवेदना के केन्द्र में आने का भी दौर कहा जायेगा। इस दौरान लम्बे समय तक धार्मिक पूजा-अर्चना के स्थल आम जनता के लिए भले ही बंद रहे हों, लेकिन लोगों ने अपने घरों में रह कर जिस पूजा पाठ और अध्यात्मिकता को अपना संबल बनाया, उससे धार्मिक और सांस्कृतिक परम्पराओं में इजाफा ही हुआ है। इसे यूँ देखिए कि संकट के इस दौर में बहुत सारे नये लोगों का भी ध्यान हमारी चिरकालीन धार्मिक परंपराओं की ओर गया।, जिसे उन्होंने जानने-समझने की कोशिश की। नतीजा यह रहा कि आधुनिक पीढ़ी के बहुत सारे नये लोगों ने प्रचलित धार्मिक-आध्यात्मिक पद्धतियों को 21वीं सदी में भी प्रासंगिक पाया। इस नये रुझान के सुखद परिणाम आने वाले समय में दिखाई पड़ेंगे।

इसके अलावा एक प्रवृत्ति और देखने में आई कि श्रद्धालु अपने इच्छित धार्मिक स्थल पर नियमित आते-जाते रहते थे, उनके मन में इस बीच रह-रह कर ग्लानि भाव भी आता रहा कि भिन्न-भिन्न प्रकार की व्यवहारिक कठिनाइयों और पाबन्दियों के चलते उन्हें अपने ईष्टदेव के दर्शन पहले की तरह करने का मौका नहीं मिला। फिर, जिन भक्तों का आना-जाना ज्यादा से ज्यादा देवी देवताओं के दरबार में नियमित रहा है, उनकी पीड़ा का बढ़ना तो लाजिमी ही था। ऐसे भक्तों का ध्यान शास्त्रों की उन बातों की ओर ले जाना उचित होगा, जो बताती हैं कि विभिन्न देवी-देवताओं के बीच भक्तों की संख्या को लेकर कोई स्पर्धा या प्रतियोगिता नहीं है, बल्कि सभी, 33 करोड़ देवी-देवता एक ही परमात्मा के प्रतिरूप हैं। जैसे समुद्र में गिरने

वाली हर नदी की पूजा समुद्र देवता की ही पूजा है। वैसे ही किसी भी देवी- देवता की पूजा आखिरकार परम पिता परमात्मा की ही पूजा है। हिन्दू धर्म में प्रचलित बहुदेवबाद को सकारात्मक नजरिये से देखना चाहिए और समझना चाहिए। इसमें लचीलापन तो श्रद्धालुओं की सहूलियत के मद्दे नजर लाया गया है। यह विचार हैं महेश भारद्वाज के जिहोंने NBT पेपर 12 अक्तूबर 20 में एक लेख- "मंदिर में करें या घर में, पूजा शुद्ध मन से हो, उसी का महत्व है।"

भारत की 'वसुधैव कुटुंबकम, सर्वे भवन्तु सुखिना:, सर्वे सन्तु निरामया;' को आज विश्व स्वीकार करने को बाध्य सा दिखता है। अब उन्हें लगने लगा है कि भारत ही विश्व का मार्गदर्शन करने में सक्षम है। गायत्री की पत्रिका युग निर्माण योजना वर्ष 56, अंक 12 के लेख 'कोरोना काल में नये भारत का उदय' में आध्यात्मिक दृष्टिकोण से उपरोक्त संदर्भ में यथार्थपूर्ण विवेचना आई है, जो मानव विकास के भविष्य की ओर इशारा करती है। लेख में आया है"चीन भारत के बाद स्वतन्त्र हुआ। कम्युनिष्ट विचार धारा के सामने वहाँ पर अन्य किसी विचार को पनपने नहीं दिया गया। उसने देखा कि अमेरिका और रूस का दबदबा पूरे विश्व पर है। प्रारम्भ में वह रूसी कैम्प से जुड़ा रहा, पर उसने स्वयं को रूस से अलग कर आर्थिक दृष्टि से संपन्न बनने का रास्ता पकड़ा। अमेरिका, यूरोप और जापान जैसे राष्ट्र, चीन में धन लगाने का लोभ संवरण न कर पाए। चीन इन सभी देशों की आँख में धूल झोंकता रहा और अपने को सामरिक दृष्टि से सक्षम बनाता रहा। जवाहरलाल नेहरु तक को चीनी-हिन्दी भाई-भाई के भ्रम में रक्खा और 1962 में भारत पर हमला कर दिया। उसी चीन ने 2019 में कोरोना के ऐसे विषाणु का विकास किया, जिसने चीन को अपना प्रथम शिकार बनाया। काफी समय तक चीन ने इस पाप को छिपा कर रखा। परिणामस्वरूप लगभग सभी देश जो इसके संपर्क में थे, अनजाने में इस कोविड - 19 की गिरफ्त में आ गये और जन-धन हानि के कुचक्र में फंसकर परेशान हो रहे हैं। अमेरिका ने चीन का खुल कर विरोध किया और अब बहुत सारे देश विरोध में आ गये हैं। चूँकि अमेरिका में सर्वाधिक मृत्यु हुई, उसका अर्थ तंत्र चौपट हो गया वह चीन को बख्शने के मूड में नहीं दिखता।

ईश्वर जो करता है अच्छा ही करता है। प्रत्येक मनुष्य को अपने किये का फल भोगना ही पड़ता है। ईश्वर ने इस सृष्टि को बड़े मनोयोग से बनाया है। मनुष्यों को तमाम सारी विभूतियाँ देकर इस सृष्टि को संभालने के लिए इस धरा पर भेजा है। वह कभी भी नहीं चाहेगा कि उसकी बनाई हुई सृष्टि का विनाश उसी की संतानों द्वारा हो। अमेरिका, रूस, चीन, उत्तरी कोरिया, फ्रांस, इंग्लैंड आदि देशों के पास इतने सारे बम हैं कि उन सभी की सम्मलित शक्ति से कई पृथ्वियों को नष्ट किया जा सकता है। समझा जा सकता है कि बम बनाने की होड़ अहंकार जन्य है। ईश्वर कभी नहीं चाहेगा कि कुछ नासमझ लोग सारी सृष्टि का विनाश करें। वह उन लोगों को पुनः सोचने को विवश करेगा। अंतरिक्ष की सूक्ष्म शक्तियाँ जिस प्रकार घटनाक्रम को संभाल रही हैं, उससे स्पष्ट है कि जिन-जिन देशों ने चीन में अपनी फैक्टिरियाँ लगाई थीं, वे अब वहाँ से हटाकर भारत में लगाने की तैयारी कर रहे हैं। अमेरिका अब भारत को अधिक महत्व दे रहा है। ईश्वर भारत को विश्व व्यवस्था के लिए अधिक समर्थ देख रहा है। भारत का भविष्य उज्जवल है। इक्कीसवीं सदी भारत की है।

भारत के प्रधान मंत्री नरेन्द्र मोदी जी ने कहा है कि- "महामारी के कारण कोई 2020 को व्यवधान का वर्ष कह सकता है। लेकिन मेरा अटूट विश्वास है कि 2020 को बाहरी व्यवधान के वर्ष के तौर पर नहीं बल्कि हमारे समाज और हमारे राष्ट्र के लिए आन्तरिक खोज के तौर पर जाना जायेगा। मुश्किल परिस्थितियों के बीच भारत न केवल दृढ़ बना रहा बल्कि दुनिया की भी मदद की। दुनिया भर में जीवन रक्षक दवायें भेजीं और अपने लोगों के लिए भी इसकी कमी नहीं होने दी। यही हमारे देश की अध्यात्मिक विरासत की ताकत है।'

लेखक अपने स्वाभाविक चिन्तन व परमात्मा से प्राप्त शोध कार्य (स्वधर्म) के अनुभवों के फलस्वरूप यह आध्यात्मिक विश्लेष्णात्मक अध्ययन 25 मार्च से 6 नवम्बर 2020 के लाकडाउन/अनलॉक प्रक्रिया के बीच किया। मीडिया में आती खबरें, स्वाध्याय व साधना से बनी स्वयं की समझ, वाट्स-अप पर लम्बी चली पत्रावली प्रक्रिया, पत्रों पर मिलती प्रतिक्रियायें, विषम परिस्थिति जन्य में बहुत से साधकों, सन्तों, आध्यात्मिक, चिन्तकों, राज

नेताओं के विचार तथा आनंदयोग के गृहस्थ जीवन में आध्यात्म साधना सूत्र चिन्तन में प्रमुख रूप से इस अध्ययन के संसाधन रहे। ईश्वर की प्रेरणा के फलस्वरूप ही यह अध्ययन हो सका जो स्वान्तः सुखाय का जरिया बना और यह 8 माह का समय कैसे बीत गया पता न चला। 'मानव जीवन' परमात्मा से इस मनुष्य योनि में मिला अनुपम उपहार है। साथ-साथ महात्मा तुलसी दास जी की कही यह बात हमें मानव जीवन के उद्देश्य की ओर विचारणीय इशारा भी करती है।

बड़े भाग्य मानुष तन पावा, सुर दुर्लभ सद्ग्रंथन गावा।
साधन धाम मोक्ष कर द्वारा, पाई न जे परलोक संवारा।।

इस संकलन में प्रस्तुत अध्यात्म साधना के विविध अनुभव आधारित सामग्री किसी भी संस्कारी बन्धु के लिए प्रेरणात्मक होने के साथ-साथ, साधना मार्ग में मन में उठते प्रश्नों के उत्तर तथा शंका समाधान करने में भी मददगार हो सकती है।

इस अध्ययन में 'परिपेक्ष्य' इंसान की आध्यात्मिक जीवन यात्रा ही रही है। मुख्य आधार महात्मा यशपाल जी द्वारा प्रतिपादित गृहस्थ में आनंदयोग साधना रहा। इस योग साधना का मुख्य लक्ष्य दुनिया के सारे काम करते हुए, परमात्मा की याद बनाये रखने का है। इसी से ही मानव जान पायेगा कि वह क्या है? 'सब हमीं हैं,' का ज्ञान होगा। महात्मा यशपाल जी का कहना था कि मानव के दुःखों का कारण जीवन में राम-नाम की कमी हो जाना है। कैसे हम अपना जीवन ईश्वमय बनायें और हमारे दुनियावी काम आज से और अच्छे होते जाये, इस साधन पद्धति की विशेषता है। इसे आपने, अपने जीवन में साधा, अनुभव किया और जन-मानस में, जीवन के अन्त तक प्रसार-प्रचार किया। आपकी जीवन यात्रा का प्रारम्भ डाक व तार विभाग में टेलीग्रफिस्ट के पद से निदेशक (रेसर्च) के पद से सेवा निवृत्त होने की रही, जो अतीत के राजा जनक की तरह विदेह तथा कबीर के समान हुए एक सन्त की रही। परमात्मा हम मानव जाति को सुबुद्धि दे की प्रार्थना के साथ, यह पुस्तक पूज्य गुरुदेव को समर्पित है। आपकी प्रेरणा से ही यह पुस्तक प्रकाश में आ रही है, ऐसा लेखक का मानना है।

"परमात्मा तूही है तेरी इच्छा पूरी हो।"

आभार

कोराना काल में यह आध्यात्मिक दृष्टिकोण से किया गया अध्ययन, लेखक के लिए एक आश्चर्य रहा है। ईश्वरीय प्रेरणा ही मुख्य कारक रही, जिसके पीछे हमारे गुरुदेव महात्मा यशपाल जी की ही शक्ति थी, जो यह काम करा गई। 25 मार्च को पूरे देश में लॉकडाउन के लागू होने के दिन से ही पत्रावली लिखने का सिलसिला शुरु हुआ। इस पहले पत्र में लिख उठा कि "कुछ न बिगड़ेगा तेरा, सद्‌गुरु शरण आने के बाद।" गुरुदेव का साथ इसे 1979 के दिसम्बर के माह में मिला था और तब से आज तक की जीवन यात्रा में इस कथनी का अनुभव रहा है। हमारे गुरुदेव की लिखी एक पुस्तक है "गृहस्थ जीवन का गीता भाष्य"। आपका मानना था कि वह पुस्तक आपके गुरुदेव महात्मा बृजमोहन लाल जी ने ही लिखी है आप माध्यम थे। आप कहते कि यह तो माटी का माधव है, करने-कराने वाले हमारे महाराज जी ही हैं। इस पुस्तक का बिना किसी सोच या पूर्व प्लानिंग के प्रकाश में आना आपकी उपरोक्त कथनी को प्रमाणित करता है, जिसका अनुभव यह कोरोना काल की विषम परिस्थितियों में, लगातार 192 पत्रों को लिखने में किया कि गुरुदेव ही करने-कराने वाले हैं। आध्यात्मिक दृष्टिकोण से इस संसार को चलाने वाला तन्त्र कोई और है न कि इंसान जो मात्र यंत्रवत है। काश, मानव शिक्षा के प्रारम्भिक स्तर पर बच्चों को इस बात का आभास कराया जा सके तो यह दुनिया अवश्य आज से बेहतर बन सकती है। सर्व प्रथम यह अपने गुरुदेव का आभार मानता है जिन्होंने पहली मुलाकात के बाद ही जीवन यात्रा की नाव की पतवार बिना इसके आभास के ही, सम्हाल ली थी जिससे इसकी जीवन यात्रा सुखद रही।

इस पुस्तक का प्रारूप, लेखक के गुरुदेव की शिक्षाओं, तमाम अध्यात्म साधकों तथा मनीषी बन्धुओं के अनुभव ज्ञान, पत्रों पर मिलती प्रतिक्रियाओं का संग्रह तथा लेखक का अनुभव आधारित जीवन के महत्वपूर्ण अध्यात्मिक पक्ष पर एक विश्लेषण है। जिन भाई-बहनों के नाम विभिन्न विषयों पर पुस्तक में आये हैं, लेखक उन सबका आभार व्यक्त करता है।

डॉ. उत्तम चन्द शर्मा जी, जो हमारे सत्संगी भाई हैं, के सकारात्मक सुझाव, कि इन पत्रों को पुस्तक का रूप दिया जाये और बाद में इस प्रस्तुति पर आपके सुझाव तथा उत्साहवर्धक सहयोग के लिए यह आभारी है।

कोरोना काल में जब, सब घर में ही रहने को बाध्य रहे, धर्मपत्नी श्रीमती शिव कुमारी सिंह व बेटी सरिता सिंह को समय बिताने में इसके सहयोग की कमी को, ये लोग धैर्य पूवर्क झेलते रहे, बाधक नहीं बने, बल्कि सरिता व पड़ोसी सत्संगी भाई श्री दिनेश प्रताप सिंह, पत्रों के मजमून को पढ़ते व अपनी प्रतिक्रिया भी देते रहे। इसके लिए यह इन लोगों का आभर व्यक्त करता है।

भइया रमेश चन्द गुप्ता जी, डॉ. लक्ष्मी कान्त महेश्वरी जी, डॉ. कृष्ण बिहारी अग्रवाल तथा डॉ. शम्भूनाथ जी जैसे महान अध्यात्मवादी महानुभावों का भी लेखक आभार व्यक्त करता है, जिन्होंने हमारी प्रर्थना स्वीकार कर, पुस्तक की पान्डुलिपि पढ़ी और दो शब्दों के द्वारा पुस्तक पर अपने विचार व्यक्त किये।

"परमात्मा तू ही है तेरी इच्छा पूरी हो।"

अक्षयबर सिंह